DER STEIN DER PHARAONEN

Weltbild Taschenbuch

Der Autor

William Dietrich ist Historiker und Naturforscher und wurde für seine journalistische Arbeit mit dem Pulitzer-Preis ausgezeichnet. Er lebt im amerikanischen Bundesstaat Washington und lehrt an der Western Washington University. Seine Romane sind in 28 Sprachen erschienen. Mehr über den Autor erfahren Sie unter: www.williamdietrich.com.

William Dietrich

Der Stein der Pharaonen

Deutsch von Susanne Aeckerle
und Marion Balkenhol

Weltbild

Die amerikanische Originalausgabe erschien 2008
unter dem Titel *The Rosetta Key*
bei HarperCollins Publishers, LLC, New York.

Besuchen Sie uns im Internet:
www.weltbild.de

Übersetzung: Susanne Aeckerle und Marion Balkenhol
Umschlaggestaltung: zeichenpool, München
Umschlagmotiv: © Shutterstock
Druck und Bindung: CPI Moravia Books s.r.o., Pohorelice
Printed in the EU
ISBN 978-3-86800-890-6

2014 2013 2012 2011
Die letzte Jahreszahl gibt die aktuelle Ausgabe an.

Liebe Leserinnen und Leser,

Ethan Gage steckt wieder in Schwierigkeiten, und das ist nur Ihre Schuld! Dank Ihres großen Interesses an dem *Ägyptischen Amulett* und der schillernden Zeit, die darin beschrieben wird, treffen Sie meinen amerikanischen Spieler, den Elektrizitätspionier, Schützling Benjamin Franklins, Scharfschützen und Möchtegern-Schürzenjäger (Ethans Glück bei Frauen ist sehr wechselhaft) in *Der Stein der Pharaonen* wieder. Diesmal ist er in die Ereignisse um Bonapartes Invasion des Heiligen Landes im Jahre 1799 und den Aufstieg des Generals zum Herrscher über Frankreich verwickelt. Viele unter Ihnen haben sich gefragt, was denn nun eigentlich aus Ethans Geliebter Astiza und dem Bösewicht Graf Alessandro Silano geworden ist, nachdem sie gegen Ende des letzten Buches abstürzten. Ich habe *Der Stein der Pharaonen* geschrieben, um das herauszufinden.

Wie *Das ägyptische Amulett* basiert auch dieser neue Roman auf einer wahren Begebenheit in Bonapartes erstaunlicher Laufbahn und verknüpft diese mit den Anfängen der Elektrizitätswissenschaft und Franklins Lehren, dem auf Tatsachen beruhenden Rätsel um das Buch des Thoth, dem Mythos der Tempelritter, jüdischem Mystizismus und der Geschichte des Steins von Rosetta. Die Schlachten haben tatsächlich stattgefunden, und viele Charaktere im Buch, darunter der englische Abenteurer Sidney Smith, der französische Royalist und Rivale Napoleons, Phélippeaux, Djezzar, »der Schlächter«, der Mathematiker Gaspard Monge und der entstellte Jude Haim Farhi, haben wirklich gelebt. Ich bin durch die unterirdischen Tunnel von Jerusalem gewatet, habe die Schutzwälle von Akko abgeschritten und die Pfade der verlassenen Stadt Petra erklommen, um für diese Geschichte zu recherchieren. Wahr ist auch der Coup, der Napoleon in Frankreich an die Macht brachte. Wie Napoleon seine Niederlage im Heiligen Land in einen Triumph in Paris umwandeln konnte, ist das historische Mysterium im Kern dieser Geschichte. Worin bestand sein Geheimnis?

Ich habe von vielen gehört, die das Erzähltempo, den trockenen Humor und die sorgfältige Recherche für Ethans erste Schatzsuche genossen haben, und ich glaube, es wird Ihnen mit *Der Stein der Pharaonen* nicht anders gehen. Und wenn Ihnen Ethan Gage und seine Abenteuer noch nicht geläufig sind, werden Sie schon auf den ersten Seiten dieser Fortsetzung in seine Geschichte eintauchen. In *Der Stein der Pharaonen* schließt sich der Kreis und hinterlässt mich, wie Ethan sagen würde, »etwas außer Atem nach den flotten Abenteuern«. Aber Mysterien wird es immer geben ...

Viel Spaß beim Lesen,
William Dietrich

Für meine Tochter Heidi

Wissen zu besitzen tötet nicht
den Sinn für Wunder und Mysterien ab.
Mysterien wird es immer geben.
Anaïs Nin

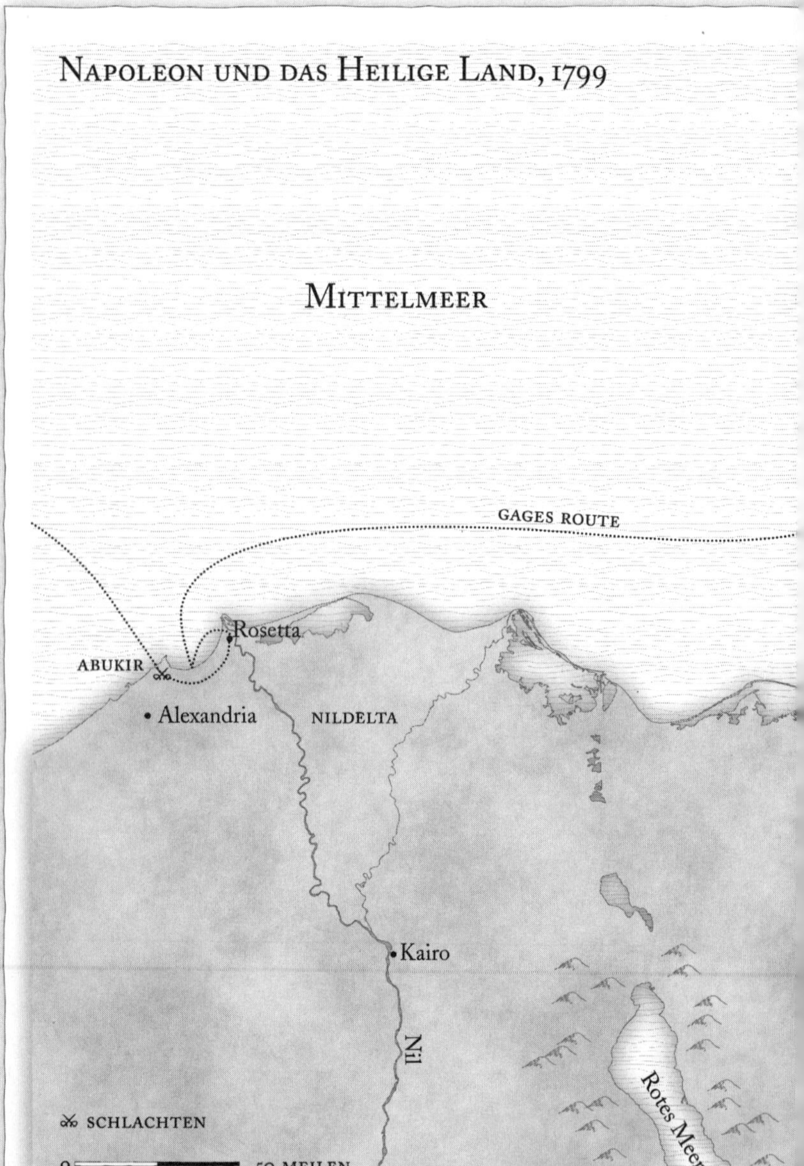

Napoleon und das Heilige Land, 1799
Mittelmeer
Gages Route
Rosetta
Abukir
Alexandria
Nildelta
Kairo
Nil
Rotes Meer
Schlachten
0
50 Meilen

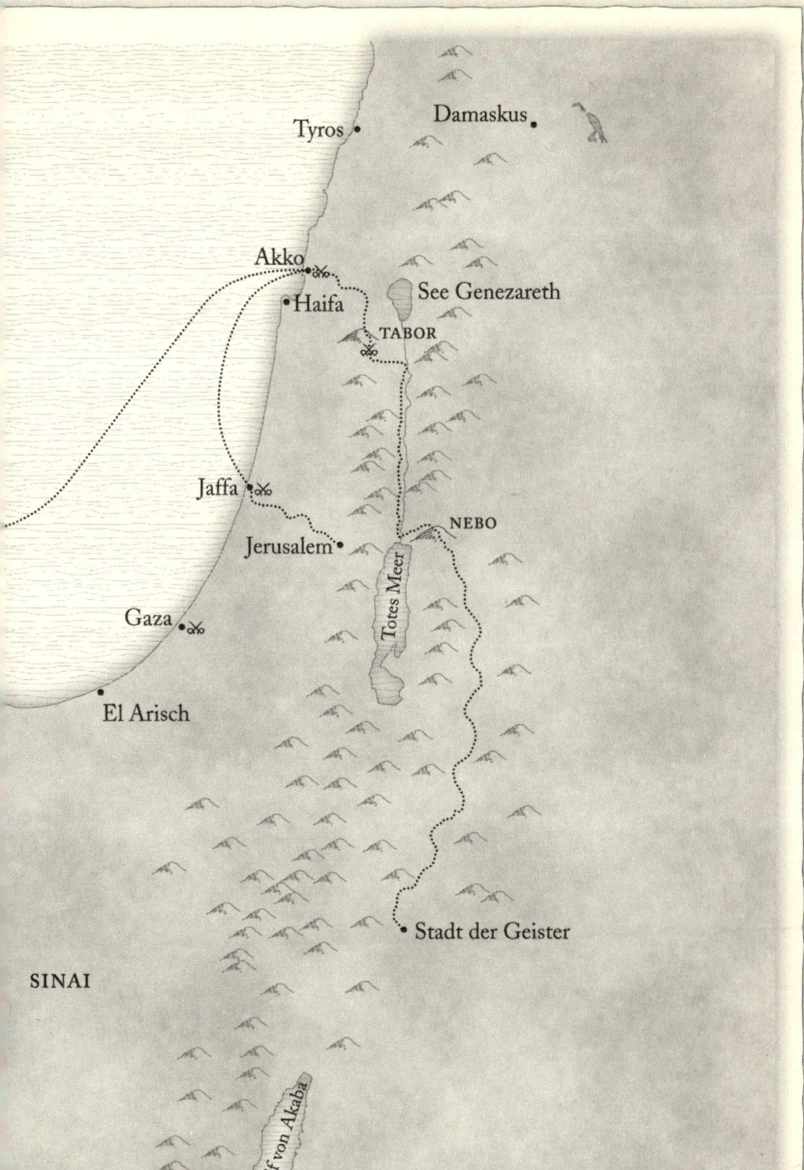

Damaskus
Tyros
Akko
Haifa
See Genezareth
TABOR
Jaffa
NEBO
Jerusalem
Totes Meer
Gaza
El Arisch
Stadt der Geister
SINAI
Golf von Akaba

Teil I

1

Wenn tausend Musketenläufe auf die eigene Brust gerichtet sind, liegt durchaus die Überlegung nahe, ob man den falschen Weg eingeschlagen hat. Ich dachte also darüber nach, während jede einzelne Mündung mich so drohend anbleckte wie das aufgerissene Maul eines streunenden Köters in Kairo. Doch nein, ich bin zwar ziemlich bescheiden, habe aber auch meine selbstgerechte Seite – und soweit ich es beurteilen konnte, war nicht ich, sondern die französische Armee vom Weg abgekommen. Das hätte ich meinem früheren Freund Napoleon Bonaparte auch erklären können, hätte er nicht oben auf den Dünen außer Rufweite gestanden, unnahbar und unerfreulich unaufmerksam, während seine Knöpfe und Orden in der mediterranen Sonne glitzerten.

Das erste Mal hatte ich zusammen mit Bonaparte an einem Strand gestanden, als er im Jahre 1798 mit seiner Armee in Ägypten landete. Damals sagte er mir, die Ertrunkenen würden in die Geschichte eingehen. Jetzt, neun Monate später vor dem palästinensischen Hafen Jaffa, sollte *ich* in die Geschichte eingehen. Französische Grenadiere trafen alle Vorbereitungen, mich und die glücklosen muslimischen Gefangenen zu erschießen, mit denen man mich zusammengewürfelt hatte, und wieder einmal versuchte ich, Ethan Gage, einen Weg zu finden, dem Schicksal zu entkommen. Es war eine Massenexekution, müssen Sie wissen. Ich war dem General, mit dem ich mich einmal anzufreunden versucht hatte, in die Quere gekommen.

Wie weit hatten wir beide es doch in neun kurzen Monaten gebracht!

Ich schob mich hinter den größten der unglückseligen osmanischen Gefangenen, einen schwarzen Riesen vom Oberlauf des Nils, der meinen Berechnungen zufolge gerade dick genug war, um eine Musketenkugel abzufangen. Wie verwirrtes Vieh hatte man uns auf einem herrlichen Strand zusammengetrieben – runde, weiße Augen in den dunkelsten Gesichtern, die türkischen Uniformen rot, cremefarben, smaragdgrün und saphirblau, verschmiert von dem Rauch und Blut einer brutalen Plünderung. Geschmeidige Marokkaner waren darunter, große, mürrische Sudanesen, wilde, bleiche Albaner, tscherkessische Kavallerie, griechische Kanoniere, türkische Sergeanten – das bunt gemischte Aufgebot eines riesigen Imperiums, allesamt durch die Franzosen gedemütigt. Und ich, der Amerikaner im Alleingang. Nicht nur mich verblüffte ihr Kauderwelsch, sie konnten sich auch oft untereinander nicht verständigen. Die Masse wogte hin und her, ihre Offiziere waren bereits tot, und das Durcheinander war ein niederschmetternder Kontrast zu den starren Linien unserer Vollstrecker, die sich wie zu einer Parade aufgestellt hatten. Der osmanische Trotz hatte Napoleon erzürnt – nie sollte man die Köpfe von Emissären auf Pfähle spießen –, und die hohe Zahl hungriger Gefangener drohte ein Hemmschuh für seine Invasion zu werden. Daher hatte man uns durch die Orangenhaine an einen halbmondförmigen Strand gleich im Süden des eroberten Hafens marschieren lassen. Das Meer funkelte herrlich grün und an den seichten Stellen golden, die Stadt auf dem Hügel schwelte. An den von Einschüssen ramponierten Bäumen sah ich noch ein paar grüne Früchte hängen. Mein früherer Wohltäter und neuerlicher Feind, der auf seinem Pferd saß wie ein junger Alexander, war im Begriff (aus Verzweiflung oder schierer Berechnung), eine Unbarmherzigkeit an den Tag zu legen, über die seine eigenen Marschälle noch in vielen künftigen Feldzügen hinter vorgehaltener Hand flüstern würden. Er aber besaß nicht einmal die Höflichkeit, Interesse zu bekunden! Er las wieder einen seiner trübsinnigen Romane und pflegte dabei die Angewohnheit, die Buchseiten herauszureißen, nachdem er sie veschlungen hatte, und zurück an seine Offiziere zu reichen. Ich war barfuß, blutig und nur vierzig Meilen Luftlinie von der Stelle entfernt, an der Jesus Christus starb, um die Welt zu retten. Die vergangenen Tage, in denen ich Verfolgung, Folter und Krieg erlebt hatte, konnten mich nicht davon überzeugen, dass die Bemühungen unseres Retters zur Verbesserung der menschlichen Natur von Erfolg gekrönt waren.

»An die Gewehre!« Tausend Musketenhähne wurden gespannt.

Napoleons Gefolgsleute hatten mich der Spionage und des Verrats beschuldigt, daher war ich mit den anderen Gefangenen an den Strand getrieben. Nun ja, diese Beschreibung enthielt tatsächlich ein Körnchen Wahrheit. Allerdings war ich nicht von vornherein mit dieser Absicht aufgebrochen, keineswegs. Ich war nur ein Amerikaner in Paris gewesen, dessen spärliche Kenntnisse in Elektrizität – und die Not, einer äußerst ungerechten Anklage wegen Mordes zu entkommen – dazu geführt hatten, dass ich ein Jahr zuvor in die Gemeinschaft der Wissenschaftler und Gelehrten aufgenommen wurde, die Napoleon bei seiner verblüffenden Eroberung Ägyptens begleiteten. Darüber hinaus hatte ich ein Talent dafür entwickelt, zur falschen Zeit auf der falschen Seite zu stehen. Ich war von der Kavallerie der Mamelucken beschossen worden, von der Frau, die ich liebte, von arabischen Mördern, britischen Kanonen, muslimischen Fanatikern, französischen Soldaten – und dabei bin ich so ein netter Mensch!

Zuletzt war mir ein gemeiner Schurke namens Pierre Najac auf den Fersen, ein Mörder und Dieb, der nicht verwinden konnte, dass ich ihn einmal auf dem Weg nach Toulon aus der Deckung, unter einer Kutsche liegend, beschossen hatte, als er versuchte, mir ein heiliges Amulett zu stehlen. Das ist eine lange Geschichte, wie der vorangegangene Band bezeugen kann. Wie die rächende Nemesis war Najac wieder in mein Leben getreten, hatte mir einen Kavalleriesäbel in den Rücken gebohrt und mich gezwungen, in den Reihen der Gefangenen zu bleiben. Er freute sich auf mein bevorstehendes Hinscheiden wie jemand, der eine besonders abscheuliche Spinne zermalmt. Ich bereute inzwischen, dass ich damals nicht ein bisschen höher und zwei Zoll weiter nach links gezielt hatte.

Wie gesagt, anscheinend ist immer das Glücksspiel schuld. Damals in Paris war es ein Kartenspiel gewesen, das mir das mysteriöse Amulett einbrachte. Damit fing der ganze Ärger an. Diesmal hatte das, was wie ein einfacher Weg für einen Neuanfang ausgesehen hatte – den verblüfften Seeleuten der HMS *Dangerous* jeden Shilling abzuknöpfen, den sie besaßen, bevor die Briten mich im Heiligen Land am Ufer absetzten – nichts zur Lösung beigetragen, und stattdessen, so könnte man meinen, eigentlich erst zu meiner gegenwärtigen misslichen Lage geführt. Ich kann es nur noch einmal sagen: Spielen ist ein Laster, und es ist dumm, sich auf das Glück zu verlassen.

»Legt an!«

Aber ich greife voraus.

Ich, Ethan Gage, habe meine vierunddreißig Lebensjahre hauptsächlich damit verbracht, mich von zu großen Problemen und zu viel Arbeit fernzuhalten. Wie mein Mentor und früherer Dienstherr, der verstorbene große Benjamin Franklin zweifelsohne feststellen würde, kann man diese beiden Neigungen so wenig zusammenbringen wie positive und negative Elektrizität. Das Streben nach Letzterem, Arbeit zu vermeiden, vereitelt unweigerlich Ersteres, Problemen aus dem Weg zu gehen. Doch das ist eine Lektion wie die Kopfschmerzen, die dem Alkoholgenuss folgen, oder die Treulosigkeit schöner Frauen: Man vergisst sie, kaum hat man sie gelernt. Meine Abneigung gegen harte Arbeit verstärkte meine Vorliebe für das Spiel, dem Glücksspiel verdankte ich das Amulett, dem Amulett verdankte ich meine Fahrt nach Ägypten mit der Hälfte aller Halunken dieses Planeten auf den Fersen, und Ägypten verdankte ich meine geliebte, verlorene Astiza. Sie wiederum hatte mich überzeugt, dass wir die Welt von Najacs Herrn und Meister, dem franko-italienischen Grafen und Hexenmeister Alessandro Silano, zu befreien hätten. Das alles machte mich unerwartet zu Bonapartes Gegner. Wie das Leben so spielt, verliebte ich mich, fand einen Geheimgang in die Große Pyramide und machte die tollsten Entdeckungen überhaupt, nur um alles zu verlieren, was mir lieb war, als ich gezwungen wurde, im Ballon zu fliehen.

Ich sagte ja schon, es ist eine lange Geschichte.

Jedenfalls war die hübsche, aufreizende Astiza – meine Beinahe-Mörderin, Dienerin und ägyptische Priesterin – mit meinem Feind Silano vom Ballon in den Nil gestürzt. Seither versuche ich verzweifelt, etwas über ihr Schicksal zu erfahren, doppelt neugierig geworden, nachdem die letzten Worte meines Feindes an Astiza lauteten: »Du weißt, dass ich dich noch immer liebe!« Das ist wahrlich dazu angetan, nachts in sämtlichen Ecken des Verstandes herumzugeistern. Wie standen sie nun wirklich zueinander? Um das herauszufinden, war ich damit einverstanden gewesen, dass der verrückte Engländer Sir Sidney Smith mich in Palästina an Land setzte, knapp vor Bonapartes Invasionsarmee, um Nachforschungen anzustellen. Dann führte eins zum anderen, und nun stand ich da vor tausend Gewehrmündungen.

»Feuer!«

Doch bevor ich Ihnen erzähle, was passierte, als die Musketen aufblitzten, sollte ich vielleicht zu der Stelle zurückkehren, an der meine erste Geschichte aufhörte, Ende Oktober 1798, als ich an Deck der britischen Fregatte *Dangerous,* die mit geblähten Segeln und aufschäumender Bugwelle auf das Heilige Land zupflügte, in der Falle saß. Wie munter das alles war, englische Banner flatterten, stämmige Matrosen zogen mit rauen Gesängen an ihren starken Hanfleinen, steife

Offiziere mit Zweispitzen schritten das Achterdeck ab, und strotzende Kanonen wurden von der Gischt des Mittelmeeres wie mit Tau überzogen. Kleine Tropfen trockneten zu Salzsternen aus. Mit anderen Worten, es war genau die Art militanter, männlicher Raubzug, den ich zu verachten gelernt hatte, nachdem ich nur knapp dem wirbelnden Angriff eines Mameluckenkriegers in der Schlacht bei den Pyramiden, der Explosion der *L'Orient* in der Schlacht am Nil und einem heimtückischen arabischen Schlangenanbeter namens Achmed bin Sadr entkommen war, den ich zu guter Letzt verdient in die Hölle geschickt hatte. Ich war nach den flotten Abenteuern etwas außer Atem und wäre nur zu gern in die Heimat nach New York geeilt, um eine nette Stellung als Buchhalter oder Textilienhändler anzutreten, oder vielleicht als Anwalt, der sich mit öden Testamenten in den Händen schwarz gekleideter Witwen und unreifer, unwürdiger Nachkommen beschäftigt. Ja, ein Schreibpult und verstaubte Hauptbücher – das ist das Leben für mich! Doch Sir Sidney wollte davon nichts wissen. Schlimmer noch, ich hatte endlich kapiert, was mir in dieser Welt am Herzen lag: Astiza. Ich konnte wohl kaum eine Passage in die Heimat buchen, ohne herauszufinden, ob sie ihren Sturz mit dem Halunken Silano überlebt hatte, und ob ich sie irgendwie retten konnte.

Das Leben war einfacher, als ich noch keine Prinzipien hatte.

Smith war aufgeblasen wie ein türkischer Admiral, Pläne brauten sich in seinem Hirn zusammen wie ein herannahender Sturm. Man hatte ihm die Aufgabe übertragen, den Türken und ihrem osmanischen Reich zu helfen, das weitere

Vordringen der Armeen Bonapartes von Ägypten nach Syrien zu vereiteln. Denn der junge Napoleon hoffte, sich selbst ein östliches Imperium zu erkämpfen. Sir Sidney brauchte Verbündete und Spione, und nachdem er mich aus dem Mittelmeer gefischt hatte, teilte er mir mit, es wäre zu unser beider Vorteil, wenn ich mich seiner Sache anschlösse. Zu versuchen, nach Ägypten zurückzukehren und mich den wütenden Franzosen allein zu stellen, sei verwegen, stellte er nüchtern fest. Ich könne von Palästina aus Nachforschungen über Astiza anstellen, während ich gleichzeitig die unterschiedlichen Sekten einschätzte, die man vielleicht hinter sich bringen könnte, um Napoleon zu bekämpfen. »Jerusalem!«, hatte er ausgerufen. War er verrückt? Diese halb vergessene Stadt, ein osmanisches Provinznest, verkrustet von Dreck, Geschichte, religiösen Fanatismen und Krankheit, hatte allen Berichten zufolge nur überlebt, weil es den gläubigen und leicht zu täuschenden Pilgern dreier Glaubensrichtungen Pflichttourismus aufgenötigt hatte. Für einen englischen Ränkeschmied und Krieger wie Smith hatte Jerusalem jedoch den Vorteil, ein Schmelztiegel der komplizierten Kultur Syriens zu sein, ein polyglotter Bau mit Muslimen, Juden, Griechisch-Orthodoxen, Katholiken, Drusen, Maroniten, Matuwelli, Türken, Beduinen, Kurden und Palästinensern, und alle erinnerten sich an Kränkungen, die sie vor vielen Tausend Jahren von den anderen erfahren hatten.

Offen gesagt, ich hätte mich nie näher als hundert Meilen an den Ort herangewagt, wäre nicht Astiza davon überzeugt gewesen, dass Moses ein heiliges Buch uralter Weisheit aus dem Bauch der Großen Pyramide gestohlen und seine Nachfahren es nach Judäa gebracht hatten. Das bedeutete, wenn man es suchen wollte, wäre Jerusalem der geeignetste Ort. Bisher bedeutete dieses Buch des Thoth, vielmehr die Gerüchte darüber, nichts als Ärger. Doch wenn es wirklich den Schlüssel zur Unsterblichkeit und zur Herrschaft über das Universum enthielt, konnte ich es wohl kaum abhaken, oder? Jerusalem ergab tatsächlich einen abwegigen Sinn.

Smith hielt mich für einen zuverlässigen Komplizen, und wir hatten tatsächlich eine Art Bündnis geschlossen. Ich hatte ihn in einem Zigeunerlager kennengelernt, nachdem ich Najac angeschossen hatte. Der Siegelring, den er mir gegeben hatte, war meine Rettung vor dem Strick an der Rahnock, als ich nach dem Spektakel am Nil vor Admiral Nelson gezerrt wurde. Und Smith war ein echter Held, der französische Schiffe verbrannt hatte und aus einem Pariser Gefängnis entkommen war, indem er einer seiner früheren Bettgenossinnen aus einem vergitterten Fenster ein Zeichen gegeben hatte. Nachdem ich einen Pharaonenschatz aus der Großen Pyramide mitgenommen, ihn wieder verloren hatte, um nicht zu ertrinken, und einen Ballon von meinem Freund und Gelehrtenkollegen Nicolas-Jacques Conté gestohlen hatte, war ich ins Meer gestürzt und hatte mich nass und mittellos auf dem Achterdeck der *Dangerous* wiedergefunden. Das Schicksal brachte mich erneut leibhaftig mit Sir Sidney zusammen, und ich war den Briten ebenso auf Gedeih und Verderb ausgeliefert wie zuvor den Franzosen. Meine eigenen Gefühle – dass ich genug hatte von Krieg und Schatzsuche und gern in die Heimat nach Amerika zurückgekehrt wäre – wurden unbekümmert ignoriert.

»Während Sie also vom syrischen Palästina aus Nachforschungen über diese Frau anstellen, an der Sie Gefallen gefunden haben, Gage, können Sie auch bei den Christen und Juden vorfühlen, ob sie Widerstand gegen Bonaparte leisten würden«, sagte Smith. »Es kann sein, dass sie sich auf die Seite der Franzmänner stellen, und wenn er eine Armee hier entlang führt, brauchen unsere türkischen Verbündeten jede Hilfe, die sie kriegen können.« Er legte mir den Arm um die Schulter. »Sie sind genau der Richtige für diese Arbeit, schätze ich: klug, umgänglich, entwurzelt, ohne jegliche Skrupel und ohne Glauben. Die Menschen erzählen Ihnen etwas, Gage, weil ihnen klar ist, dass es ohne Folgen bleibt.«

»Das liegt nur daran, dass ich Amerikaner bin, kein Brite oder Franzose ...«

»Genau. Perfekt für unsere Zwecke. Djezzar wird beeindruckt sein, dass sich sogar ein so oberflächlicher Mann wie Sie beteiligt.«

Djezzar, dessen Name »der Schlächter« bedeutete, war der anerkannt grausame und despotische Pascha in Akko, auf den die Briten angewiesen waren, um Napoleon zu bekämpfen. Entzückt, dessen war ich mir sicher.

»Aber mein Arabisch beschränkt sich nur auf das Nötigste, und über Palästina weiß ich nichts«, machte ich ihm klar.

»Kein Problem für einen Agenten mit Verstand und Mut wie Sie, Ethan. Die Krone hat einen Verbündeten in Jerusalem mit dem Decknamen Jericho, ein Schmied, der früher einmal in unserer Marine gedient hat. Er kann Ihnen helfen, nach dieser Astiza zu suchen und für uns zu arbeiten. Er hat Kontakte in Ägypten! Sie benötigen nur wenige Tage Ihrer schlauen Diplomatie, eine Gelegenheit, in die Fußstapfen von Jesus Christus persönlich zu treten, und schon sind Sie wieder zurück, nur mit Staub an den Stiefeln und einer heiligen Reliquie in der Tasche, und Ihre anderen Probleme sind gelöst. Wirklich ganz vorzüglich, wie sich eins ins andere fügt. Unterdessen werde ich Djezzar helfen, die Verteidigung von Akko vorzubereiten, für den Fall, dass Boney, wie Sie sagten, nach Norden marschiert. Im Nu werden wir beide strahlende Helden sein, die in London öffentlich gefeiert werden!«

Sobald man von jemandem Komplimente und Wörter wie »vorzüglich« hört, ist es höchste Zeit, die Geldbörse in Sicherheit zu bringen. Aber bei Bunker Hill, ich war neugierig auf das Buch des Thoth, und die Erinnerung an Astiza quälte mich. Ihr Opfer, um mich zu retten, war der schlimmste Augenblick meines Lebens – um ehrlich zu sein, noch schlimmer als der Moment, in dem meine geliebte Pennsylvania-Langbüchse explodierte –, und das Loch in meinem Herzen war so groß, dass man eine Kanonenkugel hätte hindurchschießen können, ohne etwas zu verletzen. Ein guter Satz, den man gegenüber einer Frau verwenden könnte, dachte ich, und ich wollte ihn an Astiza ausprobieren. Natürlich sagte ich also »Ja«, das gefährlichste Wort in jeder Sprache.

»Was mir fehlt, sind Kleidung, Waffen und Geld«, stellte ich fest. Das Einzige, was ich von der Großen Pyramide hatte behalten können, waren zwei kleine goldene Seraphim, kniende Engel, von denen Astiza behauptete, sie stammten von Moses' Stab. Ich hatte sie ziemlich unrühmlich in meine Unterhose gesteckt. Ursprünglich hatte ich vorgehabt, sie zu versetzen, doch sie hatten einen sentimentalen Wert angenommen, obwohl sie der Grund waren, warum ich mich hin und wieder kratzen musste. Wenigstens waren sie eine

Reserve aus kostbarem Metall, die ich lieber nicht offenlegte. Sollte Smith mir doch einen Zuschuss geben, wenn er so erpicht darauf war, mich anzuwerben.

»Ihr Geschmack für arabische Lumpen ist perfekt«, sagte der britische Geschwaderkommandeur. »Und Sie haben eine ziemlich dunkle Hauttönung angenommen, Gage. Fügen Sie in Jaffa einen Umhang und einen Turban hinzu, und Sie werden als Einheimischer durchgehen. Was eine englische Waffe betrifft, die könnte Ihnen ein türkisches Gefängnis einbringen, wenn man Sie der Spionage verdächtigt. Ihr Verstand wird Sie vor Schaden bewahren. Was ich Ihnen leihen kann, ist ein kleines Fernrohr. Es ist vorzüglich scharf und genau das Richtige, um Truppenbewegungen auszumachen.«

»Sie vergaßen das Geld.«

»Die Vergütung der Krone wird mehr als angemessen sein.«

Er reichte mir eine Geldbörse mit ein paar Silber-, Messing- und Kupfermünzen: spanische Reals, osmanische Piaster, eine russische Kopeke und zwei holländische Rixdollar. Regierungsbudgetierung.

»Damit kann ich mir kaum ein Frühstück kaufen!«

»Ich kann Ihnen kein Pfund Sterling geben, Gage, das würde Sie im Nu verraten. Sie sind doch ein Mann mit Einfällen, oder? Strecken Sie das, was Sie haben! Der Himmel weiß, dass die Admiralität es auch so hält!«

Schön, sagte ich mir, meinen Einfallsreichtum könnt ihr sofort haben, und ich fragte mich, ob ich mir mit den Besatzungsmitgliedern, die gerade keinen Dienst hatten, die Zeit bei einem freundschaftlichen Kartenspiel vertreiben könnte.

Als ich bei Napoleons Ägyptenfeldzug als Gelehrter noch hoch im Ansehen stand, hatte ich die Wahrscheinlichkeitsgesetze gern mit berühmten Mathematikern wie Gaspard Monge und dem Geografen Edme François Jomard diskutiert. Sie hatten mich ermutigt, systematischer über Gewinnchancen und den Hausvorteil nachzudenken und an meiner spielerischen Geschicklichkeit zu feilen.

»Vielleicht kann ich Ihre Männer für ein Glücksspiel gewinnen?«

»Hach! Seien Sie auf der Hut, dass die Sie nicht völlig ausnehmen!«

2

Ich begann mit Brelan. Kein schlechtes Spiel, wenn man es mit einfachen Matrosen spielt, da es ums Bluffen geht. In den Salons von Paris hatte ich darin einige Übung bekommen – das Palais Royale besaß in seinen ausgedehnten Räumlichkeiten allein hundert Spielsalons –, und die ehrlichen britischen Seeleute konnten es mit jemandem, den sie schon bald einen fränkischen Heuchler nannten, nicht aufnehmen. Nachdem ich ihnen also gerade so viel abgeknöpft hatte, wie sie aushielten, weil ich vorgab, die besseren Karten zu haben – oder meine Verwundbarkeit fahren ließ, wenn das, was ich auf der Hand hielt, mich besser rüstete als alle Waffen, die ein Mamelucken-Bei in seiner Schärpe hatte –, bot ich Spiele an, die anscheinend nur vom Glück abhingen. Leutnants zur See und Kanoniere, die einen halben Monatssold bei einem Kartenspiel verloren hatten, in dem es auf Geschicklichkeit ankam, setzten eifrig einen ganzen Monatssold bei einem reinen Glücksspiel ein.

Das war es natürlich nicht. Beim einfachen Lansquenet setzt der Bankhalter – ich – einen Wettbetrag ein, und die anderen Spieler müssen gleichziehen. Zwei Karten werden umgedreht, die linke ist meine Karte, die zu meiner Rechten gehört dem Spieler. Dann fange ich an, Karten aufzudecken, bis eine auftaucht, die zu einer der ersten beiden passt. Ist es zuerst die rechte Karte, gewinnt der Spieler. Ist es die linke, gewinnt der Geber. Das sind doch faire Chancen, oder?

Wenn aber die ersten beiden Karten gleich sind, gewinnt der Bankhalter sofort, ein leichter rechnerischer Vorteil, der mir nach mehreren Stunden einen Vorsprung verschaffte. Schließlich bettelten sie um ein anderes Spiel.

»Dann wollen wir es mit Pharao versuchen«, schlug ich vor. »Das ist in Paris groß in Mode, und ich bin sicher, euer Glück wird sich wenden. Ihr seid schließlich meine Retter, und ich stehe in eurer Schuld.«

»Ja, wir wollen unser Geld zurück, Sie gerissener Yankee!«

Doch Pharao ist noch vorteilhafter für den Bankhalter, denn der Geber gewinnt automatisch die erste Karte. Die letzte Karte von zweiundfünfzig, die eines Spielers, wird nicht gezählt. Darüber hinaus gewinnt der Geber alle dem Rang nach gleichen Karten. Obwohl mein Vorteil klar auf der Hand lag, glaubten sie, mich im Lauf der Zeit kleinzukriegen, wenn wir die ganze Nacht hindurch spielten, doch das genaue Gegenteil war der Fall – je länger das Spiel dauerte, umso höher wurde mein Stapel Münzen. Je mehr sie daran glaubten, mein Glück würde mich unweigerlich verlassen, umso gnadenloser war mein Vorsprung. Die Ausbeute auf einer Fregatte, die noch auf Kaperfahrt gehen muss, ist gering, doch so viele wollten mich schlagen, dass meine Geldbeutel im Morgengrauen, als die Küste Palästinas in Sicht kam, gefüllt waren. Mein alter Freund Monge hätte schlicht gesagt, Mathematik sei der Trumpf.

Wenn man jemandem Geld abnimmt, muss man ihm unbedingt versichern, wie ausgezeichnet er spielt und wie launenhaft doch das Schicksal ist, und wahrscheinlich teilte ich so viel Mitgefühl aus, dass die Männer, denen ich das meiste raubte, meine treuesten Freunde wurden. Sie bedankten sich bei mir, dass ich vier hochverzinsliche Darlehen an die ärgsten Verlierer gab, während ich genügend Gewinne einstrich, um mich in Jerusalem stilvoll über Wasser zu halten. Als ich einem der Trottel das Medaillon seiner Liebsten, das er gesetzt hatte, zurückgab, war ich für sie der Größte.

Zwei meiner Gegner ließen sich jedoch partout nicht bezirzen. »Sie haben teuflisches Glück«, bemerkte ein großer, rotgesichtiger Matrose, der auf den anschaulichen Namen Big Ned hörte, mit finsterem Blick, während er seine beiden ihm verbliebenen Pennys immer wieder zählte.

»Oder das der Engel«, meinte ich. »Dein Spiel war meisterhaft, Kumpel, aber wie es aussieht, hat die Vorsehung heute Abend mir zugelächelt.« Ich grinste und versuchte, so umgänglich auszusehen, wie Smith mich beschrieben hatte. Ich unterdrückte ein Gähnen.

»Niemand hat so lange so viel Glück.«

Ich zuckte mit den Schultern. »Nur wenn er helle ist.«

»Ich will, dass Sie mit mir würfeln«, sagte der Rotrock, dessen Augen schmal und undurchschaubar wie der Trubel auf einer Straße in Alexandria waren. »Dann werden wir sehen, wie viel Glück Sie haben.«

»Ein intelligenter Mann, mein maritimer Freund, zeichnet sich unter anderem dadurch aus, dass er den Würfeln eines anderen Mannes nur zögernd traut. Würfel sind die Knochen des Teufels.«

»Haben Sie Angst, mir die Chance zu geben, mein Geld zurückzugewinnen?«

»Mir genügt es einfach, mein Spiel zu spielen und dich deins spielen zu lassen.«

»Ha, ich glaube, der Amerikaner ist ein bisschen feige«, spöttelte der Kamerad des Matrosen, ein gedrungener, noch hässlicherer Mann namens Little Tom. »Hat Schiss, zwei ehrlichen Matrosen eine faire Chance zu geben.« Im Gegensatz zu Ned mit dem Körperumfang eines kleinen Pferdes hatte Tom die Haltung einer bösartigen Bulldogge.

Allmählich wurde mir mulmig. Andere Matrosen beobachteten unseren Wortwechsel mit wachsendem Interesse, da sie keine andere Möglichkeit sahen, wieder an ihr Geld zu kommen. »Im Gegenteil, meine Herren, wir haben die ganze Nacht im Kartenspiel gegeneinander gekämpft. Es tut mir leid, dass ihr verloren habt, und ich bin sicher, dass ihr euch die größte Mühe gegeben habt, ich bewundere eure Ausdauer, aber vielleicht solltet ihr euch intensiver mit der Mathematik des Zufalls beschäftigen. Jeder ist für sein Glück allein verantwortlich.«

»Sich mit was beschäftigen?«, fragte Big Ned.

»Ich glaube, er wollte damit sagen, dass er geschummelt hat«, interpretierte Tom.

»Nun, es besteht kein Grund, von Unehrlichkeit zu sprechen.«

»Trotzdem fordern die Matrosen Ihre Ehre heraus, Gage«, sagte ein Leutnant, dem ich fünf Shillings abgeknöpft hatte, mit größerer Begeisterung, als mir lieb war. »Es heißt, Sie seien ein Meisterschütze und hätten sich auf der Seite der Franzmänner ganz gut geschlagen. Sie werden sich doch von diesen Rotröcken nicht den Ruf ruinieren lassen?«

»Natürlich nicht, aber wir wissen doch alle, dass es ein faires ...«

Big Ned schlug mit der Faust auf das Deck, und zwei Würfel sprangen wie Fliegen aus seinem Griff. »Geben Sie uns unser Geld zurück, spielen Sie mit, oder treffen Sie sich mit mir um zwölf Uhr mittags im Mitteldeck.« Er knurrte, feixte dabei aber so, dass es mich ärgerte. Bei seiner Größe war er offenbar nicht gewohnt, zu verlieren.

»Bis dahin werden wir in Jaffa sein«, versuchte ich auszuweichen.

»Um so mehr Muße, uns zwischen den Achtzehnpfündern zu unterhalten.«

Na schön. Es war sonnenklar, was ich zu tun hatte. Ich stand auf. »Aye, du brauchst eine Lektion. Dann bis Mittag.«

Die Meute jubelte zustimmend. Die Nachricht über einen Kampf sprach sich vom Bug bis ans Heck der *Dangerous* fast so schnell herum wie das Gerücht über ein romantisches Stelldichein, das vom einen Ende des revolutionären Paris zum anderen fliegt. Die Matrosen erwarteten einen Ringkampf, in dem ich mich in Big Neds Griff für jeden Penny, den ich gewonnen hatte, unter Schmerzen winden würde. Wäre ich dann zur Genüge durchgeknetet, würde ich um die Gelegenheit betteln, meine gesamten Gewinne zurückzugeben. Um meine allzu blühende Fantasie von dieser unangenehmen Aussicht abzulenken, ging ich ans Achterdeck, um zu beobachten, wie wir uns Jaffa näherten, und mein neues Fernrohr auszuprobieren.

Es war ein flottes kleines Teleskop, und der wichtigste Hafen von Palästina lag, Monate bevor Napoleon ihn einnehmen würde, wie ein Leuchtfeuer an einem ansonsten flachen, dunstigen Ufer. Die Stadt krönte einen Berg mit Festungen, Türmen und Minaretten, die Kuppelbauten zogen sich wie aufgestapelte Felsblöcke terrassenförmig in allen Richtungen nach unten. Das Ganze war umgeben von einer Mauer, die zum Meer hin auf den Anleger im Hafen stieß. Landeinwärts erblickte ich Orangenhaine und Palmen, dahinter goldgelbe Felder und braune Weiden. Schwarze Kanonen ragten aus Schießscharten, und selbst aus zwei Meilen Entfernung vernahmen wir die Klagelaute, mit denen die Gläubigen zum Gebet gerufen wurden.

In Paris hatte ich Orangen aus Jaffa gegessen, berühmt für ihre dicke Schale, die ihren Transport nach Europa ermöglicht. Inmitten der unzähligen Obstbäume wirkte die blühende Stadt wie ein Schloss in einem Wald. Osmanische Banner flatterten in der warmen Herbstbrise, Teppiche hingen von Geländern, und der Geruch nach Holzkohlefeuern wehte über das Wasser zu uns herüber. In Küstennähe gab es ein paar gefährliche Riffe, die man an den weißen Schaumkronen im Meer erkennen konnte, und in dem kleinen Hafen drängten sich Dhaus und Feluken. Wie die anderen großen Schiffe ankerten auch wir auf Reede. Eine kleine Flotte arabischer Prahme brach auf, um zu sehen, ob Geschäfte zu machen seien, und ich bereitete mich darauf vor, das Schiff zu verlassen.

Natürlich erst, wenn ich mit dem unglücklichen Matrosen fertig wäre.

»Wie ich hörte, hat Ihr berühmtes Glück Sie mit Big Ned in Verwicklung gebracht, Ethan«, sagte Sir Sidney und reichte mir einen Beutel Schiffszwieback, der mir bis Jerusalem reichen sollte. Die Engländer sind nicht für ihre Küche bekannt. »Ein wahrer Bulle von einem Mann mit dem Kopf eines Widders, und genauso dick, schätze ich. Haben Sie einen Plan, wie Sie ihn überlisten?«

»Ich hätte es ja mit seinen Würfeln probiert, Sir Sidney, aber ich vermute, wenn sie noch schwerer gemacht würden, brächten sie diese Fregatte zum Kentern.«

Er lachte. »Aye, er hat mehr als einen armen, bedrängten Teufel betrogen und besitzt die Muskelkraft, Beschwerden von vornherein auszuschließen. Er ist es nicht gewohnt, zu verlieren. Nicht wenige hier freuen sich, dass Sie ihn drankriegen. Schade nur, dass Ihr Schädel dafür herhalten muss.«

»Sie könnten den Kampf verbieten.«

»Die Männer sind geil wie räudige Hunde und bekommen erst in Akko Landgang. Eine ordentliche Rauferei stellt sie ruhig. Sie sehen aus, als wären Sie schnell, Mann! Zeigen Sie es ihm!«

Ach ja. Unter Deck begab ich mich auf die Suche nach Big Ned und fand ihn neben dem Herd in der Kombüse, wo er sich mit Schweineschmalz die imposanten Muskeln einfettete, damit er sich aus meinem Griff winden konnte. Er glänzte wie eine Weihnachtsgans.

»Können wir kurz unter vier Augen sprechen?«

»Wollen sich wohl drücken, was?« Er grinste. Seine Zähne wirkten so groß wie die Tasten eines neumodischen Klaviers.

»Ich habe gerade über die Sache nachgedacht und festgestellt, dass wir gemeinsam gegen Bonaparte kämpfen, nicht gegeneinander. Aber ich habe auch meinen Stolz. Komm, lass es uns irgendwo austragen, wo die anderen es nicht sehen.«

»Nein. Sie zahlen nicht nur an mich zurück, sondern an jede einzelne Teerjacke dieser Besatzung!«

»Das ist unmöglich. Ich weiß nicht, wem ich was schulde. Aber wenn du mir jetzt sofort folgst und versprichst, mich in Ruhe zu lassen, werde ich dir die doppelte Summe zurückgeben.«

Nun blitzte Habgier in seinen Augen auf. »Zum Henker mit Ihnen, es sollte das Dreifache sein!«

»Komm einfach ins Orlopdeck, ohne viel Aufhebens zu machen. Dann zeige ich dir meine Geldbörse.«

Er watschelte hinter mir her wie ein begriffsstutziger, aber eifriger Zirkusbär. Wir stiegen in den tiefsten Teil der Fregatte, in dem die Vorräte lagerten.

»Ich habe das Geld hier unten versteckt, damit es niemand stehlen kann«, sagte ich und hob eine Luke über der Bilge an. »Mein Förderer Benjamin Franklin sagte, mit dem Reichtum kommen die Sorgen, und ich muss sagen, da ist etwas dran. Du solltest es dir merken.«

»Zum Teufel mit dem Rebellen Franklin! Man hätte ihn hängen sollen!«

Ich griff nach unten. »Ach du meine Güte, es ist verrutscht. Hinuntergefallen, glaube ich.« Ich spähte umher und schaute zu dem über mir aufragenden Goliath mit derselben vorgetäuschten Hilflosigkeit auf, die unzählige Huren mir gegenüber gezeigt hatten. »Wie hoch war dein Verlust, drei Shillings?«

»Vier, bei Gott!«

»Dann verdreifache das ...«

»Aye, Sie schulden mir zehn!«

»Dein Arm ist länger als meiner. Kannst du mir helfen?«

»Holen Sie es doch selbst!«

»Ich komme gerade mit den Fingerspitzen dran. Vielleicht finden wir eine Gaffel?« Ich stand auf und machte einen erbärmlichen Eindruck.

»Yankeeschwein ...« Er legte sich auf den Boden und steckte seinen Kopf in die Öffnung. »Kann nichts sehen, verdammt.«

»Da rechts, siehst du nicht den silbernen Schimmer? Greif so weit hinein, wie du kannst.«

Er grunzte, schob den Oberkörper durch die Luke, streckte sich und tastete.

Mit einem ordentlichen, beherzten Stoß kippte ich ihn gänzlich hinein. Er war schwer wie ein Mehlsack, aber sobald ich ihn in Bewegung gesetzt hatte, war das von Vorteil. Er stürzte hinunter, prallte auf, es platschte, und noch bevor er ein Geschrei über öliges Bilgenwasser loslassen konnte, schloss ich die Luke und verriegelte sie. Allerliebst, die Ausdrücke, die von unten kamen! Ich rollte ein paar Wasserfässer über die Luke, um den Lärm zu dämpfen.

Dann zog ich die Geldbörse zwischen zwei Zwiebackfässern hervor, wo ich sie verborgen hatte, steckte sie in die Hose und hüpfte hinauf aufs Mitteldeck, die Ärmel aufgekrempelt. »Den Schiffsglocken nach ist es Mittag!«, schrie ich. »Im Namen des Königs, wo ist er?«

Im Chor rief man nach Big Ned, doch es kam keine Antwort.

»Versteckt er sich? Kann ihm keinen Vorwurf machen, wenn er sich mir nicht stellen will.« Angeberisch boxte ich in die Luft.

Der kleine Tom nahm mich finster ins Visier. »Bei Luzifer, *ich* werde Sie zermalmen.«

»Das wirst du nicht. Ich messe mich nicht mit jedem auf diesem Schiff.«

»Ned, gib dem Amerikaner, was er verdient!«, schrie Tom.

Doch niemand antwortete.

»Ich frage mich, ob er in den Bramsegeln ein Nickerchen hält?« Ich schaute in die Takelage hoch und stellte amüsiert fest, dass der kleine Tom rufend und schwitzend himmelwärts kletterte.

Ein paar Minuten verbrachte ich unter Deck und führte mich auf wie ein ungeduldiger Hahn, und sobald ich es wagte, wandte ich mich an Smith. »Wie lange müssen wir denn noch auf diesen Feigling warten? Wir wissen doch beide, dass ich an Land zu tun habe.«

Die Besatzung war offensichtlich enttäuscht und zutiefst argwöhnisch. Wenn ich nicht bald von Bord der *Dangerous* käme, dass wusste Smith, hätte er seinen neuesten und einzigen amerikanischen Spion wahrscheinlich verloren. Tom sprang wieder auf das Deck, keuchend und verärgert. Smith prüfte das Stundenglas. »Ja, es ist Viertel nach zwölf, und Ned hat seine Chance gehabt. Brechen Sie auf, Gage, und erfüllen Sie Ihre Aufgabe im Namen von Liebe und Freiheit.«

Enttäuschung wurde laut.

»Spielt nicht Karten, wenn ihr es euch nicht leisten könnt, zu verlieren!«, rief Smith.

Die Mannschaft stichelte, ließ mich jedoch zum Fallreep durch. Tom war unter Deck verschwunden. Ich hatte nicht viel Zeit, also ließ ich mich wie eine ängstliche Katze auf die dreckigen Fischernetze eines arabischen Leichters fallen. »Ans Ufer, und eine Münze extra, wenn Sie sich beeilen«, flüsterte ich dem Bootsmann zu. Ich stieß uns eigenhändig ab, und der muslimische Kapitän begann, doppelt so schnell wie gewohnt den Felsen und dem Hafen von Jaffa entgegen zu skullen, halb so schnell, wie mir lieb gewesen wäre.

Ich drehte mich um und winkte Smith zu. »Kann kaum erwarten, Sie wiederzusehen!« Was natürlich glatt gelogen war. Hätte ich erst einmal etwas über Astizas Schicksal erfahren und meine Neugier über das Buch des Thoth befriedigt, hatte ich nicht vor, den Engländern oder Franzosen, die sich seit tausend Jahren gegenseitig an die Gurgel gingen, wieder nahe zu kommen. Eher würde ich nach China segeln.

Vor allem, wenn auf dem Kanonendeck Männer tobten und Big Neds Kopf wie der einer Taschenratte auftauchte, rot vor Wut und Anstrengung. Ich betrachtete ihn durch das neue Fernrohr und sah, dass er eine Schlammtaufe hinter sich hatte.

»Kommen Sie zurück, gelber Hund! Ich werde Ihnen die Glieder einzeln abreißen!«

»Wenn hier einer gelb ist, dann bist du es, Ned! Du hast dich nicht an unsere vereinbarte Zeit gehalten!«

»Sie haben mich reingelegt, Sie gerissener Yankee!«

»Ich habe dir eine Lektion erteilt!« Doch er konnte mich kaum hören, da wir uns, auf den Wellen hüpfend, entfernten. Sir Sidney hob sarkastisch seinen Hut zum Gruß. Die englischen Matrosen wollten eilig ein Beiboot zu Wasser lassen.

»Können Sie noch ein bisschen schneller, Sindbad?«

»Für eine weitere Münze, Effendi.«

Wir lieferten uns ein hartes Rennen, die kräftigen Matrosen durchpflügten die Wellen wie ein Wasserrad, und Big

Ned brüllte am Bug. Doch Smith hatte mir Jaffa beschrieben. Durch die Stadtmauer führte nur ein Tor hinein, und man brauchte einen Führer, um den Weg hinaus zu finden. Wenn ich einen Vorsprung hätte, würde ich mich so gut wie möglich verstecken können.

Ich nahm also eins der Fischernetze meines Fährmanns, und noch ehe er etwas einwenden konnte, hievte ich es über Bord in den Weg des aufschließenden Beiboots. Ihre Ruder auf Steuerbord verfingen sich darin, und sie drehten sich im Kreis. Sie brüllten Beleidigungen, die einen Feldwebel hätten erröten lassen.

Mein Fährmann protestierte, doch ich hatte genügend Münzen, um ihm sein armseliges Netz doppelt zu vergüten und ihn zum Weiterrudern zu bewegen. Knapp vor meinen Verfolgern sprang ich an den Kai, wild entschlossen, Astiza zu finden und wieder zu verschwinden.

Ich schwor mir hoch und heilig, Big Ned und den kleinen Tom nie wiederzusehen.

3

Jaffa erhob sich an der Mittelmeerküste wie ein Brotlaib, leere Strände krümmten sich im Norden und Süden und verschwanden im Dunst. Seine Bedeutung als Handelshafen wurde von Akko im Norden übertroffen, wo Djezzar der Schlächter sein Hauptquartier hatte, doch es war immer noch eine blühende, von ihren landwirtschaftlichen Produkten lebende Stadt. Ein ständiger Pilgerstrom nach Jerusalem kam hinein, Orangen, Baumwolle und Seife verließen sie. Die Straßen waren ein Labyrinth, das zu den Türmen, Moscheen, Synagogen und Kirchen auf der Spitze des Berges führte. Nicht genehmigte Anbauten an Häuser wölbten sich über düstere Straßen. Esel klapperten über Steinstufen auf und ab.

So fragwürdig meine Spielgewinne auch errungen waren, sie erwiesen sich schon bald als unschätzbar, als ein Straßenjunge mich in die im ersten Stock liegende Kneipe seiner enttäuschend hausbackenen Schwester einlud. Das Geld verschaffte mir Pita, Falafel, eine Orange und einen Balkon, hinter dessen filigranem Holzgitter ich mich versteckte, während die Bande britischer Matrosen die Gassen hinauf und hinunter stürmte auf der vergeblichen Suche nach meinem schändlichen Kadaver. Außer Atem und verschwitzt ließen sie sich schließlich in einer christlichen Hafenkneipe nieder, um sich bei schlechtem palästinensischem Wein über meine Hinterlist auszulassen. Unterdessen schlich ich herum und gab noch mehr gewonnenes Geld aus. Ich kaufte ein braun-weiß gestreiftes Beduinengewand mit Ärmeln, neue Stiefel, eine Pluderhose (bei der Hitze viel bequemer als europäische Kniehosen!), eine Schärpe, eine Weste, zwei Baumwollhemden und Stoff für einen Turban. Wie Smith vorausgesagt hatte, sah ich am Ende aus wie ein weiterer exotischer Untertan eines polyglotten Imperiums, solange ich darauf achtete, mich von den arroganten, neugierigen osmanischen Janitscharen in ihren rotgelben Stiefeln fernzuhalten.

Ich erfuhr, dass keine Kutsche in die heilige Stadt fuhr, ja, dass es nicht einmal eine anständige Straße gab. Finanziell war ich zu besonnen – Zitat Ben –, um ein Pferd zu kaufen und zu füttern. Daher kaufte ich einen fügsamen Esel, der ausreichte, um mich dorthin und nicht weiter zu bringen. Als dürftige Waffe besorgte ich mir einen gebogenen arabischen Dolch mit einem Griff aus Kamelhorn. Mit Schwertern kann ich nicht so gut umgehen, und ich konnte es mir nicht leisten, eine lange, unhandliche, kunstvoll verzierte Muskete zu kaufen, wie die Muslime sie haben. Ihre Einlegearbeiten aus Perlmutt sind wunderschön, doch bei Napoleons Schlachten in Ägypten hatte ich gesehen, wie schlecht sie im Vergleich zu den französischen Musketen wegkamen. Außerdem ist jede Muskete viel minderwertiger als die herrliche Pennsylvania-Büchse, die ich bei Dendera geopfert hatte, um mit Astiza zu entkommen. Wenn dieser Jericho ein Schmied war, konnte er sie mir vielleicht ersetzen!

Als Führer nach Jerusalem und Leibwächter wählte ich mir einen bärtigen, hart feilschenden Händler namens Mohammed aus, ein Name, den anscheinend jeder zweite Muslime in dieser Stadt trug. Mit meinem rudimentären Arabisch und Mohammeds primitivem Französisch, das er gelernt hatte, weil die Franzmänner den Baumwollhandel beherrschten, konnten wir miteinander kommunizieren. Da ich noch immer auf das Geld achtete, schätzte ich, dass ich, wenn wir früh genug aufbrächen, ihm Lohn für einen Tag abluchsen könnte. Außerdem würde ich ungesehen aus der Stadt schlüpfen, falls noch Königliche Matrosen herumlungern sollten.

»Gut, Mohammed, mir wäre es lieber, um Mitternacht aufzubrechen. Dem Verkehr ein Schnippchen zu schlagen und die frische Nachtluft zu genießen, verstehst du? Morgenstund' hat Gold im Mund, sagte Ben Franklin.«

»Wie Sie wollen, Effendi. Kann es sein, dass Sie vor Feinden fliehen?«

»Natürlich nicht. Es heißt immer, ich sei liebenswürdig.«

»Dann müssen es Gläubiger sein.«

»Mohammed, du weißt, ich habe eine Hälfte deines Wucherlohns im Voraus gezahlt. Ich habe Geld genug.«

»Ah, dann liegt es an einer Frau. Eine schlechte Frau? Ich habe die christlichen Ehefrauen gesehen.« Er schüttelte den Kopf und schauderte. »Satan könnte sie nicht besänftigen.«

»Steh einfach um Mitternacht bereit, ja?«

Trotz meines Kummers darüber, Astiza verloren zu haben, und meiner Ungeduld, etwas über ihren Verbleib zu erfahren, gestehe ich, dass mir in Jaffa durch den Kopf ging, ob ich mir nicht für ein oder zwei Stunden die Gesellschaft einer Frau suchen sollte. Alle möglichen Arten des Beischlafs, vom langweiligsten bis hin zum perversesten, wurden mit nervtötender Hartnäckigkeit von arabischen Jungen angeboten, obwohl er von vielen Religionen verdammt wurde. Ich bin ein Mann, kein Mönch, und es war tatsächlich eine Weile her. Doch Smiths Schiff blieb auf Reede, und falls Big Ned Ausdauer hatte, würde es mir ähnlich sehen, wenn er mich eng umschlungen bei einem Flittchen anträfe, zu abgelenkt, um ihn zu überlisten. Daher besann ich mich eines Besseren, gratulierte mir zu meiner Frömmigkeit und beschloss, auf eine Erleichterung in Jerusalem zu warten, obwohl Beischlaf im Heiligen Land eine Tat wäre, an der mein alter Pastor erstickt wäre. In Wahrheit verliehen mir die Abstinenz und die Treue zu Astiza ein gutes Gefühl. Nach meinen schicksalhaften Prüfungen in Ägypten hatte ich den Vorsatz gefasst, an meiner Selbstdisziplin zu arbeiten, und schon hatte ich die erste Prüfung bestanden. »Ein gutes Gewissen ist ein sanftes Ruhekissen«, beliebte mein Förderer Franklin zu sagen.

Mohammed kam eine Stunde zu spät, führte mich aber schließlich durch das dunkle Gewirr der mit Dung übersäten Gassen zum landeinwärts gelegenen Tor. Bestechungsgeld war erforderlich, damit es nachts geöffnet wurde, und ich durchschritt den Bogengang mit dem eigenartigen Hochgefühl, das sich zu Beginn eines neuen Abenteuers einstellt. Immerhin hatte ich acht Varianten der Hölle in Ägypten überlebt, mir mit Spielkunst vorübergehende Zahlungsfähigkeit verschafft und war unterwegs zu einer Mission, die keinerlei Ähnlichkeit mit rechtschaffener Arbeit hatte, ungeachtet meiner Fantasien, Buchhalter zu werden. Das Buch des Thoth, von dem Gläubige behaupteten, es könne zu allem verhelfen, angefangen von Wissen und Weisheit bis hin zu ewigem Leben, existierte wahrscheinlich nicht mehr ... trotzdem *könnte* es noch irgendwo gefunden werden, was meinem Ausflug den Optimismus einer Schatzsuche verlieh. Und trotz meiner Gelüste sehnte ich mich in Wirklichkeit nach Astiza. Die Möglichkeit, durch Smiths Verbündeten in Jerusalem etwas über ihr Schicksal zu erfahren, machte mich ungeduldig.

Wir schritten also durch das Tor – und blieben stehen.

»Was machst du?«, fragte ich den plötzlich umsinkenden Mohammed. War er ohnmächtig geworden? Aber nein, er legte sich nieder mit der Behutsamkeit eines Hundes, der sich auf dem Kaminvorleger um sich selbst dreht. Niemand weiß sich so gut zu entspannen wie Osmanen, die in jeder Lage schlafen können.

»Beduinenbanden machen die Straße nach Jerusalem unsicher und rauben jeden unbewaffneten Pilger aus, Effendi«, sagte mein Führer vergnügt im Dunkeln. »Es ist nicht nur riskant, den Weg allein fortzusetzen, es wäre verrückt. Mein Vetter Abdul führt später eine Kamelkarawane dorthin, und wir werden uns ihm anschließen, damit wir sicher sind. So nehmen Allah und ich uns unseres amerikanischen Gastes an.«

»Aber was ist mit unserem frühen Aufbruch?«

»Sie haben bezahlt, und wir sind aufgebrochen.« Mit diesen Worten legte er sich schlafen.

Verdammt. Es war mitten in der Nacht, und wir befanden uns fünfzig Schritt außerhalb der Mauern, ich hatte keine Ahnung, in welche Richtung es ging, und es war durchaus möglich, dass er recht hatte. Palästina war bekannt dafür, dass es von Banditen, sich befehdenden Kriegsherren, Wüstenplünderern und diebischen Beduinen nur so wimmelte. Also schmorte und kochte ich drei Stunden lang, besorgt, die Matrosen könnten dort entlang kommen, bis Abdul und seine schnaubenden Kamele sich endlich lange vor Sonnenaufgang am Tor versammelten. Anweisungen wurden erteilt, man lieh mir eine türkische Pistole, verlangte dafür und für meine zusätzliche Eskorte weitere fünf englische Shillings, dann noch einen Shilling für das Futter meines Esels. Ich war noch keine vierundzwanzig Stunden in Palästina, und schon wurde meine Geldbörse schmal.

Als Nächstes bereiteten wir Tee zu.

Endlich schimmerte das erste Licht, die Sterne verblassten, und wir machten uns durch die Orangenhaine auf den Weg. Nach einer Meile kamen wir durch Baumwoll- und Weizenfelder, die Straße war von Dattelpalmen gesäumt. Die strohgedeckten Bauernhäuser waren am frühen Morgen dunkel, bellende Hunde markierten ihr Revier, während Kamelglocken und knirschende Sättel unsere Karawane verrieten. Der Himmel wurde heller, Vögel begannen zu singen, Hähne krähten, und als die Morgendämmerung rosa heraufzog, sah ich die zerklüfteten Berge vor uns, Schauplatz eines Großteils der biblischen Geschichte. Der Baumbestand Judäas war dezimiert, da die Einheimischen aus den Stämmen Holzkohle und Asche für die Seifenherstellung machten, doch nach der wasserlosen ägyptischen Wüste erschien mir diese Küstenebene so fruchtbar und angenehm wie Pennsylvania Dutch Country. Das Gelobte Land, wahrhaftig.

Das Heilige Land, so erfuhr ich von meinem Führer, sei formal ein Teil Syriens, eine Provinz des Osmanischen Reiches, und seine Provinzhauptstadt Damaskus stehe unter der Herrschaft der Hohen Pforte in Konstantinopel. Doch ähnlich wie Ägypten eigentlich unter der Herrschaft der unabhängigen Mamelucken gestanden hatte, bis Bonaparte sie hinauswarf, stand Palästina tatsächlich unter der Herrschaft des in Bosnien geborenen Djezzar, selbst ein ehemaliger Mameluck, der seit einem Vierteljahrhundert von Akko aus mit berüchtigter Grausamkeit herrschte, nachdem er einen Aufstand seiner eigenen Söldnertruppen niedergeschlagen hatte. Djezzar hatte einige seiner Frauen lieber erwürgt, als Gerüchte über Untreue hinzunehmen, er verstümmelte seine engsten Ratgeber, um sie daran zu gemahnen, wer der Herr war, und ertränkte Generäle oder Kapitäne, die sein Missfallen erregt hatten. Seine Unbarmherzigkeit, meinte Mohammed, sei notwendig. Die Provinz sei in zu viele Religionen und Völker zersplittert, die sich miteinander so wohl fühlten wie ein Calvinist bei einem Picknick im Vatikan. Die Invasion Ägyptens habe noch mehr Flüchtlinge ins Heilige Land getrieben, da Ibrahim Beis fliehende Mamelucken einen Brückenkopf suchten. Frisch ausgehobene osmanische Truppen strömten herbei in Erwartung einer französischen Invasion, während britisches Gold und die Zusage von Unterstützung durch die Seestreitkräfte die Sache nur noch schlimmer machten. Die eine Hälfte der Bevölkerung spionierte die andere aus, und jeder Clan, jede Sekte und jeder Kult wog seine Chancen zwischen Djezzar und den bislang unsichtbaren Franzosen ab. Die Gerüchte über die erstaunlichen Siege Napoleons in Ägypten, seit Neuestem über die

Zerschlagung eines Aufstands in Kairo, hatten das Osmanische Reich erschüttert.

Ich wusste auch, dass Napoleon noch immer hoffte, sich am Ende mit Tippoo Sahib zu verbinden, dem frankophilen Sultan, der in Indien gegen Wellesley und die Briten kämpfte. Der glühend ehrgeizige Bonaparte stellte ein Kamelcorps auf, das, wie er hoffte, die östlichen Wüsten zügiger durchqueren könnte als Alexander vor langer Zeit. Der neunundzwanzigjährige Korse wollte den Mazedonier überflügeln und im Galopp bis Südindien vordringen, um sich mit dem Bürger Tippoo zu vereinen und Großbritannien seiner reichsten Kolonie zu berauben.

Laut Smith sollte ich diesem Durcheinander einen Sinn abgewinnen.

»Palästina klingt wie ein regelrechtes Rattennest aus Rechtschaffenheit«, bemerkte ich während unseres Ritts gegenüber Mohammed. Ich war dreimal zu groß für meinen Esel, der ein Rückgrat wie eine Hartholzstange hatte. »Hier gibt es ja so viele Fraktionen wie in einem Stadtrat von New Hampshire.«

»Hier sind alle heilig«, sagte Mohammed, »und es gibt nichts Störenderes als einen Nachbarn, der ebenso heilig ist, aber einem anderen Glauben angehört.«

Amen. Wenn man selbst davon überzeugt ist, dass man recht hat, bedeutet das gleichzeitig, dass man überzeugt ist, dass andere unrecht haben, und das ist die Wurzel für einen Großteil des Blutvergießens auf der Welt. Franzosen und Briten sind ideale Beispiele, feuern Breitseiten aufeinander ab, um sich zu beweisen, wer demokratischer ist, die französischen Republikaner mit ihrer blutigen Guillotine oder die britischen Parlamentarier mit ihren Schuldnerverliesen. Damals in Paris, als meine einzige Sorge den Karten, den Frauen und hin und wieder einem Frachtvertrag galt, habe ich mich meines Wissens nie über jemanden aufgeregt, oder umgekehrt. Dann kam das Amulett daher, der ägyptische Feldzug, Astiza, Napoleon, Sidney Smith, und nun war ich hier und trieb mein kleines Reittier auf die Welthauptstadt der hartnäckigen Zwietracht zu. Zum tausendsten Mal fragte ich mich, wie ich so weit gekommen war.

Wegen unseres verzögerten Aufbruchs und des gemessenen Tempos unserer Karawane brauchten wir drei lange Tage, um nach Jerusalem zu kommen, und trafen am dritten Tag in der Abenddämmerung ein. Es ist eine ermüdende Strecke über gewundene Straßen, über die selbst kletterfeste Ziegen die Nase rümpfen würden – seit Pontius Pilatus waren die Straßen offenbar nicht ausgebessert worden –, und innerhalb kurzer Zeit waren die braunen, von Gebüsch überzogenen Berge so steil geworden wie die Appalachen. Wir passierten Bab al-Wad, ritten bergan und landeten unter Pinien und zwischen Wacholdersträuchern. Das Gras war jetzt im Herbst braun. Die Luft wurde merklich kühler und trockener. Auf und ab und über verschlungene Pfade führte unser Weg, vorbei an schreienden Eseln, furzenden Kamelen mit Schaum vor dem Maul und Karren mit vorgespannten Ochsen, die die Köpfe aneinanderstießen, während ihre Fahrer stritten. Wir kamen an Mönchen in braunen Kutten vorbei, armenischen Missionaren in Soutanen, orthodoxen Juden mit Bärten und langen Schläfenlocken, syrischen Händlern, einem oder zwei ausgewanderten französischen Baumwollhändlern und Anhängern unzähliger muslimischer Sekten, die Turbane trugen und Stäbe bei sich hatten. Beduinen trieben überlaufendem Wasser gleich Herden von Schafen und Ziegen die Berghänge hinunter, und Dorfmädchen zogen in wiegendem Gang am Straßenrand vorüber, während sie vorsichtig Tonkrüge auf dem Kopf balancierten. Bunte Schärpen schwangen im Rhythmus ihrer Hüften, und ihre dunklen Augen schimmerten wie schwarze Steine am Grund eines Flusses.

Die Gasthäuser, die Khan genannt wurden, verdienten kaum den Namen und waren alles andere als einladend: kaum mehr als ummauerte Höfe, die hauptsächlich als Heim für Flöhe dienten. Wir begegneten auch Banden unangenehm aussehender Reiter, die zu vier verschiedenen Gelegenheiten einen Wegzoll verlangten. Jedes Mal erwarteten meine Begleiter von mir, mehr als meinen gerechten Anteil beizutragen. Diese Parasiten waren in meinen Augen schlichtweg Räuber, doch Mohammed bestand darauf, es seien ortsansässige Schläger, die noch schlimmere Banditen auf Abstand hielten, und jedes Dorf habe ein Recht auf einen Teil dieses Zolls, genannt Ghafar. Wahrscheinlich sagte er die Wahrheit, denn Steuern zum Schutz gegen Räuber zu erheben, ist schließlich allen Regierungen gemeinsam. Diese bewaffneten Rüpel waren eine Kreuzung aus privaten Wucherern und der Polizei.

Wenn ich nicht gerade über den unaufhörlichen Schwund meiner Geldbörse nörgelte, empfand ich Judäa jedoch als durchaus reizvoll. Palästina zeichnete sich zwar nicht gerade durch die Atmosphäre von Altertümlichkeit aus wie Ägypten, dennoch hatten schon viele ihre Spuren hinterlassen, es war, als vernähme man das Echo längst verstorbener hebräischer Helden, christlicher Heiliger und muslimischer Eroberer. Olivenbäume mit den in unzähligen Jahrhunderten gewundenen Stämmen hatten den Umfang von Weinfässern. Auf jedem Berghang gab es historische Ruinen. Wenn wir haltmachten, um Wasser aufzunehmen, waren die zur Quelle oder zum Brunnen hinabführenden Stufen von all den Sandalen und Stiefeln ausgehöhlt und glatt geschliffen, die vor uns darüber gegangen waren. Das Licht hatte eine Klarheit wie in Ägypten, ganz anders als im nebligen Europa. Und die Luft hatte einen staubigen Geschmack, als wäre sie zu oft eingeatmet worden.

In einem dieser Khans wurde ich daran erinnert, dass ich die Welt des Amuletts nicht gänzlich hinter mir gelassen hatte. Ein komischer alter Kauz, dessen Glaube und Alter nicht zu bestimmen waren, erhielt vom Wirt einen dürftigen Lohn, wenn er hier und da eine Aufgabe übernahm, und er war so demütig und anspruchslos, dass keiner von uns ihn groß beachtete, es sei denn, man bat ihn um einen Becher Wasser oder ein zusätzliches Schaffell, um sich darauf auszustrecken. Für ein Dienstmädchen hätte ich Augen gehabt, doch ein zerlumpter Mann, der einen Reisigbesen vor sich herschob, erweckte nicht meine Aufmerksamkeit. Als ich mich daher in den frühen Morgenstunden auszog und meine goldenen Seraphim kurz entblößte, stieß ich rückwärts mit ihm zusammen und erschrak, bevor ich merkte, dass er es war. Mit stierem Blick schaute er auf meine kleinen Engel mit den ausgestreckten Armen, und zuerst dachte ich, der alte Bettler habe etwas entdeckt, das er gern stehlen würde. Stattdessen trat er bestürzt und verängstigt zurück.

Ich schlug mein Leinentuch über die Seraphim, und der Glanz verschwand, als wäre das Licht ausgegangen.

»Der Zirkel«, flüsterte er auf Arabisch.

»Was?«

»Satans Finger. Allah sei mit dir.«

Offensichtlich war er dumm wie Bohnenstroh. Dennoch wurde mir bei seinem entsetzten Blick mulmig zumute. »Es sind persönliche Andenken. Kein Wort mehr davon.«

»Mein Imam hat davon geflüstert. Aus der Höhle.«

»Der Höhle?« Die Höhle unter der Großen Pyramide.

»Apophis.« Mit diesem Wort drehte er sich um und floh.

So entgeistert war ich zuletzt gewesen, als das verdammte Amulett tatsächlich funktioniert hatte. Apophis! Das war der Name eines Schlangengottes oder eines Dämons, von dem Astiza behauptet hatte, er befinde sich im tiefsten Inneren Ägyptens. Ich nahm sie nicht ernst – ich bin schließlich ein Mann Franklins, ein Mann der Vernunft, des Westens –, aber irgendetwas hatte sich unten in der rauchigen Grube befunden, dem ich nicht gern näher gekommen wäre, und ich dachte, ich hätte es mitsamt dem Namen längst in Ägypten zurückgelassen ... Und hier war er wieder ausgesprochen worden! Bei Anubis' Schnauze, ich hatte die Nase voll von streunenden Göttern und Göttinnen, die mein Leben beschmutzten wie unliebsame, mit Schlammstiefeln über den Boden schlurfende Verwandte. Nun hatte ein alterndes Faktotum den Namen wieder hervorgeholt. Bestimmt ergab es keinen Sinn, doch diese Begegnung beunruhigte mich.

Hastig zog ich mich wieder an, versteckte die Seraphim in meiner Kleidung und eilte aus meiner Nische, um den alten

Mann ausfindig zu machen und ihn zu fragen, was der Name zu bedeuten habe.

Doch er war nirgendwo zu finden. Am nächsten Morgen sagte der Wirt, der Diener habe offenbar seine dürftige Habe gepackt und die Flucht ergriffen.

Endlich erreichten wir das legendäre Jerusalem. Ich gebe zu, es war ein eindrucksvoller Anblick. Die Stadt erhebt sich auf einem Berg inmitten anderer Berge, und auf drei Seiten fällt der Boden steil in schmale Täler ab. Eindringlinge kommen immer von Norden, von der vierten Seite. Olivenbäume, Weinberge und Obsthaine bedecken die Berghänge, dazwischen zeichnen sich grüne Gärten ab. Zwei Meilen lange gewaltige Mauern, von einem muslimischen Sultan namens Suleiman der Große erbaut, umschließen die Stadt vollständig. Als ich eintraf, wohnten weniger als neuntausend Menschen dort, die von Pilgern lebten oder vereinzelt ihr Geld mit Töpferwaren und der Seifenherstellung verdienten. Schon bald würde ich erfahren, dass sie sich aus etwa viertausend Muslimen, dreitausend Christen und zweitausend Juden zusammensetzten.

Was die Stadt hervorhob, waren die Gebäude. Die wichtigste muslimische Moschee, der Felsendom, hat eine goldene Kuppel, die in der untergehenden Sonne wie ein Leuchtturm glüht. Näher an unserem Standpunkt befand sich das Jaffator neben der alten militärischen Zitadelle, deren mit Zinnen versehene Brustwehren von einem runden leuchtturmähnlichen Bau überragt wurden. Die Grundfesten der Zitadelle bestanden aus Steinkolossen, wie ich sie in Ägypten gesehen hatte. Ähnliche Felsblöcke würde ich am Tempelberg finden, dem alten jüdischen Tempelplateau, das nun als Fundament für die große Moschee der Stadt diente. Offensichtlich waren Jerusalems Grundsteine von Titanen gelegt worden.

Ringsum war die Silhouette von Kuppeln, Minaretten und Kirchtürmen geprägt, Vermächtnisse von diesem Kreuzfahrer oder jenem Eroberer. Jeder hatte versucht, ein heiliges Gebäude zu hinterlassen, um die Schande seiner Verwüstung wiedergutzumachen. Das Ergebnis war ein Wettbewerb wie unter konkurrierenden Gemüseständen auf einem Markt am Samstag, christliche Glocken läuteten, während Muezzine klagten und Juden ihre Gebete sangen. Weinranken, Blumen und Büsche wuchsen aus der schlecht instand gehaltenen Mauer, Palmen zierten Plätze und Gärten. Außerhalb der Stadt zogen sich Olivenbaumreihen hinab in felsige Täler, in denen Abfall vor sich hin qualmte. Von dieser irdischen Müllhalde erhob man den Blick gen Himmel, wo Vögel ihre Kreise vor himmlischen Wolkenpalästen zogen, deren Konturen scharf und in allen Einzelheiten zu erkennen waren. Ähnlich wie Jaffa hatte Jerusalem die Farbe von Honig in der Abendsonne, der Kalkstein lebte in den gelben Strahlen auf.

»Die meisten Menschen kommen hierher, weil sie nach etwas suchen«, bemerkte Mohammed, als wir über das Zitadellental hinweg auf die Altstadt schauten. »Was suchen Sie, mein Freund?«

»Weisheit«, sagte ich, was einigermaßen hinkam. Die sollte das Buch des Thoth ja angeblich enthalten, und bei Franklins Brille, ich konnte etwas davon gebrauchen. »Und Nachrichten über die, die ich liebe, hoffe ich.«

»Ah. Viele Menschen suchen ihr ganzes Leben lang und finden weder Weisheit *noch* Liebe, deshalb ist es gut, dass Sie hierher gekommen sind, wo Gebete für beides vielleicht erhört werden.«

»Das wollen wir hoffen.« Ich wusste, dass Jerusalem, gerade weil ihm ein so heiliger Ruf voranging, mehr als jeder andere Ort auf Erden angegriffen, niedergebrannt und ausgeplündert worden war. »Ich bezahle Sie jetzt und suche den Mann, bei dem ich wohnen soll.« Ich versuchte, nicht zu sehr mit meiner Geldbörse zu klingeln, während ich den Restbetrag für ihn zusammenzählte.

Er nahm seinen Lohn eifrig entgegen und reagierte mit einstudiertem Schreck. »Kein Geschenk dafür, dass ich Ihnen meine Sachkenntnis über das Heilige Land habe zuteilwerden lassen? Keine Entschädigung dafür, dass Sie sicher eingetroffen sind? Keine Anerkennung dieser prächtigen Aussicht?«

»Ich vermute, Sie wollen auch noch eine Belohnung für das Wetter.«

Er wirkte verletzt. »Ich habe versucht, Ihnen zu Diensten zu sein, Effendi.«

Also drehte ich mich im Sattel um, damit er nicht sah, wie wenig mir übrig geblieben war, und gab ihm ein Trinkgeld, das ich mir kaum leisten konnte. Er verbeugte sich und bedankte sich überschwänglich. »Allahs Lächeln liegt auf Ihrer Großzügigkeit!«

Ich konnte meinen Missmut nicht verhehlen, als ich ihm alles Gute wünschte.

»Und Friede sei mit Ihnen!«

Ein Segen, der nichts taugte, wie sich herausstellte.

4

Jerusalem lag halb in Ruinen, wie ich feststellte, als ich über den unbefestigten Pfad ritt und eine Holzbrücke überquerte, die auf das schwarze Eisen des Jaffators zuführte. Dahinter gelangte ich auf einen Markt. Ein Subaschi durchsuchte mich nach Waffen, denn sie waren in osmanischen Städten nicht erlaubt, ließ mir jedoch meinen kümmerlichen Dolch. »Ich dachte, Franken trügen Besseres bei sich«, murmelte der Polizist. Trotz meiner Kleidung hielt er mich für einen Europäer.

»Ich bin ein einfacher Pilger«, sagte ich.

Er schaute mich skeptisch an. »Sehen Sie zu, dass Sie einer bleiben.«

Dann verkaufte ich meinen Esel für denselben Preis, zu dem ich ihn erstanden hatte – wenigstens ein paar Münzen zurück! – und versuchte, mich zu orientieren.

Durch das Tor zog ein beständiger Verkehrsstrom. Kaufleute begrüßten Karawanen, und Pilger Dutzender Sekten brachen in laute Dankesrufe aus, sobald sie den geheiligten Bezirk betraten. Doch die osmanische Staatsmacht war seit zwei Jahrhunderten im Niedergang begriffen, und machtlose Gouverneure, plündernde Beduinen, Wuchersteuern und religiöse Rivalität hatten den Wohlstand der Stadt verkümmern lassen wie Getreidehalme auf einem Dammweg. Marktstände säumten die großen Straßen, doch ihre verblassenden Markisen und die halb leeren Regale unterstrichen nur die gedrückte Stimmung. Jerusalem war verschlafen, Vögel hatten die Türme besetzt.

Mein Führer Mohammed hatte mir erklärt, die Stadt sei in Viertel für Muslime, Christen, Armenier und Juden aufgeteilt. Ich folgte gewundenen Straßen, so gut ich konnte, in Richtung auf den nördlichen Quadranten, der um die Grabeskirche und das Hauptquartier der Franziskaner herum errichtet war. Die Strecke war immerhin so menschenleer, dass Hühner vor mir wegrannten. Jedes zweite Haus schien aufgegeben. Die bewohnten Häuser, errichtet aus uraltem Stein mit planlos angebauten und wie Eiterbeulen hervorstehenden Holzschuppen und Terrassen, waren eingefallen wie die Haut von Großmüttern. Wie schon in Ägypten wurden meine Vorstellungen vom reichen Orient enttäuscht.

Smiths vage Richtungsangaben und meine eigenen Nachforschungen brachten mich zu einem zweistöckigen Kalksteinhaus mit einem soliden, hölzernen Wagentor, an dem oben ein Hufeisen prangte. Ansonsten war die Fassade nach arabischer Art konturlos. An einer Seite befand sich eine kleinere Holztür, und ich roch die Holzkohle aus Jerichos Schmiede. Ich klopfte an die Haustür, wartete und klopfte noch einmal, bis sich ein kleines Guckloch öffnete. Ich war überrascht, als ein weibliches Auge herausschaute: In Kairo hatte ich mich an den bulligen muslimischen Majordomus und zurückgezogen lebende Frauen gewöhnt. Darüber hinaus waren ihre Pupillen blassgrau und von einer im Orient ungewöhnlichen Lichtdurchlässigkeit.

Wie Smith mir empfohlen hatte, begann ich auf Englisch. »Ich bin Ethan Gage mit dem Empfehlungsschreiben eines britischen Geschwaderkommandeurs an einen Mann, den man Jericho nennt. Ich bin hier ...«

Das Guckloch ging zu. Ich blieb stehen und fragte mich nach ein paar Minuten, ob ich überhaupt das richtige Haus gefunden hatte, bis sich die Tür schließlich wie von selbst öffnete. Vorsichtig trat ich ein. Ich befand mich tatsächlich im Arbeitshof eines Schmieds, die Pflastersteine waren mit grauem Ruß überzogen. Weiter vorn sah ich in einem Schuppen, an dessen Wänden Werkzeuge hingen, den Schimmer einer Esse. Der linke Teil des Hofes war ein Laden, der mit fertigem Gerät vollgestopft war, rechts lagerte Metall und Holzkohle. Über diesen drei Flügeln lagen, leicht überhängend, die Wohnräume, die man über eine rohe Holztreppe erreichte. Davor befand sich ein Balkon. Verblühte Rosen hingen aus Eisentöpfen. Ein paar Blätter waren auf die Asche im Hof gefallen.

Die Tür schloss sich hinter mir, und ich stellte fest, dass die Frau dahinter verborgen gewesen war. Wie ein Geist schwebte sie an mir vorbei, ohne ein Wort zu sagen, und warf mir einen prüfenden Seitenblick zu, so neugierig, dass es mich wunderte. Stimmt, ich sehe gut aus, aber war ich wirklich so interessant? Ihr Kleid fiel vom Hals bis auf die Knöchel, ihr Kopf war von einem Tuch bedeckt, wie es bei allen Gläubigen hier in Palästina üblich ist, und sie wandte bescheiden das Gesicht ab, doch ich sah genug, um ein eindeutiges Urteil zu fällen. Sie war hübsch.

Ihr Gesicht hatte die rundliche Schönheit eines Renaissancegemäldes, ihr Teint war für diesen Teil der Welt blass, ihre Haut glatt wie eine Eierschale. Sie hatte volle Lippen, und als ich ihren Blick auffing, schaute sie ergeben zu Boden. Ihre Nase hatte den leichten südländischen Bogen, diese fast unmerkliche Krümmung, die ich so verführerisch finde. Ihr Haar war versteckt, bis auf ein paar gelöste Strähnen, die auf eine überraschend helle Farbe hindeuteten. Ihre Figur war recht adrett, doch es fiel schwer, mehr zu sagen. Dann verschwand sie durch eine Tür.

Ich drehte mich um und sah einen bärtigen, muskulösen Mann mit einer Lederschürze, der mit langen Schritten aus der Schmiede kam. Er hatte die Unterarme eines Schmieds, dick wie Oberschenkel und gezeichnet von den unvermeidlichen Verbrennungen durch die Esse. Der Schmutz, den seine Arbeit erzeugte, verdeckte nicht sein sandfarbenes Haar und die verblüffend blauen Augen, die mich etwas skeptisch betrachteten. Waren Wikinger in Syrien an Land gespült worden? Im Gegensatz zu seinem maskulinen Körperbau hatte er volle Lippen und eine rötliche Hauttönung hinter den bärtigen Wangen (eine engelhafte Jugendlichkeit, die er mit der Frau teilte). Sie ließen den Ernst und die Freundlichkeit vermuten, die ich mir immer bei Joseph dem Schmied vorgestellt hatte. Er zog den Lederhandschuh aus und streckte mir seine schwielige Hand entgegen. »Gage.«

»Ethan Gage«, bestätigte ich und schüttelte eine Hand, die hart wie Holz war.

»Jericho.« Der Mann mochte zwar den weichen Mund einer Frau haben, doch sein Griff war wie ein Schraubstock.

»Wie Ihnen Ihre Frau vielleicht erklärt hat ...«

»Schwester.«

»Tatsächlich?« Nun, das war ein Schritt in die richtige Richtung. Nicht, dass ich Astiza auch nur einen Moment vergessen hätte – es liegt daran, dass weibliche Schönheit in jedem gesunden Mann eine natürliche Neugier weckt, und es ist am sichersten, wenn man weiß, wo man steht.

»Sie ist scheu gegenüber Fremden, also bringen Sie sie nicht in Verlegenheit.«

Das war deutlich genug von einem Mann, der stämmig wie ein Baumstumpf war. »Natürlich. Dennoch ist es begrüßenswert, dass sie offenbar Englisch versteht.«

»Bemerkenswerter wäre, wenn das nicht der Fall wäre, immerhin hat sie in England gelebt. Mit mir. Sie hat mit unserem Geschäft nichts zu tun.«

»Bezaubernd, aber unerreichbar. So ist es mit den allerbesten Frauen.«

Er reagierte auf meinen Witz mit der Lebhaftigkeit eines Steingötzen. »Smith hat eine Nachricht über Ihre Mission geschickt, sodass ich Ihnen vorübergehend Unterkunft anbieten und einen altbewährten Rat geben kann: Jeder Fremde, der so tut, als verstünde er die Politik Jerusalems, ist ein Dummkopf.«

Ich behielt meine einnehmende Art bei. »Meine Aufgabe kann also schnell erledigt sein. Ich frage, verstehe die Antwort nicht und gehe nach Hause. Wie jeder andere Pilger auch.«

Er musterte mich von oben bis unten. »Sie bevorzugen arabische Kleidung?«

»Sie ist bequem, anonym, und ich dachte, sie könnte mir im Suk und im Kaffeehaus behilflich sein. Ich spreche ein wenig Arabisch.« Ich war wild entschlossen, es weiter zu versuchen. »Was Sie betrifft, Jericho, sehe ich nicht, dass Sie in nächster Zeit fallen werden.«

Ich hatte ihn schlichtweg verwirrt.

»Die biblische Geschichte über die Mauern von Jericho, die fielen? Sie scheinen fest wie ein Fels zu sein. Gut, wenn man einen solchen Mann an seiner Seite hat, hoffe ich?«

»Meine Heimatstadt. Jetzt gibt es keine Mauern mehr.«

»Und ich habe nicht damit gerechnet, in Palästina auf blaue Augen zu treffen«, stotterte ich weiter.

»Kreuzfahrerblut. Die Wurzeln meiner Familie reichen weit zurück. Wir sollten eine bunte Mischung sein, wie aus einem Malkasten, aber in unserer Generation schlug die Blässe durch. Menschen jeder Rasse kommen durch Jerusalem: Kreuzfahrer, Perser, Mongolen, Äthiopier. Jede Konfession, Weltanschauung und Nation. Und Sie?«

»Amerikaner, kurze Ahnenreihe, die man lieber vergisst, was einer der Vorteile der Vereinigten Staaten ist. Wie ich höre, lernten Sie Englisch bei der britischen Marine?«

»Miriam und ich wurden durch die Pest zu Waisen. Die katholischen Priester, die uns aufnahmen, erzählten uns etwas über die Welt, und in Tyros habe ich dann auf einer englischen Fregatte angeheuert und gelernt, Eisenkonstruktionen zu reparieren. Die Seeleute haben mir meinen Spitznamen gegeben, ich ging bei einem Schmied in Portsmouth in die Lehre und ließ meine Schwester nachkommen. Ich fühlte mich verpflichtet.«

»Aber Sie sind nicht geblieben.«

»Uns fehlte die Sonne. Die Briten sind weiß wie Würmer. Ich lernte Smith kennen, als ich bei der Marine war. Er bezahlte unsere Rückfahrt und gab mir etwas Geld, und ich versprach, meine Ohren hier offen zu halten. Ich beherberge seine Freunde. Sie tun, was er will. Man erfährt nur wenig Nützliches. Meine Nachbarn denken, ich mache einfach nur meine Englischkenntnisse zu Geld, wenn ich hin und wieder einen Mieter aufnehme, und so ganz falsch liegen sie nicht.«

Gescheit und offen, dieser Schmied. »Sidney Smith glaubt, er und ich könnten uns gegenseitig helfen. In Ägypten hatte ich mit Napoleon zu tun. Jetzt planen die Franzosen, hierher zu kommen.«

»Und Smith will wissen, was die Christen, die Juden, die Drusen und die Matuwelli tun könnten.«

»Genau. Er versucht, Djezzar beim Aufbau des Widerstands gegen die Franzosen zu helfen.«

»Mit Menschen, die Djezzar hassen, den Tyrannen, der ihnen den Fuß in den Nacken stellt. Nicht wenige werden die Franzosen als Befreier empfinden.«

»Wenn das die Botschaft ist, werde ich sie überbringen. Aber ich brauche auch Hilfe in eigener Sache. In Ägypten habe ich eine Frau kennengelernt, die verschwunden ist. Eigentlich ist sie in den Nil gestürzt. Ich möchte erfahren, ob sie tot ist oder lebt, und, wenn sie lebt, wie ich sie retten kann. Mir wurde gesagt, Sie hätten Verbindungen nach Ägypten.«

»Eine Frau? Und sie steht Ihnen nah?« Mein Interesse an einer anderen als seiner Schwester schien ihn zu beruhigen. »Diese Art von Nachforschung ist teurer, als politisches Geschwätz in Jerusalem abzuhören.«

»Wie viel teurer?«

Er musterte mich. »Teurer, vermute ich, als Sie es sich leisten können.«

»Dann wollen Sie mir nicht helfen?«

»Meine Verbindungen nach Ägypten werden Ihnen nicht helfen, nicht ohne bare Münze.«

Ich hatte den Eindruck, er wollte mich nicht betrügen, sondern mir nur die Wahrheit sagen. Ich brauchte einen Partner, wenn meine Suche zu irgendeinem Ergebnis führen sollte, und wer wäre da besser geeignet, als dieser blauäugige Schmied? Ich gab ihm also einen Hinweis, worauf ich außerdem aus war. »Vielleicht können *Sie* ja dazu beitragen. Wenn ich Ihnen nun als Gegenleistung einen Anteil am größten Schatz der Welt versprechen würde?«

Schließlich lachte er. »Der größte Schatz? Und der wäre?«

»Ein Geheimnis. Aber es könnte einen Mann zum König machen.«

»Aha. Und wo soll dieser Schatz sein?«

»Direkt vor unserer Nase in Jerusalem, hoffe ich.«

»Wissen Sie, wie viele Dummköpfe schon gehofft haben, einen Schatz in Jerusalem zu finden?«

»Es sind nicht die Dummköpfe, die ihn finden werden.«

»Sie wollen, dass ich *mein* Geld ausgebe, um *Ihre* Frau zu suchen?«

»Ich möchte, dass Sie in Ihre Zukunft investieren.«

Er fuhr sich mit der Zunge über die Lippen. »Smith hat einen kühnen, unverschämten Halunken gefunden, stimmt's?«

»Und Sie sind ein Menschenkenner!« Er mochte zwar skeptisch sein, aber er war auch neugierig. Für eine Nachricht über Astiza zu bezahlen, würde ihn nicht die Welt kosten, dessen war ich mir sicher. Und er besaß dieselbe Habgier wie wir alle: Jeder träumt von einem vergrabenen Schatz.

»Ich könnte prüfen, ob es erschwinglich ist.«

Ich hatte ihn geködert. »Ich brauche noch etwas. Ein gutes Gewehr.«

Jericho lebte bescheiden, obwohl ihm sein Schmiedehandwerk einen gewissen Wohlstand beschert hatte. Da er Christ war, hatte sein Haus mehr Möbel als die Wohnung eines Muslimen: Mohammedaner bevorzugen Kissen, die man entfernen kann, damit die Frauen sich zurückziehen können, wenn ein männlicher Gast eintrifft. Sie haben die Gepflogenheiten der Beduinenzelte nie aufgegeben. Im Gegensatz dazu sind wir Christen daran gewöhnt, unsere Köpfe näher an der warmen Zimmerdecke als am kühleren Boden zu haben, und in unverrückbarem Durcheinander hoch und förmlich zu sitzen. Jericho hatte einen Tisch, Stühle und Schränke statt islamischer Kissen und Truhen. Die Holzmöbel waren jedoch unverziert, von puritanischer Schlichtheit. Die Dielenböden waren bar jeglicher Teppiche, und die Dekoration der getünchten Wände beschränkte sich auf ein Kruzifix oder ein Heiligenbild hier und da: Sauber wie ein Kloster und genauso beunruhigend. Miriam, die Schwester, hielt alles makellos rein. Zu essen gab es reichlich, aber nur sehr einfache Gerichte: Brot, Oliven, Wein und an Gemüse das, was die Frau auf dem Markt bekommen konnte. Gelegentlich brachte sie Fleisch für ihren muskulösen, hungrigen Bruder mit, doch das kam relativ selten vor, und es war teuer. Der Winter stand bevor, aber es gab keine Heizvorrichtung, als Wärmequelle dienten die Holzkohle im Herd und die Esse unten. Die vergitterten Fenster waren nicht verglast, man hatte die, die am meisten Kälte hereinließen, für die Jahreszeit mit Säcken voll Sägemehl zugestellt, was die herbstliche Düsternis noch verstärkte. Das Wasser in der Waschschüssel war kalt, Wind drang durch die Fugen, Kerzen und Öl waren kostbar, wir gingen mit den Hühnern schlafen und standen beim ersten Hahnenschrei wieder auf. Für einen Pariser Faulenzer wie mich war Palästina ein Schock.

Das Schmieden meiner neuen Büchse verband uns als Erstes. Jericho war zuverlässig, geschickt, ruhig, sorgfältig (Eigenschaften, denen ich nacheifern sollte, vermute ich) und hatte in der Stadt Achtung erlangt. Man sah es in den Augen der Männer, die in den rußigen Hof kamen, um Eisenwerkzeuge zu kaufen: Muslime, Christen und Juden gleichermaßen. Ich glaubte ihn in der Konstruktion eines guten Gewehrs anleiten zu müssen, doch er war mir überlegen. »Sie meinen, wie das deutsche *Jäger,* das Jagdgewehr?«, fragte er, als ich ihm die Waffe beschrieb, die ich verloren hatte. »Ich habe an einigen gearbeitet. Zeigen Sie mir im Sand, wie lang Sie es haben wollen.«

Ich skizzierte einen Lauf mit einer Länge von zweiundvierzig Zoll.

»Ist das nicht unhandlich?«

»Die Länge verleiht dieser Büchse tödliche Treffsicherheit. Kaliber fünfundvierzig reicht. Die höhere Beschleunigung des Gewehrs ist ein Ausgleich für Kugeln, die kleiner als die einer Muskete sind. Ich kann mehr Munition für eine bestimmte Menge an Ladung und Pulver mitnehmen. Weiches Eisen, tiefe Furchen, eine Krümmung des Schaftes, damit ich das Visier zum Zielen an mein Auge bringen kann, meine Augenbraue aber von der Zündflamme fernhalte. Die besten, die ich gesehen habe, können aus einer Entfernung von fünfzig Yards drei von fünf Mal einen Reißnagel treffen.

Es dauert eine geschlagene Minute, um nachzuladen und zu rammen, doch schon der erste Schuss sitzt.«

»Hier sind Gewehre mit glattem Lauf üblich. Schnell zu laden, und man kann mit allem schießen – wenn nötig, sogar mit Kieselsteinen. Für dieses Gewehr brauchen wir präzise Kugeln.«

»Präzision bedeutet Genauigkeit.«

»Im Nahkampf siegt manchmal Schnelligkeit.« Er besaß das Vorurteil der Seeleute, mit denen er gedient hatte, und die beim Entern lieber kräftig rauften.

»Und der richtige Schuss kann die anderen davon abhalten, überhaupt näher zu kommen. Meiner Ansicht nach ist der Versuch, mit einer gewöhnlichen Muskete zu kämpfen, gerade so, als ginge man mit verbundenen Augen in ein Bordell – man kommt vielleicht zu dem gewünschten Ergebnis, aber man kann auch meilenweit danebenliegen.«

»Davon weiß ich nichts.« Der Teufel sollte mich holen, wenn ich ihn nicht zum Scherzen brächte. Er betrachtete die Zeichnung im Sand. »Vierhundert Arbeitsstunden. Die Sie mir aus Ihrem Schatz bezahlen werden?«

»Sie bekommen das Doppelte. Ich werde ausgiebig suchen, während Sie das Gewehr herstellen.«

»Nein.« Er schüttelte den Kopf. »Es ist leicht, Geld zu versprechen, das Sie nicht haben. Sie werden helfen, und nicht nur bei diesem, sondern auch bei anderen Gerätschaften. Es wird eine neue Erfahrung für Sie sein, richtig zu arbeiten. An ruhigen Tagen können Sie nach vergrabenen Schätzen suchen oder genug Gerüchte aufschnappen, um Sidney Smith zufriedenzustellen. Sie können *ihm* eine Rechnung stellen für das, was Sie *mir* schulden.«

Ehrliche Arbeit? Der Gedanke reizte mich – wirklich, manchmal beneide ich solide Männer wie Jericho –, er war aber auch beängstigend. »Ich werde an Ihrer Esse helfen«, feilschte ich, »aber Sie müssen mir genug Stunden zugestehen, in denen ich herumschnüffeln kann. Stellen Sie mir die Büchse bis zum Ende des Winters fertig, wenn Napoleon eintrifft, und bis dahin werde ich den Schatz finden und auch Smiths Geld bekommen.« Etwas aus der Admiralität herauszupressen ist gerade so, als versuchte man, Bratensaft aus einer Schuhsohle zu quetschen, doch das Frühjahr war noch weit hin. Bis dahin konnte alles Mögliche passieren.

»Dann schüren Sie das Feuer da.« Und als ich eifrig seiner Aufforderung nachkam, Holzkohle schaufelte und so viel Metall verschob, dass meine Schultern schmerzten, nickte er widerwillig. »Miriam glaubt, Sie seien ein guter Mensch.«

Und mit ihrer Billigung hatte ich ein wenig Vertrauen gewonnen, das wusste ich.

Jericho holte zuerst einen Hämmerdorn, ein Metallstab, der etwas kleiner war als das Kaliber meines zukünftigen Gewehrs. Er erhitzte einen Barren karbonisierten Damaszenerstahl, auch Röhrenstreifen genannt, der so lang war wie der Lauf meiner Büchse. Er wand ihn um den Dorn, den ich festhielt. Ich reichte ihm Werkzeuge, während er beides in die Furche eines Ambosses legte und zu hämmern begann, um den Zylinder des Laufs zu formen. So arbeitete er sich Zoll für Zoll vor, entfernte den Stab, solange das Metall noch leicht biegbar war, und tauchte das Ergebnis in zischendes Wasser. Dann wurde erneut erhitzt, der nächste Zoll Stahl wurde herumgewickelt, gehämmert und wieder geschweißt: sorgfältig Stück für Stück. Es war eine ermüdende Arbeit, aber auch eigenartig fesselnd. Diese länger werdende Röhre würde mein neuer Begleiter sein. Die Aufgabe hielt mich warm, und harte körperliche Arbeit war an sich befriedigend. Ich aß einfache Kost, schlief gut und fühlte mich in der frommen Schlichtheit meiner Unterkunft allmählich wohl. Meine Muskeln, durch Ägypten bereits gestählt, wurden noch härter.

Ich versuchte, ihn auszuhorchen. »Sie sind nicht verheiratet, Jericho?«

»Haben Sie eine Ehefrau gesehen?«

»Ein gut aussehender, wohlhabender Mann wie Sie?«

»Ich habe keine Frau, die ich heiraten möchte.«

»Ich auch nicht. Habe nie die Richtige getroffen. Dann diese Frau in Ägypten ...«

»Wir werden etwas über sie erfahren.«

»Demnach leben nur Sie und Ihre Schwester hier«, hakte ich nach.

Verärgert hörte er auf zu hämmern. »Ich war einmal verheiratet. Sie ist gestorben, als sie schwanger war. Noch mehr Dinge passierten. Ich ging auf das britische Schiff. Und Miriam ...«

Jetzt wurde es mir klar. »Kümmert sich um Sie, den trauernden Bruder.«

Er hielt meinen Blick fest. »So wie ich mich um sie kümmere.«

»Und wenn ein Freier auftauchen würde?«

»Sie will keine Freier.«

»Aber sie ist so schön. Sanft. Ergeben. Folgsam.«

»Und Sie haben Ihre Frau in Ägypten.«

»Sie brauchen eine Frau«, riet ich ihm. »Und ein paar Kinder, die Sie zum Lachen bringen. Vielleicht kann ich mich für Sie umsehen.«

»Ich brauche die Augen eines Fremden nicht. Und schon gar nicht die eines Taugenichts.«

»Trotzdem könnte ich es Ihnen anbieten, wenn ich schon einmal hier bin!«

Ich grinste, er murrte, und wir machten uns wieder daran, Metall zu behauen.

Wenn wenig zu tun war, erforschte ich Jerusalem. Ich veränderte meine Kleidung ein wenig, je nachdem, in welchem Viertel ich mich aufhielt, und versuchte, mithilfe meiner Kenntnisse in Arabisch, Englisch und Französisch nützliche Informationen zusammenzutragen. Jerusalem war an Pilger gewöhnt, mein Akzent war daher unauffällig. Die Schmelztiegel der Stadt waren ihre Märkte, auf denen sich Reich und Arm vermischten und Janitscharenkrieger ohne viel Aufhebens mit gewöhnlichen Handwerkern zusammen aßen. Die Khaskiyya, die Suppenküchen, sorgten sich um das Wohl der Armen, während die Kaffeehäuser Männer aller Glaubensrichtungen anzogen, Kaffee zu trinken, Wasserpfeifen zu rauchen und zu diskutieren. Die Luft, schwer vom Duft der dunklen Bohnen, vom starken türkischen Tabak und von Haschisch, war berauschend. Hin und wieder überredete ich Jericho, mitzukommen. Er brauchte den einen oder anderen Becher Wein, um in Fahrt zu kommen, aber wenn er einmal angefangen hatte, waren seine zögerlichen Erläuterungen über seine Heimat von unschätzbarem Wert.

»In Jerusalem glauben alle, sie seien dem Himmel drei Schritte näher«, fasste er zusammen, »was bedeutet, dass sie zusammen ihre eigene kleine Hölle schaffen können.«

»Es ist doch immerhin eine waffenfreie, friedliche, fromme Stadt?«

»Bis einer die Frömmigkeit eines anderen mit Füßen tritt.«

Wenn sich jemand nach mir erkundigte, erklärte ich, ich sei Handelsvertreter der Vereinigten Staaten, was in Paris gestimmt hatte. Ich warte darauf, Geschäfte mit dem Sieger zu machen, behauptete ich. Ich wolle mit allen gut Freund sein.

Die Stadt war randvoll mit Gerüchten über Napoleons Herannahen, sie summte wie ein Bienenstock, doch einen Konsens, welcher Seite man voraussichtlich den Vorzug geben würde, gab es nicht. Seit einem Vierteljahrhundert war Djezzar der grausame Herrscher. Bonaparte musste erst noch geschlagen werden. Die Engländer beherrschten das Meer, und Palästina war nur eine Insel in einem ausgedehnten osmanischen See. Während die schiitischen und sunnitischen Sekten der muslimischen Gemeinden in erbittertem Streit miteinander lagen, und Christen wie Juden ruhelose Minderheiten waren, die sich gegenseitig misstrauten, war überhaupt nicht klar, wer gegen wen die Waffen erheben würde. Religiöse Möchtegern-Despoten verschiedenster Glaubensrichtungen träumten davon, ihre eigenen, gegen Andersgläubige gerichteten Utopien aufzubauen. Obwohl Smith hoffte, ich könnte für die britische Sache werben, hatte ich eigentlich nicht die Absicht. Mir gefielen die republikanischen Ideale der Franzosen nach wie vor, ebenso die Männer, mit denen ich gedient hatte, und ich war durchaus mit Napoleons Träumen von einer Reform des Nahen Ostens einverstanden. Warum sollte ich Partei für die arroganten Briten ergreifen, die so hart gegen die Unabhängigkeit meiner Nation gekämpft hatten? In Wirklichkeit wollte ich nur von Astiza hören und herausbekommen, ob dieses legendäre Buch des Thoth möglicherweise dreitausend Jahre überlebt haben könnte, was eher unwahrscheinlich war. Und dann aus diesem Irrenhaus fliehen.

Also brachte ich in ihrer Wasserpfeifenkultur so viel in Erfahrung, wie ich konnte. Es war eine kleine Stadt, und unausweichlich verbreitete sich das Gerücht über den Ungläubigen in arabischer Kleidung, der in der Schmiede für einen Christen arbeitete, doch es gab eine Menge Leute mit undurchsichtiger Vergangenheit, die nach allem Möglichen suchten. Ich war nur einer von ihnen, der das tat, woraus das Leben hauptsächlich bestand: warten.

5

Um den Winter zu überstehen, gab ich mir die größte Mühe, mit Miriam zu schäkern. Ich hatte ein Stück Bernstein auf dem Markt gefunden, in dem ein Insekt eingeschlossen war. Es wurde als glänzender Glücksbringer verkauft, ich aber betrachtete es als ein Artefakt der Wissenschaft. Einmal schlich ich mich von hinten an sie heran, als sie gerade ein Huhn rupfte, rieb den Bernstein fest an meiner Kleidung und hob dann meine Hand über die Daunenfedern. Einige schwebten zu meiner nach unten gerichteten Handfläche hoch.

Sie wirbelte herum. »Wie machen Sie das?«

»Ich bringe rätselhafte Kräfte aus Frankreich und Amerika mit«, hob ich an.

Sie bekreuzigte sich. »Es ist von Übel, Zauber in dieses Haus zu bringen.«

»Das ist keine Magie, sondern Elektrizität. Ein Trick, den ich von meinem Mentor Franklin gelernt habe.« Ich drehte meine Handfläche nach oben, sodass sie den Bernstein darin sehen konnte. »Schon die alten Griechen wussten das. Wenn man Bernstein reibt, zieht er Dinge an. Diese Magie nennen wir Elektrizität. Ich bin ein Elektrizitätspionier.«

»Was für eine alberne Idee«, sagte sie unsicher.

»Hier, probieren Sie es.« Trotz ihrer Zurückhaltung ergriff ich ihre Hand und legte den Bernstein auf ihre Finger. Ich genoss es, sie unter einem Vorwand zu berühren. Ihre Finger waren kräftig, von der Arbeit gerötet. Ich rieb den Bernstein an ihrem Ärmel und hielt ihn über die Federn. Prompt hoben sich ein paar an und blieben kleben.

»Jetzt sind Sie auch Elektrizitätspionierin.«

Sie schnaubte und gab mir den Bernstein zurück. »Woher nehmen Sie die Zeit für nutzlose Spielchen?«

»Aber vielleicht sind sie gar nicht nutzlos.«

»Wenn Sie so schlau sind, dann verwenden Sie Ihren Bernstein dafür, das nächste Huhn zu rupfen!«

Ich lachte, führte den Bernstein an ihrer Wange vorbei und zog damit Strähnen ihres herrlichen Haars an. »Er kann vielleicht als Kamm dienen.« Ich hatte einen Schleier aus blondem Haar geschaffen, über den hinweg ihre Augen mich argwöhnisch ansahen.

»Sie sind unverschämt.«

»Nur neugierig.«

»Neugierig worauf?« Bei diesen Worten wurde sie rot.

»Aha, jetzt verstehen Sie mich allmählich.« Ich zwinkerte ihr zu.

Doch weiter ließ sie es nicht kommen. Ich hatte gehofft, mir die Freizeit mit dem einen oder anderen Kartenspiel vertreiben zu können, aber dafür war diese Stadt am wenigsten geeignet. Jerusalem hatte weniger Zerstreuung zu bieten als ein Picknick der Quäker. Außerdem stellte sich heraus, dass es nicht viel sexuelle Versuchung in einer Stadt gab, in der die Frauen so fest verpackt sind wie ein Kleinkind bei einem Schneesturm in Maine: Mein Zölibat von Jaffa wurde unfreiwillig verlängert. Dabei warfen mir Frauen durchaus den einen oder anderen bezaubernden Blick zu – ich gebe eine ziemlich gute Figur ab –, aber ihr Reiz wurde verdorben von düsteren Geschichten, die man in den Kaffeehäusern über Genitalverstümmelung durch wütende Väter oder Brüder zu hören bekam. Dabei verging einem alles.

Mit der Zeit war ich derart frustriert und gelangweilt, dass ich mich von meinem Bernsteinspiel inspirieren ließ und beschloss, mit Elektrizität zu experimentieren, wie Franklin es mich gelehrt hatte. Was in Paris nur ein kluger Zeitvertreib war, bei dem ich Salongesellschaften mit einem elektrischen Kuss in Erstaunen versetzte – ich konnte einen Funken zwischen den Lippen eines Paares erzeugen, sobald ich eine Frau mit meinen Geräten aufgeladen hatte –, hatte nach meinem Aufenthalt in Ägypten an Ernsthaftigkeit gewonnen. Konnte es sein, dass Völker im Altertum solche Mysterien in machtvolle Magie verwandelt hatten? Lag darin das Geheimnis ihrer Zivilisationen? Wissenschaft war auch eine Möglichkeit, mir in meinem unbefriedigenden Winter in Jerusalem Ansehen zu verschaffen. Elektrizität war hier unbekannt.

Mit Jerichos widerwilliger Erlaubnis baute ich eine Reibungskurbel mit einer Glasscheibe, um einen Generator herzustellen. Wenn ich sie gegen Kontaktstellen rotieren ließ, die mit einem Draht verbunden waren, wurde die statische Aufladung an Glasgefäße weitergegeben, die ich innen mit Blei überzog: provisorische Leidener Flaschen. Ich verwendete Kupferfäden, um diese Funkenbatterien hintereinander zu verdrahten und genug Elektrizität an eine Kette weiterzuleiten. Wenn Jerichos Kunden diese berührten, schnellten sie hoch und ihre Gliedmaßen waren für Stunden betäubt. Wer sich mit der menschlichen Natur befasst hat, den wird es nicht überraschen, dass Männer Schlange standen, um sich erschüttern zu lassen und anschließend die kribbelnden Extremitäten voller Ehrfurcht zu schütteln. Mein Ruf als Magier wurde noch verstärkt, als ich meine Arme unter Strom setzte und mit den Fingern Messingspäne anzog. Ich war ein Graf Silano geworden, merkte ich, ein Zauberkünstler. Männer begannen über meine Kräfte zu tuscheln, und ich gebe zu, ich genoss meine Bekanntheit. Zu Weihnachten pumpte ich die Luft aus einer Glaskugel, drehte diese mit meiner Kurbel und legte meine Hand darauf. Der darauf folgende purpurrote Schein erhellte den Schuppen und bezauberte die Kinder aus der Nachbarschaft. Zwei alte Frauen wurden allerdings ohnmächtig, ein Rabbi stürmte aus dem Raum, und ein katholischer Priester hielt ein Kreuz in meine Richtung.

»Es ist nur ein Salontrick«, versicherte ich ihnen. »Das haben wir in Frankreich ständig gemacht.«

»Und was sind die Franzosen, wenn nicht Ungläubige und Atheisten?«, entgegnete der Priester. »Von der Elektrizität ist nichts Gutes zu erwarten.«

»Im Gegenteil. Ärzte in Frankreich und Deutschland glauben, Elektroschocks könnten vielleicht Krankheiten oder Wahnsinn heilen.« Doch da jeder weiß, dass Ärzte mehr Menschen töten als heilen, ließen sich Jerichos Nachbarn kaum von dieser Aussicht beeindrucken.

Auch Miriam behielt ihre Zweifel bei. »Sieht nach ziemlichem Aufwand aus, nur um jemanden zu pieksen.«

»Aber warum piekst es? Das wollte Benjamin Franklin verstehen.«

»Es kommt vom Kurbeln, oder?«

»Aber warum? Wenn man Milch aufschäumt oder einen Eimer aus dem Brunnen hebt, erzeugt man damit Elektrizität? Nein, das hier ist etwas Besonderes, und Franklin meinte, es könne die Kraft sein, die das Universum belebt. Vielleicht belebt Elektrizität unsere Seelen.«

»Das ist Blasphemie!«

»Elektrizität ist in unserem Körper. Man hat versucht, verstorbene Verbrecher mit Elektrizität wiederzubeleben.«

»Iiih!«

»Und die Muskeln haben sich tatsächlich bewegt, obwohl die Menschen den Geist aufgegeben hatten. Ist es Elektrizität, die uns Leben gibt? Was wäre, wenn wir diese Kraft nutzbar machen könnten, so wie Feuer oder die Muskelkraft von Pferden? Was, wenn die alten Ägypter es gemacht haben? Der Mensch, der wüsste, wie es geht, könnte unvorstellbare Macht haben.«

»Und ist es das, wonach Sie suchen, Ethan Gage? Unvorstellbare Macht?«

»Wenn man die Pyramiden gesehen hat, fragt man sich, ob die Menschen in der Vergangenheit nicht solche Macht besaßen. Warum können wir sie heute nicht wieder erlangen?«

»Vielleicht, weil es mehr schadete als nützte.«

Unterdessen übte Jerusalem seinen eigenen Zauber aus. Ich weiß nicht, ob menschliche Geschichte wie Winterregen in den Boden eindringen kann, doch die Orte, die ich besuchte, hatten ein greifbares, beklemmendes Gedächtnis. Jede Mauer bewahrte eine Erinnerung, jede Straße hatte eine Geschichte. Hier stürzte Jesus, dort hieß Salomo die Königin von Saba willkommen, diesen Platz stürmten die Kreuzritter, und über jene Mauer nahm Saladin die Stadt wieder ein. Höchst außergewöhnlich war die südöstliche Ecke der Stadt, ein weitläufiges, künstlich angelegtes Plateau auf dem Berg, auf dem Abraham seinen Sohn Isaak opfern sollte: der Tempelberg. Wieder errichtet von Herodes dem Großen, ist er eine gepflasterte Plattform, eine Viertelmeile lang und dreihundert Schritt breit, die, so wurde mir gesagt, fünfzehn Hektar bedeckt. Nur um einen Tempel zu tragen? Warum musste sie so groß sein? Bedeckte sie etwas viel Entscheidenderes, um es gar zu *verbergen?* Mir kamen unsere endlosen Mutmaßungen über den wahren Zweck der Pyramiden in den Sinn.

Salomos Tempel stand auf diesem Berg, bis zuerst die Babylonier, dann die Römer ihn zerstörten. Anschließend errichteten die Muslime ihre goldene Moschee, den Felsendom, an derselben Stelle. Am südlichen Ende befand sich eine weitere Moschee, Al-Aksa, die von Kreuzfahrern baulich erweitert und dadurch entstellt wurde. Jeder Glaube hatte versucht, der Stadt seinen Stempel aufzudrücken, doch das Gesamtergebnis war eine heiter gelassene Leere, die sich wie der Himmel selbst über der geschäftigen Stadt erhob. Kinder spielten, Schafe grasten. Ich schlenderte manchmal durch das Kettentor hinauf und schritt den Platz ab, wobei ich die Berge ringsum durch mein kleines Fernrohr betrachtete. Die Muslime ließen mich in Ruhe und raunten einander zu, ich sei ein Dschinn, der dunkle Mächte anzapfe.

Trotz meines Rufs, oder vielleicht gerade deswegen, durfte ich gelegentlich den blau gekachelten Felsendom betreten. Dann zog ich meine Stiefel aus, bevor ich auf den rot-grünen Teppich trat. Vielleicht hoffte man, ich würde zum Islam konvertieren. Die Kuppel der Moschee wurde von vier massiven Stützpfeilern und zwölf Säulen getragen, der Innenraum war mit Mosaiken und islamischer Schrift verziert. Darunter befand sich der heilige Fels, Haram-al Sharif, Ursprungsstein der Welt, auf dem Abraham seinen Sohn zu opfern bereit war, und von wo Mohammed in die himmlischen Sphären aufstieg. Auf einer Seite des Felsens befand sich ein Brunnen, darunter angeblich eine kleine Höhle. Ob *dort* etwas verborgen war? Wenn hier einst Salomos Tempel gestanden hatte, wären dann nicht hebräische Schätze am selben Ort versteckt worden? Doch es war niemandem erlaubt, in die Höhle hinabzusteigen, und wenn ich mich zu lange dort aufhielt, verscheuchte mich ein muslimischer Aufseher.

So grübelte ich, während ich mit Jericho Hufeisen, Sicheln, Feuerzangen, Scharniere und allerlei Gerätschaften des täglichen Gebrauchs schmiedete. Ich hatte reichlich Gelegenheit, meinen Gastgeber zu befragen.

»Gibt es in dieser Stadt unterirdische Orte, an denen etwas Wertvolles für lange Zeit versteckt werden könnte?«

Jericho brüllte vor Lachen. »Unterirdische Orte in Jerusalem? Jeder Keller führt in ein Labyrinth aus aufgelassenen Tunneln und vergessenen Gängen. Sie dürfen nicht vergessen, dass diese Stadt von jeder zweiten Nation der Erde ausgeplündert wurde, Ihre Kreuzfahrer eingeschlossen. So viele Kehlen wurden aufgeschlitzt, dass das Grundwasser blutig sein müsste. Ruinen wurden auf Ruinen erbaut, ganz zu schweigen von einem Wabennetz aus Höhlen und Steinbrüchen. Unterirdisch? Kann sein, dass dort unten mehr Jerusalem ist als hier oben!«

»Das Ding, nach dem ich suche, wurde von den alten Israeliten mitgebracht.«

Er stöhnte. »Jetzt sagen Sie mir nicht, Sie suchen nach der Bundeslade! Das ist der Mythos eines Wahnsinnigen. Mag sein, dass sie sich einst in Salomos Tempel befand, aber seit Nebukadnezar 586 vor Christus Jerusalem zerstörte und die Juden ins Exil führte, wurde sie nicht mehr erwähnt.«

»Nein, nein, die meine ich nicht.« Natürlich meinte ich sie, oder hoffte zumindest, die Bundeslade könnte mich zum Buch führen, oder sie wären ein und dasselbe. »Lade« bedeutet »Truhe«, und die Bundeslade war vermutlich die mit Gold überzogene Truhe aus Akazienholz, in der die Hebräer, die aus Ägypten entkamen, die Zehn Gebote aufbewahrten. Ihr wurden mysteriöse Kräfte nachgesagt, die dabei halfen, Feinde zu besiegen. Natürlich fragte ich mich, ob das Buch des Thoth auch in dem Behältnis war, da Astiza glaubte, Moses habe es mitgenommen. Doch vorläufig erwähnte ich es nicht.

»Gut. Sie würden eine Ewigkeit brauchen, um Jerusalem auszugraben, und am Ende, vermute ich, hätten Sie auch nicht mehr als am Anfang. Kriechen Sie ruhig in Löcher hinab, wenn Sie wollen, aber alles, was Sie finden werden, sind Tonscherben und Rattenknochen.«

Miriam war eine stille Frau, doch allmählich erkannte ich, dass dieses zurückgezogene Verhalten einen scharfen Verstand und ein reges Interesse an der Vergangenheit verhüllte. So unterschiedlich sie und Astiza in ihrer Persönlichkeit waren, vom Intellekt her waren sie wie Zwillinge. Zu Beginn meines Aufenthalts kochte Miriam und setzte uns die Mahlzeiten vor, aß aber getrennt von uns. Erst als ich eine Zeitlang mit Jericho in seiner Schmiede gearbeitet und ein wenig Vertrauen gewonnen hatte, konnte ich die beiden überreden, dass sie sich zu uns an den Tisch setzte. Ihr Zögern war eigenartig, aber wir waren schließlich keine Muslime, die angehalten waren, die Geschlechter zu trennen. Zunächst redete sie nur, wenn man sie ansprach – in dieser Hinsicht war sie wiederum das Gegenteil von Astiza. Auch hatte sie anscheinend nicht viel zu sagen. Sie war wirklich reizend – eine Schönheit, die mir immer das Bild von Obst und Sahne vor Augen führte –, dennoch legte sie ihr Tuch bei Tisch nur widerstrebend ab. Wenn sie es tat, fiel ihr Haar wie ein goldener Wasserfall herab – so hell, wie Astizas Haare dunkel waren. Ihr Hals war lang, die Wangen lieblich. Ich war weiterhin stolz auf meine Enthaltsamkeit (denn in Jerusalem eine Abenteurerin zu finden, war gerade so, als suchte man in den Spielsalons von Paris eine Jungfrau, weshalb ich genauso gut Befriedigung aus meiner Tugend ziehen konnte), aber mich wunderte, dass diese Schönheit nicht schon von einem hartnäckigen Verehrer weggeschnappt worden war. Nachts hörte ich das leise Plätschern, wenn sie sich vorsichtig, in einem Holzzuber stehend, wusch, und unwillkürlich fragte ich mich, wie wohl ihre Brüste und ihr Bauch aussähen, die Rundungen ihrer Hüftpartie und die schlanken, festen Beine. In meiner Fantasie sah ich, wie Rinnsale aus Seifenwasser in Kaskaden über die vollkommen geformten Oberschenkel, Waden und Knöchel herabliefen. Seufzend versuchte ich dann, an Elektrizität zu denken, um mich irgendwie abzulenken.

Beim Abendessen folgte Miriam mit Vergnügen unserer

Unterhaltung, ihre Blicke wanderten rasch und lebhaft zwischen uns hin und her. Bruder und Schwester gehörten zu den Menschen, die etwas von der Welt gesehen hatten, und daher gefielen ihnen meine Geschichten über das Leben in Paris, meine Kindheit in Amerika, meine früheren Ausflüge zu den Pelzhändlern an den Großen Seen, meine Reisen über den Mississippi nach New Orleans und die Fahrt zu den Zuckerinseln in der Karibik. Auch was Ägypten betraf, waren sie neugierig. Ich erzählte ihnen nichts über die Geheimnisse der Großen Pyramide, aber ich beschrieb den Nil, die großen Schlachten zu Land und zu Wasser im Jahr zuvor, und den Tempel von Dendera tief im Süden. Jericho erzählte mir noch mehr über Palästina, über Galiläa, wo Jesus wirkte, und über die christlichen Stätten, die ich auf dem Ölberg besichtigen könnte. Nach anfänglichem Zögern begann jedoch auch Miriam nach einiger Zeit, sich schüchtern am Gespräch zu beteiligen und ließ erkennen, dass sie viel mehr über das historische Jerusalem wusste, als ich vermutet hatte – mehr sogar noch als ihr Bruder. Sie war nicht nur des Lesens kundig – selten genug für eine Frau in einem muslimischen Land –, sondern las tatsächlich mit Feuereifer. Kinderlos und abgeschirmt von Männern, verbrachte sie viel Zeit mit dem Studium von Büchern, die sie auf dem Markt kaufte oder in den Nonnenklöstern auslieh.

»Was lesen Sie?«, fragte ich sie.

»Über die Vergangenheit.«

Jerusalem war voll von Vergangenheit. Ich durchstreifte die Berge außerhalb der Stadtmauern in der winterlichen Kühle, wenn das Licht lange Schatten über die namenlosen Ruinen wirft. Einmal brachte der bitterkalte Wind leichten

Schnee mit. Die weiße Decke lag unter einem hellblauen Himmelszelt und wurde von einer Sonne bestrahlt, die wie ein Drache am Himmel stand – und ebenso wenig Wärme spendete. Sie tauchte die mit Puderzucker überzogene Landschaft in ein fahles Licht.

Unterdessen schritt die Arbeit an der Langbüchse voran, und ich sah Jericho an, dass ihm die handwerkliche Herausforderung gefiel. Als der Lauf vollständig geschmiedet war, bohrten wir in den Rohling einen Dorn im Durchmesser der späteren Laufbohrung. Ich drehte die Handkurbel, während er den in einer Klemmschraube steckenden Lauf auf mich zu führte. Es war harte Arbeit. Als das erledigt war, steckte er ein Seil durch die Bohrung, verknotete es fest und warf dann einen Blick durch die Mitte auf der Suche nach Schatten und Erhebungen, die auf Unebenheiten hindeuteten. Durch geschicktes Erhitzen und Hämmern besserte er die unvollkommenen Stellen aus.

Die Einkerbungen, die der Kugel den nötigen Drall verleihen sollten, waren mühsam anzubringen. Sieben Kerben sollten es sein, eine jede mithilfe einer durch den Lauf rotierenden Bohrerspitze gezogen. Da die Spitze nicht tief einschneiden durfte, musste sie mit der Hand durch die Waffe gedreht werden, zweihundert Mal pro Kerbe.

Das war nur der Anfang. Die Waffe musste poliert, das Metall gebläut werden, dann kamen die unzähligen Metallteile für das Steinschloss, der Abzug, der Behälter für Schusspflaster, der Ladestock und so weiter. Meine Hände halfen zwar, das Geschick hingegen brachte allein Jericho ein, seine fleischigen Pranken waren imstande, Ergebnisse zu produzieren, die einer Maid mit der Nadel zur Ehre gereicht hätten. Am glücklichsten war er, wenn er still vor sich hin arbeitete.

Miriam überraschte mich eines Tages, als sie mich bat, meinen Arm und meine Schulter ausmessen zu dürfen. Wie sich herausstellte, würde sie den Schaft formen, der dem Schützen wie ein Mantel anzupassen war. Sie hatte sich freiwillig für diese Aufgabe gemeldet. »Sie hat das Auge eines Künstlers«, erläuterte Jericho. »Zeigen Sie ihr die Krümmung und die Einpresstiefe, die Sie am Schaft haben wollen.« In Palästina gab es keinen Ahorn, daher verwendete sie Wüstenakazie, dasselbe Holz, das für die Bundeslade benutzt worden war: schwerer, als mir lieb war, aber hart und fein gemasert. Nachdem ich eine grobe Skizze angefertigt hatte, wie sich das Holz von der Form arabischer Feuerwaffen unterscheiden sollte, übertrug sie meinen Vorschlag in anmutige Rundungen, die an eine Pennsylvania-Langbüchse erinnerten. Als sie meine Größe ausmaß, um den Kolben anzupassen, zitterte ich unter der Berührung ihrer Finger wie ein Schuljunge.

So schamhaft war ich geworden.

Ich vegetierte also vor mich hin, schickte vage politische und militärische Einschätzungen an Smith, die jeden Strategen in Verwirrung gestürzt hätten, der dumm genug gewesen wäre, ihnen Beachtung zu schenken, bis schließlich eines Abends unser Essen durch lautes Hämmern an Jerichos Tür unterbrochen wurde. Der Schmied öffnete, um nachzusehen, und kam mit einem staubigen, bärtigen Reisenden wieder, der an diesem Tag mit der Marktkarawane eingetroffen war. »Ich bringe dem Amerikaner Nachrichten aus Ägypten«, verkündete der Besucher.

Mein Herz schlug wie wild.

Wir ließen ihn an dem einfachen Holztisch Platz nehmen, reichten ihm Wasser – er war Muslim und lehnte Wein ab –, ein paar Oliven und Brot. Während er sich unsicher für unsere Gastfreundschaft bedankte und das Essen verschlang wie ein Wolf, wartete ich voller Sorge, verwundert über die Flut von Gefühlen, die durch meine Adern brauste. In den Wochen mit Miriam war Astiza in meiner Erinnerung geschrumpft. Nun pochten seit Monaten vergrabene Gefühle in meinem Kopf, als hielte ich Astiza noch immer in den Armen oder beobachtete verzweifelt, wie sie an einem Seil unter mir baumelte. Vor Ungeduld wurde ich rot, ich spürte, wie mir der Schweiß ausbrach. Miriam ließ mich nicht aus den Augen.

Die obligatorischen Begrüßungen wurden ausgetauscht, Wünsche für Wohlstand und Wohlergehen, der Dank an Gott, die Klage über die beschwerliche Reise sowie ein Bericht über den Gesundheitszustand – »Wie geht es Ihnen?« war eine der tiefgreifendsten Fragen meines Zeitalters, wenn man bedenkt, dass Gicht, Wechselfieber, Wassersucht, Frostbeulen, Bindehautentzündungen, Schmerz und Ohnmachtsanfälle weit verbreitet waren.

Endlich: »Was gibt es Neues über die Freundin dieses Mannes?«

Der Bote schluckte und zupfte sich Brotkrumen aus dem Bart. »Es gibt Berichte über den Verlust eines französischen Ballons während der Oktoberrevolte in Kairo«, begann er. »Nichts über den Amerikaner darin. Es heißt, er sei einfach verschwunden oder von der französischen Armee desertiert. Eine Reihe von Geschichten orten ihn hier und dort, aber es herrscht keine Übereinstimmung, was mit ihm passiert ist.«

Er warf mir einen kurzen Blick zu, dann schaute er wieder auf den Tisch. »Niemand bestätigt seine Geschichte.«

»Aber es gibt doch sicher Berichte über das Schicksal des Grafen Silano«, sagte ich.

»Graf Alessandro Silano ist einfach verschwunden. Er soll angeblich die Große Pyramide erforscht haben und ward dann nicht mehr gesehen. Manche vermuten, dass er womöglich in der Pyramide umgebracht wurde. Andere meinen, er sei nach Europa zurückgekehrt. Die Einfältigen sind der Ansicht, er sei durch Magie verschwunden.«

»Nein, nein!«, hielt ich ihm entgegen. »Er fiel vom Ballon hinunter!«

»Darüber gibt es keine Berichte, Effendi. Ich sage Ihnen nur, was man so hört.«

»Und Astiza?«

»Von ihr fanden wir überhaupt keine Spur.«

Mir sank der Mut. »Keine Spur?«

»Das Haus des Qelab Almani, des Mannes, den Sie Enoch nennen, wo Sie angeblich gewohnt haben, war nach seiner Ermordung leer, wurde von den Franzosen beschlagnahmt und wird seitdem als Kaserne genutzt. Yusuf al-Beni, der, wie Sie sagten, diese Frau in seinem Harem unterbrachte, leugnet, dass sie jemals dort war. Es gab Gerüchte über eine schöne Frau, die General Desaix' Expeditionsstreitmacht nach Oberägypten begleitete, aber wenn es so war, ist auch sie verschwunden. Über den verwundeten Mamelucken Ashraf, den Sie erwähnten, haben wir nichts erfahren. Niemand erinnert sich an Astizas Anwesenheit, weder in Kairo noch in Alexandria. Unter den Soldaten gibt es Gerüchte über eine attraktive Frau, ja, doch niemand behauptet, sie gesehen oder gekannt zu haben. Es ist beinahe so, als hätte sie gar nicht existiert.«

»Aber sie ist auch in den Nil gestürzt! Eine ganze Kompanie hat es gesehen!«

»Wenn dem so ist, mein Freund, wird sie nie wieder aufgetaucht sein. Die Erinnerung an sie ist wie eine Fata Morgana.«

Ich war bestürzt. Auf ihren Tod und die Beisetzung ihrer Leiche hatte ich mich innerlich vorbereitet. Gehofft hatte ich, sie habe überlebt, auch wenn man sie gefangen genommen hatte. Aber dass sie einfach verschwunden war? Hatte der Fluss sie fortgetragen, sodass sie nie wieder gesehen wurde? Wie wahrscheinlich war das? Auch Silano verschwunden? Das war noch verdächtiger. Hatte sie irgendwie überlebt und war mit ihm gegangen? Dieser Gedanke war noch quälender!

»Sie müssen doch noch mehr wissen als das! Mein Gott, die ganze Armee kannte sie! Napoleon hat Bemerkungen über sie fallen lassen! Die Gelehrten der Expedition haben sie auf ihrem Boot mitgenommen! Und jetzt gibt es überhaupt keinen Hinweis?«

Er schaute mich mitfühlend an. »Tut mir leid, Effendi. Manchmal hinterlässt Gott mehr Fragen als Antworten, nicht wahr?«

Menschen können sich mit allem arrangieren, nur nicht mit Ungewissheit. Die schlimmsten Gespenster sind die, denen wir noch nicht begegnet sind. Ihre letzten Worte hallten noch in meinem Kopf wider: »Finde es!« Dann schnitt sie das Seil durch und fiel mit Silano hinab. Die Schreie, die blendende Sonne, während der Ballon aufstieg ... war das alles nur ein Albtraum? Nein! Es war so wirklich gewesen wie dieser Tisch, an dem wir saßen.

Jericho schaute mich düster an. Da war Mitgefühl, aber auch das Wissen, dass die ägyptische Frau mich von seiner Schwester ferngehalten hatte. Miriams Blick war direkter denn je zuvor, und in ihren Augen las ich Sorge und Verständnis. In diesem Augenblick wurde mir klar, dass auch sie jemanden verloren hatte. Deshalb wurden keine Freier ermutigt, das war der Grund, warum ihr Bruder ihr engster Begleiter blieb. Wir alle waren durch Kummer verbunden.

»Ich wollte nur eine klare Antwort«, flüsterte ich.

»Die Antwort ist, vorbei ist vorbei.« Unser Besucher stand auf. »Tut mir leid, dass ich keine besseren Nachrichten überbringen konnte, doch ich bin nur der Bote. Jerichos Freunde halten natürlich ihre Ohren offen. Aber geben Sie sich keiner Hoffnung hin. Sie ist fort.«

Mit diesen Worten ging auch er.

6

Meine erste Reaktion war, Jerusalem und den verfluchten Orient zu verlassen, ein für alle Mal. Die bizarre Odyssee mit Bonaparte – die Flucht aus Paris, die Schiffsreise von Toulon aus, der Überfall auf Alexandria, die Begegnung mit Astiza, ständig diese entsetzlichen Schlachten, der Verlust meines Freundes Antoine Talma und das bittere Geheimnis der Großen Pyramide – hing mir zum Hals heraus. Sie hatte zu nichts geführt – keine Reichtümer, kein Freispruch in Paris von einem Verbrechen, das ich nie begangen hatte, keine Karriere als einer der hoch geschätzten Gelehrten, die Napoleons Expedition begleitet hatten, und keine bleibende Liebe zu der Frau, die mich verzaubert und verhext hatte. Sogar meine Langbüchse hatte ich verloren! Letztlich war ich nur nach Palästina gekommen, um etwas über Astizas Schicksal zu erfahren, und nun, da es hieß, es gebe nichts in Erfahrung zu bringen (gab es eine grausamere Nachricht?), schien meine Mission sinnlos. Ich machte mir nichts aus der bevorstehenden Invasion Syriens, aus dem Schicksal Djezzars des Schlächters, aus der Karriere von Sir Sidney Smith oder den politischen Zielen von Drusen, Matuwelli, Juden und allen anderen, die endlos in einer Spirale aus Hass, Neid und Vergeltung gefangen waren. Wie war ich nur in so eine verrückte Totenstadt geraten? Höchste Zeit, nach Amerika heimzukehren und ein normales Leben anzufangen.

Und dennoch ... mein Entschluss, alles hinter mir zu lassen, wurde dadurch gelähmt, dass ich nichts wusste. Astiza war allem Anschein nach nicht mehr am Leben, aber definitiv tot war sie auch nicht. Es gab keine Leiche. Wenn ich mich auf und davon machte, würde ich mich für den Rest meines Lebens quälen. Ich hatte zu viele Erinnerungen an sie – wie sie mir den Stern Sirius zeigte, als wir den Nil hinauf segelten, wie sie mir half, Ashraf in den Wirren der Schlacht bei den Pyramiden zu überwältigen, ihre Schönheit, wenn sie in Enochs Hof saß, oder ihre Verletzlichkeit und sinnliche Ausstrahlung, als sie im Tempel von Dendera angekettet war. Und dann unsere leidenschaftliche Nacht am Ufer des Nils! Wenn man ein bis zwei Jahrhunderte Zeit hat, kommt man über solche Erinnerungen vielleicht hinweg – aber vergessen würde man sie nicht. Sie verfolgte mich.

Was das Buch des Thoth betraf, es konnte ebenso gut ein Mythos sein – alles, was wir in der Pyramide gefunden hatten, war schließlich nur ein leeres Behältnis dafür und Moses' läppischer Stab. Und wenn es nun nicht so war und es in Wirklichkeit irgendwo unter meinen Füßen ruhte? Jericho und ich standen kurz vor der Fertigstellung einer Büchse, die sogar noch besser zu werden versprach, als die, die ich verloren hatte. Dann war Miriam da, die vermutlich auch einen tragischen Verlust erlitten hatte und eine Leidensgefährtin war. Da Astiza verschwunden war, erschien mir die Frau, mit der ich ein Haus teilte, deren Mahlzeiten ich zu mir nahm und deren Hände das Holz meiner Waffe formten, plötzlich noch wunderbarer. Wen hatte ich in Amerika, zu dem ich zurückkehren konnte? Niemanden. Trotz meiner Enttäuschung entschloss ich mich auf einmal doch, ein bisschen länger zu bleiben, zumindest bis die Waffe fertiggestellt war. Ich war ein Spieler, der darauf wartete, dass sich das Blatt wendet. Vielleicht käme jetzt eine neue Karte ins Spiel.

Und ich war neugierig, wen Miriam verloren hatte.

Sie behandelte mich mit Anstand und Respekt wie zuvor, und doch hielt unser Augenkontakt nun länger an. Wenn sie mir den Teller vorsetzte, stand sie unmerklich näher bei mir, und der Tonfall ihrer Stimme – bildete ich es mir nur ein? – war sanfter und mitfühlender. Jericho beobachtete uns eingehender und unterbrach manchmal unsere Unterhaltung mit mürrischen Zwischenbemerkungen. Wie konnte ich es ihm verübeln? Sie war eine schöne Gehilfin, treu wie ein Hund, und ich war ein einfallsloser Fremder, ein Schatzjäger mit ungewisser Zukunft. Unwillkürlich träumte ich davon, sie zu besitzen, und Jericho war auch ein Mann: Er wusste, was jeder Mann sich wünschen würde. Schlimmer noch, ich könnte sie mit nach Amerika nehmen. Mir fiel auf, dass er öfter an meinem Gewehr arbeitete. Er wollte es fertigstellen, damit ich verschwand.

Wir ließen die spätwinterlichen Regenfälle über uns ergehen, Jerusalem war grau und still. Berichte trafen ein, dass Desaix, Bonapartes bester General, neue Triumphe zu verzeichnen und am Oberlauf des Nils aufsehenerregende neue Ruinen gesichtet hatte. Smith streifte auf dem Meer zwischen Akko, der Seeblockade vor Alexandria und Konstantinopel hin und her, nur um sich auf Napoleons Angriff im Frühjahr vorzubereiten. Französische Truppen versammelten sich bei El-Arisch an der Grenze zu Palästina. Die kräftiger werdende Sonne erwärmte allmählich die Steine der Stadt, der Krieg kam näher, und als Miriam eines Abends bei einbrechender Dämmerung zu den Märkten in der Stadt aufbrach, um ein fehlendes Gewürz für unser Abendessen zu kaufen, fasste ich den spontanen Entschluss, ihr zu folgen. Ich wünschte mir eine Gelegenheit, außerhalb der wachsamen Gegenwart Jerichos mit ihr zu sprechen. In Jerusalem gehörte es sich nicht, dass ein Mann einer einzelnen Frau nachging, doch vielleicht würde sich eine Möglichkeit für eine Unterhaltung von selbst ergeben. Was wollte ich Miriam sagen? Ich wusste es nicht.

Ich folgte ihr in einiger Entfernung und versuchte, mir einen plausiblen Grund auszudenken, sie anzusprechen, oder eine Möglichkeit zu finden, einen Bogen zu schlagen und ihr entgegenzukommen, damit es wie ein Zufall aussah. Komisch, dass wir Menschen so hinterhältig darüber nachdenken müssen, wie wir unsere Gefühle ausdrücken. Sie war jedoch zu schnell. Sie ging an den Hiskia-Becken vorbei, hinunter in den langen Suk, der die Stadt teilte, kaufte an einem Stand etwas zu essen, ließ die Waren an zwei weiteren Ständen unbeachtet und schlug dann den Weg zu den Märkten im muslimischen Bezetha-Viertel hinter dem Sitz des Paschas ein.

Plötzlich war Miriam nicht mehr zu sehen.

Gerade noch ging sie die Via Dolorosa hinunter auf das Tor der Dunkelheit und das Tor el-Ghawanima am Tempelberg zu, und schon war sie nicht mehr da. Ich blinzelte verwirrt. Hatte sie bemerkt, dass ich ihr folgte, und versuchte sie, mich abzuhängen? Ich beschleunigte meinen Schritt, eilte an verschlossenen Eingängen vorbei, bis mir schließlich klar wurde, dass ich schon zu weit war. Ich ging denselben Weg zurück. Da hörte ich aus dem Innenhof, der sich an einen römischen Torbogen über der Straße anschloss, raue, drängende Stimmen. Merkwürdig, wie ein Geräusch oder ein Geruch Erinnerungen wachrufen kann, und ich hätte schwören können, dass mir die männliche Stimme bekannt vorkam.

»Wohin geht er? Was sieht er sich an?« Der Tonfall war bedrohlich.

»Ich weiß es nicht!« Sie klang verängstigt.

Vorbei an Eisengittern trat ich in einen dunklen, von Unrat übersäten Hof, dessen Ruinen zeitweise als Ziegenpferch benutzt wurden. Vier Scheusale in französischen Capes und europäischen Stiefeln umzingelten die zu Tode erschrockene junge Frau. Ich war, wie schon gesagt, unbewaffnet, bis auf den arabischen Dolch, den ich in meine Schärpe gesteckt hatte. Aber sie hatten mich noch nicht entdeckt, daher hatte ich den Vorteil des Überraschungsmoments. Die Kerle sahen nicht so aus, als könnte man sie bluffen, daher schaute ich mich nach einer besseren Waffe um. »Wenn man auf die eigenen Mittel zurückgreifen muss, ist es gerade so, als würde man dem Schicksal in den Schoß gestoßen«, pflegte Ben Franklin zu sagen. Allerdings hatte er auch mehr Mittel zur Verfügung als die meisten anderen.

Schließlich erspähte ich einen ausrangierten steinernen Amor, der von Muslimen oder Christen, die die Verbote falscher Götzen oder heidnischer Penisse besonders genau nahmen, verunstaltet worden war. Er lag im Unrat auf der Seite wie eine vergessene Puppe.

Die Skulptur reichte mir bis an die Oberschenkel und war

schwer genug. Ich konnte sie gerade eben über den Kopf heben, sprach ein Gebet an die Liebe und warf. Der Amor traf die zusammengekauerten Halunken im Rücken wie eine Kugel die Kegel. Fluchend fielen sie übereinander.

»Lauf nach Hause!«, rief ich Miriam zu. Sie hatten ihr bereits die Kleidung zerrissen.

Sie nickte mir furchtsam zu, tat einen Schritt und taumelte wieder zurück, als ein Bösewicht sie erneut packte. Ich dachte schon, er würde sie zu Boden zerren, doch während er sich an sie klammerte, trat sie ihm mit elegantem Schwung zwischen die Beine, als würde sie einen Tanz aufführen. Ich vernahm den dumpfen Tritt, der ihn erstarren ließ wie einen Flamingo in einem Schneesturm in Quebec. Dann befreite sie sich mit einem Ruck und war mit einem Satz zum Tor hinaus. Tapferes Mädchen! Sie hatte mehr Mumm und eine bessere Kenntnis der männlichen Anatomie, als ich gedacht hatte.

Jetzt erhob sich das Pack gegen mich, doch ich hatte unterdessen den Amor wieder aufgehoben und hielt seinen Kopf zwischen den Händen. Ich schwenkte ihn einmal im Kreis und ließ los. Zwei Teufel fielen erneut um, und die Statue ging entzwei. Inzwischen hatten Anwohner den Krach gehört und erhoben ein wildes Geschrei. Ein dritter Halunke zog plötzlich ein verborgenes Schwert, das er offenbar an der Polizei von Jerusalem vorbeigeschmuggelt hatte. Ich griff ihn mit meinem arabischen Dolch an, noch bevor er die Waffe aus der Scheide befördert hatte, und stieß zu. Trotz meiner zahlreichen Raufereien hatte ich noch nie jemanden niedergestochen, und ich war überrascht, wie leicht die Klinge eindrang und wie unheimlich sie dabei an einer Rippe entlang schrammte. Er zischte und drehte sich so heftig zur Seite, dass mir der Griff aus der Hand glitt. Ich taumelte. Jetzt hatte ich gar keine Waffe mehr.

Unterdessen hatte derjenige, der Miriam befragt hatte, eine Pistole gezogen. Er würde doch bestimmt nicht alle Gesetze brechen und einen Schuss in der heiligen Stadt riskieren! Die Stimmen wurden immer lauter.

Doch der Schuss krachte, die Waffe blitzte auf, und irgendetwas versengte mir den Kopf an der Seite. Halb blind geriet ich ins Schwanken. Höchste Zeit, sich zurückzuziehen! Ich stolperte auf die Straße hinaus, aber der Schweinehund kam hinter mir her, sein dunkles Cape flatterte wie Flügel. Er hatte das Schwert gezogen. Wer zum Teufel war er? Der Streifschuss hatte mich so benebelt, dass ich kaum meine Füße heben konnte und taumelte.

Als ich mich auf der Straße umdrehte, um mich, so gut ich konnte, entgegenzustellen, stieß jemand einen stumpfen Stab an mir vorbei und traf den Schurken direkt unter der Kehle. Er hustete ganz fürchterlich, seine Füße glitten unter ihm weg, und er landete auf seinem Hinterteil. Verwundert schaute er auf und schluckte. Miriam war es, die einen Stützpfahl von einem Marktstand genommen und wie eine Lanze eingesetzt hatte! Mir gelingt es doch immer wieder, eine nützliche Frau zu finden.

»Sie!«, würgte er, den Blick auf mich gerichtet, nicht auf sie. »Warum sind Sie nicht tot?«

Du auch nicht, dachte ich, genauso unter Schock wie er. Denn im Dämmerlicht in der gepflasterten Straße erkannte ich zuerst den Anhänger, den Miriams Stoß aus seinem Hemd gerissen hatte – Zirkel und Winkelmaß der Freimaurer mit dem Buchstaben G in der Mitte –, dann das dunkelhäutige Gesicht des »Zollinspektors«, der mich auf meiner Flucht aus Paris im vergangenen Jahr in der Kutsche nach Toulon behelligt hatte. Er hatte versucht, mir mein Amulett abzunehmen, und ich hatte ihn schließlich mit meiner Büchse angeschossen, während Sidney Smith mir unbemerkt zu Hilfe gekommen war und einen anderen Banditen erschossen hatte. Diesen Mann hier hatte ich heulend zurückgelassen und mich gefragt, ob die Wunde tödlich gewesen war. Offensichtlich nicht. Was zum Teufel hatte er, bis an die Zähne bewaffnet, in Jerusalem zu suchen?

Doch ich wusste natürlich nur zu gut, dass er denselben Zweck verfolgte wie ich, nämlich nach uralten Geheimnissen zu suchen. Er war ein Verbündeter von Silano, und der Franzose hatte nicht aufgegeben. Er war hier, um nach dem Buch des Thoth zu suchen. Und nach mir, wie es aussah.

Bevor ich jedoch die Möglichkeit hatte, mir darüber Gewissheit zu verschaffen, kam er mühsam auf die Beine, hörte die Schreie der Anwohner und die Rufe der Wächter und ergriff keuchend die Flucht.

Miriam und ich liefen in die andere Richtung.

Miriam zitterte, als wir uns auf den Weg zu Jericho machten. Ich hatte ihr einen Arm um die Schultern gelegt. Wir waren uns körperlich noch nie nahe gekommen, jetzt aber klammerten wir uns instinktiv aneinander. Wir gingen durch versteckte Gassen, die ich auf meinen Streifzügen durch Jerusalem kennengelernt hatte. Ratten huschten davon, während ich mich nach Verfolgern umschaute. Der

Weg zu Jericho stieg steil an – in Jerusalem gibt es keine ebene Fläche, und das christliche Viertel liegt höher als das muslimische. Nach einer Weile blieben wir daher in einem Alkoven stehen, um Atem zu schöpfen und uns zu vergewissern, dass ich mit meinem pochenden Schädel die richtige Richtung eingeschlagen hatte. »Das tut mir leid«, sagte ich. »Die sind nicht hinter dir her, sondern hinter mir.«

»Wer *sind* diese Männer?«

»Der auf mich geschossen hat, ist Franzose. Ich habe ihn schon einmal gesehen.«

»Wo?«

»In Frankreich. Damals habe ich auf *ihn* geschossen.«

»Ethan!«

»Er hat versucht, mich auszurauben. Schade, dass ich ihn damals nicht umgebracht habe.«

Sie schaute mich an, als sähe sie mich zum ersten Mal.

»Es ging nicht um Geld, es war etwas Wichtigeres. Ich habe dir und deinem Bruder nicht die ganze Geschichte erzählt.« Sie blickte mich mit offenem Mund an. »Ich glaube, es ist höchste Zeit.«

»Und diese Astiza gehörte dazu?« Ihre Stimme war sanft.

»Ja.«

»Wer war sie?«

»Eine Frau, die das Altertum erforschte. Eigentlich eine Priesterin einer sehr, sehr alten ägyptischen Göttin. Isis, falls du von ihr gehört hast.«

»Die Schwarze Madonna«, flüsterte sie.

»Wer?«

»Schon seit Langem gibt es einen Kult von Anhängern um die Statuen der aus schwarzem Stein gemeißelten Jungfrau

Maria. Manche sehen in ihm einfach eine Variante christlicher Kunst, andere aber behaupteten, der Kult sei in Wirklichkeit eine Fortführung des Isis-Kults. Die Weiße Madonna und die Schwarze Madonna.«

Interessant. Während meiner Suche in Ägypten war Isis wiederholt aufgetaucht. Und jetzt wusste diese stille Frau, allem Anschein nach eine fromme Christin, auch etwas über sie. Noch nie hatte ich von einer heidnischen Göttin gehört, die so weit herumgekommen war.

»Aber warum weiß und schwarz?« Mir fiel das Schachbrettmuster der Pariser Freimaurerlogen ein, in denen ich mich bemüht hatte, die Freimaurerei zu begreifen. Und die Zwillingssäulen, eine schwarze und eine weiße, die rechts und links des Logenaltars standen.

»Wie Tag und Nacht«, sagte Miriam. »Alles ist als Zweiheit vorhanden, und das ist eine Lehre aus der Urzeit, lange vor Jerusalem und Jesus. Mann und Frau. Gut und Böse. Oben und unten. Schlafen und Wachen. Das Bewusste und das Unbewusste. Das Universum steht unter ständiger Spannung, und doch müssen Gegensätze zusammenkommen, um ein Ganzes zu ergeben.«

»Dasselbe hat Astiza mir gesagt.«

Sie nickte. »Der Mann, der auf dich geschossen hat, trug einen Anhänger, der das zeigte, nicht wahr?«

»Meinst du das Freimaurersymbol von Zirkel und Winkelmaß, die sich überlappen?«

»Ich habe es in England gesehen. Der Zirkel zieht einen Kreis, während das Winkelmaß ein Quadrat formt. Wieder die Dualität. Und das G steht im Englischen für Gott, oder für Gnosis, die Erkenntnis, im Griechischen.«

»Der sektiererische Ägyptische Ritus nahm in England seinen Anfang«, sagte ich.

»Was wollen diese Männer also?«

»Dasselbe, was ich auch suche. Was Astiza und ich suchten. Sie hätten dich als Geisel genommen, um meiner habhaft zu werden.«

Sie zitterte noch immer. »Seine Finger waren wie Krallen.«

Ich fühlte mich schuldig, da ich sie unbeabsichtigt mit hineingezogen hatte. Was als vergnügliche Schatzsuche begonnen hatte, war nun ein gefährliches Unterfangen. »Wir müssen die Wahrheit vor ihnen erfahren. Ich werde Jerichos Hilfe brauchen.«

Sie nahm meinen Arm. »Dann holen wir sie uns.«

»Warte.« Ich zog sie zurück ins Dunkle. Ich hatte das Gefühl, dass unsere Notlage ein gewisses Maß an emotionaler Nähe hatte aufkommen lassen. Daher erlaubte ich mir, eine persönlichere Frage zu stellen. »Du hast auch jemanden verloren, nicht wahr?«

Sie war ungeduldig. »Bitte, wir müssen uns beeilen.«

»Ich konnte es in deinen Augen sehen, als der Bote mir sagte, es gebe keine Spur von Astiza. Ich habe mich gefragt, warum du nicht verheiratet bist, oder verlobt: Du bist so schön. Aber es hat jemanden gegeben, nicht wahr?«

Sie zögerte, doch die Gefahr hatte auch ihre Zurückhaltung durchbrochen. »Durch Jericho hatte ich einen Mann kennengelernt. Er ging bei einem Schmied in Nazareth in die Lehre. Wir verlobten uns heimlich, weil mein Bruder eifersüchtig wurde. Jericho und ich stehen uns so nah, weil wir Waisenkinder sind, und Freier schmerzen ihn. Er fand es heraus, und es gab eine Auseinandersetzung, aber ich war fest entschlossen, zu heiraten. Doch bevor es dazu kam, wurde mein Verlobter in den osmanischen Kriegsdienst gezwungen. Am Ende wurde er nach Ägypten geschickt und kam nie wieder. Er fiel in der Schlacht bei den Pyramiden.«

Ich hatte in dieser Schlacht natürlich auf der gegnerischen Seite gestanden und das effiziente Abschlachten mit angesehen, das die europäischen Truppen veranstaltet hatten. Ein Jammer. »Es tut mir leid«, sagte ich ungeschickt.

»Das ist Krieg. Krieg und Schicksal. Und nun kommt Bonaparte womöglich hierher.« Sie schauderte. »Das Geheimnis, nach dem du suchst, wird es helfen?«

»Wobei?«

»Dem Töten und der Gewalt Einhalt zu gebieten. Diese Stadt wieder heilig zu machen.«

Tja, das war die Frage, nicht wahr? Astiza und ihre Verbündeten waren sich nie sicher gewesen, ob sie das mysteriöse Buch des Thoth für einen guten Zweck einsetzen konnten oder einfach nur dafür zu sorgen hatten, dass es nicht in die falschen Hände geriet, die Böses damit anrichten würden.

»Ich weiß nur, dass es schlimme Folgen haben wird, wenn der Schweinehund, der auf uns geschossen hat, es als Erster findet.« Und mit diesen Worten beschloss ich, sie zu küssen.

Es war ein verstohlener Kuss, der unseren Gefühlsaufruhr ausnutzte, und doch zog sie sich nicht sofort zurück, obwohl ich an ihrem Oberschenkel hart wurde. Ich konnte nichts gegen meine Erregung tun, die Ereignisse und die vertrauliche Nähe hatten mich in Wallung gebracht, und die Art, wie sie mich küsste, zeigte mir, dass die Erregung erwidert wurde, zumindest etwas. Als Miriam sich dann schließlich doch zurückzog, entfuhr ihr ein Laut des Erstaunens.

Um mich davon abzuhalten, mich erneut an sie zu drücken, schaute sie von meinen Augen zu meiner Schläfe. »Du blutest.« Auch eine Möglichkeit, über das, was wir gerade getan hatten, nicht zu reden.

Tatsächlich war mein Kopf an der Seite nass und warm, und ich hatte verdammte Kopfschmerzen. »Ist nur ein Kratzer«, sagte ich tapferer, als ich mich fühlte. »Komm, wir wollen mit deinem Bruder sprechen.«

»Wir sollten schnell dein Gewehr fertigstellen«, sagte Jericho, als ich ihm unsere Geschichte erzählte.

»Eine großartige Idee. Vielleicht kann ich dich noch überreden, mir einen Tomahawk zu schmieden. *Au!*« Miriam versorgte meine Wunde. Es brannte ein bisschen, aber ihre starken Finger waren wunderbar sanft, als sie meinen Kopf verband. Die Pistolenkugel hatte mich nur gestreift, doch es ist erschütternd, dem Tode so nahe zu kommen. Um die Wahrheit zu sagen, ich genoss es auch, gepflegt zu werden. Die Frau und ich hatten uns in der vergangenen Stunde mehr berührt als in den vier Monaten zuvor. »Nichts ist nützlicher als diese Kriegsbeile, und ich habe meins verloren. Wir brauchen jeden Vorteil, den wir uns verschaffen können.«

»Wir müssen Wache stehen, falls diese Halunken hierher kommen. Miriam, du darfst das Haus nicht verlassen.«

Sie machte den Mund auf, schloss ihn aber wieder.

Jericho schritt auf und ab. »Ich habe eine Idee, wie man das Gewehr verbessern kann, falls es so zielsicher ist, wie du behauptest. Du hast gesagt, es sei schwierig, Ziele in größerer Reichweite anzuvisieren, habe ich recht?«

»Einmal habe ich auf einen Feind gezielt und sein Kamel getroffen.«

»Ich habe gesehen, dass du die Stadt durch dein Fernrohr betrachtest. Wie wäre es, wenn wir es als Zielhilfe benutzten?«

»Aber wie?«

»Wir befestigen es am Lauf.«

Das war ja wohl eine absolut lächerliche Idee. Damit würde die Waffe schwerer und unhandlicher, das Laden würde erschwert. Die Idee *musste* einfach schlecht sein, weil noch niemand darauf gekommen war. Aber wenn sie wirklich dazu beitrüge, ferne Ziele heranzuholen? »Kann das funktionieren?« Ich wusste, Franklin hätte diese Art von Bastelei begeistert. Das Unbekannte, das die meisten Männer ängstigt, hatte ihn wie eine Sirene angelockt.

»Wir können es versuchen. Und wir brauchen Verbündete, falls diese Männer noch in der Stadt sein sollten. Meinst du, du hast einen umgebracht?«

»Ich habe ihn niedergestochen. Wer weiß? Auf ihren Anführer habe ich in Frankreich geschossen, und der ist hier, quicklebendig. Anscheinend habe ich meine Schwierigkeiten, Menschen den Garaus zu machen.« Ich dachte an Silano und Achmed bin Sadr in Ägypten, die trotz zahlreicher Verwundungen weiter hinter mir her gewesen waren. Ich brauchte nicht nur diese Büchse, ich musste mich auch in ihrem Gebrauch üben.

»Ich werde Sir Sidney eine Botschaft zukommen lassen«, sagte Jericho. »Die französischen Agenten hier sind vielleicht für die Briten so wichtig, dass sie Hilfe schicken. Und Miriam sagte, das alles habe etwas mit dem Schatz zu tun, von dem du immer wieder sprichst. Worum geht es denn nun wirklich?«

Es war überfällig, sie ins Vertrauen zu ziehen. »Hier in Jerusalem ist vielleicht etwas vergraben, das sich auf den Verlauf des gesamten Krieges auswirken könnte. Wir haben in Ägypten danach gejagt, sind zuletzt jedoch zu dem Schluss gekommen, dass es nach Judäa gelangt sein muss. Doch jedes Mal, wenn ich eine Treppe oder eine Leiter finde, die nach unten führt, gerate ich in eine Sackgasse. Die Stadt ist ein Trümmerhaufen. Kann sein, dass meine Suche sinnlos ist. Und jetzt sind auch noch die Franzosen hier, die ohne Zweifel dasselbe suchen.«

»Sie haben nach dir gefragt«, erinnerte mich Miriam.

»Ja, und haben sie nur zufällig entdeckt, dass ich hier bin, oder hat es ihnen jemand verraten? Jericho, haben die Leute, die sich in Ägypten nach Astiza erkundigt haben, womöglich durchblicken lassen, dass ich mich hier aufhalte?«

»Sie sollten es nicht ... Aber Moment mal. *Was* soll denn nun gefunden werden? Was ist das für ein Schatz, den du suchst?«

Ich holte tief Luft. »Das Buch des Thoth.«

»Ein Buch?« Er war enttäuscht. »Ich dachte, du hättest von einem Schatz gesprochen. Habe ich den ganzen Winter damit verbracht, ein Gewehr für ein Buch herzustellen?«

»Bücher haben Macht, Jericho. Denk an die Bibel oder den Koran. Und dieses Buch ist anders, es ist ein Buch der Weisheit, Macht ... und Magie.«

»Magie.« Sein Gesicht war ausdruckslos.

»Du musst mir nicht glauben. Ich weiß nur, dass Menschen auf mich geschossen, mir Schlangen ins Bett geworfen und mich zu Wasser und zu Lande gejagt haben, um dieses Buch zu bekommen – vielmehr ein Amulett in meinem Besitz, das ein Hinweis darauf war, wo sich das Buch befand. Wie sich herausstellte, war das Amulett der Schlüssel zu einer Geheimtür in der Großen Pyramide, durch die Astiza und ich hineingelangten. Wir stießen auf einen unterirdischen See mit einer Insel. Darauf befanden sich ein Haufen wertvollster Schätze und ein Marmorpavillon, in dem das goldene Behältnis für dieses Buch lag.«

»Du hast den Schatz also bereits?«

»Nein. Man konnte aus der Pyramide nur entkommen, wenn man durch einen Tunnel schwamm. Das Gewicht des Goldes und der Juwelen drohte mich zu ertränken. Ich habe alles verloren. Mag sein, dass die Juden einen anderen Schatz hier in Jerusalem verborgen haben.«

Er sah mich genauso skeptisch an wie Madame Durrell in Paris, als ich ihr erklärte, warum ich mit der Miete in Verzug war. »Und das Buch?«

»Das Behältnis war leer. Nur ein Hirtenstab lag noch daneben. Astiza überzeugte mich, dass der Stab von dem Mann stammen musste, der das Buch gestohlen hatte, und dass dieser Mann ...« Ich zögerte, denn ich wusste, wie das alles klingen musste.

»Wer war es?«

»Moses.«

Im ersten Augenblick blinzelte er bestürzt. Dann lachte er spöttisch auf. »Ach so! Ich habe einen Wahnsinnigen bei mir aufgenommen! Weiß Sidney Smith, dass du verrückt bist?«

»Das alles habe ich ihm nicht erzählt und hätte auch dir nichts davon gesagt, wenn wir diesen Franzosen nicht gesehen hätten. Ich weiß, es hört sich merkwürdig an, aber dieser Schurke war mit meinem ärgsten Feind verbündet, Graf Silano. Und das heißt, die Zeit wird knapp. Wir müssen das Buch vor ihm finden.«

»Ein Buch, das Moses gestohlen hat.«

»Ist das so unmöglich? Ein ägyptischer Prinz tötet in einem Wutanfall einen Aufseher, flieht aus dem Land und kommt zurück, um die hebräischen Sklaven zu befreien, nachdem er das Erlebnis mit dem brennenden Dornbusch gehabt hat. Das alles glaubst du doch, richtig? Doch plötzlich hat Moses die Macht, Plagen hervorzurufen, Wasser zu teilen und die Nahrung in der Wüste Sinai zu finden. Die meisten bezeichnen es einfach als ein Wunder, ein Geschenk Gottes. Was aber, wenn er nun etwas entdeckt hätte, das ihm dabei half? Das glaubte Astiza. Als Prinz wusste er, wie man in die Pyramide hinein- und wieder hinauskam. Er wusste, dass sie nichts weiter als eine Scheinanlage war, gebaut, um das Buch vor den Unwürdigen zu schützen. Moses nimmt das Buch, und als der Pharao feststellt, dass es verschwunden ist, verfolgt er Moses und die hebräischen Sklaven mit sechshundert Streitwagen und wird vom Roten Meer verschlungen. Später gelangt dieser Stamm ehemaliger Sklaven ins Gelobte Land und erobert es. Wie? Durch einen Schrein mit rätselhaften Kräften oder ein Buch überkommener Weisheit? Ich weiß, es klingt unwahrscheinlich, dennoch glauben es auch die Franzosen. Sonst hätten diese Männer nicht deine Schwester angegriffen. Diese Geschichte ist so real wie die Prellungen an ihren Armen und Schultern.«

Der Schmied sah mich an und trommelte mit den Fingern. »Du *bist* wahnsinnig.«

Niedergeschlagen schüttelte ich den Kopf. »Warum habe ich dann die hier?« Ich griff in mein Gewand und zog die beiden goldenen Seraphim heraus, beide vier Zoll lang. Miriam sog hörbar die Luft ein, und Jericho riss die Augen weit auf. Es war nicht nur der Glanz des Goldes, der nach vielen tausend Jahren noch immer ungebrochen war. Es lag daran, dass diese knienden Engel, die ihre Flügel zueinander ausstreckten, ein winziges Abbild derjenigen waren, die einst die Bundeslade geziert hatten.

Das war keine billige Kopie, die ich mir bei einem Kunsthandwerker hätte anfertigen lassen können. Die Ausführung war zu gut, das Gold zu schwer.

»Ich kannte einen alten Mann, der die beiden Figuren einen Zirkel nannte«, fuhr ich fort. »Ich weiß nicht, was er damit meinte, und ich weiß nicht, was von all dem wirklich wahr ist. Seit meiner Flucht aus Paris vor einem Jahr habe ich es mit Wissenschaft, Glauben und Aberglauben versucht. In den Pyramiden finden sich raffinierte mathematische Verhältnisse verschlüsselt, die ein primitives Volk nicht kennen würde. Und woher stammt die Zivilisation? In Ägypten scheint sie von Anfang an voll entfaltet gewesen zu sein. Einer Legende zufolge stammt das menschliche Wissen über Architektur, Schreibkunst, Medizin und Astronomie von einem Wesen namens Thoth, der zu einem ägyptischen Gott wurde, einem Vorfahren des griechischen Gottes Hermes. Thoth hat angeblich ein Buch der Weisheit geschrieben, dass denjenigen, der es besitzt, sehr mächtig macht. Es kann zum Guten, aber auch zum Bösen verwendet werden.

Die ägyptischen Pharaonen verwahrten es aus diesem Grund sicher unter der Großen Pyramide. Doch wenn Moses es gestohlen hat, ist das Buch vielleicht – sehr wahrscheinlich – von den Juden hierher gebracht worden.«

»Moses ist nicht einmal bis ins Gelobte Land gekommen«, wandte Miriam ein. »Er ist auf dem Berg Nebo gestorben. Gott hat ihn in das Gelobte Land blicken lassen, ihm aber den Zugang verwehrt.«

»Aber seine Nachfahren kamen, mit der Bundeslade. Und wenn dieses Buch nun zu der Lade gehörte oder sie ergänzte? Wenn es nun unter dem Tempel Salomos versteckt wurde? Wenn es die Zerstörung des ersten Tempels durch Nebukadnezar und die Babylonier und des zweiten Tempels durch Titus und die Römer überlebt hat? Wenn es noch hier ist und darauf wartet, wiederentdeckt zu werden? Wenn es nun Bonaparte, der davon träumt, ein neuer Alexander zu werden, als Erster findet? Oder die Gefolgsleute des Grafen Alessandro Silano, der von sich und seinem korrupten Ägyptischen Ritus träumt? Wenn Silano nun seinen Sturz von meinem Ballon überlebt hat, auch wenn Astiza es nicht geschafft hat? Dieses Buch könnte das Machtgleichgewicht kippen. Es muss gefunden und sichergestellt, oder, wenn es hart auf hart kommt, zerstört werden. Ich will damit nur sagen, dass wir an allen möglichen Stellen suchen müssen, bevor die Franzosen es tun.«

»Du wohnst in meinem Haus, arbeitest an meiner Esse und sagst mir das erst jetzt?« Jericho war verärgert, betrachtete aber neugierig meine Seraphim.

»Ich habe versucht, dich und Miriam aus allem herauszuhalten. Es ist ein Albtraum, kein Vergnügen. Wenn ihr aber etwas über unterirdische Tunnel wisst, müsst ihr mir bei der Suche helfen. Die Franzosen werden nicht aufgeben. Es ist ein Wettlauf mit der Zeit.«

»Ich bin Schmied, kein Forscher.«

»Und ich bin bloß ein Handelsvertreter, der in kriegerische Ereignisse hineingezogen wurde, kein Soldat. Manchmal werden wir berufen, bestimmte Dinge zu tun, Jericho. Du wurdest berufen, mir bei dieser Sache zu helfen.«

»Moses' Zauberbuch zu finden.«

»Nicht Moses'. Thoths.«

»Aha, ein Buch zu finden, das von einem mystischen Gott geschrieben wurde, einem Abgott.«

»Nein! Die falschen Leute – den abtrünnigen Ägyptischen Ritus der Freimaurerei – davon abzuhalten, sich seine Macht für böse Zwecke nutzbar zu machen.« Meine Verzweiflung wurde größer, denn ich wusste, wie verrückt das klang.

»Den Ägyptischen Ritus?«

»Du erinnerst dich doch noch an die Gerüchte, die in England darüber kursierten, Bruder«, sagte Miriam. »Eine Geheimgesellschaft, die angeblich finstere Praktiken hatte. Andere Freimaurer verabscheuten sie.«

»Ja, das stimmt«, bestätigte ich. »Ich vermute, der Mann, der deine Schwester angegriffen hat, ist einer von ihnen gewesen.«

»Aber ich arbeite mit hartem Eisen und heißem Feuer«, protestierte Jericho. »Handfeste Sachen. Ich weiß nichts vom antiken Jerusalem oder von verborgenen Tunneln oder verlorenen Büchern oder abtrünnigen Freimaurern.«

Ich verzog das Gesicht. Wie konnte ich ihn für die Sache gewinnen?

»Trotzdem wissen wir, dass es in dieser Stadt einen Gelehrten gibt, der die alten Pfade untersucht hat«, gab Miriam zu.

»Du meinst doch wohl nicht den Wucherer!«

»Er erforscht die Vergangenheit, Bruder.«

»Ein Historiker?«, unterbrach ich. Es klang nach Enoch, der mir in Ägypten geholfen hatte.

»Eher ein verstümmelter Steuereintreiber, aber niemand weiß mehr über die Geschichte Jerusalems«, gestand Jericho ein. »Miriam hat sich mit ihm angefreundet. Wir brauchen Laternen, Hacken, Hilfe von Sidney Smith ... und den Rat von Haim Farhi.«

»Und wer ist das?«, fragte ich munter, erleichtert, dass der Schmied mir half.

»Ein Mann, der mehr als alle anderen über die Schatzsucher weiß, die vor dir kamen – die christlichen Ritter, die dir bei deiner Suche vielleicht zuvorgekommen sind.«

7

Ich ging davon aus, dass Haim Farhi etwas von der aristotelischen Gesetztheit und Würde eines Enoch an sich hatte, des Antiquars, der von meinen Feinden in Ägypten ermordet worden war. Stattdessen konnte ich nur mit Mühe verhindern, ihn mit offenem Mund anzugaffen. Das lag nicht nur daran, dass diesem kleinen, schmächtigen Juden mittleren Alters mit geringelten Schläfenlocken und strenger, dunkler Kleidung Enochs majestätische Haltung abging. Vielmehr war er zu einem der hässlichsten Menschen verstümmelt worden war, die ich je gesehen hatte. Ein Teil seiner Nase war abgeschlagen, geblieben war ihm eine Art Schweineschnauze. Das rechte Ohr fehlte. Und sein rechtes Auge war ausgestochen. Die Augenhöhle verschloss eine Narbe.

»Mein Gott, was ist ihm zugestoßen?«, flüsterte ich Jericho zu, als Miriam dem Mann an der Tür den Umhang abnahm.

»Er hat den Zorn Djezzars des Schlächters auf sich gezogen«, erwiderte der Schmied leise. »Zeige kein Mitleid. Er trägt sein Überleben wie eine Ehrenmedaille. Er ist einer der mächtigsten Bankiers in Palästina und genießt Djezzars Vertrauen, da er ihm nach der Folter treu ergeben blieb.«

»Die Menschen nutzen seine Dienste für ihre Ersparnisse und Kredite?«

»Sein Gesicht wurde zerstört, nicht sein Verstand.«

»Rabbi Farhi ist einer der herausragendsten Historiker in dieser Gegend«, sagte Miriam laut und deutlich, als sie auf uns zu kamen, da beide den Grund für unseren Flüsterton errieten. »Außerdem erforscht er jüdische Mysterien. Jeder, der in die Vergangenheit eintauchen will, tut gut daran, ihn um Rat zu bitten.«

»Ich freue mich über seine Hilfe«, sagte ich diplomatisch.

»So wie ich mich über Ihre Aufgeschlossenheit angesichts meines Unglücks freue«, erwiderte Farhi ernst. »Ich weiß, wie ich auf Menschen wirke. Meine Entstellung spiegelt sich in den Blicken jedes verängstigten Kindes wider. Doch die Einsamkeit, in der ich durch die Verstümmelung lebe, gibt mir Zeit, mich den Legenden dieser Stadt zu widmen. Jericho hat mir gesagt, Sie suchen nach verlorenen Geheimnissen von strategischer Bedeutung?«

»Schon möglich.«

»Möglich? Hören Sie, wenn wir vorankommen wollen, müssen wir einander schon vertrauen, oder?«

Ich lernte gerade, niemandem zu vertrauen, äußerte mich aber nicht dazu, sondern schwieg.

»Und diese Gegenstände haben vielleicht eine Verbindung mit der Bundeslade«, hakte Farhi nach. »Ist dem nicht auch so?«

»Ja.« Offensichtlich wusste er, was ich Jericho erzählt hatte.

»Ich kann verstehen, warum Sie so weit und mit solch innerer Erregung gereist sind. Doch es ist meine traurige

Pflicht, Sie zu warnen, dass Sie vielleicht siebenhundert Jahre zu spät kommen. Männer sind nach Jerusalem gekommen und haben dasselbe gesucht wie Sie.«

»Und Sie wollen mir sagen, dass sie sich die größte Mühe gaben und nichts gefunden haben.«

»Im Gegenteil, ich will Ihnen sagen, dass sie womöglich genau das gefunden haben, wonach Sie suchen. Und wenn nicht, dann ist es unwahrscheinlich, dass Sie Erfolg haben werden. Diese Männer haben jahrelang gesucht. Jericho sagte mir, dass Ihnen höchstens einige Tage zur Verfügung stehen.«

Was wusste dieser verstümmelte Mann? »Was genau haben die Männer gefunden?«

»Seltsamerweise streiten die Gelehrten noch darüber. Eine Gruppe christlicher Ritter verließ Jerusalem mit unerklärlichen Kräften, und trotzdem waren sie machtlos, als sie verraten wurden. Haben sie also etwas gefunden? Oder nicht?«

»Ein Märchen«, schnaubte Jericho.

»Aber eines, das in der Geschichte verankert ist, Bruder«, sagte Miriam leise.

»Diese Geschichten über Tunnel sind angestaubte Legenden«, beharrte Jericho, an Miriam gewandt.

»Und was sind Legenden anderes als ein Echo der Wahrheit?«, antwortete seine Schwester.

Mein Blick wanderte zwischen den dreien hin und her. Sie hatten dieses Streitgespräch schon einmal geführt. »*Welche* Legenden?«

»Die unserer Vorfahren, der Tempelritter«, sagte Miriam. »Ihr vollständiger Name lautete die Arme Ritterschaft Christi vom salomonischen Tempel. Nicht alle Ritter des geistlichen Ordens befolgten den Zölibat, und die Überlieferung sagt, dass wir von ihrem Blute sind. Sie suchten, was du suchst, und manche glauben, sie haben es gefunden.«

»Ach, wirklich?«

»Die Geschichte ist eigenartig«, sagte Farhi. »Wie ich hörte, haben Sie in Paris gelebt, Mr Gage? Kennen Sie sich in der Gegend der Champagne südöstlich von Paris und nördlich von Troyes aus?«

»Ich bin durchgefahren und habe ihre Erzeugnisse genossen.«

»Vor über tausenddreihundert Jahren wurde dort eine der schrecklichsten Schlachten der Geschichte ausgetragen. Die letzten Römer besiegten Attila, den großen Hunnen.«

»Die Schlacht auf den katalaunischen Feldern«, sagte ich, dankbar, dass Franklin diese uralte Keilerei ein oder zwei Mal erwähnt hatte. Er war ein Quell wunderlicher Geschichten, die er in dicken historischen Wälzern von einem Engländer namens Gibbon gelesen hatte.

»In dieser Schlacht hatte Attila ein rätselhaftes antikes Schwert mit mystischen Kräften, das aus ferner Vorzeit stammte. Legenden über derartige Zaubereien und der Gedanke, es könne höhere Mächte auf dieser Welt geben als Muskeln und Stahl, gingen auf die Generationen von Franken über, die sich in der Champagne niederließen. Diese Menschen glaubten, es könne auf der Welt mehr geben, als nur das, was wir sehen und berühren. Unter anderem hörte der große Heilige und Lehrer Bernhard von Clairvaux von diesen Geschichten.«

Auch dieser Name sagte mir etwas. Mir fiel ein, dass der französische Gelehrte Jomard ihn erwähnte, als wir die Große Pyramide erklommen. »Moment, ich habe von ihm gehört. Er hat etwas über Gott gesagt, der Höhe und Breite sei – Dimensionen. Dass man beim Bau heiliger Gebäude göttliche Maße und Proportionen verwenden könne.«

»Ja. ›Was ist Gott? Er ist Länge, Breite, Höhe und Tiefe‹, sagte der Heilige. Und der mächtige Ritter André Montbard, Bernhards Onkel, war ebenfalls der Meinung, dass Vorfahren, die solche Dinge wussten, womöglich mächtige Geheimnisse im Osten begraben hatten. Vielleicht unter Salomos Tempel, der auf dem Tempelberg nicht weit von hier stand.«

»Freimaurer glauben das bis zum heutigen Tag«, sagte ich in Erinnerung an meinen Freund, den Journalisten Antoine Talma, und seine wilden Theorien.

»Im Jahre 1119«, fuhr Farhi fort, »war Bernhards Onkel Montbard einer von neun Rittern, die zu einer besonderen Mission ins Heilige Land reisten. Jerusalem war bereits von den Kreuzrittern erobert worden, und diese neun kamen in der Stadt an und baten um die Erlaubnis, einen neuen Ritterorden gründen zu dürfen, genannt die Templer. Doch von Anfang an schien ihr Ziel rätselhaft. Sie gaben an, christliche Pilger schützen zu wollen, doch diese Männer aus der Champagne rekrutierten anfangs keine Gefolgsleute und führten nur selten Patrouillen auf der Straße nach Jaffa durch. Stattdessen erhielten sie die Sondererlaubnis vom Herrscher Jerusalems, König Balduin II., ihr Hauptquartier in der Al-Aksa-Moschee auf der Südseite des Tempelbergs einzurichten.«

»Neun Fremde konnten sich auf dem Tempelberg ansiedeln?«

Farhi nickte und fixierte mich mit seinem gesunden Auge. »Merkwürdig, nicht wahr?«

»Und was haben diese Templer mit Moses und der Bundeslade zu tun?«, fragte ich.

»An dieser Stelle müssen wir auf Spekulationen zurückgreifen«, sagte Farhi. »Es heißt, dass sie Tunnel in die Fundamente des einstigen Tempels des Salomo trieben und etwas fanden. Nach ihrem Aufenthalt hier kehrten sie nach Europa zurück, erhielten einen Sonderstatus vom Papst und wurden die ersten Bankiers des Kontinents und ein sehr mächtiger militärischer Orden. Rekruten strömten ihnen zu. Sie waren unvorstellbar reich, und Könige zitterten vor dem Templerorden. Und dann, in einer einzigen, schrecklichen Nacht – am Freitag, dem 13. Oktober 1309 – wurden die Ritter des Templerordens in einer massiven Säuberungsaktion vom französischen König inhaftiert. Hunderte wurden gefoltert und verbrannt. Mit ihnen starben die Geheimnisse darüber, was sie in Jerusalem gefunden hatten. Und so entstanden die Legenden: Wie war ein undurchsichtiger Ritterorden so schnell so reich und mächtig geworden?«

»Meinen Sie, sie haben die Lade gefunden?«

»Sie ist spurlos verschwunden.«

»Kurz darauf«, fügte Miriam hinzu, »begann man Geschichten über Ritter zu singen, die nach einem Heiligen Gral suchten.«

»Der Kelch des letzten Abendmahls«, sagte ich.

»Das ist die eine Geschichte«, sagte Farhi. »Aber der Gral wurde in verschiedenen Erzählungen auch als Kessel, Platte, Stein, Schwert, Speer, Fisch und Tisch beschrieben ...

sogar als ein geheimes Buch.« Er ließ mich nicht aus den Augen.

»Das Buch des Thoth!«

»Bisher ist es mir unter diesem Namen noch nicht begegnet. Und trotzdem ist die Geschichte, die Sie Jericho und Miriam erzählt haben, interessant. Der Gott Thoth war der Vorfahr des griechischen Gottes Hermes. Wussten Sie das?«

»Ja, das habe ich in Ägypten erfahren.«

»In der Legende von Parzival, die um 1210 aufgeschrieben wurde, bittet der Held einen weisen alten Einsiedler namens Trevrizent um Rat. Erkennen Sie den Namen?«

Ich schüttelte den Kopf.

»Einige Gelehrte glauben, er stamme vom französischen *treble escient.*«

Nun wurde mir vor Aufregung warm. »Dreifache Erkenntnis! Das bedeutet auch der griechische Name Hermes Trismegistos, Hermes der dreifach Wissende, Meister aller Fertigkeiten, der wiederum der ägyptische Gott Thoth ist!«

»Ja. Der dreimal Größte, die erste Intelligenz, der Begründer der Zivilisation. Er war der erste große Autor, derjenige, den wir Juden unter dem Namen Enoch kennen.«

»Enoch war der Name, den mein Ratgeber in Ägypten annahm.«

»Das überrascht mich nicht. Als die Templer inhaftiert wurden, klagte man sie der Ketzerei an. Sie wurden obszöner Rituale beschuldigt, der Sodomie und der Anbetung einer rätselhaften Gestalt namens Baphomet. Haben Sie schon einmal von ihm gehört?«

»Nein.«

»Er wurde als ziegenköpfiger Dämon dargestellt oder als

Teufel. Doch es gibt ein Kuriosum im Zusammenhang mit diesem Namen. Wenn er aus Jerusalem stammt, könnte es eine Verfälschung des arabischen Wortes *abufihamat* sein, ›bufihimat‹ ausgesprochen. Es bedeutet ›Vater des Erkennens‹. Und wer könnte das sein für Männer, die sich die Tempelritter nannten?«

Ich dachte kurz nach. »König Salomo.«

»Ja! Die Verbindungen gehen noch weiter. Die alten Juden hatten auch die Angewohnheit, während der Besatzung Informationen durch Geheimschriften zu verschlüsseln. Im sogenannten Atbash-Code wird beispielsweise jeder Buchstabe des hebräischen Alphabets durch einen anderen Buchstaben ersetzt. Der erste Buchstabe wird zum letzten im Alphabet, der zweite Buchstabe zum vorletzten, und so weiter. Buchstabiert man Baphomet in Hebräisch und überträgt es dann in den Atbash-Code, kommt dabei *sophia* heraus, das griechische Wort für Weisheit.«

»Baphomet. Salomo. Sophia. Die Tempelritter verpflichteten sich also der Weisheit, nicht einem Dämon?«

»Das ist meine Theorie«, sagte Farhi bescheiden.

»Warum wurden sie dann verfolgt?«

»Weil der König von Frankreich sie fürchtete und ihr Vermögen begehrte. Gibt es einen besseren Weg, seine Feinde zu diskreditieren, als sie der Blasphemie zu bezichtigen?«

»Die Ritter könnten sich auch etwas Greifbarerem verpflichtet haben«, sagte Miriam. »Hast du uns nicht gesagt, Ethan, dass *thoth* angeblich der Ursprung des englischen Worts für ›thought‹, Denken, ist?«

»Ja.«

»Deshalb ist die Kette noch viel länger. Baphomet ist der

Vater der Erkenntnis, ist Salomo, ist Sophia ... aber könnte er nicht auch das Denken sein, Thoth, euer ursprünglicher Gott des Wissens?«

Ich war verblüfft. Hatten die Tempelritter, die angeblichen Vorfahren meiner Bruderschaft, der Freimaurer, Kenntnis von dieser alten ägyptischen Gottheit? Hatten sie diese sogar verehrt? War dieser ganze Schwachsinn miteinander verbunden und ließ sich von den Freimaurern zu den Templern, von den Templern über Griechen, Römer, Juden bis hin ins alte Ägypten verfolgen? Gab es eine geheime Geschichte, die sich durch die gemeinhin bekannte Weltgeschichte zog?

»Und wie wurde Salomo so weise?«, fragte Jericho bedächtig. »Wenn dieses Buch wirklich existierte, und der König es besaß ...«

»Finstere Gerüchte waren im Umlauf, Salomo habe die Macht, Dämonen herbeizurufen«, sagte Miriam. »Daher drehten sich die Geschichten um sich selbst – dass fromme Männer nur Wissen suchten oder dass das Wissen selbst verderblich war und zu Reichtum und Übel führte. Ist Wissen gut oder schlecht? Seht euch die Geschichte über den Garten Eden und den Baum der Erkenntnis von Gut und Böse an. Es lässt sich nicht entscheiden.«

Die vielen Möglichkeiten verwirrten mich. »Sie meinen, die Tempelritter haben das Buch bereits gefunden?«

»Wenn ja, dann haben sie es womöglich bei der anschließenden Säuberungsaktion verloren«, sagte Farhi. »Kann sein, dass das, was Sie suchen, zerstört wurde oder in andere Hände gefallen ist. Doch den Templern folgte keine andere Macht. Keine Ritterschaft ist ihnen je gleichgekommen, und keine Bruderschaft hat sich je wieder so weit über

Europa verbreitet. Und als Jacques de Molay, der letzte Großmeister, auf dem Scheiterhaufen verbrannt wurde, weil er sich weigerte, Geheimnisse der Templer preiszugeben, stieß er einen schrecklichen Fluch aus und verkündete, der König von Frankreich und der Papst würden ihm binnen eines Jahres ins Grab folgen. So kam es auch. Ist das Buch also überhaupt gefunden worden? Ging es verloren? Oder wurde es ...«

»Erneut versteckt«, sagte Miriam.

»Im Tempelberg!«, rief ich.

»Schon möglich, aber an so tiefen Stellen, dass man es nicht so leicht wiederfindet. Als Saladin Jerusalem von den Kreuzrittern zurückeroberte, gab es allem Anschein nach keine Möglichkeit mehr, in den Berg einzudringen. Heute noch wachen die Muslime fanatisch darüber. Zweifellos haben sie ein paar von diesen Geschichten gehört. Trotzdem lassen sie keine Nachforschungen zu. Der Islam verdammt alles, was nach Zauberei aussieht. Außerdem könnten diese Geheimnisse alle Religionen von Grund auf erschüttern.«

»Soll das heißen, wir können nicht hinein?«

»Wenn wir es versuchen und erwischt werden, würde man uns hinrichten. Es ist geheiligter Boden. Ausgrabungen in der Vergangenheit haben Aufstände verursacht. Es wäre gerade so, als wollten wir versuchen, die Peterskirche freizulegen.«

»Warum sprechen wir dann darüber?«

Sie tauschten Blicke in gegenseitigem Einvernehmen.

»Aha. Wir dürfen uns also nicht erwischen lassen.«

»Genau«, sagte Jericho. »Farhi hat einen möglichen Weg vorgeschlagen.«

»Warum hat er ihn nicht selbst schon benutzt?«

»Weil es dort nass, dreckig, gefährlich und beengt ist, und weil es wahrscheinlich zu nichts führt«, sagte Farhi aufgeräumt. »Wir haben uns schließlich nur mit uralten Legenden befasst, bis Sie auftauchten und behaupteten, etwas Außergewöhnliches habe in Ägypten tatsächlich existiert und sei vielleicht hierher gebracht worden. Ob ich daran glaube? Nein. Sie sind womöglich ein unterhaltsamer Lügner oder ein leichtgläubiger Narr. Aber kann ich *nicht* daran glauben, wenn seine Existenz eine so große Bedeutung für mein Volk hatte? Das kann ich mir nicht leisten.«

»Also werden Sie uns führen?«

»So gut es ein entstellter Buchhalter kann.«

»Für einen Anteil am Schatz, vermute ich.«

»Für Wahrheit und Erkenntnis, so wie es Thoth gefallen würde.«

»Die man, wie Miriam sagte, zum Guten oder zum Bösen verwenden kann.«

»Dasselbe kann man vom Geld auch sagen, mein Freund.«

Tja, jedes Mal, wenn ein Fremder Uneigennützigkeit an den Tag legt und mich seinen Freund nennt, frage ich mich, in welche Tasche er greift. Doch in den vielen Monaten meiner Suche war ich auf keinen Hinweis gestoßen, oder? Vielleicht konnten wir uns gegenseitig von Nutzen sein. »Wo fangen wir an?«

»Zwischen dem Felsendom und der Al-Aksa-Moschee befindet sich der Al-Kas-Brunnen«, sagte Farhi lebhaft. »Er bezieht sein Wasser aus antiken Regenzisternen tief unter dem Tempelberg. Diese Zisternen sind durch Tunnel miteinander verbunden, um sich gegenseitig zu nähren. Manche Schriftgelehrte haben spekuliert, sie seien Teil eines Gängesystems, das sich sogar bis unter den heiligen Fels Haram al-Sharif ziehen könnte, auf dem Abraham sein Opfer an Gott darbrachte: den Grundstein der Welt. Darüber hinaus müssen diese Zisternen auch aus Quellen gespeist sein. Djezzar bat mich aus diesem Grund vor zehn Jahren, die alten Schriften nach unterirdischen Gängen zum Tempelberg zu durchsuchen. Ich habe ihm gesagt, ich hätte keine gefunden.«

»Sie haben ihn angelogen?«

»Dieses Eingeständnis eines Misserfolgs kam mich teuer zu stehen. Zur Strafe wurde ich verstümmelt. Ich fand jedoch tatsächlich alte Aufzeichnungen, fragmentarische Berichte, die einen Geheimweg zu etwas beschrieben, das Djezzar nie erlangen durfte. Die Gihon-Quelle vor den Stadtmauern, die das Siloam-Becken speist, könnte ein möglicher Zugang sein. Wenn ja, würden die Muslime uns nicht entdecken.«

»Die Zisternen«, sagte Miriam, »könnten zu den tiefsten Stellen führen, an denen die Juden die Lade, das Buch und andere Schätze versteckt haben.«

»Es sei denn, diese Orte wurden von den Tempelrittern entdeckt«, fügte Farhi hinzu. »Und das, was sie gefunden hatten, vielleicht erneut verborgen – nachdem Jacques de Molay auf dem Scheiterhaufen verbrannt worden war. Da ist jedoch noch ein weiteres Problem, das mich von einer Erforschung abgehalten hat.«

»Die Tunnel sind überflutet?« Finstere Erinnerungen an meine Flucht aus der Großen Pyramide kamen in mir auf.

»Schon möglich. Aber selbst wenn das nicht der Fall ist, wies eine Aufzeichnung auf versiegelte Türen hin. Was einst offen war, kann jetzt verschlossen sein.«

»Tatkräftige Männer können jede verschlossene Tür bezwingen, mit Muskelkraft oder Pulver«, sagte Jericho.

»Kein Pulver!«, sagte Farhi. »Willst du die ganze Stadt alarmieren?«

»Dann eben Muskelkraft.«

»Und wenn die Muslime uns da unten herumwühlen hören?«, fragte ich.

»Das«, antwortete der Bankier, »wäre höchst unvorteilhaft.«

Meine Büchse war fertig. Jericho hatte vorsichtig zwei Haare von Miriam als Zielmarke auf das Teleskop geklebt, und als ich die Waffe draußen vor der Stadt ausprobierte, stellte ich fest, dass ich auf zweihundert Yards Entfernung einen Teller sicher treffen konnte. Im Gegensatz dazu war eine Muskete nach fünfzig Metern ungenau. Dann hob ich das Gewehr an, um von unserem Dach aus nach den französischen Halunken Ausschau zu halten. Doch obwohl ich so lange hindurch spähte, bis mir das Auge wehtat, sah ich nichts. Waren sie abgehauen? Ich wünschte mir, dass es nicht so wäre, dass Alessandro Silano sie heimlich anführte, ich ihn stellen und über Astiza ausfragen könnte.

Doch die Bande war wie vom Erdboden verschluckt.

Miriam fertigte aus hellem Messing zwei Kopien der Seraphim und brachte sie seitlich im hölzernen Schaft als Aufbewahrungsbehältnisse für meine gefetteten Schusspflaster an. Von der Kugel angetrieben, säubern sie den Lauf bei jedem Schuss von Pulverrückständen. Die Seraphim hockten mit ausgebreiteten Flügeln wie die auf der Bundeslade. Miriam stellte mir auch einen neuen Tomahawk her. Ich war so erfreut, dass ich dem skeptischen Jericho verriet, wie er beim Pharao-Spiel gewinnen könne, sollte er sich je auf ein Spiel einlassen. Außerdem kaufte ich ein kleines goldenes spanisches Kreuz für Miriam. Als der Abend unseres Abenteuers anbrach, war ich ganz und gar nicht überrascht, dass Miriam darauf bestand, mitzukommen, obwohl das für eine Frau in Jerusalem sehr ungewöhnlich war.

»Sie kennt alte Legenden, die mich nie interessiert haben«, gab Jericho zu. »Sie sieht Dinge, die ich nicht sehe oder nicht sehen will. Und ich will sie jetzt nicht allein lassen, nachdem sich die französischen Diebe hier herumtreiben.«

»Darin sind wir uns einig«, sagte ich.

»Im Übrigen braucht ihr beide den Verstand einer Frau«, sagte sie.

»Wichtig ist, dass wir uns sehr leise fortbewegen und kein Aufsehen erregen«, fügte Jericho hinzu. »Miriam sagte, du hast indianische Fähigkeiten.«

Um der Wahrheit die Ehre zu geben, meine indianischen Fähigkeiten hatten vor allem darin bestanden, den Wilden wenn irgend möglich aus dem Weg zu gehen und, wenn es sich nicht vermeiden ließ, sie mit Geschenken zu bestechen. Die seltenen Gelegenheiten, bei denen ich mit ihnen in Berührung kam, waren entsetzlich gewesen. Doch ich hatte meine Abenteuer vor Miriam übertrieben (eine schlechte Angewohnheit von mir), und es wäre sinnlos gewesen, das jetzt gerade zu rücken.

Auch Farhi kam, ganz in Schwarz gekleidet. »Meine Anwesenheit kann sogar noch wichtiger sein, als ich dachte«, sagte er. »Es gibt auch jüdische Mysterien, und seit unserer Unterhaltung habe ich mich mit dem beschäftigt, womit sich die Templer beschäftigt haben, unter anderem auch mit der mystischen Zahlenlehre der jüdischen Kabbala und deren wichtigstem Buch, dem Sohar.«

»Noch ein Buch? Was hat es damit auf sich?«

»Manche von uns glauben, man könne die Thora, oder Ihre Bibel, auf zwei Ebenen lesen. Die eine besteht aus den Geschichten, die wir alle kennen. Auf der zweiten Ebene existiert eine andere Geschichte, ein Mysterium, eine heilige Geschichte – eine Geschichte, die zwischen den Zeilen verborgen ist – eingebettet in eine Zahlenmystik, eine Art Code. Das ist Sohar.«

»Die Bibel ist ein Code?«

»Jeder Buchstabe des hebräischen Alphabets kann durch eine Zahl dargestellt werden, und darüber hinaus gibt es zehn weitere Zahlen, die heiligen Sefiroth. Sie sind der Code.«

»Zehn was?«

»Sefiroth. Sie sind die sechs Richtungen – die vier Himmelsrichtungen Osten, Westen, Norden und Süden, plus oben und unten – und die Bestandteile des Universums, Feuer, Wasser, Himmel und Gott. Diese zehn Sefiroth und die zweiundzwanzig Buchstaben stellen die zweiunddreißig Arten der Weisheit dar, die wiederum auf die zweiundsiebzig heiligen Namen Gottes hindeuten. Ob man das Buch des Thoth vielleicht auf dieselbe Weise lesen kann? Welches ist der Schlüssel? Wir werden es sehen.«

Nun, das war wieder so ein Geschwafel, wie ich es immer wieder zu hören bekommen hatte, nachdem ich das verdammte ägyptische Amulett in Paris gewonnen hatte. Wahnsinn ist offenbar ansteckend. So viele Menschen scheinen an Legenden zu glauben, an mystische Zahlenlehre und mathematische Wunder, dass ich ebenfalls angefangen hatte, daran zu glauben, auch wenn ich mir aus dem, was man mir erzählte, keinen Reim machen konnte. Doch wenn ein verstümmelter Bankier wie Farhi bereit war, aufgrund jüdischer Zahlenmystik in den Tiefen der Erde herumzuwühlen, dann lohnte es sich auch für mich.

»Na dann, herzlich willkommen. Versuchen Sie mit uns Schritt zu halten.« Ich wandte mich an Jericho. »Warum packst du dir einen Sack Mörtel auf die Schulter?«

»Um wieder zuzumauern, was wir aufbrechen. Das Geheimnis, etwas zu stehlen, besteht darin, es so aussehen zu lassen, als hätte kein Diebstahl stattgefunden.«

Diese Art zu denken bewundere ich.

Nach Einbruch der Dunkelheit schlichen wir aus dem Dungtor. Es war Anfang März, und Napoleons Invasion hatte noch nicht begonnen. Gerüchten zufolge waren die Franzosen am 15. Februar von El-Arisch an der Grenze zwischen Ägypten und Palästina aufgebrochen, hatten einen raschen Sieg bei Gaza errungen und näherten sich Jaffa. Die Zeit drängte. Wir machten uns auf den Weg, den felsigen Abhang hinab zum Siloam-Becken, seit König Davids Zeiten eine Wasseranlage. Dabei erteilte ich forsche Ratschläge, wie man hier zu kriechen und dort zu huschen habe, als handelte es sich tatsächlich um überliefertes Wissen der Algonquin. Wahr ist, dass ich in einem Spielsalon eher zu Hause bin als in der Wildnis, aber Miriam schien beeindruckt.

Das schwache Licht des Neumonds ließ den Abhang im Dunkeln, und die Nachtluft zu Beginn des Frühjahrs war kalt. Als wir über die Ruinen kletterten, bellten Hunde aus einigen Schaf- und Ziegenpferchen. Die Stadtmauern, welche die Südseite des Tempelbergs umschlossen, zeichneten sich hinter uns als dunkle Linie vor dem Himmel ab. Ich sah die Umrisse der Al-Aksa Moschee dort oben, sowie die Mauern und Bogen, welche die Templer hinzugefügt hatten.

Spähten muslimische Wächter herab? Während wir weiterschlichen, hatte ich das ungute Gefühl, beobachtet zu werden. »Da ist jemand«, flüsterte ich Jericho zu.

»Wo?«

»Ich weiß nicht. Ich spüre sie, kann sie aber nicht sehen.«

Er schaute sich um. »Ich habe nichts gehört. Ich glaube, du hast die Franzosen verscheucht.«

Ich tastete nach meinem Tomahawk und nahm meine Büchse in beide Hände. »Ihr drei geht vor. Ich werde versuchen, Verfolger abzufangen.«

Doch die Nacht schien so leer wie der schwarze Zylinder eines Zauberers. Schließlich ging ich weiter, da ich wusste, dass die anderen warteten, und kam an das Siloam-Becken, eine rechteckige Grube auf dem Talboden. Ausgetretene Steinstufen führten hinunter auf eine steinerne Plattform, von der Frauen ihre Krüge eintauchen konnten. Spatzen, die in den Mauern der Grube nisteten, raschelten unruhig. Nur ein schwaches Leuchten der Gesichter zeigte mir, wo die anderen kauerten.

Und unsere Gruppe war größer geworden.

»Sir Sidney hat tatsächlich Hilfe geschickt«, erklärte Jericho.

»Briten?« Jetzt verstand ich meine bösen Ahnungen.

»Wir brauchen ihre Arbeitskraft unter der Erde.«

»Leutnant Henry Tentwhistle von der HMS *Dangerous* zu

Ihren Diensten, Mr Gage«, flüsterte der kauernde Kommandeur im Dunkeln. »Sie erinnern sich vielleicht, wie Sie mich bei unserem Brelan-Spiel aufs Kreuz gelegt haben.«

Ich stöhnte innerlich. »Angesichts Ihrer Kühnheit hatte ich Glück, Leutnant.«

»Das hier ist Leutnant zur See Potts, den Sie beim Pharao ausstachen und ihm sechs Monate Sold abknöpften.«

»So viel doch sicher nicht.« Ich schüttelte ihm die Hand. »Ich brauchte es ja so dringend, um den Auftrag der Krone hier in Jerusalem zu erfüllen.«

»Und diese beiden hier kennen Sie auch, glaube ich.«

Selbst in der mitternächtlichen Finsternis des Siloam-Beckens erkannte ich das breite, feindselige Zahnlückengrinsen wieder.

»Wenn das hier beendet ist, sind Sie mir einen Zweikampf schuldig«, sagte der Mann.

»Und außerdem unser Geld.«

Aber klar. Es waren Big Ned und Little Tom.

8

Sie sollten sich geehrt fühlen, Mister«, sagte Big Ned.

»Das ist die einzige Mission, für die wir uns überhaupt je freiwillig gemeldet haben«, ergänzte Little Tom.

»Sir Sidney hielt es für das Beste, wenn wir alle zusammenarbeiten.«

»*Ihret*wegen sind wir hier.«

»Das schmeichelt mir, ganz bestimmt«, sagte ich schwach. »Hättest du mich nicht warnen können, Jericho?«

»Sir Sidney sagt: Je weniger geredet wird, um so besser.«

Genau. Schon der alte Ben hatte gesagt: »Drei können ein Geheimnis wahren, wenn zwei von ihnen tot sind.«

»Also hat er noch vier zusätzlich geschickt?«

»Wir dachten uns, dass es um Geld gehen muss, um einen Schwanzkneifer wie Sie da hineinzuziehen«, sagte Little Tom munter. »Dann gab man uns Hacken, und wir sagten uns, na schön, es muss ein vergrabener Schatz sein! Und dieser Yankee kann sich mit Ned einigen, wie er es auf der Fregatte versprochen hat – oder er kann uns seinen Anteil geben.«

»Wir sind nicht so beschränkt, wie Sie denken«, fügte Ned hinzu.

»Klar«, sagte ich, schaute mir die mürrischen Seeleute an

und versuchte, das mulmige Gefühl zu unterdrücken, dass die ganze Sache schlecht ausgehen würde. »Es ist immer gut, Verbündete zu haben, Burschen, die sich bei freundschaftlichen Glücksspielen kennengelernt haben. Nun denn. Hier ist es ein bisschen gefährlich, und wir müssen leise sein wie Mäuse, doch es besteht auch eine echte Chance, Geschichte zu schreiben. Kein Schatz, aber die Möglichkeit, einen Geheimgang ins Herz des Feindes zu entdecken, falls Boney die Stadt erobern sollte. Das ist unser Auftrag. Meine Philosophie lautet, lasst die Vergangenheit ruhen, die Zukunft meistern wir am besten, wenn wir zusammenhalten, meint ihr nicht auch? Schließlich wird jeder Penny, den ich besitze, im Interesse der Krone ausgegeben.«

»Interesse der Krone? Und was ist das da für eine feine Waffe, die Sie mit sich rumtragen?«, fragte Little Tom.

»Diese Büchse?« Sie schimmerte in der Tat auffällig. »Tja, das beste Beispiel. Zu eurem Schutz, denn es liegt in meiner Verantwortung, dass niemandem von euch etwas zustößt.«

»Scheint mir ein kostbares Teilchen zu sein. Herausgeputzt wie eine erstklassige Nutte. Ich wette, da steckt eine Menge von unserem Geld drin.«

»Das kostet hier in Jerusalem nur eine Kleinigkeit«, beharrte ich. »Orientalische Fertigung, keine Kenntnis von echtem Geschützwesen ... Ziemlich wertloses Ding eigentlich.« Ich wich Jerichos wütendem Blick aus. »Ich kann nun nicht versprechen, dass wir etwas Wertvolles finden werden. Aber wenn, dann könnt ihr auf jeden Fall meinen Anteil haben, ich werde mich einfach mit der einen oder anderen Schriftrolle zufriedengeben. Das ist der Teamgeist, den ich gerne walten lassen würde. Bei Nacht sind alle Katzen grau, wie Ben Franklin gern sagte.«

»Wer?«, fragte Tom.

»Verdammter Rebell, der hätte hängen sollen«, brummte Big Ned.

»Und was zum Teufel soll es bedeuten?«

»Dass wir ein Sack voll verdammter Katzen sind, oder so ähnlich.«

»Dass wir alle eins sind, bis der Auftrag erledigt ist«, korrigierte Tentwhistle.

»Und wer ist diese Maid?«, fragte Little Tom und stieß Miriam an. Angewidert trat sie einen Schritt zur Seite.

»Meine Schwester«, knurrte Jericho.

»Schwester!« Tom sprang wie elektrisiert zurück. »Sie nehmen Ihre *Schwester* mit auf eine Schatzsuche? Wozu das um alles in der Welt?«

»Sie sieht Dinge«, sagte ich.

»Den Teufel tut sie«, sagte Ned. »Und wer ist das da hinten?«

»Unser jüdischer Führer.«

»Ach, noch ein Jude?«

»Nutten bringen Unglück«, sagte Tom.

»Und wir werden sie auch nicht tragen«, fügte sein Begleiter hinzu.

»Als würde ich das zulassen«, fuhr Miriam ihn an.

»Sei vorsichtig, Ned«, warnte ich ihn. »Ihr Knie weiß, wo deine empfindlichste Stelle ist.«

»Tatsächlich?« Er musterte sie mit größerem Interesse.

Bei den Rasenflächen von Lexington, war das nicht ein hübscher Schlamassel? Ich hätte kein größeres Durcheinander anrichten können, hätte ich Anarchisten aufgefordert, eine Verfassung auszuarbeiten. Nachdem unser Plan derart gründlich in Unordnung geraten war, traten wir in den flachen Teich und wateten durch knietiefes Wasser, das uns aus einer höhlenartigen, durch ein Eisengitter verschlossenen Öffnung entgegenströmte.

»Es wurde eingesetzt, um Kinder und Tiere draußen zu halten«, erläuterte Jericho und hob seine eiserne Brechstange. »Uns nicht.« Er setzte die Stange an, das rostige Gitter gab mit einem Knacken nach und schwang quietschend nach innen. Sobald wir drinnen waren, schloss unser Schmied das Tor hinter uns und sicherte es mit einem neuen Vorhängeschloss. »Für dieses habe ich einen Schlüssel.«

Ich schaute hinter mich auf den langen Beckenrand. Hatte sich da jemand geduckt, um nicht entdeckt zu werden? »Haben Sie etwas gesehen?«, flüsterte ich Farhi zu.

»Seitdem wir Jerichos Haus verlassen haben, konnte ich nichts sehen«, brummte der alte Bankier. »Ich pflege im Allgemeinen nicht im Dunkeln herumzuplanschen.«

Kurz darauf reichte uns das Wasser bis an die Schenkel, es war kühl, aber nicht kalt. Der Tunnelgang, in den wir wateten, war so breit, dass ich beide Arme ausstrecken konnte, und etwa zehn bis fünfzehn Fuß hoch. An der Oberfläche waren alten Spuren von Spitzhacken zu sehen. Diese Röhre sei von Menschen angelegt, um natürliches Quellwasser in König Davids alte Stadt zu leiten, erklärte uns Farhi. Der Boden war so uneben, dass wir stolperten. Als wir weit genug im Tunnel waren, zündete Jericho die erste Laterne an. Ich platschte zu Tentwhistle. »Sind Sie sicher, dass Ihnen niemand hierher gefolgt ist?«, fragte ich.

»Wir haben unsere Führer dafür bezahlt, dass sie den Mund halten«, antwortete der Lieutenant.

»Ja, und haben auch in Jerusalem kein Wörtchen verlauten lassen«, warf Ned ein.

»Moment. Sie vier waren als englische Seeleute *in* der Stadt?«

»Nur um was zu essen.«

»Ich habe Ihnen doch gesagt, Sie sollten sich bis zum Einbruch der Dunkelheit unverdächtig verhalten!«, zischelte Jericho empört.

»Wir waren in arabische Tücher gehüllt und sind ganz unter uns geblieben«, sagte Tentwhistle abwehrend. »Bei der Kanzel, ich lege doch nicht den weiten Weg nach Jerusalem zurück, ohne mich dort umzusehen. Ist doch eine berühmte Stadt.«

»Arabische Tücher!«, rief ich aus. »Ihr alle seht so arabisch aus wie der Weihnachtsmann! Eure krebsroten Gesichter waren auffällig, als wärt ihr mit dem Union Jack einmarschiert!«

»Also sollten wir bis zum Einbruch der Dunkelheit hungern und dann ein Loch für Sie graben?«, hielt Big Ned mir entgegen. »Dann hätten Sie uns Proviant mitbringen sollen, um uns aus Ihrer kostbaren Stadt fernzuhalten.«

Tja, was ließ sich da jetzt noch machen? Ich wandte mich an Jericho, dessen Gesicht im bernsteinfarbenen Licht der Laterne düster wirkte. »Ich glaube, wir sollten uns lieber beeilen.«

»Ich habe ein starkes Vorhängeschloss am Tor angebracht. Aber du musst mit deiner Büchse unsere Nachhut bilden.«

Plötzlich schrie Miriam im Dunkeln auf. »Fass mich nicht an!«

»Tut mir leid, hab ich Sie gestreift?«, fragte Little Tom wollüstig.

»Komm, Puppe, ich pass auf dich auf«, fügte Ned hinzu.

Jericho wollte schon seine Hacke heben, doch ich hielt seine Hand fest. »Lass das meine Sorge sein.« Während ich mich ans Ende der Reihe schob, bohrte ich den Lauf meiner neuen Büchse in Neds Leistengegend. »Teufel noch eins!«, keuchte er.

»Meine Ungeschicklichkeit«, sagte ich und schwenkte den Schaft so abrupt herum, dass er Little Tom hübsch an der Wange traf.

»Scheißkerl!«

»Ich bin mir sicher, wenn wir alle unseren Abstand einhalten, werden wir nicht zusammenstoßen.«

»Ich stehe, wo ich verdammt nochmal ...« Dann schrie Tom auf und tat einen Satz. »Die Schlampe hat sich von hinten angeschlichen!«

»Tut mir leid, hab ich Sie gestreift?« Miriam hielt eine Brechstange in der Hand.

»Ich habe euch gewarnt, meine Herren. Haltet Abstand, wenn euch etwas an eurer Männlichkeit liegt.«

»Ich werde euch eigenhändig kastrieren, wenn ihr meine Schwester noch mal anrührt«, fügte Jericho hinzu.

»Und ich werde euch beiden einen Tanz mit der Peitsche verabreichen«, sagte Tentwhistle. »Leutnant zur See Potts! Disziplin!«

»Ja, Sir! Ihr beide – benehmt euch!«

»Ach, wir haben doch nur gespielt ... Herr im Himmel! Was ist denn mit *dem* passiert?« Farhi war durch das Licht der Laterne gegangen, und die verblüfften Seeleute hatten einen ersten Blick auf sein entstelltes Gesicht werfen können: der Krater, wo einst ein Auge war, die Schweinsnase, das abgeschlagene Ohr.

»Ich habe seine Schwester berührt«, sagte der Jude verschmitzt.

Die Seeleute wurden bleich und hielten sich von Miriam möglichst fern.

Die Plackerei, durch schenkeltiefes Wasser zu waten, hatte den einen Vorteil: Sie kaufte den keuchenden Seeleuten den Schneid ab. Sie waren beengte Räume und Arbeit an Land nicht gewöhnt, und nur ihre Hoffnung auf alte Münzen hielt sie davon ab, das Weite zu suchen. Um sie noch mehr schnaufen zu lassen, schlug ich Tentwhistle vor, Ned und Tom sollten helfen, Jerichos Mörtelsack zu tragen.

»Wieso tragen wir nicht alle einfach einen Trog voll verdammter Ziegelsteine, wenn wir schon mal dabei sind?«, beklagte sich Ned. Doch er trottete weiter wie ein Maultier. Wir alle waren in den Schein der Laterne getaucht. Einmal blieb ich stehen, um zu lauschen, während die anderen vorwärtsdrängten. Die Dunkelheit nahm zu, je weiter sie sich entfernten. Da – war das der ferne Widerhall eines Klirrens, wie wenn ein Vorhängeschloss aufgebrochen wird? Doch auf diese Entfernung war es kaum lauter als der Fall einer Stecknadel, und mehr vernahm ich nicht. Schließlich gab ich auf und beeilte mich, die anderen einzuholen.

Endlich war fließendes Wasser zu hören, und der Tunnel näherte sich allmählich der Wasseroberfläche. Bald würden wir kriechen müssen.

»Wir nähern uns der natürlichen Quelle«, sagte Farhi.

»Die Legende besagt, dass sich irgendwo darüber der Nabel von Jerusalem befindet.«

»Ich finde eher, wir stecken im Arsch«, murrte Little Tom.

Wir suchten mit unseren Laternen, bis wir tatsächlich einen dunklen Schlitz über uns entdeckten, eng wie die Tasche eines Proviantmeisters. Ich hätte nicht vermutet, dass er überhaupt irgendwohin führte, doch nachdem wir uns gegenseitig hinaufgestemmt hatten, öffnete er sich, und ein trockener Gang bog zurück Richtung Stadt ab. Wir krochen über Felsbrocken, die von der Decke herabgefallen waren, Miriam behänder als wir alle. Das nächste Mauseloch tauchte auf, und die Frau ging uns voran. Big Ned fluchte, da er sich kaum hindurchzwängen konnte und den Sack Mörtel vor sich herschieben musste. Er war in Schweiß gebadet. Dann wurde der Tunnel wieder ebenmäßig, von Menschenhand angelegt. Er führte steil nach oben, die Decke erhob sich nur einen Fußbreit über unseren Köpfen, und er war so schmal, dass zwei Männer nur mit Not aneinander vorbei gekommen wären. Ned stieß sich immer wieder den Schädel an und fluchte.

»Die Legende lautet, dass dieser Gang gerade so breit angelegt wurde, dass ein Schild hindurchpasste«, sagte Farhi. »Ein einzelner Mann konnte ihn gegen eine Armee von Eindringlingen verteidigen. Wir sind auf dem richtigen Weg.«

Je weiter wir vorankamen, um so stickiger wurde die Luft, das Licht der Laternen schwächer. Ich hatte keine Ahnung, wie weit wir gekommen waren, oder wie spät es war. Ich wäre nicht überrascht gewesen, wenn man mir gesagt hätte, wir wären nach Paris zurückgelaufen, gewatet und gekrochen. Schließlich ließen wir die Höhlenwände hinter uns und gelangten an behauenen Stein. »Die Herodesmauer«, murmelte Jericho. »Wir gehen darunter hindurch, sind also unter dem Plateau des Tempelberges hoch über uns.«

Wir drängten weiter, und wieder hörte ich Wasser von vorn. Plötzlich endete unser Gang in einer großen Höhle, die von unserem schwachen Licht kaum erhellt wurde. Jericho reichte mir seine Laterne, während er sich vorsichtig in einen Teich unterhalb hinabließ. »Es geht, nur brusttief und sauber«, verkündete er. »Wir haben die Zisternen gefunden. Seid möglichst leise.«

Auf der anderen Seite ging der Tunnel weiter. Wir kamen an eine zweite Zisterne, dann an eine dritte, beide etwa zehn Meter breit. »In einer nasseren Jahreszeit stünden diese Gänge alle unter Wasser«, informierte uns Jericho.

Schließlich führte der Gang wieder hinauf in eine trockene Höhle, und zuletzt endete unser Weg abrupt. Die Decke war höher, da Steine herabgefallen waren, die den Raum zur Hälfte füllten und somit den Boden anhoben. Dahinter sahen wir den oberen Teil eines gewölbten Eingangs aus Stein. Allergings fehlte die Tür, stattdessen war die Öffnung mit Steinblöcken zugemauert. Unser Weg war versperrt.

»Verflucht, dann war alles umsonst«, schnaufte Ned.

»Wirklich?«, fragte Jericho. »Was befindet sich hinter dieser Mauer, deren Erbauer nicht wollten, dass wir es erreichen?«

»Oder etwas herausholen«, ergänzte Miriam.

»Wir brauchen ein Pulverfass«, sagte der Seemann und warf den Mörtelsack ab.

»Nein, wir dürfen keinen Lärm machen«, sagte Farhi. »Ihr müsst vor den Morgengebeten graben.«

»Und wieder versiegeln«, warf Miriam ein.

»So ein Scheiß!«, knurrte Ned.

Ich versuchte, den Flegel ins Visier zu nehmen. »Verlorene Zeit findet man nie wieder, würde der alte Ben sagen.«

»Und Männer, die beim Kartenspiel schummeln, sollten zurückgeben, was sie unrechtmäßig an sich genommen haben«, entgegnete Big Ned. Er sah mich aus zusammengekniffenen Augen an. »Besser wäre es, wenn es auf der anderen Seite der Mauer etwas gäbe, Mister, sonst packe ich Sie an den Füßen und schüttle alles aus Ihnen heraus.« Trotz seiner großen Töne legten Little Tom und er sich schließlich ins Zeug. Wir bildeten eine Kette, reichten lose Felsbrocken weiter, um einen Graben zum Fundament des blockierten Bogengangs anzulegen. Nach zwei Stunden Knochenarbeit hatten wir so viel Geröll beiseitegeschafft, dass wir den Eingang in voller Größe vor uns sahen. Ein breites, unterirdisches Tor war mithilfe von Kalkstein unterschiedlicher Farbtönung wie eine Flasche verkorkt.

»Es war sinnvoll, den Eingang zu versiegeln«, überlegte Tentwhistle. »Er hätte feindlichen Armeen Zugang bieten können.«

»Die Juden des Altertums haben den Bogen gebaut«, vermutete Farhi, »und Araber, Kreuzfahrer oder Templer haben ihn zugemauert. Ein Erdbeben hat die Decke einstürzen lassen, und seither ist er vergessen, bis auf die Legende.«

Jericho hob erschöpft die Brechstange. »Dann nichts wie ran.«

Der erste Stein ist immer der schwerste. Wir wagten nicht, zu stoßen und zu brechen, daher kratzten wir Mörtel heraus und stellten Ned auf die eine und Jericho auf die andere Seite, um zu hebeln. Ihre Muskeln wölbten sich, der Stein glitt heraus wie eine klemmende, störrische Schublade. Schließlich fingen sie ihn im Fall auf und setzten ihn leise wie einen Pantoffel ab. Farhi schaute immer wieder an die Decke, als könnte er die Reaktion muslimischer Wachen weit über uns sehen.

Ich streckte den Kopf durch das Loch. Ein abgestandener Luftzug schlug mir entgegen. Absolute Finsternis. Daher bearbeiteten wir die angrenzenden Steine, scharrten den Mörtel weg und hebelten einen nach dem anderen heraus. Schließlich war das Loch so groß, dass man hindurchkriechen konnte.

»Jericho und ich gehen voraus«, sagte ich. »Ihr Seeleute steht Wache. Wenn da etwas ist, werden wir es herausbringen.«

»So ein Schwachsinn!«, protestierte Ned.

»Tut mir leid, aber ich muss meinem Untergebenen zustimmen«, sagte Tentwhistle scharf. »Wir handeln im Auftrag der Marine, meine Herren, und ob es Ihnen gefällt oder nicht, wir alle sind Vertreter der Krone. In diesem Sinne gehört entwendetes Eigentum der Krone, die es später gemäß den Beutegesetzen verteilt. Ihrem Beitrag wird natürlich vollauf Rechnung getragen.«

»Wir sind nicht mehr in Ihrer Marine«, entgegnete Jericho.

»Aber Sie stehen im Sold von Sir Sidney Smith, nicht wahr?«, sagte Tentwhistle. »Auch Gage handelt in seinem Namen. Und das heißt, wir gehen entweder gemeinsam für König und Vaterland durch dieses Loch oder keiner.«

Ich legte eine Hand an meine Büchse, die ich an die Höhlenwand gelehnt hatte. »Sie wurden als Arbeitskräfte unter die Erde geschickt, nicht als Prisenkommando«, versuchte ich zu argumentieren.

»Und Sie, Sir, wurden als Bevollmächtigter der Krone nach Jerusalem geschickt, nicht als privater Schatzsucher.« Er griff zur Pistole, genau wie Leutnant zur See Potts. Ned und Tom packten den Griff ihrer Entermesser. Jericho hob seine Brechstange wie einen Speer.

Wir bebten wie rivalisierende Hunde in einem Metzgerladen.

»Hören Sie auf!«, fauchte Farhi. »Sind Sie wahnsinnig? Wenn Sie hier unten einen Kampf anfangen, haben wir jeden Muslim in Jerusalem auf den Fersen! Wir können es uns nicht leisten, zu streiten.«

Wir zögerten und ließen dann unsere Waffen sinken. Er hatte recht. Ich seufzte. »Wer von uns will also zuerst gehen? Hinter jedem Loch in Ägypten waren Schlangen und Krokodile.«

Betretenes Schweigen. »Klingt, als hätten Sie Erfahrung, Mister.«

Also wand ich mich durch das Loch, wartete einen Augenblick, um sicherzugehen, dass mich nichts biss, und zog dann eine Laterne hindurch.

Als ich sie anhob, erschrak ich. Totenschädel grinsten mich an.

Keine echten Totenschädel, sondern nur Skulpturen. Dennoch war es beunruhigend, eine Reihe gemeißelter Schädel und gekreuzter Knochen vor sich zu sehen, die sich wie ein Fries über die Schnittstelle zwischen Wand und Decke zogen. In Ägypten hatte ich so etwas nicht gesehen. Die anderen krochen hinter mir herein, und als sie den morbiden Fries erblickten, hörte ich die Matrosen »Jesus!« oder »Piratenschatz!« rufen.

Farhi hatte eine prosaischere Antwort parat. »Keine Piraten, meine Herren. Diese Skelettformung ist typisch für die Templer. Sie wissen, Mr Gage, dass Schädel und gekreuzte Knochen mindestens bis zu der Armen Ritterschaft zurückreichen?«

»Ich habe sie auch in Verbindung mit freimaurerischen Riten gesehen. Und auf Friedhöfen.«

»Sterblich sind wir alle, nicht wahr?«

Die Totenschädel schmückten einen Gang, durch den wir in einen größeren Raum gelangten. Dort sah ich weitere Verzierungen, von denen ich annahm, dass sie ihren Ursprung ebenfalls bei den Freimaurern hatten. Der Boden war mit Marmorfliesen im vertrauten schwarz-weißen Schachbrettmuster der dionysischen Architekten ausgelegt, bis auf die Mitte, in der ein merkwürdiges Muster zu sehen war. Schwarze Fliesen liefen im Zickzack gegen weiße. Es sah aus wie ein gigantischer Blitzstrahl. Eigenartig. Wozu Blitze?

Den Eingang, durch den wir gekommen waren, flankierten auf dieser Seite zwei riesige Säulen, eine schwarze und eine weiße.

In Nischen zu beiden Seiten waren Statuen untergebracht, die aussahen wie die Jungfrau Maria. Eine war aus Alabaster, die andere aus Ebenholz: die Weiße und die Schwarze Madonna. Maria, die Mutter, und Maria Magdalena? Oder die Jungfrau Maria und die antike Isis, Göttin des Sirius?

»Alles ist als Zweiheit vorhanden«, murmelte Miriam.

Die Decke war ein Tonnengewölbe, ziemlich schlicht, aber stabil genug, um das Plateau irgendwo über uns zu tragen. Am anderen Ende befand sich ein Steinaltar mit einer dunklen Nische dahinter. Der Rest des Raums war leer. Er hatte die Ausmaße eines Speisesaals, und vielleicht hatten die Ritter hier Festessen abgehalten, wenn sie nicht gerade auf der Suche nach Salomos Schatz Tunnel durch die Erde gruben. Davon abgesehen, herrschte enttäuschende Leere.

Wir gingen durch den Raum, der fünfzig Schritte in der Länge maß. Auf der Vorderseite des Altars war eine doppelte Platte angebracht. Auf der einen Seite sah man die primitive Zeichnung einer Kuppelkirche, auf der anderen saßen zwei Ritter gemeinsam auf einem Pferd.

»Das Templersiegel!«, rief Farhi aus. »Die Bestätigung, dass sie das hier gebaut haben. Sehen Sie, da ist der Felsendom, genau wie die Moschee über uns, die den Standort von Salomos Tempel symbolisiert, der den Templern den Namen gegeben hat. Und zwei Ritter, die sich ein Pferd teilen? Manche glauben, es sei ein Zeichen für ihre freiwillige Armut.«

»Andere führen an, die beiden seien zwei Aspekte eines Ganzen«, sagte Miriam. »Männlich und weiblich. Vorne und hinten. Nacht und Tag.«

»Hier gibt es nichts, verdammt«, schaltete Big Ned sich ein und schaute sich um.

»Scharfsinnig beobachtet«, sagte Tentwhistle. »Es hat den Anschein, als wären unsere Mühen umsonst gewesen, Mr Gage.«

»Bis auf den Auftrag der Krone«, gab ich verbittert zurück.

»Ja, der Amerikaner hat gute Geschäfte mit uns gemacht«, maulte Little Tom.

»Aber seht doch her!«, rief Leutnant zur See Potts. Er untersuchte gerade die Weiße Madonna. »Eine Dienstbotentür vielleicht? Oder ein Geheimgang!«

Wir scharten uns um ihn. Er hatte gegen die ausgestreckte Hand der Madonna gedrückt, die sie wie zum Segen erhoben hatte, und die Statue hatte sich gedreht. Dabei war hinter ihr ein Stein zur Seite geglitten und hatte eine Wendeltreppe freigelegt. Die Öffnung war so schmal, dass man sich seitwärts hindurchquetschen musste. Die Treppe führte steil nach oben.

»Die dürfte zum Tempelplatz über uns führen«, sagte Farhi. »Verbindung mit den alten Templerquartieren in der Al-Aksa Moschee. Der Zugang ist wahrscheinlich blockiert, dennoch müssen wir noch leiser sein. Geräusche würden hier wie durch einen Schornstein nach oben getragen.«

»Ist doch egal, was die hören«, sagte Ned. »Hier unten ist sowieso nichts.«

»Sie befinden sich auf geheiligtem muslimischem Boden, Sie Narr, sowie heiligem jüdischem Boden. Wenn eine der beiden Gruppen uns hört und hier erwischt, werden sie uns blenden, kastrieren und foltern und dann Glied für Glied zerstückeln.«

»Oh.«

»Probieren wir es auch bei der Schwarzen Madonna!«, sagte Miriam.

Wir gingen also auf die andere Seite des Raums, doch diesmal mochte Potts noch so sehr gegen den Arm drücken, die Statue regte sich nicht. Miriams Zweiheit schien hier nicht wirksam zu sein. Enttäuscht standen wir da.

»Wo ist der Schatz der Templer, Farhi?«, fragte ich.

»Habe ich Sie nicht gewarnt, dass die Templer schon vor Ihnen hier waren?«

»Aber dieser Raum sieht europäisch aus, als hätten sie ihn angelegt, nicht entdeckt. Warum sollten sie so etwas bauen? Ein mühsamer Weg, an einen Speisesaal zu kommen.«

»Hier unten gibt es keine Fenster«, stellte Potts fest.

»Dann war er also für Zeremonien vorgesehen«, überlegte Miriam. »Doch das eigentliche Unternehmen, die Nachforschung, muss in einer anderen Kammer stattgefunden haben. Es muss noch eine andere Tür geben.«

»Die Wände sind glatt und solide«, sagte ihr Bruder.

Mir fiel mein Erlebnis in Dendera ein, und ich betrachtete den Fußboden. Die schwarz-weißen Fliesen bildeten Diagonalen, die strahlenförmig vom Altar wegführten. »Ich glaube, Big Ned sollte hier gegen diesen Steintisch drücken«, sagte ich. »Fest!«

Zunächst passierte nichts. Dann half Jericho ihm, schließlich auch Little Tom, Potts und ich. Wir keuchten. Endlich gab es ein kratzendes Geräusch, und der Altar begann sich auf einem an einer Ecke eingesetzten Zapfen zu drehen. Während er über den Boden zur Seite glitt, wurde ein Loch darunter sichtbar. Stufen führten hinab ins Dunkle.

»Das sieht schon eher nach was aus«, stieß Ned schwer atmend hervor.

Wir gingen hinunter und drängten uns in einen Vorraum unter der Hauptkammer. Am Ende befand sich eine große Eisentür, die rot und schwarz war vor Rost. Sie war gekennzeichnet durch zehn grün angelaufene Messingscheiben in Tellergröße. Eine Scheibe saß oben, dann folgten zwei abwärts verlaufende Dreierreihen. Dazwischen, aber tiefer, bildeten drei weitere eine senkrechte Säule. In der Mitte einer jeden Scheibe saß ein Riegel.

»Zehn Türgriffe?«, fragte Tentwhistle.

»Oder zehn Schlösser«, sagte Jericho. »Mit jedem dieser Griffe wird vielleicht eine Stange in diesen Eisenpfosten gedreht.« Er versuchte, einen Griff zu betätigen, doch der saß fest. »Wir haben kein Werkzeug, um das hier einzureißen.«

»Das heißt, die Tür ist vielleicht nicht geöffnet worden, und es wurde nichts geraubt«, überlegte Ned gerissener, als ich es bei ihm für möglich gehalten hätte. »Das sind gute Nachrichten, wie mir scheint. Kann sein, dass unser Mister am Ende doch noch was gefunden hat. Wie kostbar muss etwas sein, dass man so eine Tür davor stellt, noch dazu tief unten in einem Kaninchenloch?«

»Zehn Schlösser? Es gibt keine Schlüssellöcher«, stellte ich fest.

Als Jericho und Ned an der massiven Tür zogen und zerrten, rührte sie sich nicht einen Deut. »Sie sitzt fest«, sagte der Schmied. »Vielleicht ist es gar keine Tür.«

»Und die Zeit läuft uns davon«, warnte Farhi. »Oben auf dem Plateau bricht die Morgendämmerung an, und die Muslime werden zum Beten kommen. Wenn wir anfangen, auf das Eisen einzuschlagen, wird uns unweigerlich jemand hören.«

»Moment«, sagte ich und dachte an das Rätsel des ägyptischen Amuletts. »Es ist ein Muster, meint ihr nicht auch? Zehn sonnenförmige Scheiben ... zehn ist eine heilige Zahl. Es hatte eine Bedeutung für die Templer, vermute ich.«

»Aber welche?«

»Sefiroth«, sagte Miriam nachdenklich. »Es ist der Baum.«

»Ein Baum?«

Farhi trat abrupt zurück. »Ja, ja, jetzt sehe ich es! Der Ez Chajim, der Baum des Lebens!«

»Die Kabbala«, bestätigte Miriam. »Jüdischer Mystizismus und Zahlenlehre.«

»Die Tempelritter waren *Juden?*«

»Bestimmt nicht, aber undogmatisch, wenn es um die Suche nach uralten Geheimnissen ging«, führte Farhi an. »Sie dürften die jüdischen Texte nach Hinweisen durchsucht haben, wo sie im Berg zu graben hatten. Muslime ebenso und manche andere. Sie dürften an allen Symbolen interessiert gewesen sein, die ihrer Suche nach Erkenntnis dienlich waren. Das hier ist das Muster der zehn Sefiroth. *Kether,* die Krone, ist ganz oben, dann kommt *Binah,* die Intelligenz, gegenüber *Chochmah,* die Weisheit – und so weiter.«

»Strenge, Güte, Schönheit, Herrlichkeit, Sieg, Fundament und oberste Herrschaft oder Königreich«, zitierte Miriam. »Alle Aspekte eines Gottes, der jenseits allen Verstehens liegt. Wir können ihn nicht begreifen, sondern nur diese Manifestationen seines Wesens.«

»Aber was hat das für diese Tür zu bedeuten?«

»Ich glaube, es ist ein Rätsel«, sagte Farhi. Er hatte seine Laterne näher herangebracht. »Ja, ich sehe die jüdischen Namen auf Hebräisch eingraviert. *Chesed, Tifereth, Nezach …*«

»Die Ägypter glaubten, Worte seien magisch«, fiel mir ein. »Sie zu zitieren, könne einen Gott oder gewisse Mächte herbeirufen …«

Big Ned bekreuzigte sich. »Herr im Himmel, heidnische Gotteslästerung! Eure Ritter haben die Werke der Juden übernommen? Kein Wunder, dass sie auf dem Scheiterhaufen landeten!«

»Sie haben sie nicht übernommen, sondern benutzt«, sagte Jericho geduldig. »Hier in Jerusalem respektieren wir den

Glauben, auch wenn wir darüber streiten. Die Templer haben hiermit etwas bezweckt. Vielleicht sollen die Griffe in der richtigen Reihenfolge gedreht werden.«

»Zuerst die Krone«, schlug ich vor. »*Kether*, da oben.«

»Ich werde es versuchen.« Doch der Griff rührte sich ebenso wenig von der Stelle wie die anderen.

»Halt, überlegen Sie«, sagte Farhi. »Wenn wir einen Fehler machen, funktioniert vielleicht keiner.«

»Oder wir lösen eine Falle aus«, sagte ich und erinnerte mich an die sich absenkenden Granitblöcke, die mich in der Pyramide beinahe zerquetscht hätten. »Es kann eine Prüfung sein, um die Unwürdigen draußen zu halten.«

»Was würde ein Templer zuerst wählen?«, fragte Farhi. »Sieg? Sie waren Krieger. Verherrlichung? Sie haben Ruhm erlangt. Weisheit? Wenn der Schatz ein Buch wäre. Intelligenz?«

»Denken«, sagte Miriam. »Denken, das englische ›thought‹, wie Thoth, wie das Buch, nach dem Ethan sucht.«

»Denken?«

»Wenn man die einzelnen Scheiben durch Linien verbindet, überschneiden sie sich hier in der Mitte.« Sie zeigte auf die Stelle. »Stellt dieses Zentrum für die kabbalistischen Juden nicht den unergründlichen Geist Gottes dar? Ist dieses Zentrum nicht das Denken selbst? Das Sein? Das, was wir Christen als Seele bezeichnen?«

»Du hast recht«, sagte Farhi, »aber da ist kein Griff.«

»Ja, die einzige Stelle ohne Griff ist das Herz.« Sie zog Linien von den zehn Scheiben zum Mittelpunkt. »Aber hier ist ein kleiner Kreis eingraviert.« Und noch ehe sie jemand aufhalten konnte, nahm sie die Brechstange, mit der sie Little

Tom gestoßen hatte, und rammte deren Ende genau an der Stelle gegen das Eisen. Der Schlag hallte dumpf wider, und wir fuhren zusammen. Dann sank der eingravierte Kreis ein, es klickte, und plötzlich begannen sich alle zehn Griffe auf allen zehn Messingscheiben gemeinsam zu drehen.

»Haltet euch bereit!« Ich hob meine Büchse. Tentwhistle und Potts zückten ihre Pistolen. Ned und Tom zogen ihre Entermesser.

»Wir werden alle reich«, sagte Ned andächtig.

Als die Griffe aufhörten, sich zu drehen, stieß Jericho gegen die große Tür, die sich unter Knirschen und Rattern wie eine Zugbrücke nach innen und nach unten drehte. Oben von Ketten gehalten, senkte sie sich schwerfällig ab, bis sie mit einem sanften Aufprall auf einem staubigen Boden landete. Eine graue Wolke flog auf, die alles verdunkelte, was dahinter lag, und dann sahen wir, dass die Tür einen Spalt im Boden überbrückte. Der Abgrund dehnte sich in die Finsternis aus.

»Eine Verwerfung in der Erde«, vermutete Farhi und spähte hinab. »Dieser Berg ist von Anbeginn an heilig gewesen, ein Fels, der sich dem Himmel zuwendet, aber vielleicht hat er auch Wurzeln in der Unterwelt.«

»Alles ist als Zweiheit vorhanden«, wiederholte Miriam.

Kühle Luft wehte uns aus dem Felsspalt entgegen. Uns allen war unbehaglich zumute, doch zumindest mich erinnerte es an den Höllenschlund in der Pyramide. Von Habgier getrieben, gingen wir trotzdem hinüber.

Diese Kammer war viel kleiner als die Templerhalle über uns, nicht viel größer als ein Wohnzimmer, mit einer niedrigen, gewölbten Decke. Die Wölbung war überbordend mit

Sternen, Tierkreiszeichen und eigenartigen Kreaturen aus archaischen Zeiten bemalt, einem Gewirr von Symbolen, das mich an die Decke erinnerte, die ich im ägyptischen Dendera gesehen hatte. Im Scheitelpunkt war eine offenbar vergoldete Kugel, die wahrscheinlich die Sonne darstellte. In der Mitte des Raums befand sich ein hüfthohes Steinpodest, einem Sockel für eine Statue oder einem Piedestal ähnlich, aber es war leer. Die Wände zeigten Schriftzeichen eines Alphabets, wie ich es noch nie gesehen hatte, weder arabisch, noch hebräisch, griechisch oder lateinisch. Es war auch anders als das in Ägypten. Viele Buchstaben hatten eine geometrische Form, Quadrate, Dreiecke und Kreise, andere wiederum waren wie sich windende Würmer oder winzige Labyrinthe. Am Rand des Raums stapelten sich Truhen aus Holz und Messing, trocken und vom Alter zerfressen. Und darin lag ...

Nichts.

Wieder fiel mir die Große Pyramide ein und das Behältnis des Buches, das leer gewesen war. Grausamkeit über Grausamkeit. Zuerst das Buch verschwunden, dann Astiza, und jetzt dieser Scherz ...

»Teufel noch eins!« Ned und Tom traten gegen die Truhen. Ned schleuderte eine an die Steinwand, wo sie unter Krachen zersplitterte. »Hier ist nichts! Alles ist geraubt worden!«

Geraubt, zurückgeholt oder entfernt. Sollte es hier jemals einen Schatz gegeben haben – und davon ging ich aus –, war er längst verschwunden: vielleicht von den Templern nach Europa gebracht oder woanders versteckt, als ihre Anführer auf dem Scheiterhaufen landeten. Womöglich war er schon fort, seitdem die Juden von Nebukadnezar versklavt wurden.

»Still, ihr Narren!«, flehte Farhi sie an. »Müsst ihr denn unbedingt Sachen zertrümmern, damit die muslimischen Wachen es hören? Dieser Tempelberg ist durchsiebt von Höhlen und Gängen!« Er wandte sich an Tentwhistle. »Sind die Hirne englischer Seeleute auch aus Eiche?«

Der Leutnant lief rot an.

»Was bedeuten die Zeichen an den Wänden?«, fragte ich und betrachtete die merkwürdigen Buchstaben.

Niemand antwortete, denn nicht einmal Farhi wusste es. Doch dann zeigte Miriam, die gezählt hatte, auf eine kleine Kante, an der sich Mauern und Kuppel trafen. Dort waren Einbuchtungen aus dem Stein gemeißelt, als wären sie für Kerzen oder Öllampen bestimmt.

»Farhi, zähl sie«, sagte sie.

Der entstellte Bankier gehorchte. »Zweiundsiebzig«, sagte er bedächtig. »Wie die zweiundsiebzig Namen Gottes.«

Jericho trat näher heran. »Da tropft Öl hinein«, sagte er verwundert. »Wie kann das sein, nach so vielen Jahren?«

»Ein Mechanismus, der durch die Tür in Gang gesetzt wurde«, schloss Miriam.

»Wir müssen sie anzünden«, sagte ich mit plötzlicher Überzeugung. »Anzünden, um zu verstehen!« Das war Templermagie, vermutete ich, eine Möglichkeit, das Mysterium zu erleuchten, das wir entdeckt hatten. Also entzündete Jericho einen Holzsplitter von einer Truhe am Docht seiner Laterne und berührte das Öl in einer der Leuchten. Es fing Feuer, und dann bewegte sich eine flammende Ranke durch einen kleinen Kanal und zündete die nächste an.

Eine nach der anderen entzündete sich, bis sich eine Lichterkette um das Rund der Kuppel gebildet hatte, die in dem zunächst düsteren Raum Licht und Schatten pulsieren ließ. Das war noch nicht alles. Die Kuppel hatte Steinrippen, die bis in ihre Spitze reichten, und in jeder Rippe war eine Rinne. Nun begannen diese Rinnen, unter der Hitze oder dem Licht von unten zu leuchten, eine unheimliche purpurrote Farbe, ähnlich wie ich sie bei elektrischen Experimenten mit luftdichten Glasröhren gesehen hatte.

»Luzifers Höhle«, flüsterte Little Tom.

Am höchsten Punkt der Kuppel begann eine sonnengleiche Kugel, die ich für schlicht vergoldet gehalten hatte, ebenfalls zu glühen. Von dort ging ein Strahl purpurroten Lichts aus, wie das Leuchten, das ich zu Weihnachten mit Elektrizität erzeugt hatte, und fiel direkt zurück auf das Podest in der Mitte des Raums.

Wo man vielleicht ein Buch oder eine Schriftrolle aufbewahrt hatte, die es zu lesen galt.

Jericho und Miriam bekreuzigten sich.

Im Zentrum des Podests befand sich eine Vertiefung, die ausgefüllt wäre, hätte dort ein Buch oder eine Schriftrolle gelegen. Da weder das eine noch das andere vorhanden war, konnte das Licht von oben hindurchscheinen ...

Dann hörten wir ein knirschendes Quietschen wie von einem sich drehenden, verrosteten Rad. Die Seeleute hielten inne und lauschten. Ich schaute an die Decke und suchte nach Anzeichen für einen Einsturz.

»Die Schwarze Madonna!«, rief Leutnant zur See Potts von der Treppe, die zurück in den Versammlungssaal der Templer führte. »Sie dreht sich!«

9

Wir stiegen die Treppe wieder hinauf, als wollten wir mit eigenen Augen ein Wunder ansehen. Der Arm, der zuvor noch unbeweglich war, drehte sich jetzt, mit ihm die Schwarze Madonna, und eine Tür ging auf, ähnlich der hinter der Weißen Madonna. Als die Statue stehen blieb, war es, als zeigte sie auf eine Tür, die sich gerade öffnete.

»Heiliger Strohsack«, rief Ned aus. »Das wird der Schatz sein!«

Potts hatte seine Pistole gezogen, ging gebückt als Erster hinein und folgte einem steilen, sich windenden Gang.

»Halt!«, rief ich. Wenn diese unheimliche Lichtvorführung die Öffnung irgendwie in Gang gesetzt hatte, dann nur, weil das Buch auf dem Podest fehlte und der Strahl somit in das Loch dringen konnte. War das Podest also eine Art Schlüssel, der zu weiteren Schätzen führte – oder ein Alarm, der ausgelöst würde, wenn das Buch verschwunden war? »Wir wissen nicht, was es bedeutet!«

Doch alle vier Seeleute drängten den Gang hinauf. Jericho und ich folgten zögernd, Miriam und Farhi bildeten die Nachhut. Die grob behauenen Wände erinnerten mich an den Wassertunnel vom Siloam-Becken: alt, viel älter als die Templer. Stammte dieser Gang aus Salomos oder sogar Abrahams Zeit? Der Tunnel stieg spiralförmig an und endete vor einer Steinplatte, in die ein großer Eisenring eingelassen war. »Zieh, Ned!«, befahl Tentwhistle. »Zieh wie der Teufel, damit wir die Sache hier erledigen! Der Morgen ist schon fast angebrochen!«

Der Matrose tat, wie ihm geheißen, und während er die Platte langsam aufzog, bemerkte ich, dass sie auf der Rückseite aus unbehauenem Gestein bestand. Diese letzte Tür würde von der anderen Seite wie ein Teil der Höhlenwand aussehen. Hatten die Menschen über uns je von der Existenz dieses Gangs gewusst?

»Wo in drei Teufels Namen sind wir?«, fragte Potts.

Vor uns lag eine größere Höhle, aus der Licht drang. »Ich vermute, wir sind in der Höhle unter dem heiligen Fels herausgekommen«, flüsterte ich. »Wir befinden uns direkt unter Haram al-Sharif, dem heiligen Fels, Ursprung der Welt, und unter dem Felsendom.«

»Direkt unter der Stelle, an der einst Salomos Tempel stand«, sagte Farhi aufgeregt und keuchte vor Anstrengung. »Wo vielleicht Tempelschätze aufbewahrt wurden, oder die Lade selbst ...«

»Genau da, wo Wächter der Moschee unterirdische Eindringlinge hören können«, warnte Jericho. Das alles ging zu schnell.

»Sie meinen die Muslime ...«

Die Matrosen zögerten nicht. »Der Schatz, Jungs!« Ned und seine Kameraden zwängten sich in den Gang. Dann ertönte ein Aufschrei in Arabisch, ein Schuss fiel, und der Kopf des armen Potts explodierte.

Gerade noch hatte der Leutnant zur See mich in wilder

Begeisterung hinter sich her gezerrt, und schon bespritzte uns seine Hirnmasse. Er fiel wie eine Marionette, deren Fäden durchgetrennt wurden. Pulverdampf füllte den schmalen Durchgang mit vertrautem Gestank. »Auf den Boden!«, rief ich, und wir ließen uns fallen.

Unter lärmendem Geschützfeuer schlugen rings um uns wie verrückt Kugeln ein.

»Allahu akbar!« Gott ist der Größte! Die Muslime hatten uns auf ihr heiligstes Gelände stolpern hören und ihre Janitscharentruppe gerufen! Wir hatten in ein Wespennest gestochen, bravo. Durch den Rauch sah ich eine Traube von Männern, die ihre Gewehre nachluden.

Ich schoss, und als Reaktion ertönte ein Schrei. Auch Tentwhistles Pistole ging los, traf den nächsten, und jetzt war es an den Janitscharen, taumelnd in Deckung zu gehen.

»Zurück!«, rief ich. »Beeilt euch, um Himmels willen! Zurück durch die Tür da!«

Doch gerade als wir sie hinter uns zuziehen wollten, griffen die Janitscharen an, und ein Dutzend muslimischer Hände packte den Rand von der anderen Seite. Ned brüllte auf, schlug mit seinem Entermesser auf sie ein und trennte Finger ab, aber es wurde auch wieder geschossen, und Little Tom erwischte eine Kugel im Arm. Fluchend taumelte er rückwärts. Die Tür wurde unaufhaltsam aufgedrückt. Ned stieß ein Bärengebrüll aus, stürzte nach vorn und drosch wie ein Derwisch los, bis die gegnerischen Arme verschwanden. Dann schlug er die Tür zu und nahm eine unserer Brechstangen, um sie zu verkeilen, damit sie schwerer aufzustemmen war. Wir liefen durch den gewundenen Gang zurück in den leeren Templerraum. Hinter und über uns vernahmen wir die schweren Hammerschläge der Muslime gegen die Steintür.

Wenn sie uns erwischten, würden sie uns wegen Schändung des Heiligtums abschlachten.

Nur durch den Bogengang hatten wir vielleicht noch eine Chance. In dem Tunnel, der zurück zur Quelle führte, konnte ein Mann eine ganze Armee aufhalten, hatte Farhi gesagt. Wir sprinteten durch den Gang mit dem Fries aus Totenschädeln zu dem Loch, das wir gerade vor einer Stunde aufgebrochen hatten. Ich wollte versuchen, die Verfolger mit Tomahawk und Büchse aufzuhalten, während die anderen weiter flohen. Was für ein blutiges Chaos!

Doch irgendetwas hatte sich verändert. Die Öffnung, die wir uns durch den Steinbogen verschafft hatten, war geschrumpft. Die Steine rückten wieder an ihren Platz, und das Loch war zu klein, um hindurchzukriechen. Was für ein Zauber war das nun wieder?

»Au revoir, Monsieur Gage!«, rief eine bekannte Stimme durch das verkleinerte Loch. Wieder war es die Stimme des sogenannten Zollinspektors, der in Frankreich versucht hatte, mich zu berauben, und gegen den ich in Jerusalem gekämpft hatte, als seine Handlanger Miriam zu nahe gekommen waren. Er rief durch eine Öffnung in der Kalksteinwand, in die inzwischen nur noch ein einziges Buch gepasst hätte! Es hatte also überhaupt nichts mit Zauberei zu tun, sondern nur mit Silanos Hinterlist. Der letzte Stein glitt vor unserer Nase wieder an Ort und Stelle und schloss uns hermetisch ab. Die Franzosen mussten uns gefolgt sein, wie ich befürchtet hatte. Sie hatten Jerichos Schloss am Gitter des Siloam-Beckens aufgebrochen und unsere Schreie gehört, als wir keinen Schatz fanden. Dann hatten sie unseren Fluchtweg mithilfe des Mörtelsacks, den Ned getragen hatte, systematisch wieder zugemauert. Wir waren unseren eigenen Vorkehrungen in die Falle gegangen.

»Der Mörtel kann noch nicht abgebunden sein!«, brüllte Ned. Doch entweder verband sich der Kalkstein rasch damit, oder die Mauer war von der anderen Seite durch Geröll oder Balken verstärkt worden. Er prallte ab wie ein Ball, als er sich gegen die Mauer stemmte. Der Matrose begann, den blockierten Bogengang mit Fäusten zu bearbeiten, während Little Tom wie betrunken torkelte und sich mit einer Hand den Arm hielt. Zwischen den Fingern quoll Blut hervor.

»Dafür haben wir keine Zeit!«, fauchte Tentwhistle. »Die Muslime werden durch die Steintür oben dringen und die Treppe hinter der Schwarzen Madonna herunterkommen!«

»Die Treppe der Weißen Madonna!«, rief Farhi. »Sie ist unsere einzige Chance!«

Wir rannten zurück in den Templersaal. Es krachte, und das Echo arabischen Kriegsgeschreis drang über die Treppe der schwarzen Statue zu uns herab. Sie waren durch! Tentwhistle und ich liefen ans untere Ende und feuerten blind hinauf. Die pfeifenden Kugeln verschafften uns etwas Zeit. Auf der gegenüberliegenden Seite zwängte Farhi sich an der Weißen Madonna vorbei und stieg dort die Treppe hinauf, Jericho schob seine Schwester gleich hinter dem Juden hinein. Dann zogen auch wir anderen uns quer durch den Templersaal zurück und drängten uns nacheinander hinauf. Schließlich schob Big Ned auch mich vor sich her. »Ich kümmere mich um den Pöbelhaufen!« Der Riese packte die Weiße Madonna, seine Muskeln barsten beinahe, und brach sie ab. Nun kamen unsere Verfolger in den Templersaal und schauten sich verwundert um. Laut rufend entdeckten sie uns auf der anderen Seite. Ned zwängte sich seitwärts durch den Eingang, während er den Kopf der Jungfrau mit sich zog und ihren steinernen Körper wie einen Pfropf in den schmalen Durchgang klemmte. Das verschaffte uns einen kleinen Vorsprung vor unseren Verfolgern. Wir drehten uns um und krochen nach oben.

Einer Woge gleich prallten die wild rennenden Muslime gegen das Hindernis, wurden zurückgeworfen und heulten wütend auf. Sie begannen, an der Jungfrau zu ziehen, um sie frei zu bekommen.

Verzweifelt wie die Verdammten stiegen wir hinauf. Ich hörte den Pöbel unten schreien, während sie die Statue zertrümmerten, die unseren Fluchtweg verbarrikadierte. Weitere Schüsse fielen, doch die Kugeln prallten an den unteren Stufen ab. Rufe ertönten, zweifellos um Landsmänner auf dem Tempelberg über uns zu alarmieren. Wir gelangten an ein verschlossenes Eisengitter. Tentwhistle schoss das Schloss entzwei und stieß das Tor zur Seite. Es hörte sich an wie ein Gong. Ich nutzte die kurze Pause, um meine Büchse nachzuladen. Wir tauchten auf dem Tempelberg in der Al-Aksa Moschee auf. Mir fiel auf, wie die Kreuzfahrer sie verändert hatten: Durch die Bogen und hohen Fenster wirkte der höhlenartige Raum wie eine Mischung aus arabischem Palast und europäischer Kirche. Farhi lag mit seiner Vermutung richtig, dass die Treppe der Weißen Madonna wohl erbaut worden war, um den Templern einen geheimen Zugang vom Hauptquartier zu den unterirdischen Kammern und Tunneln zu ermöglichen.

Wir liefen an das Tor der Moschee. Auf dem weiträumigen Tempelplateau, das von der anbrechenden Morgendämmerung schwach erhellt wurde, schwärmten primitiv bewaffnete Muslime aus wie aufgescheuchte Bienen. Ich konnte die blauen Kacheln und die goldene Kuppel des Felsendoms sehen, dessen Tür auf und zu ging, während bestürzte Männer ein und aus liefen. Der Pöbel stimmte Gesänge an, schrie Alarm und schwenkte Knüppel. Zum Glück waren nur wenige Janitscharen und nicht viele Gewehre da. Schließlich erblickten sie uns, drehten sich gleichzeitig um und setzten zum Angriff an.

»Sie machen aber auch aus allem Scheiße«, sagte Ned zu mir.

Ich zielte.

Nachts wird die Al-Aksa Moschee von riesigen hängenden Messingleuchtern erhellt, die man an weißen Baumwollseilen herablässt, um sie anzuzünden. Einer dieser Leuchter – mit Dutzenden einzelner Flammen auf zehn Fuß breitem Metall, dessen Gitterwerk gut eine Tonne wiegt – hing über dem Haupteingang der Moschee. Als der Pöbel hindurchwogte, schaute ich durch mein auf das Gewehr montiertes Fernrohr, nahm das Seil und seinen Haken an der verzierten Decke ins Visier und schoss.

Mein Schuss zerfetzte das Seil, und der Leuchter kam wie eine Guillotine herab, landete mit lautem Getöse, begrub die Spitze des Pöbelhaufens unter sich und trieb die anderen auseinander. Unsere Verfolger zogen sich sogleich zurück und schauten ängstlich nach oben. Es reichte, um unserem Trupp aus dreckigen, blutenden Höhlenmenschen die kostbaren Sekunden zu schenken, die wir brauchten, uns an die Rückseite der Moschee zurückzuziehen.

»Sie haben die heiligen Reliquien Mohammeds!«, schrie der Mob.

Plötzlich fragte ich mich, ob die mitternächtliche Reise des Propheten nach Jerusalem und sein Aufsteigen in den Himmel nur ein Mythos war, oder ob auch er tatsächlich einmal hier gewesen war, Weisheit gesucht und vielleicht gefunden hatte. Hatte auch er vom Buch des Thoth gehört? Was hatte Jesus in Ägypten erfahren oder Buddha auf seinen Wanderungen? Waren alle Glaubensrichtungen, Mythen und Geschichten ein endloses Geflecht und nur die Ausschmückung antiker Texte? Weisheit auf Weisheit gebaut, und Mysterien durch weitere Mysterien verschleiert? Ketzerei – doch hier, am religiösen Nabel der Welt, kam ich nicht umhin, mich das zu fragen.

Wir rannten über verschlissene rote Teppiche, mit denen die Steinplatten der Moschee bedeckt waren, in die kleinen Vorräume hinter der großen Halle und fürchteten, in einer Sackgasse zu landen. Doch an der Stelle, an der die Al-Aksa Moschee und der Tempelberg an die äußere Stadtmauer stießen, befand sich eine weitere verschlossene Tür. Big Ned rannte mit voller Wucht dagegen, und diesmal brach er durch. Die ausgerissenen Splitter waren wie frische Wunden in altem Holz. Wir schauten hinaus. Die Mauer führte vom südlichen Ende des Tempelbergs einen Abhang hinunter um Jerusalem herum. An einem Turm wandte sie sich nach Westen und umschloss die Stadt darunter.

»Wenn wir in das Straßenlabyrinth gelangen, können wir sie abhängen«, keuchte Farhi.

Er begann, mit Miriam und dem verletzten Little Tom an dem Schutzwall entlang zu trotten, auf die Stufen zu, die zum Dungtor hinab führten. Sie taumelten vor Erschöpfung. Unterdessen luden Tentwhistle und ich auf dem Schutzwall unsere Waffen nach, und Ned und Jericho standen mit ihren Schwertern kampfbereit. Als unsere ersten Verfolger sich durch den Durchgang zwängen wollten, durch den wir gerade hinausgelangt waren, schossen wir. Dann griffen Ned und Jericho mit ihren Schwertern im Schutz der Rauchwolke an. Schreie ertönten, die Verfolger zogen sich zurück, und Ned stieß mit Blut bespritzt wieder zu uns.

»Sie denken jetzt nach«, sagte er zähnebleckend.

Jericho sah nicht gut aus, sein Schwert war nass. »Sie haben das Böse mitgebracht«, sagte er zu dem Matrosen.

»Wenn ich mich recht erinnere, Schmied, haben Sie und Ihre Mätressenschwester uns den Weg gezeigt.«

Erneut zogen wir uns zurück.

Wäre der Pöbel besser bewaffnet gewesen, hätten wir nicht überlebt. Doch wir hatten nur ein paar Schüsse zu überstehen. Die Kugeln pfiffen mit dem typischen heißen Zischen an uns vorbei, bei dem man erstarrt, wenn man darüber nachdenkt. Dann waren wir am Fuß der Treppe und kamen in eine Straße von Jerusalem. Das Dungtor war von einer Truppe Janitscharen verstellt, die ihre Krummsäbel gezückt hatten. Wir konnten nicht hinauslaufen. Über uns drängten sich schreiende Muslime auf dem Schutzwall, die nicht schnell genug zur Treppe kommen konnten.

»Ins jüdische Viertel!«, drängte Farhi. »Das ist unsere einzige Chance!«

Nun ertönten Alarmrufe von den Minaretten, christliche Glocken läuteten. Wir hatten die gesamte Stadt in Aufruhr gebracht. Schreiend strömten die Menschen auf die Straße. Hunde heulten, Schafe blökten. Eine verschreckte Ziege galoppierte an uns vorbei in die entgegengesetzte Richtung. Farhi führte uns keuchend den Hügel hinauf auf die Ramban-Synagoge und das Jaffa-Tor zu, der muslimische Pöbel zog mit seinen Fackeln wie eine Feuerschlange hinter uns her. Auch wenn ich Zeit gehabt hätte, nachzuladen, wäre ein einzelner Schuss keine Abschreckung gewesen angesichts der Wut, die wir durch unser Eindringen in die unterirdischen Gänge des Tempelbergs entfacht hatten. Wenn wir keine Hilfe bekämen, wären wir verloren.

»Sie wollen die Ramban- und die Ben-Sakkai-Synagoge niederbrennen!«, rief Farhi den verängstigten Juden zu, die auf die Straße liefen. »Holt christliche Verbündete! Die Muslime zetteln einen Aufstand an!«

»Die Synagogen! Rettet unsere heiligen Tempel!« Das war unsere Rettung. Juden liefen herbei, um dem Pöbel, der in ihr Stadtviertel vordrang, Einhalt zu gebieten. Christen schrien, ihr eigentliches Ziel sei die Grabeskirche. Pöbel traf auf Pöbel. Im Nu herrschte Chaos.

Und schon war Farhi verschwunden.

Ich schnappte mir die anderen. »Wir trennen uns! Jericho und Miriam, ihr wohnt hier. Geht nach Hause!«

»Ich habe gehört, wie Muslime meinen Namen gerufen haben«, sagte er finster. »Wir können nicht in Jerusalem bleiben. Man hat mich erkannt.« Wütend funkelte er mich an. »Die werden mein Haus plündern und anzünden.«

Mir war schlecht vor Schuldgefühlen. »Dann nehmt alles

mit, was ihr tragen könnt, und flieht an die Küste. Smith organisiert die Verteidigung von Akko. Sucht dort bei ihm Schutz.«

»Komm mit uns!«, flehte Miriam.

»Nein, allein könnt ihr beide unbehelligt reisen, weil ihr hier ansässig seid. Wir anderen fallen auf wie Schneemänner im Juli.« Ich drückte ihr die Seraphim in beide Hände. »Nimm die und bewahre sie auf, bis wir uns wiedersehen. Wir Europäer können weglaufen oder uns verstecken und bei Dunkelheit heimlich davonschleichen. Wir gehen in die andere Richtung, um den Pöbel abzulenken. Keine Sorge. Wir treffen uns in Akko.«

»Ich habe mein Zuhause und meinen Ruf für einen leeren Raum eingebüßt«, sagte Jericho verbittert.

»Irgendetwas war dort«, beharrte ich. »Und das weißt du auch. Die Frage ist nur, wo ist es jetzt? Und wenn wir es finden, werden wir reich sein.«

Er sah mich mit einer Mischung aus Wut, Verzweiflung und Hoffnung an.

»Und jetzt geht, bevor es für deine Schwester zu spät ist!«

Gleichzeitig zerrte Tentwhistle an mir. »Kommen Sie, bevor es für uns zu spät ist!«

Ich schlug mit den britischen Seeleuten den Weg zum Zion-Tor ein. Einmal schaute ich mich um, doch Jericho und Miriam waren in der Menschenmenge untergetaucht wie Treibgut in aufgewühlter See. Wir stolperten verzweifelt weiter, aber wir waren langsam. Little Tom, dessen Arm von Blut verklebt war, konnte nicht schnell laufen, hielt aber mannhaft durch. Wir kamen ins armenische Viertel und gelangten kurz darauf ans Zion-Tor. Die Wachsoldaten waren verschwunden, wahrscheinlich um den Aufruhr einzudämmen oder um uns zu suchen: unser erster Glücksfall in dem ganzen Fiasko. Wir entriegelten die großen Tore, drückten sie mühsam auf und traten ins offene Land hinaus. Der Himmel färbte sich gerade rosa. Hinter uns hatten Flammen, Fackellicht und die heraufziehende Morgendämmerung den Himmel über den Stadtmauern orange gefärbt. Vor uns lag die Landschaft in schützendem Schatten.

Zu unserer Rechten erhob sich der Berg Zion mit König Davids Grab. Links war das Hinnom-Tal, das Siloam-Becken irgendwo unterhalb im Dunkeln. »Wir umgehen die Stadtmauer Richtung Norden und nehmen die Nablus-Straße«, sagte ich. »Wenn wir nur bei Nacht marschieren, können wir es in vier Tagen bis Akko schaffen und Sidney Smith benachrichtigen.«

»Und was ist mit dem Schatz?«, fragte Tentwhistle. »War's das? Müssen wir aufgeben?«

»Sie haben doch gesehen, dass er nicht da war. Wir müssen uns überlegen, wo wir als Nächstes suchen. Ich bete zu Gott, dass sie Farhi nicht gefangen haben. Er wird wissen, wo wir es als Nächstes versuchen müssen.«

»Nein, ich glaube, er betrügt uns. Warum ist er einfach so verschwunden?«

Das fragte ich mich auch.

»Jetzt müssen wir zuerst unsere Haut retten«, sagte Big Ned.

Bei diesen Worten zuckte sein Leutnant zusammen, und von unten drang das Echo eines Schusses herauf. Dann immer mehr, Kugeln schlugen im Staub ein. Tentwhistle setzte sich stöhnend. Ich vernahm französische Befehle: »Da sind sie! Verteilt euch! Schneidet ihnen den Weg ab!«

Es war die Gruppe, die versucht hatte, uns im Tunnel einzumauern, die Franzosen, die Miriam festgehalten hatten. Sie waren wieder aus dem Siloam-Becken gekrochen, hatten das Chaos gehört und unterhalb der Mauer gewartet, dass jemand auftauchte.

Ich kroch neben Tentwhistle und zielte. Meine Linse fand einen unserer Verfolger, und ich schoss. Er ging zu Boden. Hübsche Büchse. Fieberhaft lud ich nach.

Ned hatte Tentwhistles Pistole an sich genommen und schoss auch, doch unsere Angreifer waren nicht in Reichweite einer Pistole. »Du lieferst ihnen mit dem Pistolenfeuer ein leichtes Ziel«, sagte ich. »Nimm Tom und den Leutnant wieder mit durch das Tor. Ich werde sie hier einen Moment aufhalten, und dann können wir sie im armenischen Viertel abhängen.«

Eine weitere Kugel heulte über uns hinweg. Tentwhistle spuckte Blut, seine Augen verschleierten sich. Er würde nicht mehr lange leben.

»Richtig, Mister, Sie verschaffen uns Vorsprung.« Ned begann, Tentwhistle zurückzuschleifen, Tom folgte ihm benommen. »Potts tot, zwei weitere verwundet. Eine schöne Erleuchtung sind Sie.«

Es wurde heller. Kugeln pfiffen, während die Franzosen immer näher zu uns aufschlossen. Die Seeleute waren wieder jenseits des Tores. Keine Zeit, nachzuladen, Zeit zu gehen! Kriechend schlängelte ich mich auf das Tor zu. Dunkle Gestalten näherten sich wie Wölfe, die ihr Opfer umzingeln. Dann vernahm ich ein Quietschen. Das Tor schloss sich! Hastig flitzte ich weiter und kam gerade an die Stadtmauer, als das Tor mit dumpfem Knall zuschlug. Ich hörte, wie der Riegel vorgeschoben wurde. Ich war ausgeschlossen!

»Ned! Mach auf!« Ein französischer Befehl ertönte, und ich warf mich flach zu Boden, bevor die Kugeln einer Salve über mir wie Hagel gegen das Eisen hämmerten. Ich fühlte mich wie ein Verurteilter vor einer Hinrichtungsmauer. »Beeil dich, sie kommen!«

»Ich glaube, wir gehen ab jetzt getrennte Wege, Mister«, rief Ned.

»Getrennte Wege? Um Himmels willen ...«

»Ich glaube nicht, dass diese Franzmänner sich viel aus zwei armen britischen Matrosen machen. Sie sind doch der mit den Geheimnissen von einem Schatz, oder nicht?«

»Was soll das, willst du mich ihnen überlassen?«

»Vielleicht können Sie die ja auch so schön führen wie uns!«

»Verflucht, Ned, lass uns zusammenhalten, wie der Leutnant gesagt hat!«

»Er ist tot, und wir sind fertig miteinander. Lohnt sich eben nicht, ehrliche Matrosen beim Kartenspiel zu betrügen, Mister. Sie verlieren Ihre Freunde damit.«

»Aber ich habe nicht betrogen, ich habe euch überlistet!«

»Das ist verdammt dasselbe.«

»Ned, mach das Tor auf!«

Doch ich erhielt keine Antwort.

»Ned!« Auf dem Bauch liegend hämmerte ich gegen das unnachgiebige Eisen. »Ned! Lass mich rein!«

Natürlich geschah das nicht. Ich lauschte angestrengt, ob ich sie über dem Tumult in der Stadt noch hören konnte. Dann wandte ich mich um. Die Franzosen hatten sich bis auf wenige Meter angeschlichen, und einige Musketen zielten auf mich. Der Größte unter ihnen lächelte.

»Wir haben uns unter dem Tempelberg verabschiedet, und doch treffen wir uns wieder!«, rief ihr Anführer. Er zog seinen Dreispitz und verbeugte sich. »Sie haben wirklich ein Talent, überall zu sein, Monsieur Gage, aber ich auch, nicht wahr?« Er hatte das Grinsen eines Folterers. »Sie erinnern sich doch gewiss noch an mich, aus der Kutsche nach Toulon? Pierre Najac, zu Ihren Diensten.«

»Ich erinnere mich an Sie: Der Zollinspektor, der sich als Dieb entpuppte. Ist Najac also Ihr richtiger Name?«

»Wie man's nimmt. Was ist aus Ihren Freunden geworden, Monsieur?«

Langsam stand ich auf. »Schlechte Karten gehabt.«

10

Ich wusste, ich war in der Hölle, als Najac darauf bestand, mir seine Schusswunde zu zeigen. Die Wunde, die ich ihm ein Jahr zuvor zugefügt hatte, rot und grindig, auf einem Oberkörper, der einen Monat lang offenbar weder Seife noch Waschlappen gesehen hatte. Der kleine Krater befand sich ein paar Zoll unterhalb seiner Brustwarze, ein Stück seitlich nach links, was mir bestätigte, dass ich mein Ziel nur etwas verfehlt hatte. Jetzt bemerkte ich, dass er auch schlecht roch.

»Die Kugel hat mir eine Rippe gebrochen«, sagte er. »Stellen Sie sich meine Freude vor, als ich nach meiner Rekonvaleszenz erfuhr, dass Sie noch am Leben sind und ich meinem Herrn helfen konnte, Sie aufzuspüren. Zuerst waren Sie dumm genug, in Ägypten Nachforschungen anzustellen. Dann, als wir hierher kamen, fingen wir einen alten Tattergreis. Nachdem wir ihn genügend geröstet hatten, verriet er uns, dass er einen Franzosen getroffen hat, der Satans goldene Engel bei sich trage. Da wusste ich, dass Sie in der Nähe waren. Rache wird süßer, je länger sie hinausgezögert wird, meinen Sie nicht auch?«

»Ich gebe Ihnen Bescheid, bevor ich Sie endgültig umbringe.«

Er lachte über meinen kleinen Scherz, richtete sich auf und trat mir seitlich so fest gegen den Kopf, dass sich die Nacht in helle Blitze auflöste. Ich kippte neben dem Feuer um, an Händen und Füßen gefesselt, und erst der sengende Geruch meiner Kleidung und der nachfolgende Schmerz ließen mich wieder aufschrecken. Ich versuchte, mich wegzuwälzen. Sehr zur Belustigung meiner Häscher, aber schließlich hatte ich ja schon immer gern im Zentrum der allgemeinen Aufmerksamkeit gestanden. Die Verbrennung versetzte mich in einen Fieberzustand. Es war der Abend nach unserem Aufbruch aus Jerusalem, nur die Angst und der Schmerz hielten mich noch bei Bewusstsein. Ich war erschöpft, mir tat alles weh, und ich fühlte mich diesen Halunken beängstigend ausgeliefert. Najacs Schlägerbande war auf zehn angewachsen, die Hälfte Franzosen, der Rest verwahrloste Beduinen, die wie der Abschaum Arabiens aussahen, hässlich wie Kröten. Genau wie die Hälfte der Zähne dieser Truppe fehlte auch der Franzose, den ich im Kampf um Miriam niedergestochen hatte. Hoffentlich hatte ich ihn getötet. Es wäre wenigstens ein Zeichen dafür, dass sich meine Fähigkeit verbesserte, mich meiner Feinde zu entledigen. Doch vielleicht musste er sich auch noch erholen und träumte von dem Tag, an dem er sich rächen konnte.

Najacs Laune hellte sich nicht gerade auf, als er feststellte, dass ich nichts Wertvolleres als meine Büchse und den Tomahawk bei mir trug, die er mir jedoch sofort abnahm. Meine Seraphim hatte ich Miriam anvertraut, und in der ganzen Aufregung hatte ich nicht bemerkt, dass jemand – Big Ned oder Little Tom vermutlich – mich um meinen Geldbeutel erleichtert hatte. Ich beharrte darauf, dass wir unter der Erde nichts gefunden hatten und dass Jerusalem so enttäuschend wie Ägypten war, aber sie glaubten mir nicht.

Was hatte ich dann dort gemacht, wenn da unten nichts zu finden war?

Den Ursprungsstein der Welt von der anderen Seite betrachtet, lautete meine Antwort.

Sie verprügelten mich, wollten mich jedoch nicht umbringen. In den Gängen unter dem Tempelberg ging es zu wie in einem aufgebrachten Ameisenhaufen, da die Muslime sich wahrscheinlich fragten, wonach wir wohl gesucht hatten. Das Tohuwabohu nahm dieser französisch-arabischen Bande jede Chance, zurückzugehen. Daher war ich der Einzige, der ihnen Hinweise liefern konnte.

»Ich würde Sie auf der Stelle rösten, wenn Bonaparte und der Meister Sie nicht lebend wollten«, knurrte Najac. Er ließ zu, dass die Araber sich damit vergnügten, mir mit ihren Dolchen glühende Kohlestücke auf Arme und Beine zu schnipsen, aber nicht viel mehr. Später wäre noch Zeit genug, mich zum Schreien zu bringen.

Am Ende wurde mir vor Erschöpfung schwarz vor Augen, bis ich am nächsten Morgen für ein Frühstück aus Kichererbsenpaste und Wasser schmerzhaft wachgerüttelt wurde. Dann setzten wir unseren Weg von Jerusalem in die Küstenebene hinab fort. Der Horizont war übersät mit Rauchsäulen.

Die französische Armee leistete ganze Arbeit.

Trotz meiner Gefangenschaft hatte ich das eigenartige Gefühl, nach Hause zu kommen, als wir Napoleons Lager erreichten. Ich war mit Bonapartes Armee marschiert und hatte Desaix' Division bei Dendera getroffen. Nun sah ich wieder Männer in europäischer Uniform, die ihre Zelte vor den Mauern von Jaffa aufstellten. Ich roch vertrautes Essen und vernahm von Neuem die beschwingte Eleganz der französischen Sprache. Während wir durch die Reihen ritten, folgten Najacs Bande neugierige Blicke, und einige, die mich wiedererkannten, zeigten überrascht auf mich. Vor Kurzem noch war ich einer ihrer Gelehrten gewesen. Jetzt war ich wieder da, als Deserteur und Gefangener.

Jaffa selbst war mir vertraut, die Belagerer hatten jedoch deutliche Spuren hinterlassen. Markisen und hängende Teppiche waren verschwunden, und die Schutzwälle trugen frische Einschläge von Kanonenkugeln. Die Orangenbäume, die Napoleons Armee Schatten spendeten, zeigten nacktes Holz an den Stellen, an denen osmanisches Feuer ihre Kronen zerfetzt hatte. Frische Erde und Sand wurden für Belagerungsanlagen aufgeworfen, und lange Reihen französischer Kavalleriepferde, die im Schatten angepflockt waren, wogten nervös hin und her und wieherten und scharrten, wenn Geschütze feuerten. Ihre Schweife schlugen nach Fliegen wie Metronome, und ihr Dung verströmte den vertrauten, süßlichen Geruch.

Najac betrat Napoleons großen Leinenpavillon, während ich hutlos der Mittelmeersonne ausgesetzt davor stehen blieb – durstig, benommen und dem Schicksal ergeben. Ich war einmal eine Klippe am Sankt-Lorenz-Strom hinuntergestürzt, hatte mich endlos überschlagen und wurde nur von einem Busch abgebremst, in den ich fiel, sodass ich weich im Wasser des Flusses landete – und damals wie heute überkam mich ein vages Gefühl Übelkeit erregenden Bedauerns.

Und schon tauchte auch hier mein rettender Busch auf. »Gaspard!«, rief ich.

Es war Monge, der berühmte französische Mathematiker, der Mann, der geholfen hatte, einen Teil der Rätsel der Großen Pyramide zu lösen. Seit den Triumphen des Generals in Italien war er ein Vertrauter Napoleons und hatte mich wie einen ungeratenen Neffen betreut. Nun begleitete er die Armee nach Palästina.

»Gage?« Monge blinzelte, als er näher kam. Seine Kleidung sah verschlissen aus – Flicken auf den Knien, die Jacke eingerissen – er selbst hatte Stoppeln im Gesicht. Der Mann war zweiundfünfzig und müde. »Was machen Sie denn hier? Soviel ich weiß, habe ich Ihnen doch gesagt, Sie sollen nach Amerika zurückkehren!«

»Ich habe es versucht. Sagen Sie, haben Sie etwas von Astiza gehört?«

»Von der Frau? Aber sie ist doch mit Ihnen gegangen.«

»Ja, doch wir wurden getrennt.«

»Sie beide haben einen Ballon entwendet – das hat Conté mir erzählt. Oh, wie wütend er über den Streich war! Entschwebt – wie haben wir Sie beneidet ... und jetzt sind Sie wieder in diesem Irrenhaus? Gute Güte, Mann, ich wusste, dass Sie kein echter Gelehrter sind, aber anscheinend haben Sie überhaupt keinen Verstand.«

»An diesem Punkt sind wir einer Meinung, Monge.«

Er wusste nicht nur nichts über Astizas Schicksal, offensichtlich wusste er auch nichts über unser Eindringen in die Pyramide, und ich beschloss, es ihm lieber nicht zu sagen. Wenn die Franzosen je herausbekämen, dass dort unten Wertvolles zu finden war, würden sie das Bauwerk in die

Luft jagen. Am besten, man ließ den Pharao in Frieden ruhen.

»Astiza stürzte in den Nil, und der Ballon landete schließlich im Mittelmeer«, erklärte ich. »Ist Nicolas auch hier?« Ich war etwas nervös, Conté, den Aeronauten der Expedition, zu treffen, nachdem ich seinen Beobachtungsballon gestohlen hatte.

»Sie haben Glück, er ist in den Süden zurückgekehrt und organisiert die Verschiffung unserer Belagerungsartillerie. Er hatte einen ziemlich genialen Plan, Fuhrwerke mit vielen Rädern zu bauen, um die Waffen durch die Wüste zu transportieren, doch Bonaparte hat keine Zeit für neue Erfindungen. Wir gehen das Risiko ein, die Kolonne über das Meer herzubringen.« Er hielt inne, als ihm klar wurde, dass er Geheimnisse ausplauderte. »Aber was machen Sie hier mit gefesselten Händen?«, fragte er verwirrt. »Sie sind dreckig, verbrannt, ohne Freunde – mein Gott, was ist Ihnen zugestoßen?«

»Er ist ein englischer Spion«, sagte Najac, der aus dem Zelt trat. »Und auch Sie setzen sich Verdächtigungen aus, Wissenschaftler, wenn Sie nur mit ihm sprechen.«

»Englischer Spion? Machen Sie sich nicht lächerlich. Gage ist ein Dilettant, eine Klette, ein Amateur, ein Weltenbummler. Niemand könnte ihn ernsthaft für einen Spion halten.«

»Nicht? Unser General schon.«

Bei diesen Worten erschien Bonaparte persönlich, die Zeltbahn bauschte sich großartig auf, als wäre sie mit seiner Elektrizität geladen. Wie wir alle war er brauner als vor einem Jahr bei unserem Aufbruch in Toulon, und trotz seiner erst neunundzwanzig Jahre hatten sich seine Gesichtszüge noch mehr verhärtet. Josephine war eine Ehebrecherin, seine Pläne, Ägypten nach dem Muster der französischen Republik zu reformieren, brachten ihm die Verurteilung als Ungläubigen ein, und er hatte einen blutigen Aufstand in Kairo niederschlagen müssen. Sein Idealismus stand unter Beschuss, sein Sinn für Romantik war angeschlagen. Jetzt waren seine grauen Augen eisig, sein dunkles Haar struppig, seine Haltung glich eher der eines Habichts, sein Schritt war ungeduldig. Er kam auf mich zu und blieb stehen. Mit einem Meter siebenundsechzig war er kleiner als ich, wirkte jedoch durch sein Machtbewusstsein wie aufgeblasen. Unwillkürlich wich ich zurück.

»Also doch. Sie *sind* es! Ich hielt Sie für tot.«

»Er ging zu den Briten, *mon général«,* sagte Najac. Der Mann war ein Petzer wie in der Schule, und allmählich wünschte ich, ich hätte ihm die Zunge weggeschossen.

Bonaparte beugte sich zu mir vor. »Stimmt das, Gage? Haben Sie mich für den Feind im Stich gelassen? Haben Sie die republikanische Gesinnung, Rationalität und Reformen zugunsten von Royalismus, Reaktionären und Türken abgelehnt?«

»Die Umstände zwangen uns auseinander, General. Ich habe nur versucht, das Schicksal der Frau herauszubekommen, die ich in Ägypten erworben habe. Sie erinnern sich an Astiza.«

»Die auf Menschen schießt. Ich habe die Erfahrung gemacht, dass Liebe mehr Schaden als Gutes anrichtet, Gage. Und Sie haben damit gerechnet, sie in Jerusalem zu finden, wo Najac Sie gefangen hat?«

»Als ein Gelehrter habe ich versucht, historische Nachforschungen anzustellen …«

Er platzte. »Nein! Eins habe ich gelernt, dass Sie *kein* Gelehrter sind! Vergeuden Sie nicht mehr meine Zeit mit verdammtem Unsinn! Sie sind ein Abtrünniger, ein Lügner und ein Scheinheiliger, der an der Seite englischer Seeleute gekämpft hat! Vermutlich *sind* Sie ein Spion, wie Najac behauptet. Wenn Sie nicht so dumm wären, was Monge ganz richtig festgestellt hat.«

»Sir, Najac hat in Frankreich versucht, mich meines Amuletts zu berauben, als ich mich bereits zu Ihrer Expedition verpflichtet hatte. *Er* ist hier der Verräter!«

»*Er* hat auf *mich* geschossen«, sagte Najac.

»Er ist Gefolgsmann des Grafen Alessandro Silano und Anhänger des Ägyptischen Ritus, Feind aller wahren Freimaurer, dessen bin ich mir sicher!«

»Ruhe!«, schaltete Bonaparte sich ein. »Ich bin mir sehr wohl bewusst, dass Sie den Grafen Silano nicht ausstehen können, Gage. Ich weiß auch, dass er trotz seines Sturzes bei den Pyramiden bewundernswerte Loyalität und Ausdauer bewiesen hat.« Aha, dachte ich, Silano lebt also. Die Neuigkeiten verschlechterten sich zusehends. Hatte der Graf so getan, als wäre er statt vom Ballon von den Pyramiden gestürzt? Und warum sagte niemand etwas über Astiza?

»Wenn Sie Silanos Loyalität besäßen, hätten Sie sich jetzt nicht selbst verurteilt«, fuhr Bonaparte fort. »Bei allen Heiligen, Gage, Sie waren des Mordes angeklagt, ich habe Ihnen jede Möglichkeit geboten, und dennoch wechseln Sie wie ein Pendel die Seiten!«

»Der Charakter spricht für sich, *mon général«,* sagte Najac selbstgefällig. Am liebsten hätte ich ihn erwürgt.

»Tatsächlich haben Sie nach einem Schatz gesucht, nicht wahr?«, wollte Napoleon wissen. »Darum geht es hier doch eigentlich. Merkantilismus und Habgier der Amerikaner.«

»Um Wissen«, berichtigte ich, was der Wahrheit einigermaßen nahekam.

»Und welches *Wissen* haben Sie gefunden? Seien Sie ehrlich, wenn Ihnen Ihr Leben lieb ist!«

»Nichts, General, wie Sie aus meinem Zustand unschwer ablesen können. *Das* ist die Wahrheit. Ich sage nichts als die Wahrheit. Ich bin nur ein amerikanischer Forscher, gefangen in einem Krieg, der nicht mein ...«

»Napoleon, der Mann ist eindeutig eher ein Narr als ein Verräter«, unterbrach mich der Mathematiker Monge. »Seine Sünde ist Inkompetenz, nicht Verrat. Sehen Sie ihn sich doch an. Was weiß er schon?«

Ich versuchte, dümmlich zu grinsen – nicht leicht für einen Mann von meinem Verstand –, doch in meinen Augen war die Beurteilung des Mathematikers allemal besser als die von Najac. »Ich kann Ihnen sagen, dass die Politik in Jerusalem sehr verworren ist«, hob ich an. »Es ist nicht klar, auf welcher Seite Christen, Juden und Drusen wirklich stehen ...«

»Es reicht!« Bonaparte sah uns alle wütend an. »Gage, ich weiß nicht, ob ich Sie erschießen lassen soll oder ob ich es Ihnen überlasse, es mit den Türken aufzunehmen. Ich sollte Sie nach Jaffa hineinschicken, damit Sie dort auf meine Truppen warten. Meine Soldaten sind nicht gerade geduldig, vor allem nicht nach dem Widerstand bei El-Arisch und

Gaza. Oder vielleicht sollte ich Sie zu Djezzar schicken mit der Botschaft, dass Sie mein Spion sind.«

Ich schluckte. »Vielleicht könnte ich Doktor Monge helfen ...«

Dann ertönten Schüsse, Hörner und Jubel. Wir schauten zur Stadt. Auf der Südseite strömte eine Kolonne osmanischer Infanterie aus Jaffa heraus, während türkische Gewehre donnerten. Flaggen knatterten, Männer rutschten den Hang hinunter auf eine halbfertige französische Artillerieaufstellung zu.

Französische Signalhörner erklangen als Antwort.

»Verdammt«, murmelte Napoleon. »Najac!«

»Oui, mon général!«

»Ich muss mich um einen Ausfall kümmern. Können Sie herausfinden, was er wirklich weiß?«

Der Mann grinste. »O ja.«

»Dann berichten Sie mir. Wenn er tatsächlich wertlos ist, lasse ich ihn erschießen.«

»General, lassen Sie *mich* mit ihm reden ...«, versuchte Monge es noch einmal.

»Wenn Sie noch einmal mit ihm sprechen, Doktor Monge, dann nur, um seine letzten Worte zu hören.« Dann lief Bonaparte in Richtung des Gewehrfeuers und rief nach seinen Adjutanten.

Ich bin kein Feigling, aber als ich von der Bande johlender französisch-arabischer Verbrecher mit dem Kopf nach unten über eine Sandgrube in den Dünen am Mittelmeer gehängt wurde, hätte ich ihnen am liebsten alles gesagt, was sie hören wollten. Nur damit das verdammte Blut aufhörte, mir in den Kopf zu schießen! Die Franzosen hatten den osmanischen Ausfall zurückgeschlagen, doch erst nachdem die schneidigen Türken die unvollständige Batterie überrannt und so viele Franzosen getötet hatten, dass die Armeen das Feuer einstellten. Als man ihnen sagte, ich sei ein englischer Spion, boten einige Soldaten Najacs Bande begeistert ihre Hilfe an, die Grube auszuheben und aus einem Palmenstamm den Galgen anzufertigen, an dem ich nun kopfüber hing. Offiziell sollte man mir alle Geheimnisse entringen, die ich noch nicht ausgeplaudert hatte. Inoffiziell war meine Folter eine Belohnung für Najacs besondere Auslese von Sadisten, Perversen, Wahnsinnigen und Dieben, die für die Drecksarbeit der Invasion zuständig waren.

Ich hatte bereits ein Dutzend Mal die Wahrheit gesagt. »Da unten ist nichts!« Und: »Ich habe versagt!« Und: »Ich wusste nicht einmal genau, wonach ich suchte!«

Andererseits ist Sinn und Zweck der Folter nicht die Wahrheit, wenn man bedenkt, dass das Opfer alles sagen würde, damit der Schmerz aufhört. Bei der Folter geht es um den Folterer.

Sie banden mir die Fußgelenke zusammen und hängten mich kopfüber vom Querbalken über die Sandgrube. Mit den freien Armen konnte ich um mich schlagen. Sie hatten das Loch gut zehn Fuß tief gegraben, als sie auf etwas Hartes stießen, woraufhin sie verkündeten, es sei tief genug für mein Grab. Jetzt trat ein Beduine mit einem Weidenkorb vor und leerte ihn aus. Ein halbes Dutzend Schlangen fiel auf den Boden der Grube und wand sich mit empörtem Zischen.

»Eine interessante Art zu sterben, nicht wahr?«, fragte Najac.

»Apophis«, erwiderte ich mit belegter Stimme, die aus der Gegend kam, an der meine Füße sein sollten.

»Was?«

»Apophis!«, sagte ich lauter.

Er tat so, als verstünde er es nicht, aber die Araber hatten verstanden. Als sie den Namen hörten, zogen sie sich zurück, denn es war der Name des altägyptischen Schlangengottes, den der abtrünnige Mörder Achmed bin Sadr anbetete. Ja, ich war auf denselben gemeinen Haufen gestoßen, und sie zuckten unter meinem Wissen zusammen, als wollten sie ihre Haut ablegen. Ich hatte Zweifel unter ihnen gesät. Wie viel wusste ich denn nun *wirklich* – ich, der rätselhafte Elektrizitätspionier aus Jerusalem? Najac jedoch gab vor, den Namen nicht zu kennen.

»Ein Schlangenbiss tut entsetzlich weh, und es geht quälend langsam. Wir werden Sie schneller töten, Monsieur Gage, wenn Sie uns sagen, wonach Sie wirklich trachten und was Sie tatsächlich gefunden haben.«

»Ich hatte schon annehmbarere Angebote. Scheren Sie sich zum Teufel!«

»Bitte nach Ihnen, Monsieur.« Er wandte sich an die Männer, die meine Seile festhielten. »Absenken!«

Das Seil begann sich ruckelnd zu entrollen. Mein nach unten hängender Kopf erreichte die Oberkante der Grube, mein Körper schwankte über dem Loch, und ich konnte nur noch eine Reihe Stiefel und Sandalen sehen, deren Besitzer johlten. Dann wurde mehr Seil nachgelassen. Ich legte den Kopf in den Nacken, bog den Rücken durch und schaute direkt nach unten. Ja, da wanden sich die Schlangen, wie Schlangen es eben so tun. Dabei fiel mir Talmas Tod ein und alle anderen hinterhältigen und gemeinen Schandtaten, die Silano und sein Pöbelhaufen begangen hatten, um das Buch zu bekommen.

»Ich werde euch im Namen Thoths verfluchen!«, schrie ich.

Das Seil hielt erneut an, und ein Streit in arabischer Sprache brach aus. Ich konnte der zornigen Wortflut nicht folgen, hörte aber Bruchstücke wie »Apophis« und »Silano« und »Magier« und »Elektrizität«. Demnach ging mir also doch ein Ruf voraus! Sie waren nervös.

Najacs Stimme erhob sich wütend und eindringlich über der seiner Gefolgsleute. Das Seil wurde wieder um einen Fuß abgelassen, die Streitenden hielten inne. Plötzlich knallte ein Pistolenschuss, es tat einen Ruck, ich fiel noch zwei Fuß weiter nach unten, dann wieder ein Halt. Jetzt steckte ich vollends in der Grube, die Schlangen vier Fuß unter mir.

Ich schaute hinauf. Ein Beduine, der zu lange mit Najac debattiert hatte, lag tot am Boden, ein mit einer Sandale bekleideter Fuß hing über dem Rand meiner Grube.

»Der Nächste, der sich mir widersetzt, teilt das Grab mit dem Amerikaner!«, warnte Najac. Die Gruppe war still geworden. »Ja, seid ihr jetzt mit mir einig? Lasst ihn ab! Langsam, damit er betteln kann!«

Oh, und wie ich bettelte, wie ein Besessener bettelte ich. Ich bin nicht stolz, wenn es darum geht, Schlangenbisse zu vermeiden. Aber es nützte mir nichts, außer dass mein Abstieg schubweise vonstatten ging, damit ich für Unterhaltung sorgte. Die Männer müssen mich für einen geborenen Schauspieler gehalten haben. Ich rief alles, was sie meiner Meinung nach hören wollten, flehte, wand mich, Schweiß rann in meine Augen, dass sie brannten. Als mein kriecherisches Jammern langweilig wurde, stieß jemand an das Seil, und ich begann zu pendeln. Mir wurde schwindelig. Noch mehr davon, und ich würde ohnmächtig. Ich sah, wie eine Schlange nach der anderen sich aufgeregt einrollte, doch dann fiel mir noch etwas auf.

»Da unten ist eine Schaufel!«

»Damit Sie Ihr eigenes Grab zuschaufeln können, sobald Sie gebissen worden sind, Monsieur Gage«, rief Najac. »Oder wäre es einfacher, uns zu erklären, was Sie unter dem Tempelberg gesehen haben?«

»Ich habe es doch schon gesagt, *nichts!*«

Also senkten sie mich noch einen Fuß weiter ab. Das hat man davon, wenn man die Wahrheit sagt.

Die verfluchten Schlangen zischten. Es war unfair, dass die Viecher wütend auf mich waren, schließlich hatte ich sie nicht da hineingeworfen.

»Na ja, vielleicht doch etwas«, verbesserte ich mich.

»Ich bin kein geduldiger Mensch, Monsieur Gage.« Das Seil wurde wieder nachgelassen.

»Halt! Warten Sie!« Allmählich stieg tatsächlich Panik in mir auf. »Ziehen Sie mich hoch, dann sage ich es Ihnen!« Mir war etwas eingefallen! Zwei Schlangen richteten sich schwankend auf, bereit, meinen Kopf anzugreifen.

Die Sonne war höher gestiegen, das Licht kroch quer über mein Grab. Ich sah die Schaufel wieder, um die sich Schlangen wanden, und den zerkratzten Fels, bei dem meine Grabschaufler innegehalten hatten. Nur dachte ich jetzt, dass es gar kein Fels war, denn er hatte die Farbe von rotem Ton wie Krüge oder Dachziegel. Außerdem war er gleichmäßig zylindrisch geformt, zumindest war das der Sandhaufen, der ihn bedeckte. Es sah beinahe wie ein Rohr aus. Nein – es *war* ein Rohr.

Ein Rohr, wenn ich es mir recht überlegte, das zum Meer führte.

»Ich glaube, Sie können es mir von da unten sagen«, rief Najac und spähte über den Rand.

Ich streckte meine Arme so weit wie möglich nach unten, hing aber noch einen Fuß zu hoch, um an die liegen gelassene Schaufel zu kommen. Meine Folterer sahen, was ich versuchte, und ließen mich noch ein paar Zentimeter ab. Doch dann stieß eine Schlange zu meiner Handfläche vor, ich riss die Arme hoch, zog mich halb zusammen, eine Bewegung, die brüllendes Lachen hervorrief. Jetzt fingen sie an zu wetten, ob ich die Schaufel packen könnte, bevor mich die kriechenden Reptilien bissen. Wieder sank ich ein paar Zentimeter tiefer, dann noch weiter. Was für einen Spaß meine Häscher dabei hatten!

»Wenn Sie mich umbringen, werden Sie den größten Schatz auf Erden verlieren!«, warnte ich.

»Dann sagen Sie mir, wo er ist.« Wieder ging es ein kleines Stück abwärts.

»Ich kann Sie nur führen, wenn Sie mich am Leben lassen!« Ich hatte die Schaufel und die Schlangen im Blick, verdrehte meinen Oberkörper, damit ich hin und her pendelte, um an den Holzgriff zu kommen.

»Und woraus besteht dieser Schatz?«

Die nächste Schlange fuhr auf mich zu, ich schrie auf, und wieder ertönte allgemeines Gelächter. Könnte ich doch nur für Pariser Kurtisanen so erheiternd sein.

»Es ist …« Das Seil sank tiefer, ich griff mit ausgestreckten Fingern zu, die Schlangen erhoben sich, bereit zum Biss, und dann, als sie vorstießen, packte ich die Schaufel und schwenkte sie verzweifelt. Zwei Reptilien erwischte ich und schleuderte sie gegen die Grubenwände. Sand stob mir entgegen, und die Schlangen bäumten sich wütend auf, als sie in die Grube zurückfielen.

»Hoch, hoch, um der Gnade Gottes willen, zieht mich *hoch!*«

»Worum handelt es sich, Monsieur Gage? Was ist das für ein Schatz?«

Mir fiel nichts mehr ein, was ich noch tun könnte. Ich nahm die Schaufel in beide Hände, beugte mich unter Schmerzen möglichst weit nach oben, zielte und ließ mich dann nach unten fallen. Mein Gewicht trieb das Blatt der primitiven Schaufel gegen die Tonröhre. Sie zerbrach!

Flüssigkeit ergoss sich in die Grube.

Niemand war überraschter als ich.

Das Seil sank noch einen Fuß, die Männer oben schrien verwundert auf, und mein Haar tauchte in einen Strom, der nach Abwasser und Meer stank. War es ein ekelhafter Ausfluss von Jaffa? Ich kniff die Augen fest zu in Erwartung von Fangzähnen, die sich in meine Nase, meine Ohren oder Augenlider bohren würden. Stattdessen ließ das wütende Zischen nach.

Ich blinzelte. Die Schlangen waren an die Grubenränder gekrochen, um vor dem stinkenden Wasserstrom zu fliehen. Als Wüstenschlangen waren sie hier ebenso unglücklich wie ich.

Ich ließ den Kopf wieder hängen, und nun schleifte meine Stirn in der öligen Jauchegrube. Bei Hamiltons Dollar, sollte ich dem Schlangengift entkommen, nur um hier kopfüber zu ertrinken?

»Der Gral!« brüllte ich. »Es handelt sich um den Gral!«

Als er das hörte, erteilte Najac einen knappen Befehl, und sie fingen an, mich hochzuziehen.

Die Araber waren aufgewühlt und verkündeten, ich sei ein Magier, der eine Art elektrisches Wunder verbracht habe, als er Wasser aus dem Sand holte. Najac betrachtete ungläubig die Schaufel in meinen Händen. Die Grube unten füllte sich nach und nach, die Schlangen versuchten wegzukriechen, fielen jedoch immer wieder hinunter.

Dann war mein Kopf über dem Boden, meine Füße noch gefesselt, mein Oberkörper schwankte wie eine Rinderhälfte am Haken.

»*Was* haben Sie da gesagt?«, wollte Najac wissen.

»Der Gral«, keuchte ich schwach. »Der heilige Gral. Würden Sie mich jetzt bitte erschießen?«

Natürlich hätte er es gern getan. Wenn sich aber nun herausstellte, dass meine Behauptung wichtig für Bonaparte war? Da erhob sich ein zorniges Murren aus der gesamten Belagerungsarmee, das zu empörtem Brüllen anschwoll.

11

Greueltaten sind nicht zu rechtfertigen, aber manchmal kann man sie erklären. Bonapartes Truppen hatten seit der Landung in Ägypten im Sommer zuvor gegen Enttäuschung ankämpfen müssen. Die Hitze, die Armut und die feindselige Haltung der Bevölkerung waren ein Schock gewesen. Die Franzosen waren davon ausgegangen, dass man sie als republikanische Retter begrüßen würde, die das Geschenk der Aufklärung mitbrachten. Stattdessen hatten die Einheimischen Widerstand geleistet und ihre Eroberer als Ungläubige und Gottlose betrachtet. Die Überreste der Mameluckenarmeen hatten sie von der Wüste aus überfallen, die Garnisonen lebten in den Dörfern unter der ständigen Bedrohung, vergiftet zu werden oder im Dunkeln mit einem Messer Bekanntschaft zu machen. Napoleon aber zog weiter.

Bei Gaza war man auf unerwartet heftigen Widerstand gestoßen. Man hatte türkische Gefangene aus der Gefangenschaft entlassen, wenn sie versprachen, nicht wieder zu kämpfen, doch Offiziere hatten mit Teleskopen dieselben Einheiten ausgespäht, die jetzt die Mauern von Jaffa bemannten. Damit war eine grundlegende Regel des europäischen Kriegsrechts gebrochen! Doch selbst das hätte die nachfolgenden Massaker nicht verursacht. Etwas anderes löste das Donnergrollen der Empörung aus. Napoleon hatte zwei Emissäre in die Stadt geschickt, um eine Kapitulation auszuhandeln. Der osmanische Kommandeur Aga Abdalla ließ die beiden Franzosen ermorden und ihre Köpfe auf Pfähle spießen.

Es war die Unbesonnenheit eines stolzen Muslim, der einer dreifachen Übermacht gegenüberstand. Die französische Armee brüllte ihren Protest heraus wie ein gereizter Löwe.

Jetzt konnte es keine Gnade mehr geben. In Minutenschnelle begann die Bombardierung. Es gab einen Knall, ein Zischen, wenn eine Kanonenkugel durch die Luft sauste, dann stob beim Aufprall Staub von den Stadtmauern auf, Teile flogen umher. Anfangs jubelten die Truppen bei jedem Treffer. Die Einschläge, die die Verteidigungsanlagen Jaffas nach und nach zerstörten, zogen sich jedoch über Stunden hin. An der östlichen und nördlichen Seite feuerten die Geschütze alle sechs Minuten. Im Süden, wo die Kanonen über eine dicht bewachsene Schlucht gerichtet waren, die den angreifenden Truppen gute Deckung verschaffte, donnerten sie alle drei Minuten und schlugen allmählich eine Bresche. Osmanische Artillerie erwiderte das Feuer, allerdings mit alten Geschützen und schlechtem Zielvermögen.

Najac nahm sich Zeit zu beobachten, wie seine Schlangen ertranken, dann kettete er mich an einen Orangenbaum, während er der Bombardierung zusah und darüber nachdachte, was ich gesagt hatte. Die Schlacht war ein Gemetzel, das er sich nicht entgehen lassen wollte, aber ich vermute, er fand einen Augenblick, in dem er Bonaparte über mein Gebrabbel vom heiligen Gral informierte. Die Nacht brach an, Feuer loderten in Jaffa, doch ich bekam weder zu essen noch zu trinken. Nur die monotonen, dumpfen Schläge der Artillerie waren zu hören. Unter dem stetigen Trommeln schlief ich ein.

Die Morgendämmerung brachte eine große Bresche in der südlichen Stadtmauer zutage. Die wie ein Hochzeitskuchen stufenförmig angelegten weißen Häuserreihen waren von dunklen Löchern wie von Pockennarben gezeichnet, Rauch hüllte Jaffa ein. Die Franzosen zielten wie Chirurgen, und die Bresche wurde immer breiter. Dutzende leerer Geschosshülsen lagen in den Trümmern am Fuße der Mauern – Rosinen in geknetetem Teig. Dann begannen zwei Grenadierkompanien, von Sturmpionieren begleitet, sich mit Sprengstoff in der Schlucht zu sammeln. Weitere Truppen hielten sich hinter ihnen in Bereitschaft.

Najac kettete mich los. »Bonaparte. Erweisen Sie sich als nützlich, oder Sie sterben.«

Napoleon war von Offizieren umringt, der Kleinste unter ihnen, aber die größte Persönlichkeit, derjenige, der am heftigsten gestikulierte. Die Grenadiere defilierten vorbei zur Schlucht und schossen Salut, als sie sich der Bresche in Jaffas Mauer näherten. Osmanische Kanonenkugeln schlugen ein und zerfetzten das Laub wie ein umherstreifender Bär. Die Soldaten ignorierten den ungenauen Beschuss und den Regen aus abgetrennten Blättern.

»Wollen doch mal sehen, wessen Köpfe auf Pfählen landen!«, rief ein Sergeant, der mit aufgepflanztem Bajonett vorübertrabte.

Bonaparte lächelte grimmig.

Die Offiziere beachteten uns zunächst nicht, doch als die Vorhut zum Angriff ansetzte, richtete Napoleon seine Aufmerksamkeit abrupt auf mich, als wollte er die bange Zeit ausfüllen, in der die Entscheidung über Erfolg oder Misserfolg anstand. Musketenfeuer knatterte, als die Grenadiere aus der Schlucht auftauchten und in die Bresche vordrangen, doch er schaute nicht einmal hin. »Also, Monsieur Gage, wie ich hörte, bringen Sie jetzt Wunder zustande, quetschen Wasser aus Stein und ersticken Schlangen?«

»Ich habe eine alte Rohrleitung gefunden.«

»Und den heiligen Gral, wie ich hörte.«

Ich holte tief Luft. »Genau danach habe ich auch in den Pyramiden gesucht, General, dasselbe, hinter dem Graf Alessandro Silano und sein korrupter Ägyptischer Ritus zu unser aller Schaden her sind. Unser Najac hier ist mit Schurken verbündet, die ...«

»Mr Gage, ich habe Ihr Geschwafel monatelang ertragen und erinnere mich nicht, davon auch nur in irgendeiner Weise profitiert zu haben. Falls Sie sich erinnern sollten, ich habe Ihnen eine Partnerschaft angeboten, eine Chance, die Welt durch die Ideale unserer beiden Revolutionen, der französischen und der amerikanischen, neu zu erschaffen. Stattdessen sind Sie im Ballon desertiert, richtig?«

»Aber nur wegen Silano ...«

»Haben Sie nun diesen Gral oder nicht?«

»Nein.«

»Wissen Sie, wo er ist?«

»Nein, aber wir suchten danach, als Najac ...«

»Wissen Sie überhaupt, was es ist?«

»Nicht genau, aber ...«

Er wandte sich an Najac. »Offenbar weiß er nichts. Warum haben Sie ihn herausgezogen?«

»Aber er hat es behauptet, unten in der Grube!«

»Wer würde nicht alles sagen, wenn Ihre verdammten Schlangen nach seinem Kopf schnappen? Genug mit diesem Unsinn von euch beiden! Ich will ein Exempel an diesem Mann statuieren: Er ist nicht nur nutzlos, er ist langweilig! Er wird vor die Infanterie gestellt und als der Abtrünnige erschossen, der er ist. Ich habe Freimaurer, Magier, Schlangen, vermodernde Götter und jede andere dumme Legende satt, die ich seit Beginn dieser Expedition gehört habe. Ich bin Mitglied des Institut National! Frankreich ist die Verkörperung der Wissenschaft. Der einzige ›Gral‹ ist Feuerkraft!«

Bei diesen Worten riss eine Kugel dem General den Hut vom Kopf und schlug in die Brust eines Oberst hinter ihm ein, der tot umfiel.

Der General tat einen Satz und starrte erschrocken auf seinen Offizier.

»Mon dieu!« Najac bekreuzigte sich, was ich für den Gipfel der Scheinheiligkeit hielt, wenn man bedenkt, dass seine Frömmigkeit so viel wert war wie ein Continental Dollar. »Das ist ein Zeichen! Sie sollten nicht so reden!«

Napoleon wurde kurz bleich, fing sich aber rasch wieder. Stirnrunzelnd schaute er auf den Feind, der auf den Mauern ausschwärmte, und auf den Oberst, der alle viere von sich gestreckt hatte, dann hob er seinen Hut auf. »Lambeau hat die Kugel eingefangen, nicht ich.«

»Aber die Macht des Grals!«

»Zum zweiten Mal hat meine Statur mir das Leben gerettet. Wäre ich so groß wie General Kléber, wäre ich schon zweimal tot. Darin besteht Ihr Wunder, Najac.«

Mein Häscher starrte wie gebannt auf das Loch im Hut des Generals.

»Vielleicht ist es ein Zeichen, dass wir uns doch noch gegenseitig helfen können«, schlug ich vor.

»Und ich will, dass der Amerikaner geknebelt und gefesselt wird. Noch ein Wort, und ich muss ihn eigenhändig erschießen.«

Damit stolzierte er von dannen, und meine Lage war nicht besser geworden. »Gut, sie haben Fuß gefasst! Lannes, schaffen Sie einen Dreipfünder in die Bresche!«

Was dann passierte, bekam ich zum größten Teil nicht mit, und ich bin dankbar dafür. Die osmanischen Truppen kämpften blindwütig, so sehr, dass ein Pionierhauptmann namens Ayme sich einen Weg durch Jaffas Keller suchen musste, um den Feind von hinten mit dem Bajonett anzugreifen. Das hatte zur Folge, dass wütende französische Soldaten begannen, in Jaffas Gassen auszuschwärmen.

Unterdessen hatte General Bon auf der Nordseite der Stadt sein Ablenkungsmanöver in einen ausgewachsenen Angriff verwandelt, der aus dieser Richtung hereinbrach. Sobald die französischen Truppen sich in der Stadt ausbreiteten, brach die Kampfmoral der Verteidiger zusammen, und die osmanischen Truppen ergaben sich nach und nach. Die französische Wut über die törichte Enthauptung der Emissäre war jedoch nicht gestillt. Die Plünderungen, die zunächst unbeaufsichtigt verliefen, arteten daher in pöbelhafte Raserei aus. Gefangene wurden erschossen oder mit Bajonetten erstochen. Häuser wurden verwüstet. Als der blutige Nachmittag der Nacht wich, taumelten Soldaten unter Siegesgeschrei durch die Straßen, schwer beladen mit Beutestücken. Sie feuerten Musketen in Fenster und schwenkten blutige Säbel. Die Plünderer weigerten sich sogar, stehen zu bleiben und ihren eigenen Verwundeten zu helfen. Offiziere, die dem Massaker Einhalt gebieten wollten, wurden bedroht und zur Seite gestoßen. Man riss Frauen den Schleier vom Gesicht und die Kleidung vom Leib. Jeder Ehemann oder Bruder, der versuchte, sie zu verteidigen, wurde erschossen, die Frauen im Angesicht der Leichen geschändet. Keine Moschee, Kirche oder Synagoge bot noch Schutz, Muslime, Christen und Juden starben in den Flammen. Kinder lagen schreiend auf den Leichen ihrer Eltern. Töchter flehten um Gnade, während sie auf ihren sterbenden Müttern geschändet wurden. Gefangene wurden von den Mauern geschleudert. Flammen schlossen die Alten, Schwachen und Kranken in den Räumen ein, in denen sie sich versteckten. Blut rann durch die Gosse wie Regenwasser. In einer grässlichen Nacht ließ man die Furcht und Enttäuschung eines knapp ein Jahr andauernden, bitteren Feldzugs an einer einzigen hilflosen Stadt aus. Eine Armee von Vernünftigen aus der Hauptstadt der Aufklärung war wahnsinnig geworden.

Bonaparte hütete sich, gegen diese Entladung der Frustration anzukämpfen. Dieselbe Anarchie war schon in tausend Plünderungen zuvor ausgebrochen, von Troja bis hin zu den Raubzügen der Kreuzritter in Konstantinopel und Jerusalem. »Man sollte nichts verbieten, wenn einem die Macht fehlt, es zu verhindern«, bemerkte er. Gegen Morgen war die Erregung der Männer verbraucht, und die erschöpften Soldaten streckten alle viere von sich wie ihre Opfer, verblüfft darüber, was sie angerichtet hatten, aber auch befriedigt, wie Satyrn nach einer Orgie. Gierige, dämonische Wut war gestillt worden.

Die Folge war, dass Bonaparte mehr als dreitausend hungrige, verdrossene und entsetzte osmanische Gefangene blieben.

Napoleon schreckte vor harten Entscheidungen nicht zurück. Trotz seiner großen Bewunderung für Dichter und Künstler war er im Grunde seines Herzens ein Artillerist und Pionier. Er marschierte mit dreißigtausend französischen Soldaten und zweitausend Mann starken ägyptischen Hilfstruppen in Syrien und Palästina ein, einem Land mit zweieinhalb Millionen Einwohnern. Schon als Jaffa fiel, zeigten einige seiner Männer die ersten Anzeichen von Pest. Sein fantastisches Ziel war, nach Indien zu marschieren, wie schon Alexander vor ihm, an der Spitze einer Armee aus ausgehobenen Orientalen, um das Reich im Osten zu gestalten. Doch Horatio Nelson hatte Bonapartes Flotte zerstört und ihm den Nachschubweg abgeschnitten, Sidney Smith half, die Verteidigung von Akko zu organisieren, und Bonaparte musste den Schlächter unbedingt so verängstigen, dass er kapitulierte. Er wagte nicht, seine Gefangenen freizulassen, vermochte sie aber weder zu ernähren noch zu bewachen.

Daher beschloss er, sie zu exekutieren.

Eine ungeheuerliche Entscheidung in einer widersprüchlichen Laufbahn, umso mehr, als ich zu den Gefangenen gehörte, die er hinzurichten gedachte. Mir sollte nicht einmal die Ehre und der Ruhm zuteil werden, vor versammelten Regimentern als bemerkenswerter Spion aufgestellt zu werden. Stattdessen wurde ich von Najac in die wogende Masse aus Marokkanern, Sudanesen und Albanern getrieben, als wäre ich nur ein weiterer von den Osmanen einberufener Soldat. Die armen Männer wussten noch immer nicht, was vor sich ging, da sie sich ergeben hatten in der Annahme, am Leben zu bleiben. Brachte Bonaparte sie zu Schiffen, die nach Konstantinopel ausliefen? Wurden sie als Sklaven nach Ägypten geschickt? Sollten sie einfach außerhalb der qualmenden Stadtmauern lagern, bis die Franzosen weiterzogen? Aber nein, nichts dergleichen, und die finsteren Reihen aus Grenadieren und Füsilieren mit ihren schussbereiten Musketen lieferten schon bald den Zündstoff für Gerüchte und Panik. Französische Kavallerie wurde zu beiden Seiten des Strandes aufgestellt, um eine Flucht zu verhindern. Vor den Orangenhainen stand die Infanterie, hinter uns war das Meer.

»Sie werden uns umbringen!«, ertönten erste Schreie.

»Allah wird uns schützen«, versprachen andere.

»So wie er Jaffa geschützt hat?«

»Hören Sie, ich habe den Gral noch nicht gefunden«, flüsterte ich Najac zu, »aber er existiert – es ist ein Buch –, und wenn Sie mich umbringen, werden Sie es nie finden. Noch ist es nicht zu spät für eine Partnerschaft ...«

Er drückte mir seine Säbelspitze in den Rücken.

»Das, was Sie vorhaben, ist ein Verbrechen!«, fauchte ich. »Das wird die Welt nicht vergessen!«

»Blödsinn. Im Krieg gibt es keine Verbrechen.«

Die nachfolgende Szene habe ich zu Beginn dieser Geschichte beschrieben. Bemerkenswert bei der Vorbereitung auf die eigene Exekution ist unter anderem, wie sich die Sinne schärfen. Ich konnte die verschiedenen Schichten der Luft spüren, als hätte ich Schmetterlingsflügel, ich konnte die Gerüche nach Meer, Blut und Orangen unterscheiden, konnte jedes Sandkorn unter meinen inzwischen bloßen Füßen spüren und jedes Klicken und Knirschen von Waffen, die geladen wurden, konnte Pferdegeschirr hören, an dem ungeduldige Tiere zerrten, das Brummen von Insekten, Vogelgeschrei. Wie ungern ich doch starb! Männer flehten und schluchzten in Dutzend Sprachen. Das Summen von Gebeten riss nicht ab.

»Wenigstens habe ich Ihre verdammten Schlangen ertränkt«, bemerkte ich.

»Sie werden spüren, wie die Kugel in Ihren Körper eindringt, so wie es mir ging«, erwiderte Najac. »Dann noch eine und noch eine. Ich hoffe, Sie haben Zeit, auszubluten, denn das Blei tut sehr weh. Es drückt und reißt. Ich hätte die Schlangen bevorzugt, aber das hier ist fast genauso gut.« Er schlenderte davon, als die Musketen angehoben wurden.

»Feuer!«

Ein Krachen, und die Reihen der Gefangenen gerieten ins Wanken. Kugeln trafen ins Ziel, Fleischfetzen und Bluttropfen flogen umher. Und was rettete mich? Mein schwarzer Riese, mein Schutzschild, rannte mit flehentlich erhobenen Armen hinter Najac her, als könne der Schurke eine Begnadigung garantieren, woraufhin er zwischen mich und die Musketen geriet, als sie losgingen. Die Kugeln schleuderten ihn nach hinten, doch er bildete vorübergehend einen Schutzschild. Eine Reihe Gefangener brach schreiend zusammen, und ich wurde mit so viel Blut bespritzt, dass ich anfänglich befürchtete, es könnte auch mein eigenes sein. Manche unter uns, die noch standen, sanken auf die Knie, andere liefen auf die geschlossenen Reihen der Franzosen zu. Die meisten aber, darunter auch ich, flohen instinktiv ins Meer.

»Feuer!« Die nächste Reihe nahm uns unter Beschuss, und Gefangene wirbelten herum, stürzten, strauchelten. Ein Mann neben mir spuckte unter grauenvollem Husten Blut, ein anderer verlor seine Schädeldecke in einem roten Sprühregen. Das Wasser spritzte zu blendenden Fontänen auf, als Hunderte von uns hineinliefen in dem Versuch, einem Albtraum zu entkommen, der zu grauenhaft war, um wahr zu sein. Einige stolperten, krochen an den seichten Stellen weiter und schrien. Andere hielten sich verwundete Arme und Beine. Hoffnungslose Bitten an Allah ertönten.

»Feuer!«

Als Kugeln über mich hinweg sirrten, tauchte ich unter und schwamm los. Dabei wurde mir klar, dass die meisten Türken um mich herum nicht schwimmen konnten. Sie standen wie gelähmt bis zur Brust im Wasser. Ich legte ein paar Yards zurück und schaute hinter mich. Das Tempo des Abfeuerns hatte nachgelassen, da die Soldaten mit aufgepflanzten Bajonetten vorwärtsstürmten. Die Verwundeten und vor Angst Erstarrten wurden wie Schweine abgestochen. Andere französische Soldaten luden ruhig nach und zielten auf diejenigen von uns, die weiter draußen im Wasser waren. Sie riefen sich gegenseitig etwas zu und zeigten auf Ziele. Die Gewehrsalven hatten sich in einen allgemeinen Beschuss aufgelöst.

Ertrinkende klammerten sich an mich. Ich stieß sie von mir und schwamm weiter.

Etwa fünfzig Meter vom Strand entfernt befand sich ein flaches Riff. Wellen rollten darüber hinweg und hinterließen seichte, etwa ein bis zwei Fuß tiefe Stellen. Viele von uns erreichten diesen zerklüfteten Tisch, zogen sich hinauf und torkelten auf das tiefe Blau des Meeres zu. Dabei zogen wir das Feuer auf uns. Männer zuckten zusammen, drehten sich um die eigene Achse und fielen in die Gischt, die sich rosa färbte. Hinter mir war das Meer übersät von Köpfen und Rücken erschossener oder ertrunkener Osmanen, während die Franzosen mit Säbeln und Äxten hineinwateten.

Das war der reine Wahn! Noch immer war ich wie durch ein Wunder unverletzt – wie Napoleon, der von den Dünen aus zusah. Am Ende des Riffs tauchte ich aus schierer Verzweiflung in tieferes Wasser. Wohin sollte ich? Ich ließ mich treiben, paddelte schwach an den äußeren Rand des Riffs und sah zu, wie Männer sich zusammenkauerten, bis sie schließlich von Kugeln getroffen wurden. War das Najac, der auf dem Strand auf und ab lief und wütend nach meiner Leiche Ausschau hielt? Näher an Jaffa erhob sich das Riff höher aus dem Wasser. Ob ich ein Versteck finden konnte?

Ich sah, dass Bonaparte verschwunden war. Das Ende des Massakers war ihm gleichgültig.

Ich kam an den Felsen, an den sich Männer klammerten, erbärmlich ausgesetzt wie Fliegen auf einem Stück Papier. Die Franzosen legten in kleinen Booten ab, um Überlebende zu erledigen.

Da ich nicht wusste, was ich sonst tun sollte, steckte ich den Kopf unter Wasser und öffnete die Augen. Ich sah die strampelnden Beine der Gefangenen, die sich an unseren Zufluchtsort klammerten, und die schwächer werdenden Blautöne, je weiter das Gestein in die Tiefe abfiel. Und da, ein Loch, wie eine kleine Unterwasserhöhle, die eine segensreiche Zuflucht vor dem entsetzlichen Lärm an der Oberfläche bot. Ich tauchte, schwamm hinein und tastete mit meinem Arm. Der Fels war kantig und glitschig. Dann stieß meine Hand weiter vorn in ein Luftloch. Ich zog mich heran und tauchte auf.

Ich konnte atmen! Ich befand mich in einer Unterwasserhöhle, die nicht vollständig mit Wasser gefüllt war und nur durch einen Lichtstrahl aus einem schmalen Spalt von oben erhellt wurde. Wieder vernahm ich Geschrei und Schüsse, doch sie waren gedämpft. Ich wagte nicht, meine Entdeckung lauthals kundzutun, um die Franzosen nicht auf mich aufmerksam zu machen. Der Raum reichte ohnehin nur für eine Person. Daher wartete ich zitternd, während Holzrümpfe gegen die Felsen schlugen, Schüsse fielen und die letzten heulenden Gefangenen von Schwertern und Bajonetten überwältigt wurden. Die Soldaten waren gründlich, sie wollten keine Zeugen.

»Da! Den noch!«

»Seht nur, wie das Geschmeiß sich windet.«

»Da ist noch einer zu erledigen!«

Endlich war es still.

Ich war der einzige Überlebende.

Es gab mich also noch, bibbernd in zunehmender Kälte, während Flüche und Bitten allmählich verstummten. Das Mittelmeer hat fast keinen Gezeitenhub, daher lief ich nicht Gefahr, zu ertrinken. Am Morgen hatte man uns an den Strand getrieben, und als es dunkel wurde, wagte ich aufzutauchen, die Haut nach dem langen Aufenthalt im Wasser runzelig wie die eines Kadavers. Meine Kleidung hing in Fetzen, meine Zähne klapperten.

Und jetzt?

Wie betäubt strampelte ich im Wasser und hüpfte auf den

Wellen ins Meer hinaus. Die eine oder andere Leiche glitt vorüber. Ich sah, dass Jaffa noch brannte wie ein aufgeschichteter Kohlenhaufen vor dem dunklen Himmel. Die Sterne waren so hell, dass die Silhouette der Bepflanzung am Strand zu erkennen war. Ich erspähte das Flackern französischer Lagerfeuer und hörte hin und wieder einen Schuss, einen Ruf oder bitteres Gelächter.

Etwas Dunkles glitt vorüber, das keine Leiche war, und ich griff danach: ein leeres Pulverfass, von der einen oder anderen Seite während der Schlacht aufgegeben. Stunden vergingen, die Sterne drehten sich über mir, und Jaffa verschwamm immer mehr. Die Kälte entzog mir die Kraft.

Dann erblickte ich im Schein der heraufziehenden Morgendämmerung ein Boot – fast vierundzwanzig Stunden nach Beginn der Exekutionen –, einen kleinen arabischen Prahm ähnlich dem, der mich von der HMS *Dangerous* nach Jaffa gebracht hatte. Ich krächzte und winkte, hustete, bis das Boot näher kam. Weit aufgerissene Augen starrten mich über den Bootsrand an.

»Hilfe!« Ich brachte kaum ein Flüstern zustande.

Starke Arme packten mich und zogen mich an Bord. Ich lag auf dem Boden, erschöpft und schlaff wie eine Qualle. Ich blinzelte in einen grauen Himmel und war mir nicht sicher, ob ich lebte oder tot war.

»Effendi?«

Ich fuhr zusammen. Die Stimme kannte ich. »Mohammed?«

»Was machen Sie denn hier mitten im Meer, obwohl ich Sie doch in Jerusalem abgesetzt habe?«

»Wann bist *du* denn zum Seemann geworden?«

»Als die Stadt fiel. Ich habe dieses Boot gestohlen und bin aus dem Hafen gerudert. Leider habe ich keine Ahnung, wie man segelt. Ich habe mich einfach nur treiben lassen.«

Unter Schmerzen richtete ich mich auf. Erleichtert stellte ich fest, dass wir ein gutes Stück vom Ufer entfernt waren, außerhalb der Reichweite der Franzosen. Der Prahm hatte einen Mast und ein Lateinsegel. Auf dem Nil hatte ich schon ähnliche Boote gesegelt. »Das trifft sich ja gut«, krächzte ich. »Ich kann segeln. Wir können ein Schiff suchen, das uns aufnimmt.«

»Aber was geht in Jaffa vor?«

»Alle sind tot.«

Er war verzweifelt. Bestimmt hatte er Freunde oder Familie, die vor dem Angriff nicht fliehen konnten. »Natürlich nicht *alle.*« Aber meine erste Aussage war ehrlicher.

Jahre später würden Historiker sich vergeblich bemühen, Napoleons strategische Überlegungen für die Invasion von Ägypten und Syrien zu erklären, für das Abschlachten bei Jaffa und die Märsche ohne klares Ziel. Krieg hat nichts mit Vernunft zu tun, sondern nur mit Emotionen. Wenn er Logik besitzt, dann die wahnwitzige Logik der Hölle. Wir alle haben etwas Böses. Bei den meisten ist es tief verborgen, und nur wenige geben ihm nach. Doch im Krieg wird es freigesetzt. Männer vergessen dabei alles, merken aber nicht, dass es in dem Topf, dessen Deckel sie lüften, heiß und gefährlich brodelt. Hinterher werden sie ewig von Albträumen verfolgt. Der französische Wirrwarr aus republikanischen Ideen, Allianzen mit fernen Paschas, wissenschaftlichen Studien und Reformträumen gipfelte in einer schrecklichen Entladung der monatelang angestauten Frustration, der die Erkenntnis folgte, dass das, was dabei freigesetzt wurde, sie am Ende auch verschlingen musste. Krieg ist vergifteter Ruhm.

»Aber kennen Sie ein Schiff, das uns aufnehmen könnte?«, fragte Mohammed.

»Die Briten vielleicht, und ich habe Neuigkeiten für sie.« Außerdem ein paar Rechnungen zu begleichen, dachte ich. »Hast du Wasser?«

»Und Brot. Ein paar Datteln.«

»Dann sind wir Schiffskameraden, Mohammed.«

Er strahlte. »Allahs Wille ist mächtig, nicht wahr? Und haben Sie gefunden, was Sie in Jerusalem gesucht haben?«

»Nein.«

»Später vielleicht.« Er gab mir Wasser und etwas zu essen, es war belebend wie ein elektrischer Schlag. »Sie sind auserwählt, es zu finden, sonst hätten Sie nicht überlebt.«

Wie tröstlich es doch wäre, einen solchen Glauben zu haben! »Oder ich hätte gar nicht erst suchen sollen und bin gestraft worden, weil ich zu viel sah.« Ich wandte mich von dem traurigen Anblick am Ufer ab. »So, und jetzt hilf mir, das Segel zu setzen. Wir halten Kurs auf Akko und die englischen Schiffe.«

»Ja, wieder bin ich Ihr Führer, Effendi, in meinem neuen, stabilen Boot! Ich werde Sie zu den Engländern bringen!«

Ich lehnte mich mit dem Rücken an eine Ruderbank. »Vielen Dank, dass du mich gerettet hast, Freund.«

Er nickte. »Und dafür werde ich nur zehn Shillings von Ihnen verlangen!«

Teil II

12

Ich kam als Held nach Akko, doch nicht, weil ich der Massenhinrichtung in Jaffa entkommen war. Vielmehr zahlte ich es den Franzosen mit aktuellen Informationen heim.

Am zweiten Tag unserer Segeltour fanden Mohammed und ich das britische Geschwader. Die Schiffe wurden angeführt von den Schlachtschiffen *Tigre* und *Theseus,* und als wir an der Leeseite des Flaggschiffs entlang fuhren, begrüßte ich niemand Geringeren als den freundlichen Teufel persönlich, Sir Sidney Smith.

»Gage, sind Sie das wirklich?«, rief er. »Wir dachten, Sie wären erneut zu den Franzmännern übergelaufen! Und jetzt sind Sie wieder bei uns?«

»Zu den Franzosen durch Verrat Ihrer eigenen britischen Matrosen, Kapitän!«

»Verrat? Aber sie haben gesagt, Sie seien desertiert!«

Das war ja eine dreiste Lüge von Big Ned und Little Tom! Zweifellos hielten sie mich für tot und unfähig, ihnen zu widersprechen. Genau die Art von Wahrheitsverdrehung, wie ich sie mir ausgedacht hätte, was mich noch mehr empörte. »Wohl kaum! Ihre eigenen rüpelhaften Matrosen haben mich vom tapferen Rückzug ausgeschlossen. Sie schulden uns einen Orden. Nicht wahr, Mohammed?«

»Die Franzosen haben versucht, uns umzubringen«, sagte mein Bootskamerad. »Er schuldet mir zehn Shillings.«

»Und jetzt sind Sie hier mitten im Mittelmeer?« Smith kratzte sich am Kopf. »Verdammt. Bei einem Mann, der überall auftaucht, fällt es schwer, ihn einer Seite zuzuordnen. Gut, kommen Sie an Bord, wir wollen es herausfinden.«

Also kletterten wir hinauf. Das mit achtzig Kanonen bestückte Linienschiff war ein Koloss gegenüber dem schwachen Prahm, in dem wir gesegelt waren. Er wurde in Schlepptau genommen. Die britischen Offiziere durchsuchten Mohammed, als könnte er jeden Augenblick einen Dolch zücken, und warfen mir finstere Blicke zu. Doch ich hatte bereits beschlossen, den Getäuschten zu geben. Im Übrigen hatte ich einen Trumpf in der Hand. Ich gab also meine Version der Ereignisse zum Besten.

»... Und dann schlug das Eisentor mir vor der Nase zu, während sich der Ring aus Franzosen und Arabern immer enger um mich schloss ...«

Doch statt der Empörung und des Mitgefühls, die ich verdiente, betrachteten Smith und seine Offiziere mich mit Skepsis.

»Geben Sie zu, Ethan, es sieht doch wirklich so aus, als wechselten Sie zu leicht die Seiten«, sagte Smith. »Und entkommen den schlimmsten Notlagen.«

»Ja genau, er ist ein amerikanischer Rebell«, warf ein Leutnant ein.

»Moment. Sie glauben, die Franzosen ließen mich aus Jaffa entkommen?«

»Berichten zufolge ist es sonst niemandem gelungen. Es ist ziemlich bemerkenswert, Sie zu finden.«

»Und wer ist dann dieser Heide?«, fragte ein anderer Offizier und zeigte auf Mohammed.

»Er ist mein Freund und Retter, und ich wette, ein besserer Mensch als Sie.«

Nun wurden sie zornig, und ich stand wahrscheinlich kurz davor, zum Duell herausgefordert zu werden. Smith beeilte sich, einzuschreiten. »Das können wir jetzt nicht gebrauchen. Wir haben das Recht, harte Fragen zu stellen, und Sie haben das Recht, sie zu beantworten. Offen gesagt, Gage, ich hatte von Ihnen aus Jerusalem nicht gerade viel Nützliches gehört, trotz der Investitionen der Krone. Dann berichten meine Matrosen, Sie hätten ein ziemlich kostbares, beachtliches Gewehr erworben? Wo ist es?«

»Gestohlen von einem verdammten französischen Dieb und Folterer namens Najac«, sagte ich. »Hätte ich mich den Franzosen angeschlossen, was zum Teufel mache ich dann hier in Lumpen, verwundet, verbrannt, dümpelnd in einem Boot mit einem muslimischen Kameltreiber und ohne Waffe?« Ich war wütend. »Wäre ich zu den Franzosen übergelaufen, warum schlürfe ich dann jetzt nicht Rotwein in Napoleons Zelt? Gut, lassen Sie uns die Wahrheit herausfinden. Rufen Sie sofort diese schurkischen Matrosen her ...«

»Little Tom hat einen Arm verloren und wurde nach Hause geschickt«, sagte Smith. Trotz meiner Empörung ließ mich diese Nachricht einen Moment innehalten. Wer ein Körperteil verlor, war zur Armut verurteilt. »Big Ned wurde mit einem Großteil der Besatzung der *Dangerous* an Land geschickt, um Djezzars Verteidigung in Akko zu verstärken. Vielleicht können Sie dort mit ihm darüber diskutieren. Wir haben ein buntes Gemisch zäher Männer, um Bonaparte abzuwehren: Türken, Mamelucken, Söldner, Schurken und englische Bulldoggen. Wir haben sogar einen französischen royalistischen Artillerieoffizier, der sich uns angeschlossen hat, Louis-Edmond Phélippeaux. Er verstärkt die Befestigungsanlagen.«

»Sie sind mit einem Franzosen verbündet, und Sie verhören mich?«

»Er hat mir zu meiner Flucht aus dem Temple, dem Gefängnis in Paris, verholfen und ist ein treuer Kamerad, wie man ihn sich nur wünschen kann. Eigenartig, wie Männer sich in gefährlichen Zeiten die Seiten aussuchen, nicht wahr?« Er nahm mich ins Visier. »Potts und Tentwhistle tot, Tom verkrüppelt, nichts gewonnen, und doch sind Sie hier. Jericho sagt, er glaubt, Sie seien tot oder übergelaufen.«

»Sie haben auch mit Jericho gesprochen?«

»Er ist in Akko, mit seiner Schwester.«

Das waren immerhin gute Nachrichten. Meine eigenen Probleme hatten mich abgelenkt, doch ich war sehr erleichtert zu hören, dass Miriam vorübergehend in Sicherheit war. Ob sie meine Seraphim noch hatte? Ich holte tief Luft. »Sir Sidney, die Franzosen sind für mich erledigt, das kann ich Ihnen versichern. Sie haben mich tatsächlich kopfüber in eine Schlangengrube gehängt.«

»Du lieber Gott, diese Barbaren! Sie haben ihnen doch nichts verraten, oder?«

»Natürlich nicht«, log ich. »Aber sie haben mir etwas verraten, und damit kann ich meine Loyalität unter Beweis stellen.« Es war an der Zeit, meinen Trumpf auszuspielen.

»Was?«

»Dass Bonapartes Belagerungsartillerie auf dem Wasserweg kommt, und mit Glück können wir sie abfangen, bevor seine Truppen Akko erreichen.«

»Tatsächlich? Tja, das würde die Lage verändern, meinen Sie nicht?« Smith strahlte. »Treiben Sie mir diese Kanonen auf, Gage, und ich *werde* Ihnen einen Orden verleihen. Einen schönen türkischen – sie sind größer als unsere und hübsch farbenprächtig. Sie verteilen sie körbeweise, und Sie können darauf setzen, dass ich einen übrig habe, wenn Sie die Wahrheit sagen. Ausnahmsweise.«

Natürlich regnete es, was unsere Chancen, die französische Flotte auszuspähen, verminderte. Dann kam auch noch Nebel auf, der die Sicht weiter einschränkte. Schon bald wurde unter den Engländern erneut gemunkelt, ich sei ein Doppelagent, als könnte ich das Wetter beeinflussen. Doch wenn wir schon Schwierigkeiten hatten, die Franzosen zu finden, fiel es ihnen noch schwerer, uns auszuweichen. Der Nebel war auch ihr Feind.

Daher stolperten die Franzosen am 18. März gleichsam über uns, als ihr Kapitän Standelet versuchte, Kap Carmel zu umrunden und in die große, von Haifa im Süden und Akko im Norden gesäumte Bucht einzulaufen. Drei Schiffe, darunter das von Standelet, entkamen. Sechs weiteren gelang es jedoch nicht. In deren Frachträumen waren Belagerungskanonen verstaut, die vierundzwanzig Pfund schwere Kugeln abfeuern konnten. Mit einem einzigen Schlag hatten wir Napoleons stärkste Waffen gekapert. Nach der Arbeit eines Morgens wurde ich zum »Bollwerk von Akko«, »Fuchs von Jaffa« und »Wächter der Tiefe« ausgerufen. Ich erhielt auch einen mit Juwelen besetzten Orden, den Löwenorden des Sultans, den Smith mir dann wieder abkaufte, damit ich meine Schulden bei Mohammed begleichen konnte. Ein paar Münzen behielt ich zurück. »Wenn man weniger ausgeben kann, als man bekommt, hat man den Stein der Weisen«, dozierte er. »Ich habe Ihren Franklin gelesen.«

So kam ich in die alte Kreuzfahrerstadt. Unsere Fahrt auf See verlief parallel zu Rauchsäulen an Land, die das Vordringen der französischen Truppen markierten. Berichte waren eingetroffen, dass es immer wieder zu Scharmützeln zwischen Napoleons Regimentern und den Muslimen im Binnenland kam, doch der Wettstreit würde in Akko entschieden.

Die Stadt liegt auf einer Halbinsel, die am nördlichen Ende der Bucht von Carmel ins Mittelmeer hinausragt. Sie ist somit zu zwei Dritteln von Wasser umgeben. Die Halbinsel erstreckt sich vom Festland aus in südwestlicher Richtung, und ihr Hafen ist von Dämmen gesäumt. Akko war kleiner als Jerusalem, die Mauern, die zur See und zum Land gingen, waren knapp anderthalb Meilen lang, doch die Stadt war wohlhabender und fast genauso beliebt. Als ich eintraf, begannen die Franzosen bereits, Akko von der Landseite her abzuschneiden. Flatternde Trikoloren markierten den Bogen ihrer Lager.

Akko war in friedlichen Zeiten eine herrliche Stadt. Die Mauern zum Meer hin säumten aquamarinfarbene Riffs, die Mauern zur Landseite grüne Felder. Ein antikes Aquädukt, das nicht mehr benutzt wurde, führte vom Stadtgraben zu den französischen Linien. Die große, kupfergrüne Kuppel der Hauptmoschee, die durch ein schlankes, einer Nadel ähnelndes Minarett ergänzt wurde, durchbrach eine bezaubernde Silhouette aus Ziegeldächern, Türmen und Sonnensegeln. Obere Stockwerke neigten sich über gewundene Straßen. Von hellen Markisen überschattete Märkte füllten die Hauptdurchgangsstraßen. Der Hafen roch nach Salz, frischem Fisch und Gewürzen. Drei große Gebäudekomplexe mit Gasthäusern und Speichern waren für Besucher, die von der See her eintrafen, gedacht – der Khan el-Omdan, der Khan el-Efranj und der Khan a-Shawarda. Einen Kontrast zur Schönheit der Stadt bildete der Herrscherpalast an der nördlichen Mauer, ein finsterer Kreuzfahrerblock mit einem runden Turm an jeder Ecke, dessen Fassade nur durch Haremsfenster aufgelockert wurde, die auf kühle Gärten zwischen Moschee und Palast hinabschauten. Die robuste Festung und die verschachtelte mittelalterliche Stadt mit Ziegeldächern erinnerten mich an einen strengen, abschreckenden Lehrer, der eine lebhafte Klasse aus rothaarigen Kindern überwacht.

Das Regierungsviertel und der religiöse Bereich nahmen den nordöstlichen Teil der Stadt ein. Die Mauern zur Landseite gingen nach Norden und Osten, und wo sie aufeinandertrafen, ragte ein massiver Turm hervor. Er sollte eine solche Schlüsselrolle bei der bevorstehenden Belagerung spielen, dass die Franzosen ihn schließlich *la tour maudite* nennen würden: der verfluchte Turm. Doch konnte Akko verteidigt werden?

Offenbar glaubten viele das nicht. Wir nahmen Mohammeds kleines Boot mit an Land, und als wir im Beiboot der *Tigre* den Kai erreichten, fanden wir das Hafenviertel gerammelt voll mit Flüchtlingen, die begierig waren, der Stadt zu entkommen. Smith, Mohammed und ich zwängten uns durch eine Menschenmenge, die kurz davor stand, in Panik auszubrechen. Die meisten waren Frauen und Kinder, doch nicht wenige waren reiche Kaufleute, die Djezzar stolze Summen geboten hatten, um fliehen zu können. Im Krieg kann Geld Überleben bedeuten. Geschichten über Gemetzel waren die Küste hinauf geeilt, und die Menschen klammerten sich an die wenigen Habseligkeiten, die sie tragen konnten, und baten um eine Passage auf den Handelsschiffen, die auf Reede lagen. Eine schwitzende Frau barg ein silbernes Kaffeeservice in den Armen, ihre kleinen Kinder krallten sich an ihr Gewand und heulten. Ein Baumwollkaufmann hatte geladene Pistolen in eine Schärpe gesteckt, in die Goldmünzen eingenäht waren. Ein schönes, zehnjähriges Mädchen mit dunklen Augen und bebenden Lippen hielt einen zappelnden Welpen fest. Ein Bankier benutzte afrikanische Sklaven als Keil, um sich nach vorn zu schieben.

»Kümmern Sie sich nicht um diesen Pöbel«, sagte Smith. »Ohne die sind wir besser dran.«

»Vertrauen sie ihrer eigenen Garnison nicht?«

»Ihre Garnison traut sich selbst nicht. Djezzar besitzt Rückgrat, doch die Franzosen haben bislang jede Armee vernichtet, auf die sie getroffen sind. Ihre Kanonen werden helfen, Gage. Wir werden größere Waffen haben als Boney, und wir werden eine Batterie direkt am Landtor aufstellen, wo die Landmauer auf die Seemauer trifft. Der Eckturm aber wird die Nuss sein, an der sich der Feind die Zähne ausbeißt. Er ist am weitesten von unserer Unterstützung zur See entfernt, aber die stärkste Stelle in der Mauer. Er ist Akkos blutiger Knöchel, und unser eigentliches Geheimnis ist ein Mann, der Boney noch mehr hasst als wir.«

»Sie meinen Djezzar den Schlächter.«

»Nein, ich meine Napoleons Klassenkameraden aus der École Royale Militaire in Paris. Unser Louis-Edmond le Picard de Phélippeaux saß neben dem korsischen Schurken auf der Schulbank, ob Sie es glauben oder nicht, und der Aristokrat und der Junge aus einfachen Verhältnissen traten sich als Heranwachsende gegenseitig die Beine blau. Phélippeaux war bei Klassenarbeiten immer besser als Bonaparte, Phélippeaux schloss mit größeren Ehren ab, und Phélippeaux war es auch, der die besten militärischen Aufträge bekam. Hätte die Revolution nicht stattgefunden, die unseren royalistischen Freund aus Frankreich vertrieb, wäre er wahrscheinlich Napoleons Vorgesetzter. Im vergangenen Jahr schlich er sich als Geheimagent nach Frankreich hinein und rettete mich aus dem Temple in Paris. Er gab sich als Polizeikommissar aus, der mich angeblich in eine andere Gefängniszelle verlegen wollte. Er hat gegenüber Napoleon nie verloren, und wird es auch diesmal nicht. Kommen Sie, ich stelle Sie ihm vor.«

Djezzars »Palast« wirkte wie eine verpflanzte Bastille. Die Kreuzfahrerburg war umgebaut worden und hatte Stückpforten, aber keinen Charme hinzugewonnen. Die quadratische, unerschütterliche Zitadelle war so unerbittlich wie Djezzars eiserne Herrschaft. Zwei Drittel der Erlasse des Schlächters waren gegen sein eigenes Volk gerichtet, nicht gegen die Franzosen.

»Im Keller befindet sich eine Waffenkammer, im Parterre sind Soldatenunterkünfte, im nächsten Stockwerk Verwaltungsbüros, darüber Djezzars Palast und ganz oben der Harem«, sagte Smith und deutete hinauf. Ich sah vergitterte Haremsfenster – ein Käfig hübscher Vögel. Als hätten sie

Mitgefühl, flatterten Schwalben zwischen den Fenstern und den Palmen darunter hin und her. Nachdem ich in Ägypten in einen Harem eingebrochen war, verspürte ich nicht den Wunsch, diesen zu erforschen. Die Frauen dort waren grässlich gewesen.

Wir kamen an ungeschlachten osmanischen Wächtern und einer massiven, mit Eisen beschlagenen Holztür vorbei und betraten das düstere Innere. Nach dem blendenden Licht der Levante war es hier drinnen wie in einem Verlies. Blinzelnd schaute ich mich um. Wir befanden uns auf dem Stockwerk, das Djezzars treuen Wachen als Quartier diente und in dem militärische Kargheit herrschte. Die Soldaten betrachteten uns argwöhnisch aus dem dunklen Bereich, in dem sie Musketen reinigten und Klingen schärften. Sie sahen ungefähr so fröhlich aus wie Rekruten in Valley Forge. Dann waren rasche Schritte auf der Treppe zu hören, und ein geschmeidiger, tatkräftig wirkender Franzose in der ziemlich fleckigen und abgetragenen Uniform der Bourbonen kam herunter. Das musste Phélippeaux sein.

Er war größer als Napoleon, elegant in seinen Bewegungen und mit dem lässigen Selbstverständnis, das mit vornehmer Geburt einhergeht. Phélippeaux verbeugte sich höflich, sein mattes Lächeln und die dunklen Augen beurteilten anscheinend alles mit der kühlen Berechnung eines Artilleristen. »Monsieur Gage, wie ich hörte, haben Sie womöglich unsere Stadt gerettet!«

»Wohl kaum.«

»Ihre erbeuteten französischen Geschütze werden von unschätzbarem Wert sein, das kann ich Ihnen versichern. Ach, und dann diese Ironie. Und ein Amerikaner! Wir sind Lafayette und Washington! Was für ein internationales Bündnis bilden wir hier: Briten, Franzosen, ein Amerikaner, Mamelucken, Juden, Osmanen, Maroniten ... alle gegen meinen früheren Klassenkameraden!«

»Sind Sie wirklich zusammen zur Schule gegangen?«

»Er hat auf meine Antworten geschielt.« Er grinste. »Kommen Sie, jetzt wollen wir auf ihn schielen.«

Sein glänzendes Auftreten gefiel mir bereits.

Phélippeaux führte uns eine Wendeltreppe hinauf, bis wir auf das Dach von Djezzars Burg kamen. Ein herrlicher Blick! Nach dem Regen der letzten Tage war die Luft klar, der Berg Carmel eine blaue Kammlinie auf der anderen Seite der Bucht in weiter Ferne. Davor zeichneten sich die sich sammelnden Franzosen in scharfen Konturen wie Zinnsoldaten ab. Zelte und Sonnendächer blühten auf wie bei einem Frühlingsfest. Aus Jaffa wusste ich, wie das Leben in ihren Reihen aussehen würde: reichlich zu essen, importierte Getränke, um den Mut der Angriffstruppen anzuheizen, und ganze Kader aus Prostituierten und Dienerinnen, die kochten, putzten und bei Nacht Wärme spendeten, alles zu exorbitanten Preisen, gern gezahlt von Männern, die das Gefühl hatten, dass ihre Überlebenschancen womöglich nicht gerade groß waren. Etwa eine Meile im Landesinnern erhob sich ein hundert Fuß hoher Hügel, und dort sah ich eine Ansammlung von Männern und Pferden zwischen flatternden Bannern, außerhalb jeglicher Schussweite.

»Ich vermute, Bonaparte wird dort sein Hauptquartier aufschlagen«, sagte Phélippeaux und zog die italienische Aussprache mit aristokratischer Verachtung in die Länge. »Ich kenne ihn, verstehen Sie, und weiß, wie er denkt. Wir würden beide dasselbe tun. Er wird seine Gräben verlängern und versuchen, unsere Mauern mithilfe von Sappeuren zu unterminieren. Ich weiß also, dass ihm die Schlüsselstellung des Turms bekannt ist.«

Ich folgte dem Schwung seines Fingers. Geschütze wurden auf die Mauern gehievt, und direkt darunter befand sich ein von Steinen gesäumter, trockener Graben, etwa zwanzig Fuß tief und fünfzig Fuß breit. »Kein Wasser im Graben?«

»Dazu wurde er nicht angelegt – der Grund liegt über dem Meeresspiegel –, doch unsere Pioniere haben eine Idee. Wir legen in der Nähe des Landtores der Stadt am Mittelmeer ein Reservoir an, das wir voll Meerwasser pumpen. In einer kritischen Situation könnte es in den Graben abgelassen werden.«

»Dieser Plan steht jedoch noch Wochen vor seiner Vollendung«, sagte Smith.

Ich nickte. »Bis dahin haben Sie also Ihren Turm.« Er war massiv, wie ein Vorgebirge am Rand eines Sees. Ich konnte mir vorstellen, dass er von der französischen Seite noch höher wirkte.

»Er ist der stärkste in der Mauer«, sagte Phélippeaux, »doch er kann auch von zwei Seiten beschossen und angegriffen werden. Wenn die Republikaner ihn zertrümmern, werden sie in die Gärten eindringen und können ausschwärmen, um unsere Verteidigungsanlagen von hinten einzunehmen. Wenn nicht, wird ihre Infanterie nutzlos zugrunde gehen.«

Ich versuchte, die Szene mit seinen Pionieraugen zu betrachten. Das zerstörte Aquädukt führte von den Mauern aus auf die Franzosen zu. Es brach kurz vor unserer Mauer neben dem Turm ab. Einst hatte es Wasser geführt. Die Franzosen hoben parallel dazu Gräben aus, denn es sorgte für Deckung vor Störfeuer. Auf einer Seite befand sich so etwas wie ein ausgetrockneter Teich. Die Franzosen stellten Vermessungsstangen darin auf.

»Sie haben ein Reservoir geleert, um eine schützende Senke für die Aufstellung einer Batterie anzulegen«, sagte Phélippeaux, als könnte er meine Gedanken lesen. »Sie wird schon bald mit den leichteren Geschützen angefüllt, die sie auf dem Landweg hergebracht haben.«

Ich schaute hinunter. Der Garten war eine schattige Oase inmitten militärischer Vorbereitungen. Die Haremsfrauen waren wahrscheinlich gewohnt, sich dort aufzuhalten. Jetzt, da so viele Soldaten und Matrosen auf den Schutzwällen darüber herumliefen, hatte man die Frauen wohl eingeschlossen.

»Wir haben die Verteidigungsanlagen der Stadt mit fast hundert Kanonen ausgestattet«, sagte Phélippeaux. »Nachdem wir nun die schwersten französischen Geschütze gekapert haben, müssen wir den Gegner auf Abstand halten.«

»Was bedeutet, wir dürfen nicht zulassen, dass Djezzar aufgibt«, ergänzte Smith. »Und Sie, Gage, sind der Schlüssel dafür.«

»Ich?«

»Sie haben Napoleons Armee gesehen. Ich möchte, dass Sie unserem Verbündeten sagen, sie sei zu schlagen, denn das *ist* sie, wenn Djezzar daran glaubt. Aber zuerst müssen Sie es selbst glauben. Tun Sie es?«

Ich dachte einen Augenblick nach. »Bonaparte knöpft seine Hosen genauso zu wie wir alle. Er ist nur noch niemandem begegnet, der ebenso kampflustig ist wie er.«

»Genau. Dann kommen Sie, lernen Sie den Schlächter kennen.«

Wir mussten nicht auf eine Audienz warten. Nach Jaffa hatte Djezzar erkannt, dass sein Überleben von seinen neuen europäischen Verbündeten abhing. Wir wurden in seinen Audienzsaal geleitet, einen hübsch verzierten, dennoch bescheidenen Raum mit kunstvoll geschnitzter Decke und einem Bodenbelag aus sich überlappenden Orientläufern. Vögel zwitscherten in goldenen Käfigen, ein kleiner Affe hüpfte an einer Lederleine herum, und ein Leopard beäugte uns schläfrig von einem Polster, als wolle er sich darüber klar werden, ob wir es verdienten, gefressen zu werden. Vom Schlächter gewann ich denselben Eindruck. Er saß hoch aufgerichtet, sein alternder Körper strahlte noch immer Kraft aus. Wir setzten uns im Schneidersitz vor ihn, während seine sudanesischen Leibwächter uns nicht aus den Augen ließen, als wären wir Mörder statt Verbündete.

Djezzar war fünfundsiebzig und sah aus wie ein feuriger Prophet, nicht wie ein freundlicher Großvater. Sein buschiger Bart war weiß, seine Augen wirkten hart, und um den Mund hatte er einen grausamen Zug. Eine Pistole steckte in seiner Schärpe, ein Dolch lag griffbereit. Doch sein Blick verriet die Selbstzweifel eines Tyrannen, der sich einem anderen zähen Burschen stellt: Napoleon.

»Pascha, das hier ist der Amerikaner, von dem ich Ihnen erzählt habe«, stellte Smith mich vor.

Djezzar nahm mich mit einem Blick auf – meine geliehene Matrosenkleidung, die schmutzigen Stiefel, die ledrige

Haut nach zu viel Sonne und Meerwasser. Er versuchte nicht, seine Skepsis zu verbergen, doch er war auch neugierig. »Sie sind aus Jaffa entkommen.«

»Die Franzosen hatten vor, mich umzubringen, zusammen mit den anderen Gefangenen«, sagte ich. »Ich bin aufs Meer hinaus geschwommen und habe eine kleine Höhle in den Felsen gefunden. Das Massaker war schrecklich.«

»Dennoch ist Überleben ein Zeichen für bemerkenswerte Männer.« Der Schlächter selbst war natürlich ein gerissener Überlebender. »Und Sie haben dazu beigetragen, die feindliche Artillerie zu kapern?«

»Zumindest einen Teil.«

Er betrachtete mich. »Sie sind einfallsreich, glaube ich.«

»So wie Sie, Pascha. So einfallsreich wie Napoleon allemal.«

Er lächelte. »Mehr noch, glaube ich. Ich habe mehr Männer umgebracht und mehr Frauen gehabt. Jetzt ist es ein Wettstreit, wer den stärkeren Willen hat. Eine Belagerung. Und Allah hat mich gezwungen, Ungläubige zu benutzen, um gegen Ungläubige zu kämpfen. Ich traue Christen nicht. Die verschwören sich immer.«

Das erschien mir undankbar. »Wir verschwören uns, um unsere Haut zu retten.«

Er zuckte mit den Schultern. »Dann erzählen Sie mir etwas über diesen Bonaparte. Ist er ein geduldiger Mann?«

»Nicht im Geringsten.«

»Aber was er will, verfolgt er energisch«, berichtigte Phélippeaux.

»Er wird Ihre Stadt hart angehen, früh, auch ohne die Kanonen«, sagte ich. »Er glaubt daran, den Willen des Feindes durch einen raschen und überwältigend heftigen Schlag brechen zu können. Seine Soldaten machen ihre Sache gut, und sie schießen genau.«

Djezzar nahm eine Dattel aus einer Schale, betrachtete sie prüfend, als hätte er noch nie eine gesehen, steckte sie in den Mund und zerkaute sie beim Sprechen. »Vielleicht sollte ich dann doch kapitulieren. Oder fliehen. Er ist meiner Garnison zahlenmäßig zwei zu eins überlegen.«

»Mit den britischen Schiffen ist Ihre Feuerkraft größer. Er ist Hunderte Meilen von seiner ägyptischen Basis entfernt und zweitausend Meilen von Frankreich.«

»Demnach können wir ihn schlagen, bevor er mehr Kanonen bekommt.«

»Er hat fast keine Truppen, um das, was er erobert, mit Garnisonen zu belegen. Seine Soldaten haben Heimweh und sind erschöpft.«

»Und krank«, sagte Djezzar. »Gerüchte über die Pest sind in Umlauf.«

»Ein paar Fälle sind schon in Ägypten aufgetreten«, bestätigte ich. »Wie ich hörte, gab es weitere in Jaffa.« Der Schlächter war schlau, kein osmanischer Schwächling, der sich von der Hohen Pforte in Konstantinopel beeindrucken ließ. Einem Gelehrten gleich sammelte er Informationen über seine Feinde. »Die Zeit arbeitet gegen Napoleon. Das ist sein Schwachpunkt, Pascha. An jedem Tag, den er länger vor Akko steht, kann der Sultan von Konstantinopel weitere Truppen schicken, die ihn umzingeln. Er bekommt keine Verstärkung, keinen Nachschub, während die britische Marine uns mit beidem versorgen kann. Er versucht, in einem Tag zu erreichen, wozu andere Männer ein Jahr brauchen, und das ist seine Schwäche. Er versucht, Asien mit zehntausend Mann zu erobern, und niemand weiß besser als er, dass es eine Illusion ist. Sobald seine Feinde ihn nicht mehr fürchten, ist er erledigt. Wenn Sie ausharren ...«

»Geht er weg«, beendete Djezzar den Satz. »Diesen kleinen Mann hat noch keiner geschlagen.«

»Wir werden ihn hier schlagen«, schwor Smith.

»Es sei denn, er findet etwas Mächtigeres als Artillerie«, sagte ein anderer aus dem Dunkel.

Ich erschrak. Die Stimme kannte ich doch! Und tatsächlich, aus dem Halbdämmer hinter Djezzars gepolstertem Thron tauchte die hässliche Gestalt von Haim Farhi auf! Smith und Phélippeaux blinzelten angesichts seiner Entstellung, verzogen aber keine Miene. Auch sie hatten es schon gesehen.

»Farhi! Was machen Sie in Akko?«

»Er dient seinem Herrn«, sagte Djezzar.

»Wir haben Jerusalem verlassen, Monsieur Gage, weil es ungemütlich wurde. Und ohne Buch gab es keinen Grund, länger dazubleiben.«

»Sie sind mit uns zum Pascha übergelaufen?«

»Aber sicher. Sie wissen, wer meine äußere Erscheinung umgestaltet hat.«

»Damit habe ich ihm einen Gefallen getan«, grummelte der Schlächter. »Gutes Aussehen erlaubt Eitelkeit, und Stolz ist die größte Sünde. Seine Narben sorgen dafür, dass er sich auf seine Zahlen konzentrieren kann. Und in den Himmel kommt.«

Farhi verbeugte sich. »Sie sind wie immer großzügig, Herr.«

»Sie sind also aus Jerusalem entkommen!«

»Mit knapper Not. Ich habe Sie verlassen, weil mein Gesicht zu viel Aufmerksamkeit erregt und weil ich wusste, dass weitere Nachforschungen erforderlich waren. Was wissen die Franzosen über unsere Geheimnisse?«

»Dass muslimische Empörung ihrer weiteren Erforschung der Tunnel einen Riegel vorgeschoben hat. Sie wissen nichts und haben mich mit Schlangen bedroht, um herauszufinden, was ich weiß. Wir stehen alle mit leeren Händen da, glaube ich.«

»Inwiefern mit leeren Händen?«, fragte Smith.

Farhi wandte sich an den britischen Offizier. »Ihr Verbündeter hier ist nicht nur nach Jerusalem gegangen, um Ihnen zu dienen, Kapitän.«

»Nein, da gab es eine Frau, nach der er gesucht hat, wenn ich mich recht erinnere.«

»Und einen Schatz, nach dem verzweifelt gesucht wird.«

»Einen Schatz?«

»Kein Geld«, sagte ich, verärgert, dass Farhi mein Geheimnis so beiläufig preisgegeben hatte. »Ein Buch.«

»Ein Buch der Magie«, berichtigte der Bankier. »Seit mehreren Tausend Jahren sind Gerüchte darüber in Umlauf, und die Tempelritter haben danach gesucht. Als wir Sie um Verstärkung durch Ihre Matrosen baten, haben wir keine Belagerungstür nach Jerusalem gesucht, sondern dieses Buch.«

»So wie die Franzosen«, fügte ich hinzu.

»Und ich«, sagte Djezzar. »Farhi war mein Ohr.«

Wie passend, dass er den Singular benutzte, da der Schurke seinem Diener das andere abgeschnitten hatte.

Smith schaute uns der Reihe nach an.

»Aber es war nicht da«, sagte ich. »Sehr wahrscheinlich existiert es nicht.«

»Trotzdem stellen Agenten in der gesamten Provinz Syrien Nachforschungen an«, sagte Farhi. »Größtenteils Araber, im Dienst einer mysteriösen Gestalt unten in Ägypten.«

Ich bekam eine Gänsehaut. »Mir wurde gesagt, dass Graf Silano noch lebt.«

»Lebt. Wiederauferstanden. Unsterblich.« Farhi zuckte mit den Schultern.

»Worauf willst du hinaus, Farhi?«, fragte Djezzar im Tonfall eines Herrn, der schon längst die Geduld mit dem Hin und Her zwischen seinen Untergebenen verloren hatte.

»Dass das, was alle Welt sucht, vielleicht nicht existiert, wie Gage schon sagte. Doch wenn, dann haben wir keine Möglichkeit, danach zu suchen, da wir durch Napoleons Armee eingeschlossen sind. Die Zeit ist sein Feind, ja. Aber sie stellt auch uns vor eine Herausforderung. Werden wir zu lange belagert, kann es zu spät sein, als Erste zu finden, wonach Graf Alessandro noch immer sucht.« Er zeigte auf mich. »Der da muss eine Möglichkeit finden, wieder nach dem Geheimnis zu suchen, bevor es zu spät ist.«

Ich folgte dem Geruch von Holzkohle, um Jericho zu finden. Ich fand ihn in den Tiefen der Waffenkammer im Keller von Djezzars Palast. Seine Muskeln wurden vom Schein einer Esse erhellt, und er hämmerte wie Thor auf Kriegswerkzeugen herum: Schwertern, Piken, gegabelten Stangen, mit denen Sturmleitern weggestoßen wurden, Bajonetten, Ladestöcken. Blei kühlte in Kugelgussformen ab wie schwarze Perlen, Schrott war aufgestapelt, um in Kartätschen und

Schrapnelle umgewandelt zu werden. Miriam arbeitete am Blasebalg, ihr Haar krauste sich in verschwitzten Strähnen an den Wangen, ihr Hemd war feucht und klebte beunruhigend eng und durchsichtig an ihr, Schweiß glitzerte in dem Tal der Versuchung zwischen Hals und Brüsten. Ich wusste nicht, wie sie mich empfangen würden angesichts der Tatsache, dass sie ihr Zuhause in Jerusalem in dem Tumult verloren hatten, den ich verursacht hatte. Doch als sie mich sah, blitzten ihre Augen vor Freude auf, und sie flog in dem Höllenschein auf mich zu und umarmte mich. Wie gut sie sich anfühlte! Ich hatte meine liebe Not, meine Hand nicht auf ihr rundes Hinterteil gleiten zu lassen, aber natürlich war ihr Bruder da. Und selbst der schweigsame Jericho gestattete sich ein zurückhaltendes Lächeln.

»Wir dachten, du wärst tot!«

Sie küsste mich auf die Wange, die sofort flammend heiß wurde. Ich hielt Miriam in sicherem Abstand, sonst wäre meine eigene Begeisterung über unser Wiedersehen nur allzu offensichtlich zutage getreten.

»Und ich habe dasselbe für euch befürchtet«, sagte ich. »Es tut mir leid, dass unser Abenteuer euch hier in die Falle geführt hat, aber ich dachte wirklich, wir würden einen Schatz finden. Ich bin mit meinem Freund Mohammed in einem Boot aus Jaffa entkommen.« Ich schaute Miriam an, und mir wurde klar, wie sehr ich sie vermisst hatte und wie engelhaft schön sie wirklich war. »Die Nachricht, dass ihr überlebt habt, war wie Nektar für einen Verdurstenden.«

Ich meinte ein Erröten unter der Rußschicht zu sehen. Das Lächeln auf dem Gesicht ihres Bruders erstarb jedenfalls. Egal. Ich wollte ihre Taille nicht loslassen, und sie wollte meine Schultern nicht loslassen.

»Und jetzt sind wir hier und am Leben«, sagte Jericho. »Alle drei.«

Schließlich gab ich sie frei und nickte. »Mit einem Mann, der ›der Schlächter‹ genannt wird, einem verrückten englischen Geschwaderkommandeur, einem entstellten Juden, einem verärgerten Schulkameraden Bonapartes und einem muslimischen Führer. Ganz zu schweigen von einem stämmigen Schmied, seiner gebildeten Schwester und einem nichtsnutzigen amerikanischen Spieler. Ziemlich illustre Männer, muss ich schon sagen.«

»Und Frauen«, ergänzte Miriam. »Ethan, wir haben gehört, was in Jaffa passiert ist. Was geschieht, wenn die Franzosen hier durchbrechen?«

»Das werden sie nicht«, sagte ich zuversichtlicher, als mir zumute war. »Wir müssen sie nicht besiegen – wir müssen sie einfach nur fernhalten, bis sie gezwungen sind, sich zurückzuziehen. Und dafür habe ich eine Idee. Jericho, sind in der Stadt schwere Ketten verfügbar?«

»Ich habe ein paar herumliegen sehen, die auf Schiffen verwendet werden und mit denen man die Hafenmündung abriegelt. Warum?«

»Ich will sie an den Türmen drapieren, um die Franzosen willkommen zu heißen.«

Er schüttelte den Kopf, überzeugt davon, dass ich noch immer wirr im Kopf war wie zuvor. »Um ihnen hinauf zu helfen?«

»Ja. Und dann werde ich die Kette mit Elektrizität laden.«

»Elektrizität!« Er bekreuzigte sich.

»Die Idee kam mir, als ich mit Mohammed im Boot saß. Wenn wir genügend Funken in einer Batterie aus Leidener Flaschen speichern, könnten wir sie mit einem Draht auf eine hängende Kette übertragen. Damit würde ihnen derselbe Schlag versetzt, den ich in Jerusalem vorgeführt habe, doch diesmal würde er die Angreifer in den Graben schleudern, wo wir sie töten könnten.« Ich war ein ziemlich blutrünstiger Soldat geworden.

»Soll das heißen, sie wären nicht in der Lage, sich an der Kette festzuhalten?«, fragte Miriam.

»So als wäre sie rot glühend. Es wäre wie eine Feuerbarriere.«

Jericho war fasziniert. »Ob das wirklich funktioniert?«

»Wenn nicht, wird der Schlächter die Ketten dazu verwenden, uns aufzuhängen.«

13

Ich musste eine elektrische Ladung von einer Stärke erzeugen, die sich nicht einmal Ben Franklin hätte träumen lassen. Während also Jericho sich an die Arbeit machte, Ketten sammelte und miteinander verband, stellten Miriam und ich Glas, Blei, Kupfer und Gefäße in ausreichender Zahl zusammen, um eine gigantische Batterie anzufertigen. Selten hat mir ein Vorhaben so viel Spaß bereitet. Miriam und ich arbeiteten nicht nur zusammen, wir waren Partner auf eine Weise, die mich an die Verbindung erinnerte, die ich mit Astiza gehabt hatte. Die sittsame Zurückhaltung, die ich zunächst angetroffen hatte, war irgendwo in den Tunneln unter Jerusalem verloren gegangen, und jetzt zeigte sie ein munteres Zutrauen, das den Mut aller stärkte, die mit ihr zusammenarbeiteten. Kein Mann will neben einer Frau ein Feigling sein. Wir arbeiteten Schulter an Schulter und streiften uns öfter als notwendig, während ich mich noch genau an die Stelle auf meiner Wange erinnerte, auf der ihr Kuss gebrannt hatte. Nichts begehrt man mehr als eine Frau, die man noch nicht gehabt hat.

Als wir schufteten, hörten wir den Widerhall der französischen Geschütze, die auf den richtigen Abstand gebracht wurden, während die ersten Gräben bis zu den Stadtmauern vordrangen. Selbst das Innere von Djezzars Palast bebte, wenn eine Eisenkugel in die äußeren Mauern einschlug.

Franklin hat Reihen aus Leidener Flaschen den Namen »Batterie« gegeben, weil sie ihn an eine Geschützbatterie erinnerten, wenn die Kanonen dicht nebeneinander aufgereiht sind, um konzentrierten Beschuss zu liefern. In unserem Fall konnte jedes zusätzliche Glas an das letzte angeschlossen werden, um den von mir beabsichtigten möglichen Schock der Franzosen zu vergrößern. Schon bald hatten wir so viele, dass die Aufgabe, sie alle mit der durch die Drehung einer Kurbel erzeugten Reibung unter Spannung zu setzen einer Sisyphusarbeit gleichkam, als wolle man einen Felsbrocken endlos einen Berg hinaufrollen.

»Ethan, wie lange müssen wir deine Glasscheiben drehen, um diesen riesigen Apparat anzutreiben?«, fragte Miriam. »Wir brauchen eine Armee von Arbeitstieren.«

»Keine Armee, sondern einen breiteren Rücken und einen schwächeren Verstand.« Ich meinte Big Ned.

Seitdem ich in Akko an Land gegangen war, hatte ich über meine Versöhnung mit dem klotzigen, verschrobenen Matrosen nachgedacht. Seinen Verrat am Tor von Jerusalem musste er büßen. Und doch blieb er ein gefährlicher Riese, der sich noch immer über seine Spielverluste ärgerte. Wichtig war, dass ich nicht mit ihm zusammenstieß, wenn ich im Nachteil war, daher plante ich meine Lektion mit Sorgfalt. Ich erfuhr, dass er von meinem wunderbaren Wiederauftauchen gehört und damit geprahlt hatte, er schulde mir noch immer eine Abreibung, sobald ich den Schutz meiner Weiberröcke verlassen hätte. Als man mich darüber informierte, dass er mit anderen abgestellt worden sei, in aller Eile die

Mauern des Grabens am Fuße des Stadtmauerturms im Nordosten von Akko auszubessern, tauchte ich auf, um vom Ausfallstor oben mit zur Hand zu gehen.

Eine Mauer ist am stärksten ohne Risse, in die sich Kanonenkugeln bohren können, deshalb ließen Smith und Phélippeaux diese Reparaturen durchführen. Ein kühnes Unterfangen: Britische Meisterschützen lieferten sich mit französischen Scharfschützen in ihren Gräben einen Schusswechsel, während ein paar Freiwillige, darunter auch Ned, mühsam bei Dunkelheit im unteren Bereich der Mauern arbeiteten. Trotz meiner Probleme mit Ned und Tom bewunderte ich allmählich die harte Entschlossenheit der englischen Mannschaft, die aus Minderbemittelten und Analphabeten zusammengewürfelt war, die nur wenig vom Idealismus der französischen Freiwilligen hatten, aber der Krone und dem Land in hündischer Treue ergeben waren. Auch Ned besaß diesen Mumm. Während Musketen aufblitzten und im Dunkeln knallten – wie ich meine Langbüchse vermisste! –, wurden Steine, Mörtel und Wasser in Körben zu der Reparaturmannschaft hinabgelassen. Sie hämmerten, kratzten und füllten die Löcher. Gegen Morgen kletterten sie schließlich behände wie Affen über eine Strickleiter herauf. Im Kugelhagel half ich allen hinein. Am Ende stand nur noch Ned unten. Er zog einmal kräftig an der Leiter.

Sein Gesichtsausdruck, als die Leiter sich löste, hinunterrasselte und zu seinen Füßen auf einem Haufen zu liegen kam, war unbezahlbar. Rache ist süß.

Ich beugte mich hinaus. »Nicht lustig, ausgeschlossen zu sein, was, Ned?«

Sein Kopf flammte auf wie eine rote Zwiebel, als er mich fünfzig Fuß über sich erkannte. »Sie haben sich also aus dem Palast des Paschas herausgewagt, Yankeebastler! Ich dachte, Sie würden sich nach der Lektion, die ich Ihnen in Jerusalem erteilt habe, nicht näher als hundert Meilen an ehrliche britische Matrosen heranwagen! Und jetzt wollen Sie mich in diesem Graben lassen, damit die Franzosen die Arbeit für Sie tun?« Er hielt die Hände wie einen Trichter vor den Mund und schrie: »Er ist ein Feigling, jawoll!«

»O nein«, entgegnete ich. »Ich will nur, dass du einen Geschmack von deinem niederträchtigen Verrat bekommst, und prüfen, ob du Manns genug bist, dich mir auf ehrliche Weise zu stellen, statt mir Tore vor der Nase zuzuschlagen oder dich in der Bilge eines Schiffes zu verstecken.«

Seine Augen traten vor, als wäre er mit Dampf vollgepumpt. »Mich Ihnen ehrenhaft stellen! Mein Gott, ich werde Sie Stück für Stück auseinandernehmen, Sie Schwindler, wenn Sie je den Schneid aufbringen, sich mir zu stellen wie ein Mann!«

»Nur der Pöbel verlässt sich auf seine Muskeln, Big Ned«, rief ich hinunter. »Kämpfe fair mit mir, Schwert gegen Schwert, wie es unter Gentlemen üblich ist, und ich werde dir eine echte Lektion erteilen.«

»Himmelherrgott, und ob ich das mache! Ich werde mit Pistolen, Marlpfriemen, Keulen, Dolchen oder Kanonen gegen Sie antreten!«

»Ich sagte Schwerter.«

»Dann holen Sie mich rauf! Wenn ich Sie nicht erwürgen kann, werde ich Sie in zwei Teile spalten!«

Nachdem unser Duell zu meiner Zufriedenheit vereinbart

war, ließ ich ein Seil hinab und zog die Leiter wieder herauf, sodass Ned wieder nach oben klettern konnte, bevor er im ersten Morgenlicht ein Ziel abgeben würde.

»Ich habe dir gerade mehr Gnade erwiesen, als du mir«, dozierte ich, während er mich finster anblickte und Mörtel von seinen Sachen klopfte.

»Und ich werde Ihnen die Gnade heimzahlen, die Sie beim Kartenspiel an den Tag gelegt haben. Lassen Sie uns die Klingen kreuzen und ein für alle Mal unseren Streit beenden! Sie könnten sich jetzt auch nicht mehr freikaufen, wenn Sie das Geld hätten, mir den zehnfachen Betrag zurückzuzahlen!«

»Wir treffen uns in den Palastgärten. Willst du Rapier, Säbel oder Entermesser?«

»Entermesser, bei Gott! Etwas, das durch Knochen geht! Und ich werde meine Schläger mitbringen, um Sie bluten zu sehen!« Er funkelte die anderen Männer an, die ihren Spaß an unserem Wortwechsel hatten. »Niemand legt Big Ned aufs Kreuz.«

Meine Bereitschaft, mich mit einem solchen Tier zu duellieren, kam daher, dass ich ein paar Kartenzüge vorausdachte. Franklin war immer eine Inspiration, und während ich in Jerichos neuer Schmiede arbeitete, überlegte ich, dass der Weise von Philadelphia Einfallsreichtum statt Muskelkraft einsetzen würde. Dann machte ich mich an die Arbeit.

Ned zu sabotieren, war einfach. Ich trennte den Griff aus Tuch und Holz von seinem Entermesser, schraubte einen Ersatz aus Kupfer daran, raute den Griff auf, damit mein Gegner ihn fest in der Hand hatte, und polierte das Ganze. Metall ist leitend.

Meine Waffe war komplizierter. Ich höhlte den Griff aus, schlug ihn mit Blei aus, verdoppelte die Umhüllung, um ihn zusätzlich zu isolieren, und hielt, kurz bevor mein Gegner kam, das untere Ende an einen dicken Draht, der mit der Kurbelmaschine verbunden war, die ich gebaut hatte, um Reibungsladung zu erzeugen. Ich drehte die Kurbel und speicherte so Elektrizität im Stahl meiner Waffe, als mein Gegner in den Hof trat.

Ned kniff die Augen zusammen. »Was ist das schon wieder, Sie verdammter Yankeebastler?«

»Magie«, sagte ich.

»He, ich will jetzt einen fairen Kampf!«

»Den sollst du auch haben, Klinge gegen Klinge. Deine Muskeln gegen meinen Verstand. Nichts fairer als das, oder?«

»Ethan, er wird dich wie einen Holzklotz spalten«, warnte Jericho, wie ich ihn instruiert hatte. »Das ist doch Wahnsinn. Gegen Big Ned hast du keine Chance.«

»Die Ehre gebietet, dass wir die Klingen kreuzen«, zitierte ich mit ebenso gut einstudierter Resignation, »und wenn er noch so geschickt und groß ist.« Vermutlich ist es nicht sportlich, einen Bullen hinters Licht zu führen, aber welcher Matador wedelt nicht mit dem Cape?

Ich ließ der versammelten Matrosenbande Zeit, gegen mich zu wetten – ich hielt bei allen mithilfe einer Leihgabe des Schmieds dagegen, da ich mir ausrechnete, dass ich von all den Scherereien ebenso gut auch profitieren könnte – und nahm dann auf dem Gartenpfad, auf dem wir uns duellieren würden, Fechtstellung ein. Gern hätte ich gehabt, dass die Haremsdamen von oben zugeschaut hätten. Von Djezzar wusste ich es sicher. »Pass auf, du großer Schläger!«, rief ich. »Wenn ich verliere, werde ich dir jeden Shilling geben, aber wenn du verlierst, dann bist du mir verpflichtet!«

»Wenn Sie verlieren, dann nehme ich mir das, was Sie mir schulden, von den Steaks und Koteletts, in die ich Sie dann gehauen habe!« Die Menge brüllte über diesen Witz, und Ned bildete sich etwas darauf ein. Dann griff er an und holte aus.

Ich parierte.

Ich wünschte, ich könnte berichten, dass es ein galanter, erfahrener Schwertkampf war, bei dem ich seiner brutalen Gewalt mit athletischem Können begegnete. Statt dessen sprühten, als Stahl auf Stahl traf, einfach nur Funken auf, es knallte, als wäre ein Schuss gefallen, und die Zuschauer schrien erschrocken auf. Unsere Klingen berührten sich kaum, doch Ned flog nach hinten, als hätte ein Maultier ihn getreten. Sein Entermesser segelte in hohem Bogen knapp an einem seiner Schiffskameraden vorbei, und Ned krachte zusammen wie Goliath und blieb mit verdrehten Augen liegen. Das Schwert in meiner Hand stach, wenngleich die Isolation mich einigermaßen vor dem elektrischen Schlag geschützt hatte. Ein brennender Geruch hing in der Luft.

War er tot?

Ich berührte ihn mit meiner Schwertspitze. Er zuckte wie einer von Galvanis Fröschen.

In der Menge herrschte ehrfürchtiges Schweigen.

Schließlich blinzelte Ned und krümmte sich. »Berühren Sie mich nicht!«

»Du solltest dich nicht mit Überlegenen messen, Ned.«

»Verflucht, was haben Sie gemacht?«

»Magie«, sagte ich erneut. Ich zeigte mit dem Schwert auf die anderen. »Ich habe fair im Kartenspiel gewonnen, und ich habe dieses Duell gewonnen. Also. Wer möchte mich noch herausfordern?«

Sie wichen zurück, als hätte ich Lepra. Ein Bootsmann warf mir rasch den Geldbeutel mit dem Wettgeld zu. Dem Herrn sei Dank für die närrischen Wettgelüste britischer Matrosen.

Ned richtete sich benebelt auf. »Noch nie hat mich jemand besiegt. Nicht einmal mein Dad, nachdem ich acht oder neun war und ihn verprügeln konnte.«

»Wirst du mich nun endlich respektieren?«

Er wackelte mit dem Kopf, um ihn klar zu bekommen. »Ich bin Ihnen verpflichtet, haben Sie gesagt. Sie haben merkwürdige Kräfte, Mister. Das sehe ich jetzt ein. Sie überleben immer, egal auf welcher Seite Sie stehen.«

»Ich benutze nur mein Hirn, Ned. Wenn du dich mit mir verbündest, werde ich dir beibringen, wie das geht.«

»Ja. Ich will mit Ihnen dienen, nicht gegen Sie kämpfen.« Unbeholfen kam er auf die Beine und schwankte. Ich konnte mir das unheimliche Kribbeln vorstellen, das er noch verspürte. Elektrizität tut weh. »Ihr anderen, hört mir zu«, krächzte er. »Kommt dem Amerikaner nicht in die Quere. Und wenn, dann kriegt ihr es mit mir zu tun. Wir sind Partner, jawoll.« Er umarmte mich wie ein gigantischer Affe.

»Fass das Schwert nicht an, Mann!«

»O ja.« Hastig trat er zurück.

»Und jetzt brauche ich deine Hilfe, um noch mehr Magie zu erzeugen, diesmal aber gegen die Franzosen. Ich brauche einen Kumpel, der meinen Apparat ankurbeln kann wie der Teufel persönlich. Kannst du das, Ned?«

»Wenn Sie mich nicht anfassen.«

»Nein, wir sind quitt«, versicherte ich ihm. »Jetzt können wir Freunde sein.«

Während die Franzosen sich wie Ameisen auf die Mauern von Akko zu gruben und ihre restlichen Geschütze an Ort und Stelle brachten, entstand eine eigenartige Flaute. Sie gruben, und wir warteten mit dem trägen Fatalismus, der die Belagerten zermürbt. Die Karwoche war angebrochen, und Smith und Bonaparte vereinbarten im Geist der Feiertage einen Austausch von Gefangenen, die sie bei Überfällen und Scharmützeln gemacht hatten. Djezzar schritt auf seinen Mauern auf und ab wie eine unruhige Katze und murmelte etwas über die Verdammnis von Christen und allen Ungläubigen vor sich hin und setzte sich auf einen großen Stuhl auf dem Eckturm, um seine Soldaten mit wütend funkelnden Augen zu motivieren. Ich mühte mich mit meinem elektrischen Plan ab, doch es war schwer, an Jerichos Hilfe zu kommen, denn er arbeitete ununterbrochen an Waffen, die der Schlächter, Smith und Phélippeaux anforderten. Im Nahkampf auf den Brustwehren, bei dem nur wenig Zeit zum Nachladen blieb, war Stahl ebenso wichtig wie Schießpulver.

Die Anstrengung machte sich bemerkbar. Das beinahe engelhafte Gesicht des Schmieds war angespannt, und er hatte dunkle Ränder unter den Augen. Die französischen Kanonen krachten rund um die Uhr, nur selten sah Jericho das Tageslicht, und meine zunehmende Nähe zu Miriam bereitete ihm Unbehagen. Dennoch gehörte er zu den Männern, die niemandem etwas abschlagen und auch keinen Makel an Qualität zulassen können. Er arbeitete auch dann, wenn Miriam und ich in entgegengesetzten Ecken des Waffenarsenals in einen unruhigen, erschöpften Schlaf fielen.

Daher weckte uns der Schmied in der Dunkelheit kurz vor dem Morgengrauen des 28. März. Das Trommelfeuer der französischen Kanonen nahm zu, alles deutete auf einen bevorstehenden Angriff hin. Selbst tief unten in Djezzars Keller zitterten die Balken an der Decke unter der Bombardierung. Staub rieselte herab. Unter dem Beben stoben Funken aus der Esse.

»Die Franzosen testen unsere Verteidigung«, vermutete ich erschöpft. »Halte deine Schwester hier unten. Ihr beide seid als Schmiede wertvoller denn als Ziele.«

»Und du?«

»Meine Vorrichtung ist noch nicht fertig, aber ich werde mir ansehen, wie die Kette verwendet werden kann!«

Es war vier Uhr morgens, Fackeln erleuchteten Treppen und Rampen. Mit einer Woge von türkischen Soldaten und britischen Seeleuten, welche die Mauern erklommen, wurde ich nach oben gespült. Jeder fluchte in seiner eigenen Sprache. Auf der Brustwehr war das Bombardement ein rollender Donner, der nur von gelegentlichem Krachen unterbrochen wurde, wenn eine Kanonenkugel in die Mauer einschlug, oder einem Aufschrei, wenn eine Kugel über die Köpfe hinweg segelte. In den französischen Linien verriet kurz aufflackerndes Licht beim Abfeuern, wo ihre Geschütze standen.

Smith war da; ein irres Lächeln auf den Lippen, schritt er

hinter einem Kontingent Königlicher Marineinfanteristen auf und ab. Phélippeaux rannte wie wahnsinnig auf der Mauer hin und her und benutzte eine verworrene Mischung aus Französisch, Englisch, Arabisch und besorgten Gesten, um die Kanonen der Stadt zu dirigieren. Zugleich wurden Signallaternen auf dem Eckturm gehisst, um Unterstützung von der See her zu rufen.

Ich schaute ins Dunkle, konnte die feindlichen Truppen aber nicht sehen. Ich lieh mir eine Muskete und feuerte in die Richtung, in der ich sie vermutete, in der Hoffnung, als Antwort stecknadelgroße Lichtpunkte auf mich zu ziehen, doch die Franzosen waren zu diszipliniert. Daher folgte ich Phélippeaux zum Turm. Das Bauwerk zitterte wie ein Baum, der mit Äxten traktiert wird.

Nun begannen unsere Kanonen zurückzubellen, ihre Blitze unterbrachen das stetige Trommeln des französischen Feuers, gaben aber den feindlichen Artilleristen einen Hinweis, wohin sie zu zielen hatten. Die Geschosse flogen allmählich höher, und dann gab es einen Knall, als eine Kanonenkugel die Krenellierung der Mauer kappte und Steine wie Granatensplitter umherflogen. Eine türkische Kanone wurde aus ihrer Halterung gerissen und kippte vornüber, geblendete Männer schrien.

»Was kann ich tun?«, fragte ich Phélippeaux und versuchte, das unwillkürliche Zittern in meiner Stimme zu unterdrücken. Meine Ohren taten weh. In den Mauern und Gräben hallten die Einschläge wider, und überall hing der ätzende, giftige Gestank von verbranntem Pulver.

»Holen Sie Djezzar. Er ist der Einzige, vor dem sich seine Männer noch mehr fürchten als vor Napoleon.«

Ich war dankbar für eine Ausrede, wieder in den Palast zurücklaufen zu können, und stieß in den Kammern des Paschas beinahe mit Haim Farhi zusammen.

»Wir brauchen Ihren Herrn, damit er dazu beiträgt, die Moral seiner Soldaten zu stärken!«

»Er darf nicht gestört werden. Er ist in seinem Harem.«

Bei den Hosen Casanovas, der Herrscher konnte doch jetzt nicht seinen Frauen beiwohnen? Doch dann ging auf einer nach oben führenden Treppe eine Tür auf, und der Schlächter erschien, ohne Hemd, bärtig, mit strahlenden Augen, eine Kreuzung aus einem Satyr und dem Propheten Elias. Zwei Pistolen hatte er in seine Schärpe gesteckt, und in der Hand hielt er einen alten preußischen Säbel. Ein Sklave brachte ihm ein rostiges mittelalterliches Kettenhemd und ein Untergewand aus Filz. Bevor er die Tür hinter sich schloss, konnte ich das aufgeregte Geschnatter und Weinen der Frauen hören.

»Phélippeaux braucht Sie«, sagte ich unnötigerweise.

»Jetzt kommen die Franken nah genug heran, dass ich sie töten kann«, verkündete er.

Als wir zum Turm zurückkehrten, war Napoleons Feldherrnhügel im ersten blassen Morgenlicht als Silhouette auszumachen. Britische Schiffe waren in der Bucht von Akko nah ans Ufer herangekommen, doch ihr Beschuss reichte nicht bis zur angreifenden Kolonne. Jetzt nahm ich unten eine Masse von Männern in niedrigen Gräben wahr; es sah aus wie ein großer, dunkler Hundertfüßler. Viele trugen Leitern.

»Sie haben direkt über dem Graben eine Bresche in den Turm geschlagen«, berichtete Phélippeaux. »Sie ist nicht groß, aber wenn sie hereinkommen, werden die Türken ausreißen. Es hat zu viele Gerüchte darüber gegeben, was in Jaffa passiert ist. Unsere Osmanen sind zu nervös, um zu kämpfen, und zu ängstlich, sich zu ergeben.«

Ich beugte mich über die Kante, um mir die schwarze Grube des trockenen Grabens weit unter mir anzusehen. Die Franzosen konnten leicht hineinkommen, aber wie kamen sie wieder heraus? »Nehmt ein Fass Zündpulver«, schlug ich vor. »Oder ein halbes Fass, der Rest Nägel und Kugeln. Lasst es auf sie fallen, wenn sie die Bresche in Angriff nehmen.«

Der royalistische Offizier grinste. »Ah, mein blutrünstiger *Américain.* Sie haben den Instinkt eines Kriegers! Wir werden dem Korsen den Weg leuchten!«

»Napoleon!«, brüllte Djezzar und kletterte auf seinen Beobachtungsstuhl. Er war weithin sichtbar wie eine Flagge. »Nimm es jetzt mit diesem Mamelucken auf! Ich werde dich ficken, wie ich gerade meine Frauen gefickt habe!« Kugeln zischten vorüber, die ihn wie durch ein Wunder nicht trafen. »Ja, mach mich heiß wie meine Frauen!«

Wir zogen ihn herunter. »Wenn Sie umgebracht werden, ist alles verloren«, dozierte Phélippeaux.

Der Schlächter spuckte aus. »Das ist es, was ich von ihrer Schießkunst halte.« Sein Kettenhemd schwang am Saum aus, als er von einer Seite des Turms auf die andere schritt und sich vergewisserte, dass seine Soldaten sicher standen. »Glaubt nicht, dass mein Auge nicht auf euch ruht!«

Als die Landschaft mit dem anbrechenden Morgen hellgrau wurde, sah ich, wie hastig Bonaparte vorgegangen war. Seine Gräben waren noch zu niedrig, und viele seiner Männer waren bereits getroffen worden. Mehrere französische

Kanonen seiner Ersatzbatterie waren unbrauchbar, weil ihr Unterbau nicht ausreichte, und das alte Aquädukt war durch unseren Beschuss angeschlagen und besprühte die kauernden Truppen mit Mauerwerk. Ihre Leitern sahen lächerlich kurz aus.

Trotzdem ertönte ein lauter Ruf, die Trikolore wehte, und die Franzosen griffen an. Ihr Elan war ungebrochen.

Zum ersten Mal erlebte ich ihren verwegenen Mut von der anderen Seite, und es war ein beängstigender Anblick. Der Hundertfüßler griff an und schluckte den Boden zwischen Schützengräben und Festungsgraben in beunruhigendem Tempo. Türken und britische Marinesoldaten versuchten, sie unter Beschuss zu nehmen und dadurch zu bremsen, doch das fachmännische französische Deckungsfeuer zwang uns, die Köpfe einzuziehen. Wir schossen nur wenige ab. Sie kamen an den Rand des Festungsgrabens. Ihre Leitern waren zu kurz und reichten nicht – ihre Aufklärer waren zu hastig gewesen –, doch die Tapfersten sprangen hinein, stützten die kümmerlichen Leitern ab und ermöglichten so ihren Kameraden, ihnen zu folgen. Andere feuerten über den Festungsgraben hinweg in die Bresche, die sie geschlagen hatten, und töteten ein paar unserer Verteidiger. Die osmanischen Truppen begannen zu klagen.

»Ruhe! Ihr hört euch an wie Weiber!«, brüllte Djezzar. »Wollt ihr erfahren, was ich mit euch mache, wenn ihr wegrennt?«

Nun lehnte die französische Infanterie ihre Leitern an die andere Seite des Grabens. Die oberen Sprossen hörten ein paar Fuß unterhalb der Bresche auf, eine unverzeihliche Fehleinschätzung. Das war der Augenblick, in dem sie vielleicht nach einer herabhängenden Kette greifen würden, an der sie sich hochziehen konnten. In ungeladenem Zustand würde sie ihnen ermöglichen, in die Stadt einzudringen, und Akko würde das Schicksal von Jaffa erleiden. Wenn man sie jedoch unter Strom setzte ...

Die tapfersten Türken beugten sich über die Brustwehr und schossen oder schleuderten Steine hinunter, doch sobald sie auftauchten, wurden sie von Franzosen getroffen, die über den Graben zielten. Ein Mann schrie laut auf und stürzte von hoch oben in den Graben hinab. Ich schoss auch eine Muskete ab und fluchte über ihre Ungenauigkeit.

Die ersten Osmanen ließen ihre Geschütze im Stich. Die britischen Soldaten versuchten, sie aufzuhalten, doch sie waren in Panik geraten. Dann stieg Djezzar vom Turm herab, um ihnen den Ausgang zu versperren, schwenkte seinen preußischen Säbel und brüllte: »Wovor habt ihr Angst? Seht sie euch doch an! Ihre Leitern sind zu kurz! Sie können nicht reinkommen!« Er lehnte sich hinaus, feuerte zwei Pistolen ab und reichte sie einem Türken. »Beweg dich, altes Weib! Nachladen!«

Seine gemaßregelten Männer begannen erneut zu schießen. So sehr sie sich auch vor den Franzosen fürchteten, vor Djezzar hatten sie eine Heidenangst.

Dann fiel ein flammender Meteor vom Turm.

Das Pulverfass, das ich vorgeschlagen hatte. Es schlug auf, machte einen Satz und explodierte.

Ein tosender Donnerknall folgte, und eine Wolke aus Holzsplittern und Metallteilen stob auseinander. Die dicht gedrängten Grenadiere wirbelten herum, diejenigen, die am nächsten standen, wurden zerfetzt, andere schwer verwundet, noch weitere durch die Detonation betäubt. Djezzars Männer jauchzten und begannen, die ziellos umherirrenden Franzosen ernsthaft unter Beschuss zu nehmen, wodurch das entstandene Chaos noch verstärkt wurde.

So fand der Angriff ein Ende, noch bevor er richtig angefangen hatte. Da sie Gefahr liefen, mit ihren Kanonen die eigenen Angreiftruppen unter Beschuss zu nehmen, und außerdem ihre Leitern zu kurz waren, die Bresche zu klein und der Widerstand frisch gestärkt, hatten die Franzosen an Schwung verloren. Napoleon hatte Geschwindigkeit mühseligen Belagerungsvorbereitungen vorgezogen und verloren. Die Angreifer machten kehrt und begannen, den Weg zurück zu hasten, den sie gekommen waren.

»Seht ihr, wie sie rennen?«, rief Djezzar seinen Männern zu.

Tatsächlich verliehen die türkischen Truppen ihrer Verwunderung lautstark Ausdruck und schöpften so neue Hoffnung. Die gnadenlosen Franzosen zogen sich zurück! Dann waren sie also doch nicht unbesiegbar! Von diesem Augenblick an packte neue Zuversicht die ganze Garnison, eine Zuversicht, die sie in den langen, dunklen Wochen, die noch vor ihnen lagen, aufrechterhalten würde. Der Turm würde zum Angelpunkt nicht nur für Akko, sondern für das gesamte Osmanische Reich werden.

Als die Sonne schließlich über den Bergen im Osten aufging und die Szene vollends in Licht tauchte, wurde das Chaos offensichtlich. Fast zweihundert Soldaten Napoleons lagen tot oder verwundet am Boden, und Djezzar weigerte sich, den Beschuss zu vermindern, damit die Franzosen ihre Verwundeten bergen konnten. Viele starben schreiend, bevor die Überlebenden endlich in der nächsten Nacht in Sicherheit gebracht werden konnten.

»Wir haben die Franzosen gelehrt, wie gastfreundlich Akko ist!«, prahlte der Schlächter.

Phélippeaux war nicht ganz so zufrieden. »Ich kenne den Korsen. Das war nur ein Versuch. Beim nächsten Mal kommt er mit größerer Stärke.« Er wandte sich an mich. »Ich hoffe, Ihr kleines Experiment funktioniert.«

Napoleons fehlgeschlagener Angriff wirkte sich eigenartig auf die Garnison aus. Die osmanischen Soldaten waren durch ihren Erfolg ermutigt, und zum ersten Mal kamen sie ihren Pflichten mit stolzer Entschlossenheit statt mit fatalistischer Resignation nach. Die Franzosen waren zu schlagen! Djezzar war unbesiegbar! Allah hatte ihre Gebete erhört!

Die britischen Marinesoldaten hingegen waren ernüchtert. Nach einer langen Folge von Siegen zur See waren sie großspurig geworden, wenn es darum ging »den Franzmännern die Stirn zu bieten«. Allerdings war der Mut der französischen Soldaten nicht unbemerkt geblieben. Bonaparte hatte nicht den Rückzug angetreten. Im Gegenteil, seine Gräben wurden eifriger denn je weiter vorangetrieben. Die Marinesoldaten fühlten sich an Land in der Falle. Die Franzosen verwendeten Vogelscheuchen, um unser Feuer anzuziehen, und gruben unsere Kanonenkugeln aus, um damit auf uns zu schießen.

Es war auch nicht gerade hilfreich, dass Djezzar davon überzeugt war, die Christen in Akko würden Ränke gegen ihn schmieden, obwohl die angreifenden Franzosen aus einer Revolution hervorgegangen waren, die das Christentum abgelegt hatte. Er ließ mehrere Dutzend Christen plus zwei französische Gefangene in Säcke einnähen und ins Meer werfen. Smith und Phélippeaux konnten dem Pascha ebenso wenig Einhalt gebieten wie Napoleon seinen Truppen bei der Plünderung von Jaffa, doch viele Engländer zogen daraus den Schluss, dass ihr Verbündeter ein Wahnsinniger war, der sich nicht beherrschen ließ.

Djezzars ruhelose Feindseligkeit war nicht auf die Jünger des Kreuzes beschränkt. Salih Bei, Mameluck aus Kairo und ein alter Erzfeind, war nach Napoleons Sieg aus Ägypten geflohen und hierher gekommen, um mit Djezzar gemeinsame Sache gegen die Franzosen zu machen. Der Pascha hieß ihn eine halbe Stunde, nachdem er eingetroffen war, herzlich willkommen, reichte ihm eine Tasse vergifteten Kaffee und warf seine Leiche ins Meer.

Big Ned riet seinen Kameraden, »dem Magier« – mir – zu vertrauen. Derselbe Trick, der mir ermöglicht hatte, ihn zu besiegen, einen Mann, der doppelt so groß war wie ich, würde uns helfen, die Oberhand über Napoleon zu gewinnen, versprach er. Nach unseren Anweisungen bauten die Marinesoldaten daher auf beiden Seiten des Turms zwei primitive Ankerwinden aus Holz. Die Kette würde wie eine Girlande quer über der Front hängen, die Höhe konnte mithilfe dieser Winden eingestellt werden. Anschließend verlegte ich meine Leidener Flaschen und den Kurbelapparat in ein Stockwerk auf halber Höhe des Turms, in dem sich die Öffnung befand, von der aus ich Big Ned herausgefordert hatte. Eine kleinere Kette mit einem Haken würde eine Verbindung zur größeren herstellen, und diese Kette wiederum würde eine mit meinen Flaschen verbundene Kupferleitung berühren.

»Wenn sie kommen, Ned, musst du wie der Teufel kurbeln.«

»Ich werde die Franzmänner anzünden wie ein Feuer an Allerheiligen, Mister.«

Miriam half, die Apparatur aufzustellen, ihre geschickten Hände waren ideal, um die Flaschen miteinander zu verbinden. Ob die alten Ägypter auch eine solche Hexerei gekannt hatten?

»Ich wünschte, der alte Ben könnte mich hier sehen«, bemerkte ich, als wir uns eines Abends im Turm ausruhten. Unser Metallzauber glitzerte im schwachen Licht, das durch die schmalen Schlitze im Turm drang.

»Wer ist der alte Ben?«, murmelte sie und lehnte sich an meine Schulter, als wir uns auf den Boden setzten. Diese körperliche Nähe war fast zur Gewohnheit geworden, obwohl ich mir mehr erträumte.

»Ein amerikanischer Weiser, der unserem Land zum Start verholfen hat. Er war ein Freimaurer, der sich mit den Templern auskannte, und manche glauben, er habe ihre Ideen im Kopf gehabt, als er die Vereinigten Staaten ins Leben rief.«

»Welche Ideen?«

»Na ja, das weiß ich auch nicht so genau. Dass ein Land für etwas stehen sollte, vermute ich. An etwas glauben sollte.«

»Und woran glaubst du, Ethan Gage?«

»Das hat mich Astiza auch immer gefragt! Stellen alle Frauen diese Frage? Am Ende habe ich an sie geglaubt, und schon hatte ich sie verloren.«

Sie sah mich traurig an. »Sie fehlt dir, nicht wahr?«

»So wie dir dein Verlobter fehlt, der im Krieg gefallen ist.

Wie Jericho seine Frau vermisst, Big Ned seinen Little Tom und Phélippeaux die Monarchie.«

»Dann haben wir hier also unseren Kreis der Trauernden.« Sie schwieg eine Weile. »Weißt du, woran ich glaube, Ethan?«

»An die Kirche?«

»Ich glaube an das Unbegreifbare, das die Kirche repräsentiert.«

»Du meinst Gott?«

»Ich meine, der Wahnsinn des Lebens ist mehr als nur Wahnsinn. Ich glaube, dass es in jedem Leben seltene Augenblicke gibt, in denen wir das Unbegreifbare spüren, das uns umgibt. Meistens sind wir in uns verschlossen, einsam und blind, wie ein Küken im Ei, doch hin und wieder gelingt es uns, die Schale aufzubrechen und einen kurzen Blick hinaus zu werfen. Die Gesegneten erleben viele solcher Augenblicke, die Sünder keinen einzigen. Aber wenn – wenn man gespürt hat, was wirklich real ist, realer als der Albtraum, in dem wir leben, ist alles erträglich. Und ich glaube, wenn man je einen Menschen finden kann, der dasselbe glaubt wie man selbst, der sich gegen das Ei stemmt, das uns einschließt –, dann können diese beiden die Eierschale vollständig zerstören. Und das ist das Höchste, worauf wir hier in dieser Welt hoffen können.«

Ein innerer Schauer überlief mich. War der gigantische Krieg, in den ich seit einem Jahr verfangen war, ein falscher Traum, eine einschließende Schale? Wussten die Alten, wie man das Ei aufbricht? »Ich weiß nicht, ob mir je ein solcher Augenblick zuteil wurde. Bin ich deswegen ein Sünder?«

»Die Sünder würden es nie zugeben, nicht einmal sich

selbst gegenüber.« Ihre Hand strich über mein Stoppelkinn, ihre blauen Augen waren wie der Abgrund vor dem Riff in Jaffa. »Aber wenn der Augenblick kommt, musst du ihn ergreifen, um das Licht hereinzulassen.«

Dann küsste sie mich, diesmal richtig. Ihr Atem war heiß, ihr Körper drängte sich an meinen, ihre Brüste drückten sich an mir flach, ihr Oberkörper zitterte.

Und ich verliebte mich, nicht nur in Miriam, sondern in alle. Klingt das verrückt? Einen kurzen Atemzug lang fühlte ich mich mit allen anderen beladenen Seelen unserer wahnsinnigen Welt verbunden, ein eigenartiges Gefühl der Gemeinschaft, das mich mit Leid und Liebe erfüllte. Ich erwiderte daher ihren Kuss und klammerte mich an sie. Endlich vergaß ich den Schmerz über die längst verloren geglaubte Astiza.

»Ich habe deine goldenen Engel behalten, Ethan«, flüsterte sie und zog einen Samtbeutel hervor, der zwischen ihren Brüsten gehangen hatte. »Du kannst sie jetzt wieder haben.«

»Behalte sie, als Geschenk.« Was sollte ich noch mit ihnen anfangen?

Dann krachte ein Donnerschlag, Mörtel spritzte, und unser ganzer Turm bebte, als würde eine riesige Hand versuchen, uns aus ihm herauszuschütteln. Im ersten Augenblick fürchtete ich, er würde einstürzen, doch allmählich hörte er auf zu schwanken und kam mit einer leichten Neigung zur Ruhe. Signalhörner erklangen.

»Sie haben eine Mine explodieren lassen! Sie kommen!«

Höchste Zeit, die Kette auszuprobieren.

14

Ich spähte hinaus in einen Nebel aus Rauch und Staub. »Bleib hier«, sagte ich zu Miriam. »Ich versuche, herauszubekommen, was los ist.« Dann hetzte ich im Galopp auf die Spitze des Turms. Phélippeaux war schon da. Barhäuptig lehnte er sich über die Brustwehr, ohne auf die schwirrenden französischen Kugeln zu achten.

»Die Sappeure haben einen Tunnel unter den Turm gegraben und mit Schießpulver vollgestopft«, sagte er mir. »Sie haben sich verschätzt, glaube ich. Der Graben ist nur noch Geröll, wir aber haben bloß eine kleine Bresche davongetragen. Bis hier oben reichen die Risse nicht, soweit ich sehen kann.« Er zog sich zurück und packte mich am Arm. »Ist Ihre Teufelei einsatzbereit?« Er deutete mit dem Finger. »Bonaparte ist entschlossen.«

Wie schon zuvor trottete eine Truppenkolonne neben dem antiken Aquädukt her, doch diesmal sah sie aus wie eine vollständige Brigade. Ihre Leitern waren länger als beim letzten Mal und hüpften mit dem Laufschritt auf und ab. Ich lehnte mich auch hinaus. Am Fuß des Turms war ein großer Spalt und im Graben ein Damm aus Geröll entstanden.

»Trommeln Sie Ihre besten Leute am Durchbruch zusammen«, sagte ich zu Phélippeaux. »Ich werde die Angreifer mit meiner Kette aufhalten. Wenn sie sich sammeln, werfen Sie alles auf sie, was wir haben, von da unten und hier oben.« Ich wandte mich an Smith, der außer Atem heraufgekommen war. »Sir Sidney, bereiten Sie Ihre Bomben vor!«

Er schnappte nach Luft. »Ich werde Zeus' Feuer auf sie herabregnen lassen.«

»Nur zu. Irgendwann wird mir der Strom ausgehen, und sie werden meine Apparate zerstören.«

»Bis dahin sind wir mit ihnen fertig.«

Phélippeaux und ich flitzten hinunter, er an den Durchbruch und ich zu meinem neuen Kameraden. »Jetzt, Ned, jetzt! Komm mit in unseren Raum und kurbele, so fest du kannst! Sie kommen, und unsere Flaschenbatterie muss vollständig geladen sein!«

Ich stellte jeweils ein paar Matrosen an die Ankerspills und riet ihnen, in die Hocke zu gehen, bis es an der Zeit war, die Kette abzulassen. Seit der Minenexplosion war ein regelrechtes Artillerieduell ausgebrochen, Ausmaß und Wut der Schlacht waren atemberaubend. Überall feuerten Kanonen, und wir mussten gegen das Donnern anbrüllen. Wenn Kugeln in der Stadt einschlugen, flogen Trümmerstücke durch die Luft. Manchmal konnte man den Flug der Geschosse wie Schatten verfolgen, die über uns hinweg zogen, und wenn sie trafen, gab es einen lauten Schlag, und Staub wirbelte auf. Unsere Kugeln warfen große Sandfontänen auf, wenn sie mitten in die französischen Linien fielen und hin und wieder ein Feldgeschütz oder einen Pulverwagen umwarfen oder zerstörten. Die führenden französischen Grenadiere setzten zum Lauf an, hielten die Leitern wie Lanzen und strebten auf den Graben zu.

»Jetzt, jetzt!«, rief ich. »Lasst die Kette ab!« An beiden Enden begannen meine Marinesoldaten, die Ankerspills auszufahren. Die hängende Kette kratzte und glitt wie eine Feiertagsgirlande am Turm entlang auf die Bresche am Fuß zu.

Als sie den Spalt erreichte, ließ ich sie anhalten, die Kette hing wie eine nicht ernst zu nehmende Eingangssperre quer vor dem Loch im Turm. Die Franzosen müssen uns für verrückt gehalten haben. Ganze Kompanien feuerten Salven auf unsere Köpfe oben auf der Mauer, während wir mit Kartätschen antworteten. Metall heulte und surrte. Männer schrien auf oder schnappten unter Schock nach Luft, wenn sie getroffen wurden. Die Brustwehren wurden glitschig vor Blut.

Djezzar tauchte auf, noch immer in seinem alten Kettenhemd wie ein Sarazene, schritt an den liegenden oder kauernden Leichen seiner Soldaten vorbei, ohne Rücksicht auf das feindliche Feuer. »Schießt, schießt! Sie brechen ab, wenn sie merken, dass wir nicht davonlaufen! Ihre Mine hat nicht funktioniert! Seht doch, der Turm steht noch!«

Ich rannte die Turmtreppe hinunter in den Raum, in dem meine Kameraden waren. Ned kurbelte wie wild, hatte sein Hemd ausgezogen, sein wuchtiger Oberkörper glänzte vor Schweiß. Die Glasscheibe drehte sich wie ein galoppierendes Rad, die Reibungskontakte summten wie ein Bienenstock. »Fertig, Mister!«

»Wir warten, bis sie an der Kette sind.«

»Sie kommen«, rief Miriam, die durch eine Schießscharte spähte.

Die führenden Grenadiere rannten trotz des vernichtenden Feuers, das ihre Reihen dezimierte, wie verrückt über den Gerölldamm, der den Graben zur Hälfte füllte, und begannen, zu dem Loch hinaufzuklettern, das ihre Mine gerissen hatte. Einer hielt die Trikolore hoch. Ich hörte Phélippeaux einen Befehl brüllen, es gab einen wellenförmigen Knall, als eine Salve von unseren Männern im Fuß des Turms abgeschossen wurde. Die vorderen Reihen der Angreifer wurden nach hinten geschleudert, und die Standarte fiel zu Boden. Neue Männer stiegen über die Leichen, schossen in das Loch zurück, und wieder wurde die Flagge geschwungen. Das vertraute dumpfe Geräusch von Blei, das auf Fleisch trifft, das Stöhnen und die Schreie Verwundeter waren zu hören.

»Sie sind fast da, Ned.«

»Meine ganzen Muskeln sind in den Flaschen«, keuchte er.

Die ersten Männer erreichten meine eiserne Girlande und hängten sich daran. Sie war alles andere als eine Barriere, sondern sah vielmehr wie eine Kletterhilfe aus. Sie griffen hinter sich, um die nachfolgenden Kameraden hinaufzuziehen. Im Nu war die Kette voll mit Soldaten, wie Wespen auf einer Sirupspur.

»Los!«, schrie Miriam.

»Betet zu Franklin«, murmelte ich vor mich hin. Ich schob einen Holzhebel, der eine Kupferstange von den Batterien gegen die kleine Kette rammte, die mit der großen verbunden war. Es blitzte und knisterte.

Die Wirkung stellte sich augenblicklich ein. Ein einziger Aufschrei, Funken, und die Grenadiere flogen von der Kette, als hätte man sie hinuntergetreten. Einige vermochten sich nicht zu lösen. Sie schrien, während sie brannten, und ihre leblosen Körper blieben zitternd an der Kette hängen. Es war grauenvoll. Ich konnte ihr Fleisch riechen. Sofort herrschte Verwirrung.

»Feuer!«, rief Phélippeaux von unten. Wieder Schüsse von unserem Turm, und noch mehr Angreifer fielen.

»In der Kette ist eine merkwürdige Hitze!«, riefen die Grenadiere. Männer berührten sie mit ihren Bajonetten und fuhren zurück. Soldaten versuchten, sie anzuheben oder daran zu ziehen, und fielen um wie betäubte Ochsen.

Der Apparat funktionierte, aber wie lange würde die Ladung halten? Ned keuchte. Irgendwann würden die Angreifer merken, wie die Kette aufgehängt war und sie niederreißen, jetzt aber wuselten sie unsicher herum, auch als Verstärkung hinter ihnen in den Graben strömte. Als sie sich sammelten, wurden weitere niedergeschossen.

Plötzlich bemerkte ich, dass jemand fehlte, und ich schaute mich wild um. »Wo ist Miriam?«

»Sie bringt Pulver runter zu Phélippeaux«, knurrte Ned.

»Nein! Ich brauche sie hier!« Die Bresche in der Mauer würde zu einem Schlachthaus werden. Ich rannte zur Tür. »Weiterkurbeln!«

Er zuckte zusammen. »Jawoll!«

Zwei Stockwerke tiefer geriet ich in die volle Wucht der Schlacht. Phélippeaux und seine Bande aus Türken und englischen Marinesoldaten zwängten sich mit aufgepflanztem Bajonett in den unteren Teil des Turms, feuerten und fochten durch die zerfetzte Lücke mit französischen Grenadieren, die versuchten, unter der Kette hindurch zu kriechen oder darüber zu steigen. Beide Seiten hatten Granaten geschleudert, und mindestens die Hälfte unserer Soldaten war zu Boden gegangen. Auf französischer Seite lagen die Toten wie Dachschindeln herum. Von hier aus wirkte die Bresche wie eine gähnende Höhle, offen für die gesamte französische Armee, ein abscheuliches Loch aus Licht und Rauch. Ganz vorn erspähte ich Miriam, die versuchte, einen Verwundeten vor den französischen Bajonetten wegzuziehen. »Miriam, ich brauche dich oben!«

Sie nickte, ihr Kleid war zerrissen und voller Blut, ihre Haare ein wildes Durcheinander, ihre Hände rot vor geronnenem Blut. Frische Truppen eilten herbei, berührten die Kette, schrien auf und taumelten zurück. *Kurbeln, Ned, kurbeln,* betete ich im Stillen. Ich wusste, die Ladung würde sich erschöpfen.

Phélippeaux schlug mit dem Schwert um sich. Er durchbohrte die Brust eines Leutnants und schlug einem anderen den Kopf ab. »Verdammte Republikaner!«

Ein Pistolenschuss fiel und verfehlte knapp sein Gesicht.

Dann ertönte ein Schrei, und ich sah, dass Miriam von uns weg gezerrt wurde. Ein Soldat war unter der Kette hindurch gekrochen und hatte ihre Beine gepackt. Er zog sie mit sich, als wollte er sie auf meinen Apparat werfen. Sie würde gekocht!

»Ned, hör auf zu kurbeln! Zieh die Kupferschnur zurück!«, schrie ich. Doch es bestand keine Chance, dass er mich hörte. Ich sprang hinter ihr her.

Es war ein Ansturm auf einen Keil Franzosen, die unter der Kette hindurchgekrochen waren. Ich packte eine fallengelassene Muskete und schlug wild um mich, stieß Männer wie Kegel zu Boden, bis die Waffe am Schaftansatz brach. Endlich bekam ich Miriams Entführer zu packen, und wir begannen, zu dritt zu ringen. Miriam krallte ihm die Finger ins Gesicht.

Wir taumelten im Geröll, von beiden Seiten griffen Hände nach uns, und dann traf mich ein Schlag, sie wurde von mir weggezogen und an die Kette geschleudert.

Ich wappnete mich innerlich und wartete darauf, dass meine Hexerei die Frau umbrachte, in die ich mich verliebt hatte.

Nichts passierte.

Das Metall war nicht mehr geladen.

Großer Jubel brach aus, und die Franzosen drangen vor. Sie hackten auf die Enden der Kette ein, die daraufhin herunterfiel. Ein Dutzend Männer schleppten sie fort, um nach der Quelle ihrer mysteriösen Kräfte zu suchen.

Miriam war mit der Kette gestürzt. Ich versuchte, unter den anstürmenden Grenadieren hindurch zu kriechen, um sie zu erreichen, wurde aber einfach niedergetrampelt. Ich packte den Saum ihres Kleides, gerade als gestiefelte Soldaten angriffen und über uns hinweg torkelten. Ich vernahm Schüsse, Schreie in mindestens drei Sprachen, Männer, die schnaufend zu Boden gingen.

Dann gab es einen neuen Donnerschlag, noch lauter als die Mine, denn er war nicht unter der Erde. Sidney Smith hatte eine massive Bombe aus Pulverfässern von der Turmspitze geschleudert. Sie fiel in die Masse der Franzosen, die sich vor der Kette angesammelt hatten, und explodierte. Ihre Sprengkraft wurde durch den Graben und den Turm, die wie ein Kessel wirkten, verdoppelt. Ich hielt mich am Geröll fest, als die Welt sich in Feuer und Rauch auflöste. Gliedmaßen und Köpfe flogen herum wie Spreu beim Dreschen. Die

Männer, die uns niedergetrampelt hatten, verwandelten sich in einen blutigen Schild, ihre Körper fielen wie Deckenbalken auf uns. Ich wurde kurz taub.

Dann gruben Hände uns aus, um uns nach hinten zu ziehen. Phélippeaux zeigte mit dem Finger und schrie etwas, doch ich sah nur seine Lippenbewegungen und konnte ihn nicht verstehen.

Wieder traten die Franzosen den Rückzug an, die Zahl ihrer Gefallenen viel höher als zuvor.

Ich drehte mich um und stieß einen Schrei aus, den ich selbst nicht hörte. »Miriam! Lebst du?«

Sie lag leblos da.

Ich trug sie aus den Trümmern hinaus in die Gärten des Paschas. Das Klingeln in meinen Ohren ließ allmählich nach. Hinter uns rief Phélippeaux Befehle an Pioniere und Arbeiter, die Bresche auszubessern. Die Luft im Garten war voller Rauch. Asche sank herab.

Ich bettete meine Helferin auf eine Bank neben einem Springbrunnen und legte mein Ohr an ihre Lippen. Ja! Ein zitternder Atemhauch. Sie war bewusstlos, nicht tot. Ich tauchte ein Taschentuch ins Wasser, das rosa vor Blut war, und wischte ihr das Gesicht ab. So weich, so glatt unter dem Schmutz! Das kühle Tuch brachte sie schließlich wieder zu Bewusstsein. Sie blinzelte, schauderte ein wenig und richtete sich dann abrupt auf. »Was ist passiert?« Sie zitterte.

»Es hat funktioniert. Sie haben sich zurückgezogen.«

Sie legte die Arme um meinen Hals und klammerte sich fest. »Ethan, es ist so entsetzlich.«

»Vielleicht kommen sie nicht wieder.«

Sie schüttelte den Kopf. »Du hast mir gesagt, Bonaparte sei unerbittlich.«

Ich wusste, es bedurfte mehr als einer elektrischen Kette, um Napoleon zu schlagen.

Miriam schaute an sich herab. »Ich sehe aus wie ein Schlächter.«

»Du bist schön. Schön und blutig.« Es stimmte. »Komm, wir bringen dich hinein.« Ich half ihr auf, sie lehnte sich an mich, legte einen Arm um meine Schulter und stützte sich ab. Ich wusste nicht so recht, wohin ich sie bringen sollte, doch ich wollte von Jerichos Werkstatt und der umkämpften Mauer weg. Ich schlug den Weg zur Moschee ein.

Dann tauchte Jericho auf, geführt von einem verängstigten Ned.

»Mein Gott, was ist passiert?«, fragte der Schmied.

»Sie wurde in die Kämpfe in der Bresche hineingezogen. Sie war furchtlos wie eine Amazone.«

»Mir ist nichts zugestoßen, Bruder.«

Seine Stimme war anklagend. »Du hast gesagt, sie würde nur bei deiner Hexerei helfen.«

»Die Männer brauchten Munition, Jericho«, erklärte sie.

»Ich hätte dich verlieren können.«

Dann trat Schweigen ein, die Anspannung zweier Männer, die eine Frau aus unterschiedlichen Gründen haben wollten. Ned stand stumm daneben und sah betroffen drein, als wäre es seine Schuld.

»Na gut, dann komm wieder runter in die Gießerei«, sagte Jericho knapp. »Da sind wir sicher vor Kanonenkugeln.«

»Ich gehe mit Ethan.«

»Wohin?«

Beide schauten mich an, als wüsste ich es. »Dahin«, sagte ich, »wo sie etwas Ruhe findet. In deiner Schmiede ist es laut wie in einer Fabrik, Jericho. Heiß und schmutzig.«

»Ich will nicht, dass du bei ihr bist.« Seine Stimme war ausdruckslos.

»Ich bin mit Ethan zusammen, Bruder.« Ihre Stimme war leise, aber nachdrücklich.

Und so gingen wir, sie auf mich gestützt, und ließen den Schmied enttäuscht mit schlaff am Körper herunterhängenden Händen im Garten stehen. Hinter uns rumpelte die Artillerie wie ferne Trommeln.

Mein Freund Mohammed hatte sich entschlossen, nicht fortzusegeln und uns Naopleon zu überlassen, sondern sich im Khan el-Omdan einquartiert, dem Gasthaus zur Säule. In der Aufregung über die Arbeit an der Kette hatte ich ihn vergessen, doch jetzt wollte ich zu ihm gehen. Ich hatte einen Mantel um Miriam geschlungen, aber als wir in Mohammeds Behausung auftauchten, sahen wir aus wie Flüchtlinge: rußgeschwärzt, dreckig und zerfetzt.

»Mohammed, wir brauchen einen Platz, an dem wir uns ausruhen können.«

»Effendi, alle Räume sind belegt!«

»Bestimmt ...«

»Allerdings ist für einen angemessenen Preis alles zu haben.«

Ich lächelte schief. »Können wir das Zimmer mit dir teilen?«

Er schüttelte den Kopf. »Die Wände sind dünn, und Wasser ist rar. Das ist kein Platz für eine Dame. Sie haben es nicht besser verdient, aber sie. Geben Sie mir den Rest des Geldes, den Sir Sidney Ihnen für Ihren Orden gegeben hat, und Ihre Gewinne beim Duell.« Er streckte die Hand aus.

Ich zögerte.

»Kommen Sie, Sie wissen, dass ich Sie nicht betrügen will. Was nützt das Geld, wenn Sie es nicht gebrauchen?«

Also gab ich es ihm, und er verschwand. Nach einer halben Stunde war er wieder da, mit meinem leeren Geldbeutel. »Kommen Sie mit. Ein Kaufmann ist aus der Stadt geflüchtet, und ein junger Arzt benutzt sein Haus zum Übernachten. Er ist oft nicht da und hat mir die Schlüssel gegeben.«

Das Haus war dunkel, die Fensterläden geschlossen, die Möbel mit Schonbezügen versehen an die Wand gerückt. Der Aufbruch des Besitzers hatte eine trostlose Atmosphäre hinterlassen, und der Arzt, der seinen Platz eingenommen hatte, kampierte dort nur.

Er war ein christlicher Levantiner aus Tyrus und hieß Zawani. Er schüttelte mir die Hand und sah Miriam neugierig an. »Ich werde das Geld für Kräuter und Verbände verwenden.« Wir waren so weit von den Stadtmauern entfernt, dass die Kanonenschüsse gedämpft klangen. »Oben ist ein Bad. Ruhen Sie sich aus. Ich komme erst morgen wieder.« Er sah gut aus, hatte freundliche Augen, die jedoch bereits vor Erschöpfung hohl waren.

»Die Dame muss sich erholen ...«

»Sie müssen nichts erklären. Ich bin Arzt.«

Man ließ uns allein. Das obere Stockwerk hatte einen Badealkoven mit einer weißen Marmorkuppel über dem Becken, die von dicken, farbigen Glasscheiben durchsetzt war. Lichtstrahlen in vielen Farben drangen ein wie ein zersplitterter Regenbogen. Holz zum Anheizen des Wassers war vorhanden, also machte ich mich ans Werk, während Miriam schlummerte. Der Raum war voller Dampf, als ich sie weckte. »Ich habe ein Bad eingelassen.« Ich wollte schon gehen, doch sie hielt mich fest und zog uns beide aus. Ihre Brüste waren klein, aber perfekt geformt und fest, ihre Brustwarzen rosa, ihr Bauch endete in einem Wald aus blondem Haar. Sie war eine jungfräuliche Madonna, die uns beiden den Dreck der Schlacht abschrubbte, bis sie wieder wie Alabaster aussah.

Die Matratze des Kaufmanns auf einem reich verzierten Bett mit Schubladen darunter und einem Baldachin darüber reichte mir bis an die Hüfte. Miriam kroch zuerst hinauf und legte sich zurück, sodass ich sie im blassen Licht sehen konnte. Nichts ist reizvoller als der Anblick einer einladenden Frau. Ihr süßer Duft hüllt die Sinne ein wie warmes Meerwasser, das die Haut umschmeichelt. Ihr Körper war rätselhaft und unerforscht wie eine verschneite Bergkette. Wusste ich überhaupt noch, was ich tun musste? Ich kam mir vor, als wäre ich tausend Jahre alt. Eine eigenartige, plötzliche Erinnerung an Astiza stieg in mir auf – ein Messer ins Herz –, doch dann ergriff Miriam das Wort.

»Das ist so ein Augenblick, von dem ich dir erzählt habe, Ethan.«

Also nahm ich sie, langsam und zärtlich. Beim ersten Mal weinte sie, und dann, beim zweiten Mal, klammerte sie sich fester an mich und schrie auf. Auch ich klammerte mich fest, am Ende zitternd und keuchend, und meine Augen wurden feucht beim Gedanken an Astiza, dann an Napoleon, dann an Miriam, und daran, wie lange es dauern würde, bis die

Franzosen erneut kämen, diesmal ebenso wütend wie in Jaffa. Wenn sie in die Stadt eindrängen, würden sie uns alle umbringen.

Ich wandte den Kopf ab, damit sie meine sorgenvollen Tränen nicht sah, und wir schliefen ein.

Gegen Mitternacht wurde ich wachgerüttelt. Ich griff nach einer Pistole, sah dann aber, dass es Mohammed war.

»Was zum Teufel?«, fauchte ich. »Können wir denn nicht mal einen Moment lang ungestört bleiben?«

Er legte den Finger auf die Lippen und gab mir ein Zeichen mit dem Kopf: Kommen Sie.

»Jetzt?«

Er nickte unmissverständlich.

Seufzend stieg ich aus dem Bett auf den kalten Boden und folgte ihm in den großen Raum.

»Was machst du hier?«, maulte ich und hielt eine Decke um mich wie eine Toga. In der Stadt herrschte offenbar Ruhe, die Kanonen schwiegen.

»Tut mir leid, Effendi, aber Sir Sidney und Phélippeaux haben gesagt, dass diese Sache keinen Aufschub duldet. Die Franzosen haben einen Pfeil benutzt, um das hier über die Mauer zu schießen. Ihr Name steht darauf.«

»Einen Pfeil? Bei Isaac Newton, in welchem Jahrhundert leben wir?«

Ein Stück Sackleinen war an den Pfeil gebunden. Tatsächlich, auf einem Schildchen stand mit feiner Feder geschrieben: »Ethan Gage«. Franklin hätte die effiziente Zustellung bewundert.

»Woher wissen die, dass ich hier bin?«

»Ihre elektrische Kette ist wie ein Banner, das Ihre Anwesenheit verkündet. Die ganze Provinz spricht über Sie, nehme ich an.«

Wohl wahr. Was konnten unsere Feinde mir also schicken, das so klein war?

Ich wickelte die Sackleinwand ab und rollte den Inhalt auf meine Handfläche.

Ein Rubinring, das Juwel so groß wie eine Kirsche. Auf einem daran befestigten Zettel stand nur: »Sie braucht die Engel. Monge.« Meine Welt geriet ins Wanken.

Zuletzt hatte ich das Juwel an Astizas Finger gesehen.

15

Mohammed beobachtete mich eindringlich. »Dieser Ring bedeutet Ihnen etwas, mein Freund?«

»Ist das alles? Keine weitere Botschaft?« Monge war zweifellos Gaspard Monge, der französische Mathematiker, den ich in Jaffa getroffen hatte.

»Und es ist nicht nur die Größe des Edelsteins, nicht wahr?«, drängte Mohammed.

Schwer ließ ich mich auf einen Sitz fallen. »Ich kannte die Frau, die ihn getragen hat.« Astiza lebte noch!

»Und aus welchem Grund sollte die französische Armee ihren Ring über die Mauern katapultieren?«

Ja, warum eigentlich? Ich drehte den Ring hin und her und erinnerte mich an seinen Ursprung. Ich hatte darauf bestanden, dass Astiza ihn aus dem unterirdischen Schatz mitnahm, den wir unter der Großen Pyramide gefunden hatten, obwohl sie einwand, dass so eine Beute verflucht sei. Dann hatten wir ihn kurz vergessen, bis sie versuchte, am Halteseil von Contés Gasballon in meinen Weidenkorb zu steigen, während der verzweifelte Graf Silano sich an ihre Fußgelenke klammerte. Ihr fiel der Fluch ein, und sie flehte mich an, den Ring von ihrem Finger zu ziehen, doch es gelang mir nicht. Statt mich also in die Reihen französischer

Soldaten hinabzuziehen, kappte sie das Halteseil und stürzte schreiend mit Silano in den Nil. Der Ballon schoss derart turbulent in die Höhe, dass ich nicht sah, wie sie aufkamen. Die französischen Soldaten schossen eine Salve ab, und als ich dann ins blendende Wasser schaute ... nichts. So, als wäre sie vom Erdboden verschwunden. Bis jetzt.

Und die Engel? Die Seraphim, die wir gefunden hatten. Ich musste sie mir von Miriam wiederholen. »Sie wollen, dass ich nachsehen komme.«

»Dann ist es also eine Falle!«, sagte mein Kamerad. »Sie haben Angst vor Ihnen und Ihrer elektrischen Magie.«

»Nein, ich glaube nicht, dass es eine Falle ist.« Ich war nicht so eingebildet zu glauben, dass sie mich für einen derart gefährlichen Feind hielten, dass sie mich aus den Mauern herauslocken mussten, um mich zu erschießen. Tatsächlich vermutete ich, dass sie unsere gemeinsame Suche nach dem Buch des Thoth nicht aufgegeben hatten. Die einzige Möglichkeit, mich wieder anzuwerben, war die Aussicht auf Astiza. »Aufgrund der Elektrizität wissen sie einfach, dass ich noch lebe, und sie haben etwas in Erfahrung gebracht, bei dem ich ihnen weiterhelfen kann. Vermutlich geht es um das, wonach ich in Jerusalem gesucht habe. Und sie wissen, das Einzige, was mich veranlassen könnte, zu ihnen zurückzukehren, ist eine Nachricht über diese Frau.«

»Effendi, Sie wollen doch nicht im Ernst diese Mauern verlassen!«

Ich warf einen Blick dorthin zurück, wo Miriam schlief. »Ich muss.«

Er war verdattert. »Wegen einer Frau? Sie haben doch hier eine.«

»Weil da draußen etwas auf Wiederentdeckung wartet, dessen Gebrauch oder Missbrauch über das Schicksal der Welt bestimmen wird.« Ich dachte nach. »Ich möchte den Franzosen helfen, es zu finden, es ihnen aber dann stehlen. Dazu brauche ich Hilfe, Mohammed. Ich werde durch Palästina entkommen müssen, sobald ich Astiza und die Beute habe. Jemanden, der sich vor Ort auskennt.«

Er wurde bleich. »Ich bin nur knapp aus Jaffa entkommen, Effendi! Mitten zwischen die fränkischen Teufel zu gehen ...«

»... könnte dir einen Anteil am größten Schatz der Welt verschaffen«, sagte ich schmeichelnd.

»Am größten Schatz?«

»Ohne Garantie, natürlich.«

Er überlegte. »Welchen Anteil?«

»Na ja, fünf Prozent klingt vernünftig, meinst du nicht?«

»Dafür, dass ich Sie durch die palästinensische Wildnis bringe? Mindestens ein Fünftel!«

»Ich beabsichtige, noch weitere Hilfe in Anspruch zu nehmen. Sieben Prozent sind das absolute Maximum, das ich mir leisten kann.«

Er verbeugte sich. »Ein Zehntel ist äußerst vernünftig. Hinzu kommt ein kleines Geschenk, wenn wir die Hilfe meiner Vettern und Brüder und Onkel bekommen. Und Ausgaben für Pferde und Kamele. Waffen, Nahrungsmittel. Kaum ein Almosen, wenn es wirklich vom größten Schatz ist.«

Ich seufzte. »Wir wollen einfach nur versuchen, ob wir zu Monge gelangen, ohne erschossen zu werden, einverstanden?«

Da gab es natürlich eine unangenehme Sache zu bedenken, während wir unsere flotte Planung begannen. Ich hatte gerade mit der reizendsten Frau geschlafen, die ich je kennengelernt hatte, und beabsichtigte, meine Seraphim wieder an mich zu nehmen und mich davonzuschleichen, um die Wahrheit über Astiza zu erfahren, ohne der armen Frau auch nur eine Nachricht zu hinterlassen. Ich kam mir vor wie ein Schuft und hatte nicht die geringste Ahnung, wie ich es mir selbst erklären sollte, ohne niederträchtig zu klingen. Es lag nicht daran, dass ich Miriam untreu war, ich war einfach auch der Erinnerung an die erste Frau treu, und ich liebte beide auf unterschiedliche Weise. Astiza verkörperte für mich das Wesen Ägyptens, der antiken Mysterien, sie war eine Schönheit, deren Suche nach uraltem Wissen ich mir zu eigen gemacht hatte. Wir hatten uns kennengelernt, als sie bei einem Mordanschlag auf mich assistierte. Napoleon persönlich hatte den darauf folgenden kleinen Angriff angeführt, bei dem sie gefangen genommen wurde. Dann hatte sie mehr als einmal mein Leben gerettet und meiner inneren Leere ein Ziel gegeben. Wir waren nicht nur ein Liebespaar gewesen, wir waren zu Partnern auf einer Suche geworden und in der Großen Pyramide beinahe ums Leben gekommen. Es war absolut vernünftig nach Astiza zu suchen – der Ring hatte Erinnerungen entzündet wie ein Streichholz eine Spur Zündpulver –, aber ein bisschen peinlich, es Miriam zu erklären. Frauen können in dieser Hinsicht ziemlich missmutig sein. Ich würde mich also aufmachen, die Bedeutung von Astizas Ring herauszufinden, sie retten, die beiden zusammenbringen, und dann …

Was? Na ja, wie Sidney Smith gemeint hatte, es ist famos,

wie sich solche Dinge lösen. »Wie praktisch es doch ist, ein vernünftiges Geschöpf zu sein«, hatte Ben Franklin gesagt, »da es einen Menschen befähigt, alles zu tun, was er ohnehin im Sinn hatte.« Der alte Ben hatte die Damen persönlich unterhalten, während seine Frau drüben in Philadelphia schmorte.

»Sollen wir Ihre Frau wecken?«, fragte Mohammed.

»O nein.«

Als ich Big Ned bat, mitzukommen, war er so schwer zu überzeugen wie ein Hund, dessen Herrchen ihn zu einem Spaziergang auffordert. Er gehörte zu den Männern, die nichts Halbes machen; entweder war er mein unnachgiebigster Feind oder mein treuester Diener. Er war inzwischen überzeugt, dass ich ein Magier mit einer besonderen Macht war und mir nur die Zeit vertrieb, bevor ich das Vermögen Salomos verteilen würde.

Jericho hingegen hatte Gespräche über einen Schatz längst aufgegeben. Er war interessiert, als ich ihn weckte und ihm erklärte, der Rubinring habe Astiza gehört, aber nur, weil die Ablenkung mich von seiner Schwester fernhalten würde.

»Du musst dich deshalb um Miriam kümmern, während ich fort bin«, sagte ich ihm und versuchte, mein Gewissen damit zu beruhigen, dass ich ihm die Verantwortung übertrug. Er sah so zufrieden aus, dass ich im ersten Moment überlegte, ob er mir nicht den Ring geschickt hatte.

Doch dann blinzelte er und schüttelte den Kopf. »Ich kann dich nicht allein gehen lassen.«

»Ich bin nicht allein. Ich habe Mohammed und Ned.«

»Einen Heiden und einen Begriffsstutzigen? Das wird ein Wettstreit, welcher von euch dreien dich zuerst in einen Schlamassel führt. Nein, du brauchst jemanden mit Köpfchen.«

»Das hat Astiza, falls sie noch lebt. Smith und Phélippeaux und der Rest der Garnison brauchen dich mehr als ich, Jericho. Verteidige die Stadt und Miriam. Ich werde dich noch immer beteiligen, wenn wir den Schatz gefunden haben.« Man kann einem Mann keinen Wohlstand in Aussicht stellen, ohne dass er bei der Aussicht wehmütig wird, so gering sie auch sein mag.

Er schaute mich mit neu gewonnener Achtung an. »Die französischen Linien zu überschreiten, ist riskant. Vielleicht ist doch etwas an dir dran, Ethan Gage.«

»Der Meinung ist auch deine Schwester.« Doch bevor wir über *dieses* Thema streiten konnten, brach ich mit Mohammed und Ned auf. Wir wären ins Kreuzfeuer geraten, wenn wir einfach durch die Mauern ins Freie geschlendert wären, daher nahmen wir das Boot, in dem Mohammed aus Jaffa geflohen war. Die Stadt zeichnete sich als dunkle Silhouette vor den Sternen ab, um den Franzosen möglichst wenige Angriffspunkte zu bieten, während der Feuerschein im feindlichen Lager hinter den Schützengräben Sonnenröte an den Himmel warf. Unser Kielwasser glänzte silbern. Wir landeten auf dem Sandstrand hinter dem Halbkreis der französischen Linien und schlichen uns von hinten an ihr Lager heran, über Furchen und die durch den Krieg zertrampelte Ernte hinweg.

Von hinten in eine Armee einzudringen, ist leichter, als man denkt. Dieser Bereich gehört den Fuhrleuten, Marketenderinnen, Prostituierten und Drückebergern, die nicht daran gewöhnt sind, zu einer Waffe zu greifen. Ich bat meine Begleiter, hinter einem Dickicht an einem lauwarmen Bach zu warten, und marschierte mit der überlegenen Haltung eines Gelehrten hinein, eines Mannes, der zu allem eine Meinung, aber nichts geleistet hat. »Ich habe eine Botschaft für Gaspard Monge von seinen akademischen Kollegen in Kairo«, sagte ich einem Wächter.

»Er hilft im Lazarett.« Er zeigte in die Richtung. »Gehen Sie auf eigene Gefahr hin.«

Hatten wir schon so viele verwundet? Im Osten begann der Himmel, heller zu werden, als ich die Lazarettzelte fand, die wie eine riesige Zirkusplane zusammengenäht waren. Monge schlief auf einer Pritsche und wirkte selbst krank, ein abenteuerlustiger Wissenschaftler in mittleren Jahren, den die Expedition altern ließ. Trotz der Sonne war er bleich, auch dünner und ausgehöhlt. Ich zögerte, ihn zu wecken.

Ich schaute mich um. Leise vor sich hin stöhnende Soldaten lagen in parallelen Reihen, die sich im Dunkel verloren. Für die Soldaten, die wir verwundet hatten, schien mir ihre Anzahl zu groß. Ich bückte mich, um einen zu untersuchen, der unruhig zuckte, und schrak bei dem Anblick zurück. Sein Gesicht war von Pusteln übersät, und als ich das Laken anhob, sah ich eine unheilvolle Schwellung in seiner Leistengegend.

Pest.

Hastig trat ich zurück. Ich schwitzte. Gerüchten zufolge wurde es schlimmer, doch die Bestätigung rief fürchterliche Angst wach. Krankheit war der größte Feind von Armeen, Pest das Schreckgespenst von Belagerungen, und nur selten beschränkte sie sich auf eine Seite. Wenn sie nun die Mauern überwände?

Andererseits setzte die Krankheit Napoleon unter Zeitdruck. Er musste siegen, bevor die Pest seine Armee dezimierte. Kein Wunder, dass er übereilt angegriffen hatte.

»Ethan, sind Sie das?«

Ich drehte mich um. Monge saß aufrecht, er sah zerzaust und schwach aus. Er blinzelte, um wach zu werden. Wieder erinnerte mich sein Gesicht an einen weisen alten Hund. »Ich bin noch einmal gekommen, um Ihren Rat zu erbitten, Gaspard.«

Er lächelte. »Zuerst dachten wir, Sie seien tot, dann vermuteten wir, Sie wären der verrückte Elektrizitätspionier irgendwo innerhalb der Mauern von Akko, und jetzt tauchen Sie hier auf, weil ich Sie gerufen habe. Vielleicht sind Sie ja tatsächlich ein Magier. Oder der verwirrteste Mann beider Armeen, der nie weiß, auf welcher Seite er steht.«

»Auf der anderen Seite ging es mir rundum gut, Gaspard.«

»Pah. Mit einem despotischen Pascha, einem geisteskranken Engländer und einem neidischen französischen Royalisten? Das glaube ich nicht. Sie sind vernünftiger, als Sie vorgeben.«

»Phélippeaux sagte, Bonaparte sei in der Schule der Neidische gewesen, nicht er.«

»Phélippeaux steht auf der falschen Seite der Geschichte, so wie jeder Mann hinter jenen Mauern. Die Revolution erschafft den Menschen nach Jahrhunderten des Aberglaubens und der Tyrannei neu. Rationalismus wird immer über Aberglauben triumphieren. Unsere Armee verspricht Freiheit.«

»Mit der Guillotine, Massakern und der Pest.«

Er sah mich stirnrunzelnd an, enttäuscht über meine Uneinsichtigkeit, und dann zuckten seine Mundwinkel. Schließlich lachte er. »Was sind wir doch für Philosophen, am Ende der Welt!«

»Dem Zentrum, würden die Juden sagen.«

»Ja. Jede Armee trampelt irgendwann durch Palästina, dem Scheideweg zwischen drei Kontinenten.«

»Gaspard, woher haben Sie diesen Ring?« Ich hielt ihn hoch, der Edelstein war wie eine Blutblase inmitten der Farblosigkeit. »Astiza hat ihn getragen, als ich sie zuletzt sah, bevor sie in den Nil stürzte.«

»Bonaparte hat die Botschaft mit dem Pfeil angeordnet.«

»Aber warum?«

»Nun, zum einen lebt sie noch.«

Mein Herz galoppierte davon. »Und ihr Zustand?«

»Ich habe sie nicht gesehen, aber ich habe eine Nachricht bekommen. Sie lag im Koma und stand einen Monat lang unter der Obhut des Grafen Silano. Aber man sagte mir, sie habe sich besser erholt als er. Er traf zuerst im Wasser auf, vermute ich, da sie über ihm war, daher hat er die Wasseroberfläche durchbrochen. Seine Hüfte wurde zerschmettert, und er wird sein Leben lang humpeln.«

Mein Pulsschlag war wie Trommeln in meinen Ohren. Zu wissen, zu wissen ...

»Jetzt ist sie bei ihm«, fuhr Monge fort.

Das war wie ein Schlag. »Sie machen Witze.«

»Sie kümmert sich um ihn, meine ich. Sie hat die eigentümliche Suche nach dem, wonach Sie alle suchen, nicht aufgegeben. Die beiden waren wütend und entsetzt, als sie hörten, dass man Sie in Jaffa verurteilt und hingerichtet hatte –

das war das Werk dieses Narren Najac; ich weiß nicht, warum Napoleon nicht auf *mich* hören wollte. Gage, Sie wissen etwas, das sie brauchen. Als es Gerüchte gab, Sie seien noch am Leben, schickte sie den Ring. Wir haben Ihren elektrischen Trick gesehen. Meine Anweisungen lauteten, nach Engeln zu fragen. Wissen Sie, was sie meint?«

Wieder einmal spürte ich sie schwer auf meiner Haut. »Kann sein. Ich muss Astiza sehen.«

»Sie ist nicht hier. Sie hat sich mit Graf Silano zum Berg Nebo aufgemacht.«

»Zu welchem Berg?«

»Östlich von Jerusalem, auf der anderen Seite des Jordan. Dort erblickte Moses am Ende das Gelobte Land und starb, bevor er es betreten konnte. Warum interessieren sich die beiden denn so sehr für Moses, Ethan Gage?« Er nahm mich genau in Augenschein.

Also wussten Monge und wahrscheinlich auch Bonaparte nicht alles. Welches Spiel spielten Silano und Astiza? »Ich habe keine Ahnung«, log ich.

»Und was wissen Sie über diese Engel, das die beiden ebenso begierig nach Ihnen suchen lässt wie Sie nach ihnen?«

»Davon habe ich noch weniger Ahnung«, sagte ich wahrheitsgetreu.

»Sind Sie allein gekommen?«

»Ich habe ein paar Freunde, die an einem sicheren Ort warten.«

»Kein Ort in Palästina ist sicher. Ein verseuchtes Land. Unser Freund Conté hat ausgeklügelte Wagen konstruiert, um noch mehr Belagerungsartillerie aus Ägypten zu holen, da die heimtückischen Briten unsere Geschütze auf See gekapert haben, doch sie stoßen unterwegs ständig auf Widerstand. Die Menschen hier wissen nicht, wann sie geschlagen sind.«

Wenn Napoleon große Geschütze erwartete, wurde die Zeit knapp. »Was passiert am Berg Nebo?«

Monge zuckte mit den Schultern. »Wenn Sie sich Ihren gelehrten Kollegen anvertrauten, Gage, könnten wir Ihre Zukunft vielleicht präziser erhellen. Aber Sie behalten Ihre Meinung ja lieber für sich und landen im Schlamassel. Wie Ihr vergebliches Bemühen mit dem Pascalschen Dreieck, das auf Ihrem Amulett eingraviert war – sagen Sie, sind Sie das alte Ding endlich losgeworden?«

»O ja.« Monge war mit der Zeit davon überzeugt gewesen, dass mein ägyptisches Amulett nur eine moderne Fälschung war. Astiza hatte ihn daher hinter vorgehaltener Hand als Narren bezeichnet. Er war kein Narr, sondern mit der Selbstgewissheit belastet, die mit zu viel Bildung einhergeht. Die Wechselbeziehung zwischen Bildung und gesundem Menschenverstand ist äußerst begrenzt. »Es gibt nichts, dass ich Ihnen anvertrauen könnte. Ich habe nur elektrische Experimente durchgeführt, als Sie diesen Ring über unsere Mauern schickten.«

»Experimente, die meine Männer umgebracht haben.«

Bei der Stimme fuhr ich zusammen. Bonaparte trat aus dem Dunkeln! Er schien immer überall zu sein. Schlief er überhaupt? Er wirkte fahl, ruhelos, und seine grauen Augen strahlten ihre gewohnte Kälte aus. Wieder einmal bewunderte ich seine Fähigkeit, größer zu erscheinen, als er war, und eine verführerische Energie auszustrahlen. »Monge hat recht, Gage, Sie gehören eigentlich auf die Seite der Wissenschaft und Vernunft – die Seite der Revolution.«

Wir waren Feinde, musste ich mich innerlich ermahnen. »Wollen Sie also wieder versuchen, mich zu erschießen?«

»Das hat meine Armee gestern versucht, nicht wahr?«, sagte er milde. »Und Sie mit Ihrer elektrischen Hexerei haben dazu beigetragen, uns zu schlagen.«

»Nachdem Sie versucht haben, mich bei Jaffa zu erschießen oder zu ertränken, auf Anraten dieses Wahnsinnigen Najac. Da stand ich nun im Angesicht der Ewigkeit, und als ich aufschaute, lasen Sie billige Romane!«

»Meine Romane sind nicht billig, und ich habe ein Interesse an Literatur wie an Wissenschaft. Wussten Sie, dass ich als Jugendlicher Prosa geschrieben habe? Ich träumte davon, sie zu veröffentlichen.«

Ohne es zu wollen, war ich neugierig. »Liebe oder Krieg?«

»Krieg natürlich, und Leidenschaft. Einer meiner Lieblingsromane hieß *Der maskierte Prophet*. Er handelte von einem muslimischen Fanatiker im achten Jahrhundert, der sich einbildete, er sei der Mahdi, der mit dem Kalifen in den Krieg zieht. Vom Schauplatz her prophetisch, nicht wahr?«

»Was geschieht?«

»Die Träume des Helden verfliegen, als er in der Schlacht geblendet wird, doch um sein Gebrechen geheim zu halten, bedeckt er sein Gesicht mit einer Maske aus glitzerndem Silber. Er sagt seinen Männern, er müsse sein Gesicht verdecken, damit das Strahlen des Mahdi niemanden blende, der zu ihm aufschaue. Sie glauben ihm. Aber er kann nicht gewinnen, und Stolz erlaubt keine Kapitulation, also befiehlt er seinen Männern, einen gigantischen Schützengraben auszuheben, um den feindlichen Angriff zu verschlingen. Dann lädt er seine Gefolgsleute zu einem Festessen ein und vergiftet alle. Er schleppt die Leichen in den Graben, zündet sie an und läuft selbst in die Flammen. Melodramatisch, das gebe ich zu. Jugendliche Dekadenz.«

Das war die Fantasie, die im Heiligen Land ausgetragen wurde? »Bitte, verzeihen Sie, wenn ich frage, worum ging es Ihnen?«

»›Die Extreme, zu denen die Gier nach Ruhm einen Mann treiben kann‹ lautete mein letzter Satz.« Er lächelte.

»Auch prophetisch.«

»Glauben Sie, meine Geschichte war autobiografisch? Ich bin nicht blind, Ethan Gage. Wenn überhaupt, liegt der Fluch auf mir, zu gut zu sehen. Und was ich jetzt sehe, ist, dass Sie an Ihrem *richtigen* Platz sind, auf der Seite der Wissenschaft, die Sie nie hätten verlassen dürfen. Sie glauben, anders zu sein als Graf Silano, und doch wollen Sie beide wissen – so gesehen sind Sie beide gleich. Auch die Frau, zu der Sie sich beide hingezogen fühlen, ihr alle seid neugierig wie die Katzen. Ich hätte Sie erschießen lassen können, doch es ist köstlicher, Ihnen dreien bei der Lösung Ihres Rätsels zuzuschauen, meinen Sie nicht?«

Ich seufzte. »Wenigstens scheinen Sie freundlicher gestimmt zu sein als bei unserem letzten Zusammentreffen, General.«

»Ich habe eine klarere Vorstellung von meinem eigenen Ziel, was sich immer beruhigend auswirkt. Ich habe nicht aufgegeben, Sie zu verführen, Amerikaner. Ich hoffe noch immer, dass wir die Welt erneuern und somit bessern können.«

»Besser als das Abschlachten bei Jaffa?«

»Kleine Grausamkeiten können Millionen retten, Gage. Ich habe den Osmanen das Risiko des Widerstandes deutlich gemacht, damit dieser Krieg rasch enden kann. Gäbe es nicht Fanatiker wie Smith und Phélippeaux, dem Verräter an der eigenen Nation, hätten sie sich längst ergeben, und kein Blut wäre geflossen. Lassen Sie sich nicht durch deren Torheit in Akko einfangen. Gehen Sie, erfahren Sie alles, was Sie können, mit Silano und Astiza, und dann treffen Sie die Entscheidung eines Gelehrten, was Sie damit anfangen. Auch ich bin Mitglied des Instituts, denken Sie daran. Ich werde mit Wissenschaft leben. Nicht wahr, Gaspard?«

Der Mathematiker lächelte schmallippig. »Niemand hat mehr getan, um Wissenschaft, Politik und militärische Technik miteinander zu verbinden, General.«

»Und niemand hat härter für Frankreich gearbeitet als unser Doktor Monge hier, den ich selbst gepflegt habe, als ihn Krankheiten befielen. Er ist standhaft! Lernen Sie von ihm, Gage! Nun, in Anbetracht Ihrer eigenartigen Vorgeschichte werden Sie verstehen, dass ich Ihnen eine Eskorte mitgeben muss. Sie haben ein Interesse, einander im Auge zu behalten, glaube ich?«

Und aus dem Dunkeln trat Pierre Najac, noch genauso zerzaust und mörderisch wie zu dem Zeitpunkt, als ich ihn verließ.

»Sie belieben zu scherzen.«

»Im Gegenteil, Sie zu bewachen ist seine Strafe dafür, dass er zuvor nicht intelligenter mit Ihnen umgegangen ist«, sagte Bonaparte. »Richtig, Pierre?«

»Ich werde ihn zu Silano bringen«, knurrte der Mann.

Ich hatte die Verbrennungen und die Prügel nicht vergessen. »Dieser Folterknecht ist nichts weiter als ein Dieb. Ich brauche seine Eskorte nicht.«

»Aber ich«, sagte Napoleon. »Ich bin es leid, dass Sie in alle Richtungen davonlaufen. Sie werden mit Najac gehen oder gar nicht. Er ist Ihre Fahrkarte zu der Frau, Gage.«

Najac spuckte aus. »Keine Sorge. Sobald wir gefunden haben, wonach wir suchen, was immer es ist, werden Sie Ihre Chance bekommen, mich zu töten. So wie ich eine Chance haben werde, *Sie* umzubringen.«

Ich schaute mir an, was er bei sich hatte. »Nicht mit meiner Büchse, das sage ich Ihnen.«

Napoleon war verwirrt. »Ihre Büchse?«

»Ich habe mitgeholfen, sie in Jerusalem zu schmieden. Dann hat dieser Bandit sie gestohlen.«

»Ich habe Sie entwaffnet. Sie waren ein Gefangener!«

»Und jetzt wieder ein Verbündeter, ob ich es will oder nicht. Geben Sie sie mir zurück!«

»Den Teufel werde ich!«

»Ich werde nicht helfen, wenn Sie die Büchse nicht zurückgeben wollen.«

Bonaparte amüsierte sich offensichtlich. »Doch, das werden Sie. Sie werden es für die Frau tun, und weil Sie die Suche nach dem Rätsel ebenso wenig aufgeben können wie ein vielversprechendes Kartenspiel. Najac hat Sie gefangen genommen, und er hat recht. Ihre Büchse ist Kriegsbeute.«

»Sie ist nicht einmal gut«, fügte der Schurke hinzu. »Sie schießt wie eine Donnerbüchse.«

»Die Treffsicherheit einer Waffe hängt von dem Mann ab, der sie bedient«, erwiderte ich. Ich wusste, dass die Langbüchse wie der Teufel schoss. »Was halten Sie von dem Teleskop?«

»Ein dummes Experiment. Ich habe es abmontiert.«

»Es war ein Geschenk. Wenn wir nach einem Schatz suchen, brauche ich ein Fernrohr.«

»Das ist richtig«, entschied Napoleon. »Geben Sie es ihm.«

Maulend gehorchte Najac. »Und meinen Tomahawk.« Ich wusste, er musste ihn haben.

»Dem Amerikaner Waffen zu überlassen, ist gefährlich«, warnte Najac.

»Das ist keine Waffe, sondern ein Werkzeug.«

»Geben Sie ihm den Tomahawk, Najac. Wenn Sie den Amerikaner nicht mit einem Dutzend Männer überwachen können, obwohl er nur ein Beil hat, sollte ich Sie vielleicht wieder in den Polizeitrupp zurückversetzen.«

Der Mann verzog das Gesicht, gab aber auf. »Das ist ein Werkzeug für Wilde, nicht für Gelehrte. Sie sehen aus wie ein Bauer, wenn Sie es bei sich haben.«

Ich wog das erfreuliche Gewicht in der Hand. »Und Sie sehen aus wie ein Dieb, wenn Sie meine Büchse schwingen.«

»Sobald wir Ihr verdammtes Geheimnis gefunden haben, werden wir beide ein für alle Mal miteinander abrechnen.«

»Genau.« Meine Büchse hatte bereits Schrammen und Kratzer – Najac ging mit Feuerwaffen ebenso nachlässig um wie mit seiner Kleidung –, doch sie sah noch immer so schlank und glatt aus wie der Arm einer Jungfrau. Ich sehnte mich danach. »Tun Sie mir einen Gefallen, Najac. Eskortieren Sie mich in einiger Entfernung, damit ich Sie nicht riechen muss.«

»Aber in Schussweite, das verspreche ich.«

»Bündnisse sind niemals leicht«, stichelte Bonaparte. »Aber nun hat Najac das Gewehr und Gage das Fernrohr. Ihr könnt gemeinsam zielen!«

Der ärgerliche Witz ließ in mir den Wunsch aufkommen, den General aus der Fassung zu bringen. »Und ich vermute, ich soll mich beeilen?« Ich deutete auf die Kranken.

»Beeilen?«

»Die Pest. Die muss Ihre Truppen in Panik versetzen.«

Doch ich konnte ihn nie aus der Ruhe bringen. »Das setzt sie unter Druck. Also beeilen Sie sich, ja. Aber befassen Sie sich nicht zu sehr mit meinem Zeitplan für den Feldzug. Größeres, als Sie ahnen, ist im Anzug. Ihre Suche dreht sich nicht um Syrien, sondern um Europa. Frankreich wartet auf mich.«

16

Ich hatte angenommen, dass wir uns mit Najacs Halsabschneiderbande direkt zum Berg Nebo begeben würden, doch er lachte, als ich es erwähnte. »Dazu müssten wir uns quer durch die osmanische Armee schlagen!« Seit Napoleon in Palästina eingefallen war, hatte die Hohe Pforte von Konstantinopel Soldaten zusammengezogen, um den Franzosen Einhalt zu gebieten. Galiläa, teilte mir Najac mit, wimmelte von türkischer und mameluckischer Kavallerie. Die gallische Befreiung war im Heiligen Land ebenso wenig willkommen, wie sie es in Ägypten gewesen war. Jetzt sollte General Jean-Baptiste Kléber, der vor fast einem Jahr zusammen mit Napoleon am Strand von Alexandria gelandet war, mit seiner Division zur Vertreibung der Muslime aufbrechen. Meine Begleiter und ich würden sich seiner Truppe auf dem Marsch ostwärts zum Jordan anschließen. Dann würden wir uns entlang des legendären Jordan, der vom See Genezareth südlich zum Toten Meer fließt, allein nach Süden bis zum Berg Nebo durchschlagen.

Mohammed und Ned waren nicht begeistert, mit den Franzosen marschieren zu müssen. Kléber war ein beliebter Kommandeur, konnte aber auch ein ungestümer Hitzkopf sein. Doch uns blieb keine andere Wahl. Die Osmanen waren uns direkt im Weg und nicht in der Stimmung, einen Trupp Europäer von einem anderen zu unterscheiden. Wir mussten uns darauf verlassen, dass Kléber uns den Weg freischlagen würde.

»Der Berg Nebo!«, rief Mohammed. »Da gibt's nur Geister und Ziegen.«

»Eher Schätze, denk ich«, meinte Ned verschlagen. »Warum sollte sich unser Hexenmeister sonst wieder mit den Franzmännern verbünden? Wegen dem Schatz von Moses, oder, Mister?«

Für einen Schwachkopf dachte er viel zu viel. »Dort findet ein Treffen von Altertumsforschern statt«, sagte ich. »Eine Frau, die ich in Ägypten kannte, ist am Leben und wartet auf mich. Sie wird mir helfen, das Mysterium zu enträtseln, auf das wir in den Tunneln unter Jerusalem Antworten gesucht haben.«

»Ja, ja, und wie ich höre, haben Sie bereits einen prächtigen Klunker.«

Ich warf Mohammed einen Blick zu, er zuckte aber nur mit den Schultern. »Der Seemann wollte wissen, was unsere Expedition veranlasst hat, Effendi.«

»Lasst euch sagen, dass er Unglück bringt.« Ich zog den Ring aus der Tasche. »Er stammt aus dem Grab eines toten Pharao, und auf so einem Raub liegt immer ein Fluch.«

»Ein Fluch? Von dem, was der wert ist, könnte man sich ein Leben lang auf die faule Haut legen«, sagte Ned verwundert.

»Aber du hast nicht gesehen, dass ich ihn trage, oder?«

»Passt nicht zu Ihrer Hautfarbe«, stimmte Ned zu. »Zu grell, tät ich sagen.«

»Also, wir marschieren mit den Franzosen, bis wir uns absetzen können. Vermutlich wird es ein oder zwei Scharmützel geben. Seid ihr bereit?«

»Ein Scharmützel, und wir haben nichts, womit wir uns zur Wehr setzen können, bis auf Ihr kleines Hackebeilchen«, maulte Ned. »Und bei der Eskorte haben Sie 'ne schlechte Wahl getroffen, Mister. Dieser Najac sieht aus, als würd' er seine Kinder kochen, wenn er für die Brühe 'nen Shilling kriegen könnte. Trotzdem, bin froh, aus den Mauern raus zu sein. Kam mir eingesperrt vor.«

»Und jetzt werdet ihr das wahre Palästina sehen«, versprach Mohammed. »Die ganze Welt will es besitzen.«

Genau da lag das Problem, soweit ich das einschätzen konnte.

Waren wir französische Verbündete – oder Gefangene? Wir waren unbewaffnet, bis auf meinen Tomahawk, konnten uns nicht frei bewegen, wurden sowohl von den begleitenden Chasseurs als auch von Najacs Bande bewacht. Kléber schickte jedoch eine Flasche Wein und seine Empfehlungen, man gab uns gute Pferde, man behandelte uns auf dem Marsch wie Gäste und ließ uns vor der Hauptkolonne reiten, damit wir dem schlimmsten Staub ausweichen konnten. Wir waren wertvolle Jagdhunde an der Leine.

Ned und Najac waren sich sofort spinnefeind – der Seemann in Erinnerung an den Aufruhr, bei dem Tentwhistle umgekommen war, und Najac aus Neid auf die Kraft des Riesen. Kam der Schurke in unsere Nähe, schlug er stets seinen Mantel zurück, damit wir die beiden in seiner Schärpe steckenden Pistolen sahen und nicht vergaßen, dass mit ihm nicht zu spaßen war. Ned wiederum verkündete laut, er hätte seit der missgestalteten Kröte im Abtritt-Teich hinter dem anrüchigsten Bordell von Portsmouth keinen so hässlichen Frosch – wie er die Franzosen nannte – mehr gesehen.

»Wenn dein Hirn auch nur halb so groß wäre wie dein Bizeps, würde mich das, was du zu sagen hast, vielleicht interessieren«, schnaube Najac.

»Und wenn dein Pimmel auch nur halb so groß wär wie deine Quasselzunge, müsstest du nicht jedes Mal nach ihm suchen, wenn du die Hosen runterlässt«, gab Ned zurück.

Trotz der Kabbeleien genoss ich es, von Akko fortzukommen. Das Heilige Land weckt ungewöhnliche Leidenschaft, war hier im Norden gut bewässert und leuchtete im hellen Frühlingsgrün. Weizen und Gerste wuchsen wie wildes Gras, durchsetzt von den leuchtenden Farbtupfen roten Mohns und gelber Kreuzblütler. Es gab purpurfarbenen Flachs und goldene Chrysanthemen zu natürlichen Sträußen ineinander gewunden, sowie hohe Osterlilien. War das hier der Garten Eden? Fern vom Meer wirkte der Himmel so blau wie das Halstuch der Jungfrau Maria, Glimmer und Quarz dunkelten im Licht.

»Schaut, eine gelbe Ammer«, rief Mohammed. »Der Vogel kündet den Sommer an.«

Unsere Division war eine blaue Schlange, die sich durch den Garten Eden wand, und die französische Trikolore kündete von unserem unerhörten Eindringen in das Osmanische Reich. Schafherden teilten sich wie das Meer für unseren Durchmarsch. Leichte Feldgeschütze ruckelten in der Sonne, Bronze blitzte auf wie Signale. Weiß bedeckte Wagen schwankten. Irgendwo im Nordwesten lag Damaskus und im Süden Jerusalem. Die Soldaten waren in guter Stimmung, froh darüber, vom ermüdenden Belagerungsdienst befreit zu sein, und die Division hatte Geld genug – in Jaffa erbeutet –, um gut zu essen, statt stehlen zu müssen. Am Ende des zweiten Tages erstiegen wir den letzten Höhenrücken, und ich konnte einen Blick auf den See Genezareth tief unten werfen, eine blaue Suppe in einer weiten grünen und braunen Schüssel. Der riesige See liegt unter dem Meeresspiegel, ist dunstig und heilig. Wir stiegen nicht hinab, sondern folgten dem Höhenrücken südwärts auf das berühmte Nazareth zu.

Die Heimatstadt des Erlösers ist ein düsterer, unübersichtlicher Ort, die Hauptstraße ein ungepflasterter Karrenweg, und der Verkehr besteht hauptsächlich aus Ziegen. Eine Moschee und ein Franziskanerkloster stehen Stirn an Stirn, als behielten sie einander im Auge. Wir schöpften Wasser aus dem Marienbrunnen und besuchten die Verkündigungskirche, eine orthodoxe Grotte mit der Art von Devotionalien, bei denen Protestanten Magenkrämpfe kriegen. Dann marschierten wir wieder hinab in das üppige, träge Tal der Jesreelebene, die Kornkammer des alten Judäa und seit dreitausend Jahren Durchgangsroute für Armeen. Vieh graste auf den überwucherten Hügeln, die einst große Festungen waren. Karren ratterten über Straßen, auf denen römische Legionen marschiert waren. Meine Begleiter reagierten ungeduldig auf dieses strategische Mäandern, doch mir war bewusst, dass ich etwas erlebte, was wohl nur wenige Amerikaner je zu sehen bekommen würden. Das Heilige Land! Hier sollte man, angeblich, näher zu Gott finden. Einige Soldaten bekreuzigten sich oder murmelten Gebete an heiligen Stätten, trotz des offiziellen Atheismus der Revolution.

Wenn aber der Abend kam, schliffen sie ihre Bajonette, und beim Einschlafen wirkte das kratzende Geräusch so vertraut wie Zikaden.

So begierig ich auch darauf war, Astiza wiederzusehen, fühlte ich mich doch gleichzeitig beklommen. Einmal mehr hatte sie sich irgendwie auf den okkulten Forschungsreisenden Silano eingelassen. Meine politischen Allianzen waren verworrener denn je, und Miriam wartete in Akko. Ich übte Sätze ein, die ich bei unserem Wiedersehen sagen würde, doch sie kamen mir abgedroschen vor.

Unterdessen warnte Mohammed davor, dass unsere dreitausend Begleiter nicht ausreichten. »In jedem Dorf gibt es Gerüchte, dass sich die Türken gegen uns zusammenziehen«, berichtete er. »Mehr Männer als Sterne am Himmel. Es sind Truppen aus Damaskus und Konstantinopel, Ibrahim Beis überlebende Mamelucken aus Ägypten und die Bergkämpfer aus Samarien. Schiiten und Sunniten vereinen sich. Ihre Söldner stammen aus allen möglichen Ländern, von Marokko bis Armenien. Es ist Wahnsinn, bei diesen Franzosen zu bleiben. Sie sind dem Untergang geweiht.«

Ich deutete auf Najacs Schurken. »Wir haben keine Wahl.«

General Kléber versuchte natürlich, dieses türkische Heer zu finden, statt ihm auszuweichen, hoffte, durch das Herabstoßen vom Hügelzug um Nazareth auf dessen Flanke zu treffen. »Leidenschaft regiert«, pflegte der alte Ben zu sagen, »und sie regiert niemals weise.« Und Kléber, ein überaus fähiger General, hatte sich ein volles Jahr lang als Untergebener Napoleons aufgerieben. Er war älter, größer, kräftiger und erfahrener, und doch war der Ruhm der ägyptischen Kampagne allein dem Korsen zugefallen. Bonaparte war derjenige, der in den nach Hause gesandten Bulletins hervorgehoben wurde, Bonaparte, der von der Kriegsbeute reich wurde, Bonaparte, der große neue archäologische Entdeckungen möglich machte, und Bonaparte, der die Stimmung der Armee beherrschte. Schlimmer noch, bei der Schlacht von El-Arisch zu Beginn des Palästina-Feldzugs hatte Klébers Division nur eine mittelmäßige Leistung gezeigt, während sein Rivale Reynier Napoleons Lob geerntet hatte. Es spielte keine Rolle, dass Kléber die Statur, Haltung und das struppige Aussehen eines militärischen Helden hatte, das Bonaparte fehlte, und dass er ein besserer Schütze und besserer Reiter war. Seine Kollegen beugten sich dem Emporkömmling. Keiner würde es zugeben, aber trotz all seiner Fehler war Bonaparte ihnen intellektuell überlegen, war er die Sonne, um die sie instinktiv kreisten. Daher war dieser unabhängige Vorstoß, um die osmanische Verstärkung zu vernichten, Klébers Chance, sich hervorzutun. Genau wie Bonaparte mitten in der Nacht das Lager abgebrochen hatte, um die Mamelucken bei den Pyramiden anzugreifen, bevor sie in voller Bereitschaft waren, beschloss Kléber, im Dunkeln loszumarschieren und das Türkenlager zu überraschen.

»Wahnsinn!«, rief Mohammed. »Für einen Überraschungsangriff sind wir zu weit entfernt. Wir werden die Türken erst finden, wenn uns die Sonne direkt in die Augen scheint.«

Tatsächlich zog sich der Weg um den Berg Tabor viel länger hin, als Kléber angenommen hatte. Statt um zwei Uhr morgens anzugreifen, wie geplant, stießen die Franzosen erst bei Morgengrauen auf die ersten türkischen Vorposten. Bis wir uns zum Angriff gesammelt hatten, blieb unserer Beute genug Zeit zum Frühstücken. Bald jagten ganze Schwärme osmanischer Kavallerie hierhin und dorthin, und Klébers Ehrgeiz wurde durch gesunden Menschenverstand gedämpft. Die aufgehende Sonne enthüllte, dass er dreitausend Mann zum Kampf gegen ein Heer von fünfundzwanzigtausend geführt hatte. Ich besitze einen untrüglichen Instinkt für die falsche Seite.

»Also bringt der Ring tatsächlich Unglück«, murmelte Mohammed. »Ist es möglich, dass Bonaparte nach wie vor versucht, Sie hinzurichten, Effendi, nur auf kompliziertere Weise?«

Mit offenem Mund bestaunten wir drei die gewaltige Herde bedrohlicher Kavallerie, deren Pferde vom hohen Frühjahrsweizen halb verschluckt wurden, während ihre Reiter sinnlos um sich schossen. Das Einzige, was uns davor bewahrte, augenblicklich überrannt zu werden, war die Verwirrung des Feindes. Niemand schien die Befehlsgewalt zu haben. Ihre Armee war aus zu vielen Ecken des osmanischen Reiches zusammengewürfelt. Wir konnten die Regenbogenfarben der verschiedenen Regimenter sehen, dahinter große Wagenkolonnen und ein Lager aus leuchtend bunten Zelten. Wenn Sie Wert auf einen hübschen Anblick legen, schauen Sie sich einen Krieg an, bevor er beginnt.

»Das ist ja wie in der Schlacht bei den Pyramiden«, versuchte ich mich zu beruhigen. »Seht euch das Durcheinander an. Sie haben so viele Soldaten, dass sie keine Ordnung reinbringen.«

»Das brauchen sie auch nicht«, murmelte Big Ned. »Da reicht eine Stampede. Heilige Entenmuschel, ich wünschte, ich wär wieder auf einer Fregatte. Außerdem ist es da sauberer.«

Wenn sich Kléber in der Unterschätzung seines Gegners

auch als unbedacht erwiesen hatte, so war er doch ein fähiger Taktiker. Er befahl den Rückzug auf einen Hügel namens Djebel-el-Dahy, was uns eine überlegene Position verschaffte. Dort gab es nahe der Kuppe eine verfallene Kreuzritterburg namens Le-Faba, die über das breite Tal blickte, und der französische General ließ hundert seiner Männer auf den zerstörten Festungswällen Aufstellung nehmen. Die übrigen bildeten zwei Infanteriekarrees, eines unter dem Befehl von Kléber, das andere unter General Jean-Andoche Junot. Diese Karrees waren mehrere Reihen tief, die Männer standen auf allen vier Seiten mit dem Gesicht nach außen und mussten daher an keiner Flanke wenden. Die Veteranen und Feldwebel bauten sich hinter den unerfahrensten Soldaten auf, um sie davon abzuhalten, nach hinten auszuweichen und die Formation zusammenbrechen zu lassen. Diese Taktik hatte die Mamelucken in Ägypten verblüfft und würde bei den Osmanen genauso funktionieren. Ganz gleich, aus welcher Richtung sie angriffen, sie würden auf eine dichte Hecke aus Musketenläufen und Bajonetten stoßen. Unsere Versorgungswagen und unser Trio, zusammen mit Najacs Männern, befanden sich in der Mitte eines Karrees.

Die Türken gaben Kléber leichtsinnigerweise genug Zeit, sein Heer auszurichten, machten dann Sondierungsangriffe, bei denen sie nahe an unsere Männer herangaloppierten, während sie Schlachtrufe ausstießen und ihre Schwerter schwangen. Die Franzosen blieben vollkommen stumm, bis der Befehl »Feuer!« ertönte, dann gab es einen Blitz und einen pulsierenden Knall, eine große weiße Rauchwolke, und die ersten Reiter der feindlichen Kavallerie stürzten von ihren Pferden. Die anderen machten kehrt.

»Teufel noch eins, die haben mehr Schneid als Verstand«, sagte Ned und kniff die Augen zusammen.

Die Sonne stieg höher. Immer mehr feindliche Kavallerie ergoss sich in das sanfte Tal unter uns, schwang Lanzen und stieß trillernde Schreie aus. Regelmäßig rissen ein paar Hundert ihre Pferde herum und stürmten auf unsere beiden Karrees zu. Eine weitere Salve, und das Ergebnis war das gleiche. Bald lagen die Toten in einem Halbkreis um uns herum, ihre Seidengewänder wie abgeschnittene Blüten.

»Was machen die denn bloß?«, murmelte Ned. »Warum greifen sie nicht richtig an?«

»Warten vielleicht darauf, dass uns das Wasser und die Munition ausgehen«, meinte Mohammed.

»Und schlucken bis dahin unser Blei?«

Ich glaube, sie warteten darauf, dass wir auseinanderbrachen und davonrannten – ihre anderen Feinde waren wohl weniger resolut –, aber die Franzosen wankten nicht. Wir hatten die Stacheln aufgestellt wie ein Igel, und sie kamen mit ihren Pferden nicht nahe genug heran.

Kléber blieb im Sattel, achtete nicht auf die sirrenden Kugeln und ritt langsam an den Reihen auf und ab, um seine Männer zu ermutigen. »Bleibt standfest«, paukte er ihnen ein. »Bleibt standfest. Entsatz ist unterwegs.«

Entsatz? Bonaparte war in Akko, weit entfernt. Handelte es sich hier um eine Art osmanisches Spiel, uns schwitzen zu lassen und zu beunruhigen, bevor sie endlich zum richtigen Angriff übergingen?

Doch als ich durch das Fernrohr schaute, das Sir Sidney mir geschenkt hatte, kamen mir Zweifel, ob ein solcher Angriff erfolgen würde. Viele Türken hielten sich zurück, ließen anderen den Vortritt, uns zuerst anzugreifen. Einige hatte sich im Gras zum Essen niedergelassen, und andere schliefen. Auf dem Höhepunkt einer Schlacht!

Im Laufe des Tages ließ unsere Ausdauer jedoch nach, und ihre Zuversicht wuchs. Das Pulver wurde knapp. Wir hielten unsere Salven bis zur letzten Sekunde zurück, um den kostbaren Kugeln das sicherste Ziel zu bieten. Der Feind spürte unseren Zweifel. Großes Gebrüll stieg auf, den Pferden wurden die Sporen gegeben, und Wellen von Kavallerie rauschten auf uns zu wie Brecher an einen Strand. »Wartet ... wartet ... lasst sie kommen ... Feuer! Jetzt, jetzt, zweite Reihe, Feuer!« Pferde schrien und stürzten. Erde spritzte hoch. Leuchtend bunt gekleidete Janitscharen taumelten zu Boden. Die Mutigsten drängten weiter vor, schlängelten sich zwischen ihren gefallenen Kameraden hindurch, aber wenn sie die Hecke der Bajonette erreichten, bäumten sich ihre Pferde auf. Pistolen- und Musketenschüsse durchlöcherten unsere Reihen, doch das Blutbad auf ihrer Seite war viel schlimmer. So viele Pferdekadaver lagen verstreut, dass es den Türken schwer fiel, ihnen auszuweichen, um an uns heranzukommen. Ned, Mohammed und ich halfen mit, die verwundeten Franzosen in die Mitte des Karrees zu ziehen.

Inzwischen war es Mittag. Die Verwundeten stöhnten nach Wasser, und wir anderen sehnten uns auch danach. Unser Hügel schien so trocken wie ein ägyptisches Grabmal zu sein. Die Sonne war auf ihrem Himmelsbogen stehen geblieben, und schien für immer auf uns herabbrennen zu wollen, während die Türken sich gegenseitig anstachelten. Hundert Franzosen waren gefallen, und Kléber gab Befehl, die zwei Karrees zu einem zu vereinen, um die Reihen zu verstärken und den Männern die dringend benötigte Sicherheit zu geben. Es sah aus, als hätten sich alle Muslime der Welt gegen uns zusammengerottet. Die Felder waren zertrampelt, Staub stieg in großen Säulen auf. Die Türken versuchten, über den Kamm des Djebel-el-Dahy zu stürmen und von oben auf uns herabzustoßen, aber die Chasseure und Karabiniers in der alten Kreuzritterfestung zwangen sie, sich zu teilen, wodurch sie nutzlos zu beiden Seiten unserer Formation hinunterschwappten und durch Schüsse auf ihre Flanken dezimiert wurden.

»Jetzt!« Eine Salve dröhnte los, beißender Rauch stieg blendend auf, Wattierungsstückchen stoben wie Schnee umher. Reiterlose Pferde galoppierten laut wiehernd davon. Dann zerrten Zähne an Patronenhülsen, kostbares Schießpulver wurde eingefüllt. Der Boden war weiß von Papierfetzen.

Am Nachmittag war mein Mund staubtrocken. Fliegen summten über den Toten. Einige Soldaten fielen vom reglosen Stehen in Ohnmacht. Die Osmanen wirkten unfähig, und doch konnten wir nirgends hin. Es wäre wohl erst zu Ende, wenn wir alle verdurstet waren.

»Mohammed, wenn sie uns überrennen, dann stell dich tot, bis alles vorbei ist. Als Muslim wirst du ungeschoren davonkommen. Kein Grund, das Schicksal hohlköpfiger Europäer zu teilen.«

»Allah sagt nichts davon, dass ein Mann seine Freunde im Stich lassen soll«, erwiderte er grimmig.

Dann ertönte ein neuer Schrei. Männer behaupteten, sie hätten in dem nach Westen liegenden Tal Bajonette aufblitzen sehen. »Da kommt *le petit corporal!*«

Kléber wollte es nicht glauben. »Wie sollte Bonaparte so schnell hier sein?« Er winkte mich zu sich. »Kommen Sie. Bringen Sie Ihr Marinefernglas mit.« Mein englisches Teleskop hatte sich als schärfer erwiesen als das französische Armeegerät.

Ich folgte ihm aus der tröstlichen Sicherheit des Karrees und auf den frei liegenden Abhang unseres Hügels. Wir kamen an einem Ring gefallener Muslime vorbei. Einige stöhnten noch im Gras, ihr Blut war scharlachrot auf dem grünen Weizen verschmiert.

Die Kreuzfahrerruinen erlaubten einen Rundumblick. Von dieser erhöhten Warte wirkten die Türken noch viel zahlreicher. Tausende trotteten hierhin und dahin, gestikulierten wild, während sie darüber stritten, was sie tun sollten. Hunderte ihrer Kameraden bedeckten bereits den Hügel unter uns. In der Ferne waren ihre Zelte, ihr Nachschub und etliche Diener und Mitläufer zu sehen. Wir waren wie ein blauer Fels in einem Meer aus Rot, Weiß und Grün. Ein entschlossener Angriff, und sie würden unsere Formation sicherlich aufbrechen! Dann würden die Männer davonrennen, und das wäre das Ende.

Nur war das bisher nicht geschehen. »Da.« Kléber deutete. »Sehen Sie französische Bajonette?«

Ich spähte, bis mir die Augen brannten. Im Westen wogte das hohe Gras, doch ob von einem Infanteriedurchmarsch oder vom Wind konnte ich nicht erkennen. Die üppige Vegetation hatte das ameisengleiche Vordringen von Armeen verschlungen. »Es könnte eine französische Kolonne sein, so wie sich das hohe Gras bewegt. Aber wie Sie schon sagten, wie sollten die so schnell hierher gelangen?«

»Wir verdursten, wenn wir hier bleiben«, sagte Kléber. »Oder die Männer desertieren, und die Türken schneiden ihnen die Kehle durch. Ich weiß nicht, ob Verstärkung unterwegs ist, aber wir werden es herausfinden.« Er trottete wieder hinunter, und ich folgte ihm.

»Junot, formieren Sie Kolonnen. Wir treffen uns mit unserem Entsatz!«

Die Männer jubelten, wollten trotz allem die Hoffnung nicht aufgeben, dass sie die Formation nicht nur einfach öffneten, um überrannt zu werden. Als sich das Karree in zwei Kolonnen auflöste, wurde die türkische Kavallerie reger. Hier bot sich die Gelegenheit, sich auf unsere Flanke und Nachhut zu stürzen! Wir hörten ihr Gebrüll und das Schmettern ihrer Hörner.

»Vorwärts!« Wir marschierten den Hügel hinab.

Türkische Lanzen schwankten und tanzten.

Dann ertönte in der Ferne ein Kanonenschuss. Der trockene Knall war so französisch wie eine gebrüllte Bestellung in einem Pariser Restaurant. So unverkennbar sind Artilleriekaliber. Wir schauten hoch und sahen eine abdriftende Rauchwolke. Die Männer weinten vor Erleichterung. Entsatz war tatsächlich unterwegs! Die Franzosen begannen zu jubeln, sogar zu singen.

Die feindliche Kavallerie zögerte, blickte nach Westen.

Die Trikoloren flatterten wie bei einer Parade, als wir den Djebel-el-Dahy hinabmarschierten.

Dann stieg Rauch aus dem feindlichen Lager auf. Schüsse waren zu hören, schwache Schreie und das triumphierende Jaulen französischer Signalhörner. Napoleons Kavallerie hatte die türkische Nachhut durchbrochen und verbreitete

Panik. Kostbarer Nachschub ging in Flammen auf. Mit lautem Krachen explodierte gelagerte Munition.

»Ruhe bewahren!«, mahnte Kléber. »Im Glied bleiben!«

»Wenn sie angreifen, in die Hocke gehen und auf Befehl feuern!«, fügte Junot hinzu.

Bei dem Dorf Fula entdeckten wir einen kleinen See. Unsere Erregung wuchs. Ein osmanisches Regiment hatte davor Stellung bezogen und wirkte unentschlossen. Jetzt galoppierten die Offiziere an den Kolonnen auf und ab und erteilten den Befehl zum Laden.

»Angriff!« Mit einem Jubelschrei stürmten die blutbesudelten Franzosen den restlichen Hügel hinab und auf die samaritanische Infanterie zu, die das Dorf besetzt hielt. Schüsse ertönten, Bajonette und Musketenkolben wurden eingesetzt, und der Feind suchte das Weite. Mittlerweile flohen auch die Türken vor dem, was da aus dem Westen aufgetaucht war. Auf wundersame Weise brach eine Armee von Fünfundzwanzigtausend innerhalb weniger Minuten in Panik aus und floh vor ein paar Tausend Franzosen nach Osten. Bonapartes Kavallerie galoppierte an uns vorbei in wilder Verfolgungsjagd auf das Jordantal zu. Bis zum Fluss hinunter wurden Osmanen aufgespürt und erschlagen.

Wir stürzten uns in den Teich von Fula, löschten unseren Durst und standen dann triefend nass wie Betrunkene da. Unsere Patronentaschen waren leer. Napoleon galoppierte herbei und strahlte wie der Retter, der er war.

»Ich dachte mir schon, dass Sie sich in Schwierigkeiten bringen würden, Kléber!«, rief er. »Ich bin gestern aufgebrochen, nachdem ich die Berichte gelesen hatte!« Er lächelte. »Beim Knall der Kanone sind sie davongerannt!«

17

Mit sicherem politischem Instinkt gab Napoleon unserer Beinahekatastrophe sofort den Namen »die Schlacht am Berg Tabor« – ein viel imposanterer und leichter aussprechbarer Gipfel als der bescheiden ansteigende Djebel-el-Dahy, wenn auch mehrere Meilen entfernt – und erklärte sie zu »einem der einseitigsten Siege in der Militärgeschichte«. »Ich möchte, dass die vollständigen Einzelheiten sobald wie möglich als Depesche nach Paris gehen«, befahl er.

Ich war mir sicher, dass er die Nachrichten vom Massaker bei Jaffa nicht so prompt übermittelt hatte.

»Ein paar Divisionen mehr, und wir könnten nach Damaskus marschieren«, sagte Kléber, berauscht von seinem unerwarteten Sieg. Statt eifersüchtig zu sein, schien er jetzt geblendet von der rechtzeitigen Rettung durch seinen Kommandanten. Bonaparte konnte Wunder wirken.

»Ein paar Divisionen mehr, General, und wir könnten nach Bagdad und Konstantinopel marschieren«, ergänzte Napoleon. »Dieser verdammte Nelson! Wenn er meine Flotte nicht zerstört hätte, wäre ich Herr über Asien!«

Kléber nickte. »Und wäre Alexander nicht in Babylon gestorben, Cäsar erdolcht worden oder hätte Roland sich nicht zu weit vorgewagt ...«

»Und die Schlacht in Ermangelung eines Hufnagels verloren«, warf ich ein.

»Wie bitte?«

»Nur etwas, das mein Mentor Ben Franklin zu sagen pflegte. Es sind die kleinen Dinge, die oft eine große Wirkung haben und uns zum Stolpern bringen. Er glaubte daran, dass man den Details Beachtung schenken müsse.«

»Franklin war ein weiser Mann«, sagte Napoleon. »Gewissenhaftigkeit ist für einen Soldaten lebenswichtig. Und Ihr Mentor war ein echter Gelehrter. Er wäre begierig darauf gewesen, uralte Mysterien zu enträtseln, nicht zum eigenen Vorteil, sondern für die Wissenschaft. Weswegen Sie sich jetzt mit Silano treffen werden, nicht wahr, Monsieur Gage?«

»Sie scheinen die Hindernisse aus dem Weg gefegt zu haben, General«, sagte ich liebenswürdig. Bonaparte trieb Armeen auseinander, wie Moses das Meer geteilt hatte. »Doch wir befinden uns immer noch am Rand von Afrika, Tausende Meilen von Indien und Tippoo Sahib, Ihrem dortigen Verbündeten, entfernt. Sie haben Akko nicht mal eingenommen. Wie wollen Sie es mit so wenigen Männern Alexander gleichtun?«

Bonaparte runzelte die Stirn. Zweifel gefielen ihm nicht. »Die Mazedonier waren nicht viel zahlreicher. Und Alexander hatte seine eigene Belagerung, in Tyros.« Er machte ein nachdenkliches Gesicht. »Aber unsere Welt ist größer als die Welt Alexanders, und in Frankreich schreiten die Ereignisse fort. Ich muss auf vieles meine Aufmerksamkeit richten, und Ihre Entdeckungen könnten in Paris wichtiger sein als hier.«

»Frankreich?«, fragte Kléber. »Sie denken an zu Hause, während wir immer noch in diesem Mistloch kämpfen?«

»Ich versuche, an alles zu denken, ständig, weshalb ich auch daran dachte, Ihnen Entsatz zu bringen, bevor Sie ihn brauchten, Kléber«, erwiderte Napoleon knapp. Er schlug dem General, der ihn mit seiner Löwenmähne überragte, auf die Schulter. »Denken Sie einfach stets daran, dass alles, was wir unternehmen, seinen Sinn hat. Tun Sie Ihre Pflicht, und wir werden zusammen aufsteigen!«

Kléber beäugte ihn misstrauisch. »Unsere Pflicht ist hier, nicht in Frankreich. Nicht wahr?«

»Und die Pflicht dieses Amerikaners ist es, endlich das zu vollenden, wozu wir ihn hergebracht haben – zusammen mit Graf Alessandro Silano das Rätsel der Pyramiden zu lösen! Beeilen Sie sich, Gage, denn die Zeit lastet schwer auf uns allen.«

»Ich bin begieriger als alle anderen, nach Hause zu kommen«, sagte ich.

»Dann finden Sie Ihr Buch.« Er machte kehrt und stolzierte mit seinem Offiziersstab davon, während er schon wieder weitere Befehle ausspuckte und dabei mit seinem Finger jedes Mal in die Luft stach. Mich überlief ein Frösteln. Zum ersten Mal hatte ich ihn das Buch erwähnen hören. Offensichtlich wussten die Franzosen mehr, als ich gehofft hatte.

Und Astiza hatte ihnen mehr erzählt, als ich für wünschenswert hielt.

Demnach mussten wir uns damit abfinden, Werkzeuge von Silano und seinem verrufenen Ägyptischen Freimaurerritus zu sein. Die Tempelritter hatten etwas gefunden und waren auf dem Scheiterhaufen verbrannt worden von Peinigern, die gehofft hatten, es in die Hände zu bekommen. Ich hoffte, mein Schicksal würde mir gewogener sein. Vor allem jedoch, dass ich meine Kameraden nicht in den Untergang führen würde.

Wir speisten das von den Türken erbeutete Fleisch und die Pasteten und versuchten, nicht auf den bereits vom dunklen Schlachtfeld aufsteigenden Gestank zu achten. »Tja, das war's dann wohl«, bemerkte Big Ned trübselig. »Wenn eine Horde wie die sich nicht gegen ein paar Franzmänner zur Wehr setzen kann, welche Chance haben dann meine Kameraden in Akko? Das wird genauso ein blutiges Massaker wie in Jaffa.«

»Nur dass Akko den Schlächter hat«, sagte ich. »Der wird nicht zulassen, dass jemand desertiert oder sich ergibt.«

»Und Kanonen und Phélippeaux und Sidney Smith«, fügte Mohammed hinzu. »Keine Bange, Matrose. Die Stadt wird der Belagerung standhalten, bis wir zurückkehren.«

»Gerade rechtzeitig zur letzten Plünderung.« Er warf mir einen verschlagenen Blick zu.

Ich wusste, was Ned dachte. Finde den Schatz und mach dich aus dem Staub. Ich kann nicht behaupten, dass ich gänzlich anderer Meinung war.

Die französische Kavallerie setzte immer noch den Resten der zersprengten osmanischen Armee nach, als wir ihrem niedergetrampelten Pfad folgten und ins Jordantal hinabstiegen. Wir hatten die Felder hinter uns gelassen und eine trockene Landschaft, in der Ziegen weideten, betreten. Nur am Fluss waren Gehölze und Wiesen. Alle möglichen heiligen Männer waren diesem Flusslauf gefolgt, Johannes der Täufer hatte irgendwo an diesen legendären Ufern Gläubige empfangen. Wir aber ritten wie eine Bande Gesetzloser.

Najacs aus einem Dutzend Franzosen und Arabern bestehende Bande war bis an die Zähne mit Gewehren, Musketen, Pistolen und Schwertern bewaffnet. Es gab auch echte Gesetzlose, und wir sahen zwei verschiedene Banden wie enttäuschte Wölfe wegschleichen, nachdem sie unsere Bewaffnung entdeckt hatten. Wir kamen auch an ertrunkenen und erschossenen Leichen osmanischer Soldaten vorbei, die aufgebläht wie Stoffballons im Wasser lagen. Wir wichen ihnen weiträumig aus, um den Gestank zu vermeiden, und achteten darauf, Wasser nur aus Quellen zu trinken.

Während wir nach Süden ritten, wurde das Tal immer trockener, und die britischen Schiffe, die Ned als sein Zuhause betrachtete, schienen zehntausend Meilen weit entfernt. Eines Nachts kroch er zu mir herüber und begann zu flüstern.

»Sehen wir zu, dass wir von diesen Briganten wegkommen, und machen wir uns allein auf den Weg, Mister«, drängte er. »Dieser Najac beäugt Sie wie eine Krähe, die darauf wartet, einer Leiche den Augapfel rauspicken zu können. Man könnte diese Halunken wie Chorknaben anziehen, und sie würden Westminster immer noch in Angst und Schrecken versetzen.«

»Stimmt, sie haben die Moral von Gesetzgebern und halten von Körperpflege so wenig wie Galeerensklaven, aber wir brauchen sie, damit sie uns zu der Frau führen, die den Rubinring getragen hat, vergiss das nicht.« Er stöhnte, und ich musste ihn beruhigen. »Glaub nicht, dass ich meine elektrischen Kräfte verloren habe. Wir kriegen das, wofür wir gekommen sind, und dann zahlen wir's dieser Bande heim.«

»Ich seh'n mich nach dem Tag, sie zu Brei zu schlagen. Ich hasse Franzmänner. Araber auch, bis auf Mohammed.«

»Das wird schon, Ned. Das wird schon.«

Wir trotteten an einem Pfad vorbei, der laut Najac zu dem Dorf Jericho führte. Ich sah nichts davon, und bei diesem braunen, öden Land war es schwer zu glauben, dass hier je eine Stadt mit mächtigen Mauern gestanden hatte. Ich dachte an den Schmied und hatte erneut ein schlechtes Gewissen, Miriam verlassen zu haben. Sie hatte etwas Besseres verdient.

Das Tote Meer war genau das, was sein Name besagt: salzverkrustete Ufer und brackiges, hellblaues Wasser, das sich bis zum Horizont erstreckt. Keine Vögel drängten sich an den seichten Stellen, kein Fisch durchbrach die Oberfläche. Die Wüstenluft war dicht, dunstig und schwül, als wäre die Jahreszeit innerhalb von zwei Tagen um zwei Monate vorangeschritten. Ich teilte Neds Unbehagen. Das hier war ein seltsam unwirkliches Land, das zu viele Propheten und Verrückte hervorgebracht hatte.

»Jerusalem liegt in dieser Richtung.« Mohammed deutete nach Westen. Dann schwang er die Arme in die entgegengesetzte Richtung und sagte: »Der Berg Nebo.«

Vom Ufer des Toten Meeres erhoben sich steile Berge, als hätten sie es eilig, von der Salzbrühe fortzukommen. Der höchste war ebenso Bergkamm wie Gipfel, und sah aus wie gesprenkelt mit niedrigen Kiefern. In felsigen Schluchten, wo das Wasser nur nach einem Regenguss floss, blühte rosafarbener Oleander.

Najac, der auf unserem Ritt wenig gesprochen hatte, zog

einen Signalspiegel heraus und ließ ihn in der Morgensonne aufblitzen. Wir warteten, doch nichts geschah.

»Der verdammte Dieb hat sich verirrt«, murmelte Ned.

»Nur Geduld, Dummkopf«, blaffte der Franzose zurück. Er signalisierte erneut.

Dann stieg vom Berg Nebo die Rauchsäule eines Signalfeuers auf. »Da!«, rief unsere Eskorte. »Der Sitz Mose!«

Wir trieben unsere Pferde an und begannen den Aufstieg.

Aus dem Jordantal heraus und in weniger drückende Luft zu kommen, war eine Erleichterung. Es wurde kühler, und Kiefernduft breitete sich aus. Auf den Bergabsätzen waren Beduinenzelte aufgeschlagen; schwarz gekleidete Araberjungen hüteten wandernde Herden struppiger Ziegen. Wir folgten einem Karawanenpfad aufwärts, die Hufe platschten im weichen Staub, und die Pferde schnaubten, wenn wir an Kameldung vorüberkamen.

Wir brauchten vier Stunden und erreichten dann endlich den Kamm. Von hier aus konnten wir tatsächlich das Gelobte Land westlich des Jordans erblicken, das braun und dunstig und überhaupt nicht nach Milch und Honig aussah. Das Tote Meer war ein blauer Spiegel. Vor uns entdeckte ich keine Höhle, die einen Schatz versprach. Stattdessen war in einer Mulde ein französisches Zelt aufgeschlagen, mit grünem Gras daneben, das auf eine Quelle hindeutete. In der Nähe lagen niedrige Ruinen, vielleicht von einer alten Kirche. Neben dem Rauchfähnchen eines kleinen Lagerfeuers, den Resten des Signalfeuers, warteten mehrere Männer auf uns. War Silano unter ihnen? Doch bevor ich mir sicher sein konnte, entdeckte ich eine Person, die auf einem Felsvorsprung unterhalb der Kirchenruine saß, ein

Stück von den Männern entfernt. Ich scherte aus unserer Gruppe aus und stieg ab.

Eine weiß gekleidete Frau, die unseren Aufstieg beobachtet hatte.

Sie erhob sich, als ich mich zu Fuß näherte. Ihre Haare waren lang und schwarz, wie ich sie in Erinnerung hatte, und zum Schutz gegen die Sonne mit einem weißen Tuch bedeckt. Stoff und Haar wehten in der leichten Brise. Ihre Schönheit war noch greifbarer, geradezu strahlend im Licht des Berggipfels. Darauf war ich nicht vorbereitet. Ich hatte sie in einen Geist verwandelt, und doch war sie hier, ein Wesen aus Fleisch und Blut. Ich hatte mich auf eine Enttäuschung gefasst gemacht, hatte befürchtet, sie in meiner Erinnerung verklärt zu haben, aber nein, was ich mir vorgestellt hatte, war immer noch da, die ausgewogene Leichtigkeit, die Lippen und Wangenknochen, die einer Kleopatra würdig waren, die schimmernden dunklen Augen. Wenn Frauen Blumen sind, die der Welt Anmut verleihen, war Astiza eine Lotusblume.

Sie war jedoch gealtert. Nicht zu ihrem Nachteil – es ist ein Fehler zu meinen, Alter sei ein Affront für Frauen, denn ihre Schönheit hatte nur an Charakter gewonnen. Ihre Augen hatten eine Tiefe bekommen, als hätte sie Dinge gesehen, die sie lieber nicht erblickt hätte. Ich überlegte, ob ich mich wohl ebenso verändert hatte. Wie lange war es her, seit ich zum letzten Mal in einen Spiegel geschaut hatte? Ich strich über meine Bartstoppeln und war mir plötzlich meiner von der Reise verschmutzten Kleidung bewusst. Auch ihr Gewand war vom Staub verfärbt und an den Beinen zum Reiten geteilt. Sie trug Kavalleriestiefel, so klein, dass man sie vielleicht bei einem Trommler ausgeborgt hatte. Ihr Körper war schlank wie der einer Tänzerin, aber wir waren alle schmaler geworden. Ihre Taille war mit einer Seidenkordel gegürtet, an der ein kleiner gebogener Dolch und ein Lederbeutel befestigt waren. Ein Wassersack lag auf dem Felsen.

Ich zögerte, hatte alles Eingeübte vergessen. Mir war, als wäre sie von den Toten auferstanden. Schließlich brachte ich heraus: »Ich habe Männer nach dir ausgeschickt.« Das klang wie eine Entschuldigung, unbeholfen und ohne Eloquenz – aber ich *war* verlegen, weil ich in einem Ballon davongeschwebt war und sie nicht. »Sie sagten, du wärst verschwunden.«

»Hast du meinen Ring?«

Was für ein kühler Empfang! Ich nahm ihn heraus, der Rubin funkelte. Sie pickte ihn mir aus der Hand wie ein Vogel und ließ ihn rasch in dem Lederbeutel verschwinden, als sei er heiß. Sie glaubt immer noch, dass er verflucht ist, dachte ich.

»Ich werde ihn als Opfergabe benutzen«, sagte sie.

»Für Isis?«

»Für sie alle, einschließlich Thoth.«

»Ich befürchtete, du wärst tot. Es ist wie ein Wunder. Du siehst wie ein Geist oder ein Engel aus.«

»Hast du die Seraphim?«

Ihre Reserviertheit war irritierend. »Ich bin dir durch dick und dünn gefolgt, und du kannst nur an Schmuck denken?«

»Wir brauchen beides.« Sie bemühte sich, keine Gefühle zu zeigen.

»Wir?«

»Ethan, Alessandro hat mich gerettet.«

Tja, das war wie ein Dolchstoß zwischen die Rippen. Sie hatte sich an das nachschleifende Halteseil des Ballons geklammert, Silano hielt sie umschlungen, sodass sie nicht hochklettern konnte, und schließlich hatte sie das Seil mit meinem Tomahawk durchtrennt, damit der Ballon außer Reichweite der Musketen schweben konnte. Es war mir nicht gelungen, sie in den Korb zu hieven oder den adligen Hexenmeister loszuwerden, der einst ihr Geliebter gewesen war. Waren sie also wieder ein Paar? Wenn ja, dann begriff ich einfach nicht, warum sie nach mir geschickt hatten. Wenn sie nur auf goldene Klunker aus waren, hätte ich ihnen die Dinger per Post schicken können. »Der Dreckskerl hat dich beinahe umgebracht. Du konntest nur nicht mit mir fliehen, weil er dich nicht loslassen wollte.«

Sie wandte sich ab, blickte über das Tal hinaus. Ihre Stimme klang hohl. »An unsere Landung kann ich mich nicht erinnern, nur an den Fall. Das Letzte, was ich in Erinnerung habe, ist dein Gesicht, das über den Rand des Korbes schaute. Es war das Schrecklichste, was ich je in meinem Leben tun musste. Als ich das Seil kappte, sah ich hundert Gefühle in deinen Augen.«

»Entsetzen, wenn mich mein Gedächtnis nicht trügt.«

»Furcht, Scham, Bedauern, Wut, Verlangen, Gram ... und Erleichterung.«

Ich wollte protestieren, errötete aber, weil es der Wahrheit entsprach.

»Als ich den Tomahawk schwang, habe ich dich befreit, Ethan, von der Bürde, die dir auferlegt worden war: das Buch des Thoth zu beschützen. Ich befreite dich von mir. Und doch bist du nicht nach Amerika zurückgekehrt.«

»Du kannst das Band, das uns verbindet, nicht mit einem Kriegsbeil kappen, Astiza.«

Worauf sie sich mir wieder zuwandte und mich anschaute. Ihr Blick war grimmig, ihr Körper bebte, und ich merkte, dass sie sich nur mit Mühe zurückhalten konnte, mir in die Arme zu fallen. Warum zögerte sie? Wieder mal verstand ich gar nichts. Und ich konnte meine Arme auch nicht nach ihr ausstrecken, da es eine unsichtbare Mauer aus Pflicht und Bedauern gab, die wir zuerst niederreißen mussten. Wir konnten nicht richtig anfangen, weil wir uns zu viel zu sagen hatten.

»Als ich aufwachte, war ein Monat vergangen, und ich war bei Silano, wurde im Geheimen gesund gepflegt. Die Gelehrten hatten ihm eine Unterkunft in Kairo verschafft, in der er seine Forschungen weiterführen konnte. Während seine gebrochene Hüfte ausheilte, las er begierig jedes Fragment alter Texte, das man für ihn auftreiben konnte. Er hat Truhen über Truhen voller Bücher angehäuft. Ich sah ihn sogar versengte Manuskripte auseinanderklauben, die aus Enochs verbrannter Bibliothek stammen mussten. Er hatte nicht aufgegeben, nicht für einen Moment. Er wusste, dass wir die Pyramide mit nichts Brauchbarem verlassen hatten, und vermutete, dass das Buch an einen anderen Ort gebracht worden war. So wurde ich erneut seine Verbündete, damit ich *ihn* benutzen konnte, um zu *dir* zurückzukehren. Ich hoffte, du wärst immer noch in Ägypten oder irgendwo in der Nähe.«

»Du hast gesagt, du hättest erwartet, dass ich nach Amerika zurückkehren würde.«

»Ich habe gezweifelt, das muss ich zugeben. Ich wusste,

dass du dich vielleicht absetzen würdest. Dann erreichten uns Gerüchte über Nachforschungen, die angestellt wurden, und mein Herz schlug schneller. Silano brachte Bonaparte dazu, den ursprünglichen Boten ins Gefängnis zu werfen, und schickte stattdessen seinen eigenen Mann nach Jerusalem, um dich zu entmutigen. Doch das blieb ohne Wirkung. Und als der Graf neue Pläne zu schmieden begann und Najac auszog, um dir nachzuspionieren, wurde mir klar, dass sich das Schicksal verschworen hat, uns alle wieder zusammenzubringen. Wir werden dieses Mysterium enträtseln, Ethan, und das Buch finden.«

»Warum? Willst du es nicht mehr für immer vergraben?«

»Es kann auch zum Guten verwendet werden. Das alte Ägypten war einst ein Paradies des Friedens und der Gelehrsamkeit. Die Welt könnte wieder so werden.«

»Astiza, du hast unsere Welt gesehen. Oder hat der Fall dich um den Verstand gebracht?«

»Auf der Anhöhe über uns liegt eine Kirche, sie ist jetzt nur noch eine Ruine. Sie wurde an dem Platz erbaut, wo Moses einst gesessen haben könnte, um auf sein Gelobtes Land hinunterzuschauen, wohl wissend, dass er es trotz all seiner Opfer nie würde betreten dürfen. Der Gott deiner Kultur ist ein grausamer Gott. Das Gebäude selbst stammt aus byzantinischer Zeit. Wir haben aufgrund von Silanos Nachforschungen das Grabmal eines Tempelritters gefunden, und in diesem Grabmal lagen Knochen. In einem Oberschenkelknochen verborgen fanden wir eine mittelalterliche Karte.«

»Ihr habt die Knochen eines Toten zerbrochen?«

»Silano fand diese Möglichkeit erwähnt, als er in Konstantinopel war. Flüchtende Tempelritter kamen hier vorbei,

Ethan, nach ihrer Vernichtung in Europa. Sie hatten in Jerusalem etwas gefunden und versteckten es in einer merkwürdigen Stadt, die auf dieser Karte verzeichnet ist. Silano entdeckte auch noch etwas anderes, etwas, das mit Elektrizität und deinem Benjamin Franklin zu tun haben könnte. Dann hörten wir, du wärst in Jaffa exekutiert worden, doch deine Leiche sei verschwunden. In meiner Verzweiflung gab ich Monge den Ring, falls der Gelehrte dir zufällig begegnen sollte. Und jetzt ...«

»Hast du Alessandro Silano *je* geliebt?«

Sie zögerte nur einen Augenblick. »Nein.«

Ich wartete darauf, dass sie mehr sagte, bevor ich die nächste, logischste Frage zu stellen wagte.

»Ich bin nicht stolz darauf«, sagte sie. »Er liebte mich. Das tut er immer noch. Männer verlieben sich leicht, aber Frauen müssen vorsichtig sein. Wir waren ein Liebespaar, doch es fiele mir schwer, ihn zu *lieben.*«

»Astiza, du brauchtest mich hier nicht, um dir zwei goldene Engel zu bringen.«

»Liebst du *mich* noch, Ethan, wie du es am Nil gesagt hast?«

Natürlich liebte ich sie. Aber ich fürchtete mich auch vor ihr. Wie hatte der arme Talma sie genannt? Eine Hexe? Eine Zauberin? Ich fürchtete mich vor der Macht, die sie einst über mich gehabt hatte, als ich ihr gestand, wie sehr sie mich anzog. Und was war mit der armen Miriam, die immer noch unter Belagerung hinter den Mauern von Akko eingeschlossen war?

Doch all das spielte keine Rolle. Die alten Gefühle überfluteten mich erneut.

»Ich habe dich von dem Moment an geliebt, als ich dich aus den Trümmern in Alexandria zog«, platzte es schließlich aus mir heraus. »Ich liebte dich, als wir in der Schebecke den Nil hinauf fuhren, ich liebte dich in Enochs Haus, ich liebte dich sogar, als ich im Tempel von Dendera einen Moment lang glaubte, du hättest mich betrogen. Und ich liebte dich, als ich dachte, wir wären in der Großen Pyramide dem Untergang geweiht. Ich liebte dich so sehr, dass ich mich mit den verdammten Briten verbündete, nur in der Hoffnung, dich zurückzubekommen, und ich liebte dich genug, um mich, wie es scheint, wieder mit den verdammten Franzosen zu verbünden. Ich liebte sogar die Aussicht, dich wiederzusehen, als ich da unten im Tal war, und auf dem langen Ritt den Berg hinauf, wenngleich ich keine Ahnung hatte, was ich zu dir sagen würde, oder wie du aussehen oder was du für mich empfinden würdest.« Mir ging sämtliche Selbstbeherrschung verloren, nicht wahr? Frauen können einem schneller die Sinne rauben als ein Krug Whiskey aus den Appalachen. Und nun, außer Atem und auf das Beste hoffend, wartete ich darauf, dass sie mich mit einem Wort niederstreckte. Ich hatte meine Brust den Musketen geöffnet. Ich beugte mich unter der Klinge des Henkers.

Sie schenkte mir ein trauriges Lächeln. »Es wäre mir schwergefallen, Alessandro zu lieben, aber es fiel mir nicht schwer, mich in dich zu verlieben.«

Ich schwankte tatsächlich ein wenig, benommen vor Freude. »Dann lass uns von hier verschwinden. Heute Nacht.«

Mit Tränen in den Augen schüttelte sie den Kopf. »Nein, Ethan. Silano weiß zu viel. Wir können ihm diese Suche nicht allein überlassen. Wir müssen bis zum Ende durchhalten und das Buch an uns nehmen, wenn der richtige Augenblick gekommen ist. Wir müssen mit ihm zusammenarbeiten und ihm dann in den Rücken fallen. Das ist meine Bestimmung, seit ich ihm in Kairo begegnet bin, und deine, seit du das Amulett in Paris gewonnen hast. Alles hat zu diesem Berggipfel hingeführt und zu den Bergen dahinter. Wir finden es, und *dann* werden wir verschwinden.«

»Welche Berge dahinter?«

»Die Stadt der Geister.«

»Wie bitte?«

»Das ist ein heiliger Ort, ein mythischer Ort. Seit den Tempelrittern hat ihn kein Europäer mehr betreten, glaube ich. Unsere Reise ist noch nicht zu Ende.«

Ich stöhnte. »Bei der Habgier von Benedict Arnold.«

»Daher müssen du und ich uns jetzt so verhalten, als hätten wir uns einander entfremdet, Ethan, um Alessandro in die Irre zu führen. Du bist wütend, dass ich mich wieder mit ihm zusammengetan habe, und wir verhalten uns unterwegs wie ein bitter enttäuschtes ehemaliges Liebespaar. Sie müssen uns bis ganz zum Schluss für Feinde halten.«

»Feinde?«

Und dann holte sie aus und schlug mir ins Gesicht, so fest sie konnte.

Es klang wie ein Gewehrschuss. Ich blickte mich um. Die anderen standen weiter oben am Abhang und schauten auf uns hinunter. Alessandro Silano, hochgewachsen, in aristokratischer Haltung, beobachtete uns am aufmerksamsten.

Silano war nicht der geschmeidige Schwertkämpfer, den ich in Erinnerung hatte. Er humpelte, und die Schmerzen hatten sein gutes Aussehen verhärtet, hatten den Charme des Pan in den eines düstereren Satyrs mit enttäuschten Ambitionen verwandelt. Er war steifer durch die Verletzung, die er sich beim Sturz vom Ballon zugezogen hatte, und in seinem Blick lag diesmal keine Verführung, sondern nur Zielstrebigkeit. Etwas Düsteres schimmerte in seinen Augen, und sein Mund war verkniffen. Er zuckte vor Schmerz zusammen, als er den Ziegenpfad von der zerstörten byzantinischen Kapelle zu uns hinabkam, und streckte mir zur Begrüßung nicht die Hand entgegen. Wozu auch? Wir waren Rivalen, und mein Gesicht brannte noch von Astizas Schlag. Ich vermutete, dass Monge oder andere Ärzte Silano Schmerzmittel gegeben hatten.

»Nun?«, fragte Silano. »Hat er ihn?«

»Er wollte es nicht sagen«, berichtete sie. »Er ist nicht sicher, ob er uns helfen sollte.«

»Und du willst ihn mit Schlägen überreden?«

Sie zuckte mit den Schultern. »Wir haben eine gemeinsame Vergangenheit.«

Silano wandte sich an mich. »Wir scheinen einander nicht entrinnen zu können, nicht wahr, Gage?«

»Mir ging es bestens, bis Sie mit Astizas Ring nach mir geschickt haben.«

»Und Sie kamen ihretwegen her, wie schon einmal. Ich hoffe, sie weiß das zu würdigen, bevor Sie ihrer überdrüssig werden. Sie ist eine Frau, die sich nicht so leicht lieben lässt, Amerikaner.« Er schaute sie an, und sein Blick verriet, dass er genauso unsicher war wie ich, wie weit man ihr trauen konnte. Sie hatte ihn abgewiesen, das merkte ich. Sie waren Verbündete, keine Liebenden. Es ist nicht leicht, mit jemandem zu leben, den man nicht haben kann, und Silano war niemand, der Enttäuschungen verwinden konnte. Wir würden alle einander im Auge behalten müssen.

»Sie erzählte mir, dass Sie zwei kleine Metallengel mitbringen würden, die Sie in der Großen Pyramide gefunden haben. Stimmt das?«

Ich zögerte, nur um ihn sich winden zu sehen. Dann: »Ich habe sie dabei. Was nicht bedeutet, dass ich sie benutzen werde, um Ihnen zu helfen.« Ich wollte prüfen, wie feindselig er war. Er konnte mich natürlich töten lassen. »Sie sind an einem sicheren Platz, bis wir miteinander geredet haben. Angesichts unserer Geschichte werden Sie mir verzeihen, wenn ich Ihnen nicht vollkommen traue.«

Er verbeugte sich. »Genauso wenig wie ich Ihnen, selbstverständlich. Und doch müssen Partner keine Freunde sein. Ja, manchmal ist es besser, wenn sie das nicht sind: Auf diese Weise besteht mehr Ehrlichkeit, meinen Sie nicht? Kommen Sie, Sie müssen nach Ihrer Reise hungrig sein. Lassen Sie uns speisen, und ich erzähle Ihnen eine Geschichte. Danach können Sie entscheiden, ob Sie helfen wollen.«

»Und wenn nicht?«

»Können Sie nach Akko zurückkehren. Und Astiza kann Ihnen folgen oder bleiben, ganz wie sie will.« Er begann den Pfad wieder hinaufzuhumpeln und drehte sich dann um. »Aber ich weiß, wie Sie beide sich entscheiden werden.«

Ich blickte zu Astiza, suchte nach einer Bestätigung, dass sie diesen Mann verachtete, diesen Diplomaten, Duellanten, Hexenmeister, Gelehrten und Intriganten. Aber ihr Blick war nicht verächtlich, sondern traurig. Sie begriff, wie sehr wir Verlangen und Frustration ausgeliefert waren. Wir waren Träumer eines Albtraums, den wir selbst geschaffen hatten.

Wir folgten ihm zu der Kirchenruine, deren Trümmer durch das fehlende Dach erhellt wurden. Geröllhaufen und Mulden zeugten von Ausgrabungen. Astiza zeigte mir den geöffneten Steinsarkophag, in dem anscheinend die Knochen des Tempelritters unter dem Fußboden gefunden worden waren.

»Silano fand Hinweise auf dieses Grab im Vatikan und in den Bibliotheken von Konstantinopel«, sagte sie. »Bei dem Ritter handelt es sich um Michel de Troyes, der vor der Verhaftung der Templer aus Paris floh und sich ins Heilige Land begab.«

»Ich entdeckte einen Brief, der besagte, er habe seine Knochen bei Moses zur Ruhe gebettet«, ergänzte Silano, »und das Geheimnis mit ins Grab genommen. Es dauerte einige Zeit, bis wir erkannten, dass es ein Hinweis auf den Berg Nebo sein musste, auch wenn das Grab Mose nie gefunden wurde. Ich hatte gehofft, das Dokument einfach im Grab des Ritters zu finden, doch dort war es nicht.«

»Du hast vor Ungeduld auf die Knochen eingedroschen«, sagte Astiza.

»Ja.« Nur zögernd gestand er die Gefühle ein. »Und durch einen Riss in seinem Oberschenkel blitzte Gold. Ein schmales Röhrchen war eingeführt worden – sein Bein muss nach seinem Tod aufgeschnitten und der Knochen ausgehöhlt worden sein –, und in dem Röhrchen steckte eine mittelalterliche Karte, die lateinisch beschriftet war. Sie führt zum nächsten Schritt. Daraufhin haben wir nach Ihnen geschickt.«

»Weshalb?«

»Weil Sie ein Franklin-Mann sind. Ein Pionier der Elektrizität.«

»Elektrizität?«

»Das ist der Schlüssel. Ich erkläre es nach dem Essen.«

Mittlerweile waren wir zwanzig – Najacs Männer, mein eigenes Trio, Silano, Astiza und mehrere Leibwächter, mit denen Silano reiste. Der Abend war angebrochen. Die Bediensteten hatten ein Feuer in einer Ecke der zerstörten Kirchenmauern entfacht und ließen die Kerntruppe der Expedition allein. Najac saß, zu meinem Abscheu, bei uns, daher bestand ich darauf, dass Ned und Mohammed ebenfalls mit uns aßen. Astiza kniete sittsam, was gar nicht ihre Art war, und Silano bildete den Mittelpunkt. Wir saßen auf Sand, der über alte Mosaike mit römischen Jagdszenen geweht war. Tiere, die sich in einem Wald vor Speeren aufbäumten, die Edelleute geworfen hatten.

»Nun sind wir also alle wieder zusammen«, nahm Silano das Gespräch auf, während uns die Wärme des Feuers wie in einen Kokon einhüllte und vor dem kalten Wüstenhimmel schützte. Funken stoben auf, vermischten sich mit den Sternen. »Ist es möglich, dass Thoth solche Verbindungen beabsichtigte, damit wir die Rätsel lösen können, die er uns hinterlassen hat? Sind wir unwissentlich die ganze Zeit den Göttern gefolgt?«

»Ich glaube an den einen wahren Gott«, murmelte Mohammed.

»Jawoll«, sagte Ned, »obwohl du den falschen erwischt hast, Kumpel. War nicht bös gemeint.«

»Genau wie ich an den Einen glaube«, sagte Silano, »und dass alle Dinge, alle Wesen, alle Überzeugungen Offenbarungen seiner Mysterien sind. Ich bin tausend Hinweisen in den Bibliotheken, Klöstern und Grabmälern der Welt gefolgt, und alle führen sie zum gleichen Mittelpunkt. Der Mittelpunkt ist es, den wir suchen, meine zögerlichen Verbündeten.«

»Welchen Mittelpunkt, Herr?«, gab Najac wie ein wohldressierter Hund das Stichwort.

Silano hob ein Sandkorn auf. »Wenn ich nun sagen würde, das hier wäre das Universum?«

»Dann tät ich sagen, nehmen Sie's und überlassen Sie uns den Rest«, schlug Ned vor.

Der Graf lächelte dünn, warf das Sandkorn hoch und fing es auf. »Und wenn ich sagen würde, die Welt um uns herum ist ein Gespinst, so substanzlos wie die Lücken in einem Spinnennetz, und alles, was die Illusion aufrecht hält, sind mysteriöse Energien, die wir nicht verstehen – dass diese Energie vielleicht nichts mehr als das Denken an sich ist? Oder ... Elektrizität?«

»Dann würde ich sagen, dass der Nil, in den Sie gestürzt sind, kein Spinnennetz war, sondern substanziell genug, Ihnen die Hüfte zu brechen«, sagte ich.

»Illusionen über Illusionen. Das ist es, was einige dieser heiligen Schriften verbreiten, alle angeregt durch Thoth.«

»Gold soll bloß Spinnweben sein? Kriege um Macht nichts als leere Luft?«

»O nein. Während wir nur ein Traum sind, ist der Traum unsere Realität. Aber wohlan, dies ist das Geheimnis. Nehmen wir an, dass die massivsten Dinge, die Steine dieser Kirche, Grundsubstanz von beinahe nichts sind. Dass das Herabstürzen eines Felsbrockens oder das Fallen eines Sterns nur eine simple mathematische Formel ist. Dass ein Gebäude das Göttliche umschließen, eine Form heilig sein und ein Geist unsichtbare Energien spüren kann. Was wird aus den Wesen, die das erkennen? Wenn Berge bloße Spinnweben sind, könnten sie dann nicht bewegt werden? Wenn Meere dünnster Dampf sind, können sie dann nicht geteilt werden? Könnte sich der Nil in Blut verwandeln oder eine Froschplage hervorbringen? Wie schwer wäre es, die Mauern von Jericho einstürzen zu lassen, wenn sie bloßes Gitterwerk sind? Wie schwer, Blei in Gold zu verwandeln, wenn beide im Wesentlichen Staub sind?«

»Sie sind verrückt«, sagte Mohammed. »So spricht der Satan.«

»Nein. Ich bin ein Gelehrter!« Und jetzt stand er auf, mit Najacs Hilfe, die er abschüttelte, sobald er sicher stand. »Sie haben mir diesen Titel einst abgesprochen, bei einem Bankett zu Ehren Napoleons, Ethan Gage. Sie haben meinen Ruf beleidigt und mich als belanglos abgetan.« Ich errötete unwillkürlich. Der Mann vergaß nichts. »Und doch bin ich diesen Mysterien seit zwanzig Jahren nachgegangen. Ich kam nach Kairo, als es noch unter der Knechtschaft der Mamelucken stand, und habe alte Mysterien erforscht, während Sie Ihr Leben vergeudet haben. Ich folgte den Spuren der Alten, während Sie sich aus Opportunismus mit den Franzosen verbündet haben. Ich habe versucht, die rätselhaften Andeutungen zu begreifen, die uns hinterlassen wurden, während ihr anderen euch im Schlamm gewälzt habt.« Er hatte die hohe Meinung von sich ebenfalls nicht verloren. »Und jetzt begreife ich, wonach wir suchen und was wir uns nutzbar machen müssen, um es zu finden. Wir müssen die Blitze einfangen!«

»Was müssen wir einfangen?«, fragte Ned ungläubig.

»Gage, wie ich hörte, ist es Ihnen gelungen, Elektrizität als Waffe gegen Napoleons Truppen einzusetzen.«

»Der Krieg erforderte es.«

»Ich glaube, wir werden Franklins Fachkenntnis brauchen, wenn wir uns dem Buch des Thoth nähern. Sind Sie mit der Elektrizität vertraut genug?«

»Ich bin ein Mann der Wissenschaft, aber ich verstehe kein Wort von dem, was Sie sagen.«

»Deswegen brauchen wir die Seraphim, Ethan« warf Astiza sanfter ein. »Wir glauben, dass sie uns irgendwie zum endgültigen Versteck führen werden, das die Tempelritter nach der Zerstörung ihres Ordens benutzten. Sie brachten das, was sie unter Jerusalem gefunden hatten, in die Wüste und verbargen es in der Stadt der Geister. Die Dokumente sind rätselhaft, aber Alessandro und ich glauben, dass auch Thoth von Elektrizität wusste, und dass die Templer sie als Prüfung eingesetzt haben, um das Buch zu finden. Wir müssen den Blitz ableiten, wie Franklin es getan hat.«

»Da muss ich Mohammed zustimmen. Ihr seid verrückt.«

»In den Gewölben unter Jerusalem«, sagte Silano, »haben Sie einen merkwürdigen Boden gefunden, mit einem Blitzstrahl. Und eine seltsame Tür. Nicht wahr?«

»Woher wissen Sie das?« Najac, dessen war ich mir sicher, war nie in die Räume vorgedrungen, die wir erforscht hatten, und hatte Miriams eigentümlich geschmückte Tür nicht gesehen.

»Ich habe geforscht, wie gesagt. Und auf dieser Templer-Tür sahen Sie ein jüdisches Muster, nicht wahr? Die zehn Sefiroth der Kabbala?«

»Was hat das mit Blitzen zu tun?«

»Schauen Sie.« Er beugte sich neben dem Feuer hinab und zeichnete zwei sich am Rand überlappende Kreise in den Staub.

»Alles ist als Zweiheit vorhanden«, murmelte Astiza.

»Und ist doch vereint«, sagte der Graf. Er malte einen weiteren Kreis, so groß wie die ersten zwei, der sie beide überschnitt. Dann Kreise über diesen Kreisen, mehr und mehr, wobei das Muster immer komplizierter wurde. »Die Propheten wussten davon«, sagte er. »Jesus vielleicht auch. Die Templer erlernten es neu.« Dann begann er dort, wo die Kreise sich überschnitten, Linien zu ziehen, aus denen sich Muster ergaben: sowohl ein fünfzackiger wie auch ein sechszackiger Stern. »Der eine ist ägyptisch, der andere jüdisch«, erklärte er. »Beide sind gleichermaßen heilig. Ihr benutzt den ägyptischen für die Flagge eurer neuen Nation. Glauben Sie nicht, dass das die Absicht der Freimaurer war, die mitgeholfen haben, Ihr Land zu gründen?« Schließlich malte er mit dem Finger in die Zwischenräume zehn Punkte, die dasselbe eigentümliche Muster ergaben, das wir in der Templergruft unter dem Tempelberg gesehen hatten. Die Sefiroth hatte Haim Farhi sie genannt. Und wieder schienen alle eine uralte, fremde Sprache zu sprechen, derer ich nicht mächtig war, und fanden bedeutsam, was ich für bloße Ausschmückung gehalten hätte.

»Erkennen Sie es?«, fragte Silano.

»Und wenn?«, erwiderte ich zurückhaltend.

»Die Templer machten daraus ein anderes Muster«, sagte er. Von Punkt zu Punkt zog er eine sich überlappende Zickzacklinie. »Da. Ein Blitzstrahl. Unheimlich, nicht wahr?«

»Vielleicht.«

»Nicht vielleicht. Die Hinweise sagen uns, dass wir uns den Himmel zunutze machen müssen, wenn wir herausfinden wollen, wo das Buch ist. Das Blitzsymbol befindet sich auf der Karte, die wir hier gefunden haben, und dann gibt es noch ein Gedicht.«

»Ein Gedicht?«

»Ein Couplet. Recht wortgewandt.« Er trug es vor.

Aether cum radiis solis fulgore relucet
Angelus et pinnis indicat ore Dei,
Cum region deserta bibens ex murice torto
Siccatis labris arida sorbet aquas
Tum demum partem quandam lux clara revelat
Quae prius ignota est nec repute tibi
Opperiens cunctatur eum dea candida Veri
Floribus insanum qui furit atque fide

»Für mich ist das Griechisch, Silano.«

»Latein. Werden die Klassiker im Grenzland nicht unterrichtet, Monsieur Gage?«

»Im Grenzland geben die Klassiker gute Feueranzünder ab.«

»Die Übersetzung dieses Dokuments, das ich auf meinen Reisen fand, erklärt, warum ich so erpicht darauf war, unsere Bekanntschaft zu erneuern.«

Wenn der Himmel mit den Blitzen der Sonnenstrahlen lodert
Und der Engel mit seinen Schwingen auf Gottes Befehle weist

Wenn die Wüste, trinkend aus dem gewundenen Schneckenhorn
Durstig mit ausgetrockneten Lippen Wasser aufsaugt
Dann enthüllt das klare Licht endlich einen gewissen Teil
Der ehedem sowohl unbekannt wie auch in deiner Einschätzung unerkannt war
Anhaltende, göttlich strahlende Wahrheit erwartet ihn
Den von Blumen verzückten Narren, der auch gläubig vertraut.

Was zum Teufel sollte das denn bedeuten? Auf der Welt ließe sich viel Verwirrung vermeiden, wenn alle sich verständlich ausdrücken würden, aber das scheint nicht unsere Angewohnheit zu sein, nicht wahr? Und doch war da etwas an dieser Formulierung, das eine Erinnerung wachrief, eine Erinnerung, an der ich weder Astiza noch Silano hatte teilhaben lassen. Ein Schauer der Erkenntnis überlief mich.

»Wir müssen zu einem bestimmten Ort in der Stadt der Geister gehen«, sagte Silano, »und dort die Flammen des Sturms, die Blitze herabrufen, wie es Ihr Mentor Franklin in Philadelphia getan hat. Sie auf die Seraphim lenken und schauen, auf welchen Teil sie weisen.«

»Den Teil wovon?«

»Eines Gebäudes oder einer Höhle, schätze ich. Das wird sich zeigen, wenn es funktioniert.«

»Die Wüste trinkt aus einem Schneckenhorn?«

»Den Regen des Gewitters. Ein Verweis auf ein heiliges Trinkgefäß, nehme ich an.«

Oder auf etwas anderes, dachte ich bei mir. »Und die Blumen und der Glaube?«

»Meine Theorie ist, dass es sich dabei um einen Verweis auf die Templer selbst und den Orden der Rose und des Kreuzes, die Rosenkreuzer, handelt. Theorien über den Ursprung des Rosenkreuzes variieren, aber eine davon besagt, dass der Weise Ormus aus Alexandria von dem Jünger Markus 46 nach Christi Geburt zum Christentum bekehrt wurde, seine Lehren mit denen des alten Ägyptens verband und ein gnostisches Credo, den Glauben an Erkenntnis, schuf.« Er sah mich durchdringend an, um sicherzugehen, dass ich die Verbindung zum Buch des Thoth herstellte. »Bewegungen entstehen und vergehen im Laufe der Geschichte, aber das Symbol des Kreuzes und der Rose ist ein sehr altes, symbolisiert Tod und Leben oder Verzweiflung und Hoffnung. Die Auferstehung, wenn Sie so wollen.«

»Und das Männliche und Weibliche«, fügte Astiza hinzu, »das phallische Kreuz und die yonische Blume.«

»Blume und Glaube symbolisieren die erforderliche Wesensart derer, die das Geheimnis finden werden«, sagte er.

»Eine Frau?«

»Vielleicht, was einer der Gründe ist, warum wir eine Frau dabei haben.«

Ich beschloss, meine eigenen Vermutungen für mich zu behalten. »Sie wollen also einen Blitz auf meine Seraphim herabrufen und sehen, was passiert?«

»An dem Ort, der in dem Dokument beschrieben ist, das wir gefunden haben, ja.«

Ich überlegte. »Was Sie dazu brauchen, ist ein Blitzableiter oder eher zwei, da wir zwei Seraphim haben. Wir benötigen Metall, um die Energie zum Boden zu lenken, denke ich.«

»Aus diesem Grund sind unsere Zeltstangen aus Metall.

Auf die werden wir Ihre Engel montieren. Ich habe das seit Monaten geplant. Sie brauchen unsere Hilfe, um die Stadt zu finden, und wir brauchen Ihre Hilfe, um dort das Versteck zu finden.«

»Und was dann? Schneiden wir das Buch in zwei Teile?«

»Nein«, erwiderte Silano. »Wir brauchen keinen Salomo, der unsere Rivalität beilegt. Wir benutzen es gemeinsam, zum Wohle der Menschheit, wie es die Alten taten.«

»Gemeinsam!«

»Warum nicht, wenn wir die Macht haben, uneingeschränkt Gutes zu tun? Wenn die wahre Form der Welt ein Gespinst ist, kann es gesponnen und verschoben werden. Das ist es, wozu dieses Buch uns offenbar Anweisungen gibt. Und wenn alle Dinge möglich sind, lassen sich Steine versetzen, Leben verlängern, Feinde versöhnen und Wunden heilen.« Seine Augen glänzten.

Ich blickte auf seine Hüfte. »Man wird wieder jung.«

»Genau, und hat das Sagen über eine Welt, die endlich von Vernunft beherrscht wird.«

»Bonapartes Vernunft?«

Silano schaute zu Najac. »Ich bin loyal der Regierung gegenüber, die mich beauftragt hat. Und doch hat das Verständnis von Politikern und Generälen seine Grenzen. Gelehrte sind es, welche die Zukunft beherrschen werden, Ethan. Die alte Welt war ein Spielzeug für Prinzen und Priester. Für die neue werden Wissenschaftler zuständig sein. Wenn sich Vernunft und das Okkulte vereinen, wird ein goldenes Zeitalter anbrechen. Priester spielten diese Rolle in Ägypten. Wir werden die Priester der Zukunft sein.«

»Aber wir stehen auf gegnerischen Seiten!«

»Nein, stehen wir nicht. Alles ist als Zweiheit vorhanden. Und wir sind durch Astiza verbunden.« Sein Lächeln sollte verführerisch sein.

Was für eine unheilige Dreieinigkeit. Doch wie sollte ich etwas erreichen, ohne mitzuspielen? Ich blickte sie an. Sie saß an Silanos Seite, nicht an meiner.

»Sie hat mir nicht verziehen«, log ich.

»Das werde ich, wenn du mir hilfst, Ethan«, erwiderte sie. »Wir brauchen dich, um das Feuer vom Himmel herabzurufen. Wir brauchen dich, um uns den Himmel nutzbar zu machen wie dein Benjamin Franklin.«

18

Der Eingang zur Stadt der Geister war ein Spalt in einer Sandsteinschlucht, eng und rosig wie der einer Jungfrau. Der gewundene Durchgang war unten nicht breiter als ein Zimmer, der Himmel eine ferne blaue Linie hoch oben. Die Wände ragten an die sechshundert Fuß hoch auf, neigten sich an manchen Stellen wie ein Dach nach innen, als schlösse sich ein Riss bei einem Erdbeben. Die Enge wirkte beunruhigend, als wir mit Bündeln bepackt den tief im Schatten liegenden Pfad entlang gingen. Doch wenn Fels sinnlich sein kann, dann war diese blau- und rosafarbene Barbakane, dieses Verteidigungswerk, ein Serail aus welligem Fleisch, das vom Wasser in tausend wollüstige Formen gemeißelt wurde – für das Auge so ergötzlich wie die Lieblingsfrau eines Sultans. Vielerorts waren gebänderte Steinpartien in Korallenrot, Grau, Weiß und Lavendel zu sehen. Hier tropfte Fels herab wie erstarrter Sirup, dort wölbte er sich auf wie Glasur, und an einer anderen Stelle war er wie ein Spitzenvorhang. Das Sand- und Fels-Wadi bildete eine raue Straße, die zu unserem Ziel abfiel wie ein Dammweg zur Unterwelt im Traum eines Satyrs. Und die Natur war nicht der einzige Bildhauer hier, wie ich erkannte, als ich genauer hinschaute. Früher war es ein Karawanentor gewesen, und in die Wand der Klamm war eine Rinne geschlagen worden, deren dunkle Farbe darauf hindeutete, dass sie einst ein Aquädukt für die antike Stadt gewesen war. Wir kamen unter einem verwitterten römischen Bogen hindurch, der den Eingang zur Schlucht überspannte, und schritten schweigend und ehrfurchtsvoll an Nischen in den Wänden vorbei, in die Götter und geometrische Formen eingemeißelt waren. Kamele in doppelter Lebensgröße zottelten als Flachrelief auf den Sandsteinwänden neben uns her. Es war, als wären die Toten in Stein verwandelt worden, und als wir um die letzte Ecke der Schlucht bogen, verdoppelte sich dieser geisterhafte Eindruck. Wir staunten mit offenem Mund.

»Sehet«, psalmodierte Silano. »Das ist es, was möglich wird, wenn Menschen träumen!«

Ja, hier musste das Buch ruhen.

Unsere Reise vom Berg Nebo zu diesem Ort hatte mehrere Tage gedauert. Wir waren dem Hochland des Jordan gefolgt, vorbei an grünen Weiden auf dem Hochplateau und düsteren Ruinen von Kreuzritterburgen, so gottverlassen wie die Templer. Gelegentlich stiegen wir in tiefe, heiße Bergschluchten hinab, die sich zur sandig gelben Wüste im Westen öffneten. Winzige Rinnsale wurden von der Trockenheit aufgesogen. Dann kletterten wir auf der anderen Seite wieder hinauf. Falken kreisten im trockenen Aufwind, Beduinen scheuchten ihre Herden in Seitenwadis und beobachteten uns schweigend aus sichererer Entfernung, bis wir vorbei waren. Die Belagerung von Akko schien auf einem anderen Planeten stattzufinden.

Während des Rittes hatte ich viel Zeit, über Silanos lateinischen Hinweis nachzudenken. Der Teil über die Engel erschien recht plausibel, doch welche Kräfte da am Werk waren, entzog sich mir. Was jedoch meine Erinnerung geweckt hatte, waren die Worte »Schneckenhorn« und »Blume«. Die gleiche Symbolik hatte mein Freund, der französische Gelehrte Edme François Jomard verwendet, als wir die Große Pyramide bestiegen. Er hatte gesagt, in den Maßen der Pyramide sei eine »goldene Zahl« oder ein Größenverhältnis verschlüsselt – 1,618, wenn ich mich recht erinnerte –, die wiederum eine geometrische Darstellung einer als Fibonacci-Reihe bekannten Zahlenfolge sei. Diese mathematische Reihe konnte als miteinander verbundene Abfolge immer größer werdender Quadrate dargestellt werden, und ein Bogen durch die Quadrate ergab eine Art Spirale, wie man sie bei der Nautilusmuschel oder, wie Jomard sagte, in der Anordnung von Blütenblättern findet. Mein Kamerad Talma hatte den jungen Wissenschaftler für reichlich konfus gehalten, doch ich war fasziniert gewesen. Verkörperten die Pyramiden tatsächlich eine fundamentale Wahrheit über die Natur? Und wenn ja, was hatte das mit dem Ort zu tun, zu dem wir nun unterwegs waren?

Ich versuchte, wie die Mathematiker Monge und Jomard zu denken. »Dann enthüllt ein klares Licht endlich einen gewissen Teil, der ehedem sowohl unbekannt wie auch in deiner Einschätzung unerkannt war«, hatten die Templer geschrieben. Das klang wie barer Unfug, und doch kam mir dabei eine verrückte Idee. Verfügte ich über einen Hinweis, der mir erlauben würde, Silano das Buch des Thoth unter der Nase wegzuschnappen?

Wir lagerten an möglichst gut zu verteidigenden Plätzen,

und eines Abends stiegen wir auf einen kleinen Hügel, um die Nacht in den Kalksteinruinen einer Kreuzritterburg zu verbringen, deren verfallener Turm von Schwalben umkreist wurde. Die Ruine lag gelb in der untergehenden Sonne, Unkraut wuchs in den Ritzen zwischen den Steinen. Wir ritten durch eine Wiese mit Wildblumen, die im Frühlingswind wogten. Es war, als nickten sie zu meiner Vermutung. *Fibonacci,* flüsterten sie.

Als wir absaßen, um unsere Pferde durch das halb zusammengefallene Tor zu führen, gelang es mir, Astiza etwas zuzuflüstern. »Triff dich mit mir, wenn der Mond aufgegangen ist, auf den Zinnen, so weit wie möglich von unserem Schlafplatz entfernt«, murmelte ich.

Ihr Nicken war fast unmerklich, und dann, als sei sie gereizt, drängte sie sich mit ihrem Pferd vor meines. Ja, für die anderen waren wir ein verbittertes ehemaliges Liebespaar.

Mohammed, Ned und ich hatten uns angewöhnt, ein wenig abseits von Najacs Halsabschneiderbande zu nächtigen, und als Ned kräftig schnarchte, schlich ich weg und wartete in den tiefen Schatten. Sie kam wie ein Geist, in Weiß gehüllt und leuchtend in der Nacht. Ich erhob mich und zog sie in eine Nische, außer Sichtweite der anderen. Mondlicht drang durch die Pfeilschlitze. Ich küsste sie zum ersten Mal seit unserer Wiedervereinigung. Ihre Lippen waren kalt von der frostigen Luft, und ihre Finger verflochten sich mit meinen, um meine Hände zu zügeln.

»Wir haben keine Zeit«, flüsterte sie. »Najac ist wach und glaubt, ich sei gegangen, um meine Notdurft zu verrichten. Er wird die Minuten zählen.«

»Lass den Dreckskerl zählen.« Ich versuchte, sie zu umarmen.

»Ethan, wenn wir zu weit gehen, wird das alles verderben.«

»Wenn wir es nicht tun, platze ich.«

»Nein.« Sie stieß mich weg. »Geduld! Wir sind nahe am Ziel!«

Verflucht, es war schwer gewesen, im Lot zu bleiben, seit ich Paris verlassen hatte. Zu viel Bewegung und zu wenige Frauen. Ich atmete tief durch. »Also gut, hör zu. Wenn diese Sache mit dem Blitz tatsächlich funktioniert, musst du mir dabei helfen, mich von Silano abzusetzen. Ich brauche Zeit, um allein etwas auszuprobieren, danach müssen wir uns wieder treffen.«

»Du weißt etwas, wovon du uns nichts gesagt hast, nicht wahr?«

»Vielleicht. Es ist ein Hasardspiel.«

»Und du bist ein Spieler.« Sie überlegte. »Nachdem wir uns den Blitz zunutze gemacht haben, sagst du ihm, du würdest deinen Anteil an dem Buch gegen mich eintauschen. Dann werde ich so tun, als würde ich dich verraten, und mit ihm gehen. Wir werden dich zurücklassen. Tu so, als wärst du gekränkt.«

»Das wird mir nicht schwerfallen. Kann ich dir vertrauen?«

Sie lächelte. »Vertrauen muss von innen kommen.«

Und damit schlüpfte sie fort. Während der restlichen Zeit achteten wir darauf, uns so kratzbürstig zu geben wie Stachelschweine. Ich hoffte, dass es wirklich nur eine List war.

Wir folgten den alten Karawanenpfaden, und ich befürchtete, dass wir auf osmanische Spähtrupps stoßen würden, aber es war, als hätte der Zusammenprall am Berg Tabor die türkischen Truppen vorübergehend verschwinden lassen. Die Welt schien leer, urtümlich. Einmal wurden wir von eingeborenen Stammesangehörigen verfolgt, zähe kleine Männer auf Kamelen, doch unsere Gruppe wirkte ebenfalls zäh und dazu noch ärmlich, kaum wert, ausgeraubt zu werden. Najac preschte mit seinen Schlägern auf sie zu, und sie verschwanden.

Als wir die auf der Templerkarte verzeichnete Stadt erreichten, folgte uns niemand mehr.

Wir wandten uns nach Westen und stiegen vom Rand des Zentralplateaus hinab in Richtung der fernen Wüste. Zwischen uns und jenem Ödland lag jedoch die seltsamste geologische Formation, die ich je gesehen hatte. Vor uns ragte eine Kette mondartiger Berge auf, zerklüftet und kahl, davor ein rundes klumpiges Geschwür aus braunem Sandstein. Das Ganze sah aus wie erstarrte braune Blasen in einem Sud oder ein Brot, das zu hoch aufgegangen war. Einen Weg in oder um diese merkwürdige Formation schien es nicht zu geben, doch als wir näher kamen, sahen wir Höhlen darin wie Pocken, ein hundertäugiges Ungeheuer. Der Sandstein war von ihnen übersät. Ausgemeißelte Säulen und Stufen traten zutage. Wir lagerten in einem trockenen Wadi unter funkelnden kalten Sternen.

Silano verkündete, die Pfade, die wir am nächsten Morgen einschlagen würden, seien zu schmal und abschüssig für Pferde, daher ließen wir sie bei Tagesanbruch, angepflockt und bewacht von einigen Arabern aus Najacs Bande, am Eingang zur Schlucht zurück. Ich bemerkte, dass die Pferde sonderbar nervös waren, wieherten und stampften und vor einem Wagen zurückscheuten, der im Laufe der Nacht am Rand unseres Lagers eingetroffen war. Er war kastenförmig, aber mit Planen bedeckt, und Silano sagte, bei den Vorräten sei auch Fleisch, das die Pferde ungebärdig mache. Ich wollte nachschauen, doch dann erleuchtete die Morgensonne die Felswand, die spaltartige Schlucht und den einladenden römischen Bogen. Wir brachen zu Fuß auf und konnten innerhalb kürzester Zeit nichts mehr von der Welt hinter uns sehen. Alle Geräusche verstummten, bis auf das Schlurfen unserer Füße, als wir in das Wadi hinabstiegen.

»Im Altertum war der Schluchtweg gepflastert, aber Regengüsse haben ihn ausgewaschen«, sagte Silano. »Um diese Zeit des Jahres kommt es nach Gewittern regelmäßig zu Sturzfluten, steht in den Berichten. Die Templer wussten das und machten es sich zunutze. Genau wie wir es tun werden.«

Und dann kamen wir, wie ich beschrieben habe, nach einer Meile an das andere Ende der Schlucht und sperrten staunend den Mund auf. Vor uns lag eine weitere Schlucht, lotrecht zu der ersten und genauso imposant, doch das war es nicht, was uns verblüffte. Denn an der gegenüberliegenden Felswand befand sich das verblüffendste Monument, das ich je gesehen hatte, das Erste, das es an Pracht mit der Großartigkeit der Pyramiden aufnehmen konnte: ein in den Fels gehauener Tempel.

Man stelle sich eine nackte Felswand vor, Hunderte Fuß hoch, rosa wie eine Mädchenwange, und nicht darauf, sondern *darin,* eingemeißelt in die Vorderfläche, ein kunstvolles, heidnisches Bauwerk mit Säulen, Ziergiebeln und Kuppeln, höher aufragend als ein Kirchturm in Philadelphia. Gemeißelte Adler in der Größe von Büffeln hockten auf den oberen Kranzgesimsen, und in den Nischen zwischen den Säulen standen Figuren mit Engelsflügeln. Doch nicht diese Cherubim oder Dämonen zogen meinen Blick an, sondern die zentrale Figur über der dunklen Tür des Tempels. Eine Frau, die Brüste nackt und verwittert, die Hüften in die römischen Falten eines steinernen Gewandes gehüllt, den Kopf hoch und wachsam erhoben. Diese Gestalt hatte ich zuvor schon in den heiligen Bezirken des alten Ägyptens gesehen. Im Arm trug sie ein Füllhorn und auf dem Kopf die Reste einer Krone, bestehend aus einer Sonnenscheibe zwischen zwei Stierhörnern. Ein Schauder überlief mich bei diesem eigentümlichen Wiedersehen mit einer Göttin, die mich seit Paris verfolgte, wo die Römer einen Tempel zu ihren Ehren erbaut hatten, an dessen Stelle jetzt die Kathedrale Notre-Dame steht.

»Isis!«, rief Astiza. »Sie ist ein Stern, der uns zu dem Buch führt!«

Silano lächelte. »Die Araber nennen es die Khazane, das Schatzhaus, weil ihre Legenden behaupten, der Pharao hätte hier seinen Schatz versteckt.«

»Sie meinen, das Buch ist dort drinnen?«, fragte ich.

»Nein. Die Räume sind öde und kahl. Es muss irgendwo in der Nähe sein.«

Wir begaben uns zum Eingang der Khazane, platschten durch einen kleinen Bach, der mitten durch diese neue Kluft floss. Die gewundene Schlucht erstreckte sich zu unserer Rechten. Breite Stufen führten zu dem dunklen, säulenbestandenen Eingang. Wir blieben einen Moment im kühlen Vestibül des Tempels stehen, schauten hinaus auf den roten Fels und betraten dann den Raum dahinter.

Wie Silano gesagt hatte, war er enttäuschend leer, so gesichtslos wie die Kammer, die den Sarkophag in der Großen Pyramide enthielt. Gerade, nackte, kastenartige Kammern waren aus der Felswand geschlagen worden. Eine kurze Besichtigung bestätigte, dass es keine verborgenen Türen gab. Das Tempelinnere war so reizlos wie ein leeres Lagerhaus.

»Falls es sich nicht wieder um den Trick mit den besonderen Maßen des Gebäudes handelt, gibt's hier nichts«, sagte ich. »Wozu dient es?« In meinen Augen war es zu ausgedehnt zum Wohnen und doch nicht groß und prächtig genug für einen Tempel.

Silano zuckte mit den Schultern. »Das spielt keine Rolle. Wir müssen den Hohen Opferplatz finden. Von ›hoch‹ kann hier jedenfalls nicht die Rede sein.«

»Aber trotzdem prächtig«, murmelte Astiza.

»Illusion, wie alles andere«, sagte Silano. »Nur der Verstand ist wirklich. Daher ist Grausamkeit auch keine Sünde.«

Wir traten wieder hinaus. Die Schlucht lag halb im Sonnenlicht, halb im Schatten. Es wurde diesig. »Wir haben Glück«, meinte Silano. »Die Luft ist schwer und riecht nach Gewitter. Wir brauchen nicht zu warten, müssen aber handeln, bevor der Sturm losbricht.«

Diese neue Schlucht wurde allmählich breiter, je weiter wir kamen, und erlaubte uns einen noch besseren Blick auf das Labyrinth der Berge, die wir betreten hatten. Felsen schossen himmelwärts wie Schichttorten, runde Laibe und teigige Burgen. Oleander blühte in derselben Farbe wie das seltsame Gestein. Überall waren die Felswände von Höhlen durchlöchert, wenn auch keinen natürlichen. Sie hatten die rechteckige Form gewöhnlicher Türen, was darauf hindeutete, dass sie einst von Menschenhand gemeißelt wurden. Eine Stadt, die nicht auf der Erde, sondern aus ihr gebaut war. Wir kamen an dem grandiosen Halbkreis eines römischen Theaters vorbei, dessen Sitzreihen ebenfalls aus der Felswand selbst geschlagen waren, und erreichten schließlich eine breite, von steilen Bergen umschlossene Senke, die wie ein von Mauern umgebener riesiger Hof aussah. Das perfekte Versteck für eine Stadt, nur erreichbar durch schmale und leicht zu verteidigende Schluchten. Und doch groß genug, um ganz Boston aufzunehmen. Säulen, die nichts mehr aufrecht hielten, ragten vom Boden hoch. Dachlose Tempel erhoben sich aus dem Schutt.

»Bei der Anmut der Isis«, murmelte Astiza. »Wer hat sich das hier erträumt?«

Eine der Felswände konnte es glatt mit der vorher gesehenen Khazane aufnehmen. Sie war wie die Fassade einer märchenhaften Stadt behauen worden, mit Treppenaufgängen, Säulen, Giebeln, Podesten, Fenstern und Türen, die zu einem Bienenstock von Kammern führten. Ich begann die Eingänge zu zählen und gab auf. Es waren Hunderte. Nein, Tausende.

»Das ist ja riesig hier«, sagte ich. »Wo soll man da ein Buch finden? Dagegen sehen die Pyramiden wie ein Briefkasten aus.«

»*Sie* werden es finden. Sie und Ihre Seraphim.« Silano zog seine Templerkarte heraus und betrachtete sie. Dann deutete er hinauf. »Von dort oben.«

Ein Berg hinter uns, der sich über dem antiken Theater erhob, war zu Befestigungsanlagen behauen worden, schien aber oben flach zu sein. Ziegenpfade führten hinauf. »Da oben? Wo?«

»Auf dem Hohen Opferplatz.«

Schmale, grobe Stufen waren aus dem Sandstein gehauen. Es war schwül, und wir schwitzten. Als wir höher stiegen, erweiterte sich die Aussicht, und wir konnten immer mehr Felswände erkennen, die ebenfalls mit Türen und Fenstern übersät waren. Nirgends sahen wir Menschen. Die verlassene Stadt war still, ohne die Totenklage der Geister. Das Licht verfärbte sich violett.

Oben gelangten wir auf ein flaches Sandsteinplateau mit einer grandiosen Aussicht. Weit unter uns lag die staubige Senke voll verfallener Mauern und umgestürzter Säulen, eingeschlossen von Felswänden. Dahinter waren weitere zerklüftete Berge ohne das geringste Grün zu sehen, entblößt wie ein Skelett. Die Sonne sank zu drohenden Gewitterwolken hinab, die wie Kriegsschiffe auf uns zujagten. Ein heißer, feuchter Wind wirbelte Staubtrichter auf und ließ sie wie Kreisel tanzen. Der Felssockel war von antiken Meißeln präzise flach gehauen worden. In der Mitte befand sich eine rechteckige Vertiefung von der Größe eines Ballsaals, aber flach wie ein Schwimmbecken. Silano zog seinen Kompass zurate. »Sie ist tatsächlich nach Norden und Süden ausgerichtet«, verkündete er, als hätte er das erwartet. Nach Westen, woher das Gewitter kam, führten Stufen zu einem erhöhten Podest, das eine Art Altar zu sein schien. Darauf befand sich ein rundes Becken mit einem Abfluss.

»Für das Blut«, erläuterte uns der Graf. Sein Umhang flatterte im Wind.

»Ich sehe nichts, worin man ein Buch verstecken könnte«, sagte ich.

Silano deutete auf die Stadt weit unten, wo zehntausend Löcher den Sandstein wie einen irrwitzigen Bienenstock übersäten. »Und ich sehe Unendlichkeit. Es wird Zeit, Ihre Seraphim zu benutzen, Ethan Gage. Sie sind aus heiligerem Metall als Gold gemacht.«

»Welchem Metall?«

»Die Ägypter nannten es Ra-ezhri. Tränen der Sonne. Der Finger Gottes wird es berühren und dann darauf deuten, wohin wir gehen müssen. Was brauchen wir, um die Finger des Thoth herabzurufen? Wie kann die Essenz des Universums uns ein Zeichen geben?«

Er war vollkommen verrückt, aber das war der alte Ben auch, nehme ich an, als er vorschlug, während eines Gewitters zum Drachensteigen zu gehen. Gelehrte sind eine Bande von Idioten.

»Warten Sie. Was geschieht, wenn wir das Buch wiedergefunden haben?«

»Wir untersuchen es«, erwiderte Silano kurz angebunden.

»Wir wissen nicht, ob wir es überhaupt lesen können«, fügte Astiza hinzu.

»Ich meine, wer bekommt es?«, beharrte ich. »Jemand muss es in seine Obhut nehmen. Es scheint, als wären meine Seraphim das ausschlaggebende Werkzeug, und meine Fähigkeit, sie einzusetzen, der Schlüssel. Und ich stehe letztlich weder auf der französischen noch der britischen Seite. Ich bin neutral. Sie sollten es mir anvertrauen.«

»Sie hätten diesen Ort nicht mal in tausend Jahren allein

gefunden«, grummelte Najac. »Sie können nicht mal allein einkaufen gehen.«

»Und du könntest dein rechtes Ohr nicht finden, selbst wenn du es an deine Eier bindest«, erwiderte ich gereizt.

»Monsieur Gage, die Situation dürfte doch inzwischen klar sein«, sagte Silano ungeduldig. »Sie schließen sich mir an, schließen sich dem Ägyptischen Ritus an und gewinnen einen Anteil an der Macht.«

»Ich soll mich allen Ernstes einem Mann anschließen, der mir in Ägypten den Kopf meines Freundes in einem Krug geschickt hat?«

Er seufzte. »Oder Sie können mit leeren Händen abziehen.«

»Und wieso haben *Sie* ein Anrecht auf das Buch?« Ich musste meine Rolle spielen.

Er blickte sich belustigt um. »Nun ja, ich habe alle Waffen, den größten Teil der Vorräte und ich bin zudem der Einzige, der hoffentlich das entziffern kann, was wir finden werden.« Najacs Männer hoben die Läufe ihrer Waffen. Mich verdross es besonders, in die Mündung meiner eigenen Büchse blicken zu müssen, die Najac in seinen schmierigen Händen hielt. »Ich weiß wirklich nicht, was Franklin an Ihnen fand, Ethan. Sie tun sich so schwer, das Wesentliche einer Sache zu erfassen.«

Ich deutete zu den sich auftürmenden Wolken. »Ohne mich wird es nicht funktionieren, Silano.«

»Seien Sie doch kein Narr. Wenn Sie mir nicht helfen, bekommt niemand das Buch, und Sie haben nichts. Außerdem sind Sie genauso neugierig wie ich.«

Ich schaute zu Astiza. »Dann machen wir es anders. Ich

helfe Ihnen, die Seraphim einzusetzen. Wenn es funktioniert, bekommen Sie das Buch. Nehmen Sie es, und fertig.«

»Mister!«, schrie Ned.

»Aber ich bekomme Astiza dafür.«

»Ich kann nicht über sie bestimmen, Monsieur.«

»Ich möchte, dass Sie uns gehen lassen, ohne uns etwas anzutun oder sich einzumischen.«

Er sah sie von der Seite an. Sie wich unseren Blicken aus. »Und Sie helfen mir, wenn ich zustimme?«

Ich nickte. »Wir sollten uns lieber beeilen.«

»Aber es ist ihre Entscheidung, nicht meine«, warnte er mich. Astizas Gesicht war eine Maske.

»Ihre Entscheidung«, bestätigte ich zuversichtlich. »Nicht Ihre. Mehr verlange ich ja nicht.«

»Einverstanden.« Er bedachte mich mit einem Grinsen, kalt wie eine Biberfalle in einem kanadischen Bach. »Dann helfen Sie uns bei der Vorbereitung.«

Ich atmete tief durch. Konnte ich ihr trauen? Würde das überhaupt funktionieren? Ich setzte alles auf ein lateinisches Rätsel. Ich kramte meine Souvenirs aus der Pyramide hervor und sah, wie die Augen des Hexenmeisters aufleuchteten, als er nach ihnen griff. »Benutzen Sie die Klammern, mit denen sie an Moses' Stab befestigt waren, um sie an Ihren Metallstangen anzubringen«, wies ich ihn an. »Wir werden daraus einen Franklinschen Blitzableiter machen.« Ich bemerkte die beiden Löcher, die in das eingeebnete Plateau gebohrt worden waren, und Silano bestätigte, dass sie in den Templerdokumenten erwähnt wurden. Also fügten wir die Stangen dort ein. Doch es gab keine Verbindung zwischen ihnen.

Ich sah mir die glatte Fläche genauer an. Im Sandsteinfels

entdeckte ich Rinnen, die einen sechszackigen Stern bildeten. Die Stangen standen an gegenüberliegenden Spitzen.

»Wir brauchen eine Verbindung zwischen den Stangen«, sagte ich. »Metallstreifen, um die Elektrizität zu leiten. Haben Sie welche?«

Natürlich nicht. So viel zu Silanos Nachforschungen! Es wurde dunkler, Donner grollte in den sich auftürmenden und anschwellenden Wolkenbergen. Staubtrichter jagten auf dem Talboden tief unter uns dahin, schwankten und taumelten wie Betrunkene.

»Ich weiß nicht, was die Stangen bewirken sollen, wenn sie einzeln stehen«, warnte ich.

»Die Templer sagten, dass es funktioniert. Meine Forschungen sind unfehlbar.«

Das Ego des Mannes konnte es glatt mit dem des ehrgeizigen Senators Aaron Burr aufnehmen. Also überlegte ich, wodurch man die Metallstreifen ersetzen könnte, denn meine Feinde hatten recht: Ich war genauso neugierig wie alle anderen. »Najac, tu etwas, außer mürrisch dreinzuschauen«, schlug ich schließlich vor. »Nimm deinen Wassersack, füll die Rinnen auf und füg noch Salz hinzu.«

»Wasser?«

»Ben sagte, es leitet die Elektrizität.«

Das Wasser füllte die kleinen Rinnen, bis der Stern im dichten, grünlich-purpurfarbenen Licht schimmerte. Die Sonne wurde verschluckt, und dic Temperatur fiel. Meine Haut kribbelte. Weiterer Donner, und ich sah, wie die ersten Regenschnüre heruntertrudelten wie Federn und verdunsteten, bevor sie den Boden erreichten. Im Westen zuckten Blitze. Ich zog mich an den Rand des Plateaus zurück.

Ned und Mohammed folgten mir, doch alle anderen schienen keine Angst zu haben. Selbst Astiza wartete gespannt, das Haar aufgewirbelt, ihren Blick auf den Himmel gerichtet und nicht auf mich.

Das Gewitter brach über uns herein wie ein Kavallerieangriff. Heftige Windböen trafen uns wie eine Wand und wirbelten Kies auf, die Wolken überrannten uns, große, silbern schimmernde Säcke voll Regen und Donner blähten sich auf und schwollen an. Blitze zuckten und schlugen in die Gipfel um uns herum ein, kamen immer näher, der Donner dröhnte wie Artilleriefeuer. Fette Regentropfen platschten herunter, heiß und schwer wie geschmolzenes Blei. Unsere Kleidung flatterte, und der Wind wurde zu einem Kreischen. Dann ein blendender Lichtblitz, ein unmittelbar darauf folgender gewaltiger Donnerschlag, und der Berg erbebte. Einer der Blitzableiter war getroffen worden! Meine Knie wurden weich. Funken flackerten auf, helles blaues Licht schoss von Stange zu Stange entlang der nassen Sternenrinnen und dann in einem Bogen von Engel zu Engel. Die Seraphim wurden weißglühend. Sie schwangen herum, die Eisenstangen drehten sich, und die Engelsflügel deuteten nach Nordosten, neigten sich einander zu, sodass sich von ihnen ausgehende gedachte Linien nach etwa zwanzig Yards kreuzen würden. Der Blitzeinschlag war vorbei, die Stangen hielten die Elektrizität und tauchten alles in ein purpurnes Glühen, welches sich kaum von dem unterschied, das wir in der Kammer unter dem Tempelberg in Jerusalem gesehen hatten. Dann flossen Lichtstrahlen von den Flügeln der Seraphim, trafen in der Luft aufeinander, und ein einzelner Strahl schoss wie eine Gewehrkugel geradewegs hinüber zu dem prachtvollen, mit Säulen bestandenen Eingang eines weiteren Felswandtempels zwei Meilen von unserem Standort entfernt. Funken flogen in einen Brunnen.

»Ja!«, brüllten Silanos Schergen.

Der Strahl hielt einen Augenblick, als hätte die Sonne kurz eine dunkle Höhle erhellt, und verblasste dann. Die Bergspitze wurde dunkel. Geblendet schaute ich auf unsere Metallstangen. Die Seraphim waren geschmolzen, die Spitzen der Stangen flach gedrückt wie Pilze. Silano hatte triumphierend die Arme hochgeworfen, Astiza stand starr da mit durchnässtem Gewand, und aus den dunklen, an ihre Wangen geklatschten Haarsträhnen tropfte Wasser. Das Gewitter verzog sich nach Osten, doch seinem blitzenden Bug folgte weiterer Regen, kühler diesmal, und ein Zischen, das die Luft reinigte. Es goss in Strömen. Wir spürten alle die Elektrizität in der Luft, in der unser Haar immer noch tanzte. Wasser strömte an allen Felswänden hinab.

»Haben sich das alle gemerkt?«, fragte Silano.

»Ich könnte es mit geschlossenen Augen finden«, versicherte Najac mit einem Anflug von Habgier in der Stimme.

»Das Werk des Satans!«, murmelte Big Ned.

»Nein, das Werk Mose!«, antwortete Silano. »Und das der Tempelritter und all jener, die nach der Wahrheit suchen. Wir verrichten Gottes Werk, meine Herren, und ob dieser Gott Thoth oder Jehova oder Allah ist, dahinter verbirgt sich ein und dasselbe: Wissen.« Seine Augen strahlten vor Energie, als sei etwas von dem Blitzstrahl in ihn gefahren.

Ich habe nichts gegen Wissen – schließlich hatte ich mich Gelehrten angeschlossen –, und doch beunruhigten mich seine Worte und sein Aussehen. Ich erinnerte mich an Predigten, die ich als Kind hörte, über Satan als Schlange, die Adam und Eva im Garten Eden Erkenntnis versprach. Mit welchem Feuer spielten wir hier? Und dennoch: Wie konnten wir uns gestatten, einen so verlockenden Apfel nicht zu pflücken? Ich schaute zu Astiza, meine moralische Wegweiserin. Aber sie musste meinem Blick ausweichen, oder nicht? Sie wirkte ehrfurchtsvoll – weil tatsächlich etwas geschehen war – und besorgt.

»Meine Herren, ich glaube, wir stehen kurz davor, Geschichte zu schreiben«, sagte Silano. »Vor Einbruch der Nacht steigen wir wieder hinunter. Wir schlagen unser Lager vor dem Tempel auf, der erleuchtet wurde, und durchsuchen ihn morgen beim ersten Frühlicht.«

»Oder heute Nacht mit Fackeln«, meinte der begierige Najac.

»Ich weiß deine Ungeduld zu schätzen, Pierre, aber nach tausend Jahren wird unser Ziel nicht über Nacht verschwinden. Monsieur Gage, wie immer war Ihre Gesellschaft faszinierend. Doch ich wage zu behaupten, dass weder Sie noch ich unsere Trennung sonderlich bedauern werden. Adieu, Grenzläufer.« Er verbeugte sich.

»Astiza«, sagte ich. »Jetzt kannst du mit mir kommen.«

Sie schwieg lange. Dann: »Ich kann nicht, Ethan.«

»Wie bitte?«

»Ich gehe mit Alessandro.«

»Aber ich bin deinetwegen gekommen! Ich habe Akko deinetwegen verlassen!« Ich trug dicker auf als ein Anwalt angesichts vernichtender Beweise für die Schuld seines Mandanten.

»Ich kann nicht zulassen, dass Alessandro es für sich allein beansprucht, Ethan. Ich kann nach all diesem Leid nicht einfach davongehen. Isis hat mich an diesen Ort geführt, damit ich beende, was ich begonnen habe.«

»Aber er ist wahnsinnig! Schau dir seine Gefährten an. Sie sind die Ausgeburt des Teufels! Komm mit uns. Komm mit mir nach Amerika.«

Sie schüttelte den Kopf. »Leb wohl, Ethan.«

Silano lächelte. Er hatte damit gerechnet.

»Nein!«

»Sie hat ihre Wahl getroffen, Monsieur.«

»Ich habe mit den Blitzen nur geholfen, um dich zu bekommen!«

»Es tut mir leid, Ethan. Das Buch ist wichtiger als du. Wichtiger als wir. Kehr zu den Engländern zurück. Ich gehe mit Alessandro.«

»Du hast mich benutzt!«

»Wir haben dich benutzt, um das Buch zu finden: zum Guten, hoffe ich.«

In gespielter Frustration riss ich einen der Eisenstäbe heraus, um ihn als Waffe zu benutzen, aber Najacs Bande hob ihre Musketen. Astiza wollte mich nicht anschauen, als Silano sie vom Plateau führte, und verhüllte ihren Kopf mit einem Tuch.

»Sie werden schon bald erkennen, was Sie da gerade fortgeworfen haben, Gage«, rief mir Silano zu. »Was Sie durch den Ägyptischen Ritus hätten gewinnen können! Sie werden Ihren Handel bedauern!«

»Jawoll«, knurrte Najac, die Pistole auf mich gerichtet. »Also verschwinde zurück nach Akko und stirb.«

Mit einem Klirren ließ ich die Stange fallen. Unsere Schauspielerei hatte überzeugt. Falls Astiza tatsächlich schauspielerte. »Dann verschwindet von meinem Berg«, befahl ich mit bebender Stimme.

Feixend machten sie sich hintereinander an den Abstieg, nahmen die geschmolzenen Seraphim und die Stangen mit. Astiza schaute nur einmal zu mir zurück.

Als sie außer Hörweite waren, explodierte Big Ned schließlich. »Bei allen Heiligen, Mister, lassen wir uns von diesem papistischen Hundsfott unseren rechtmäßigen Schatz stehlen? Ich dachte, Sie hätten mehr Grips!«

»Keinen Grips, Ned, sondern Verstand. Erinnerst du dich, wie ich dich beim Schwertkampf übertroffen habe?«

Sein Blick wurde unstet. »Ja.«

»Das geschah mit dem Hirn, nicht mit Muskeln. Silano weiß längst nicht so viel, wie er glaubt. Was bedeutet, dass wir unsere eigene Chance haben. Wir werden einen Pfad an der Rückseite dieses Berges finden, um hinunterzugelangen und unsere eigene Erkundung anzustellen, weit genug von dieser Halsabschneiderbande entfernt.«

»Entfernt? Aber die wissen, wo dieses Buch ist!«

»Sie wissen, wohin der Blitzstrahl sein Licht warf. Doch ich glaube nicht, dass die Templer so offensichtlich vorgehen würden. Ich hoffe, sie haben die Große Pyramide studiert.«

Er war verblüfft. »Was meinen Sie damit, Mister?«

»Ich wette, wir sind gerade Zeugen einer kleinen Irreführung geworden. Ich bin ein Spieler, Ned. Und die Große Pyramide verkörpert eine Abfolge von Zahlen, die als die Fibonacci-Reihe bekannt ist. Davon hast du doch sicher schon gehört.«

»Teufel noch eins, nein.«

»Die Franzosen haben mich in Ägypten darin unterwiesen. Und diese Abfolge ist wiederum die Darstellung eines elementaren Vorgangs in der Natur. Sie ist heilig, wenn du so willst. Genau das, wofür die Templer sich interessieren würden.«

»Tut mir leid, Mister, aber ich dachte, hier ging's bloß um uralte Schätze und geheime Kräfte, nicht um Zahlen und Templer.«

»Es geht um all das zusammen. Nun gibt es da ein Verhältnis, das in jeder grafischen Darstellung dieser Abfolge auftaucht, die harmonische Proportion einer längeren Linie zu einer kürzeren, die zufällig 1,61 und ein bisschen ergibt. Man nennt sie den ›Goldenen Schnitt‹, der bereits den alten Griechen, den Erbauern gotischer Kathedralen und den Malern der Renaissance bekannt war. Und er ist in den Maßen der Großen Pyramide verschlüsselt.«

»Gold?« Ned schaute mich an, als sei ich närrisch, und vielleicht war ich das ja.

Ich fand eine sandige Stelle und begann zu zeichnen. »Was bedeutet, dass sich das Buch in Wirklichkeit in einem Winkel zu dem befindet, was wir gerade gesehen haben. Nehmen wir an, dass die Grundlinie der Pyramide von der Linie verkörpert wird, die wir über das Tal hier schießen sahen.« Ich zog eine Linie, die auf die Ruine deutete, zu der Silano und seine Mannschaft unterwegs waren. »Zieht man zu ihr eine lotrechte Linie, führt sie mehr oder weniger nach Westen.« Ich deutete auf die zerklüftete Bergkette, von der das Gewitter gekommen war. »Irgendwo auf dieser neuen Linie ist ein Punkt, der dargestellt werden würde, wenn wir ein rechtwinkliges Dreieck von dort, wohin Silano geht, zu meiner eigenen, westwärts verlaufenden Linie vervollständigen.«

»Ein Punkt wo?«

»Genau. Man muss wissen, wie lang die dritte, die schräge Linie sein muss. Nehmen wir an, sie ist etwa 1,61 mal so lang wie die zu Silanos Tempel – der Goldene Schnitt, die physische Verkörperung von Fibonacci und der Natur, und der Schräge der Großen Pyramide selbst. Eine Pyramide, die zu dem Zweck erbaut wurde, in ihren Maßen elementare Zahlen zu enthalten, die sich auch in Schneckenhäusern oder Blumen wiederfinden. Entfernungen abzuschätzen ist schwer, ja, aber wenn wir annehmen, dass der Tempel zwei Meilen entfernt liegt, dann beträgt unsere angrenzende Linie etwas über drei ...«

Er kniff die Augen zusammen, folgte meinem ausgestreckten Arm, als ich ihn vom Tempel, auf den der Blitzstrahl in nördlicher Richtung gedeutet hatte, nach Westen schwenkte. »Ich schätze, er würde meine imaginäre westliche Linie etwa dort treffen, wo diese imposante Ruine ist.«

Wir starrten hinunter. Am Talboden lagen die Überreste eines uralten Gebäudes, das aussah, als hätte es hundert Jahre lang unter Artilleriebeschuss gestanden. Die Baufälligkeit war zwar erheblich, aber trotzdem ragte die Ruine nach wie vor höher auf als die Trümmer um sie herum. Eine Reihe alter Säulen, die nichts mehr stützten, erhoben sich neben einer Art altem Dammweg.

»Diesen Winkel haben Sie wo gesehen, Effendi?«, versuchte Mohammed klarzustellen.

»In der Schräge der Großen Pyramide. Mein Freund Jomard hat es mir erklärt.«

»Sie meinen, dass Graf Teufel in den falschen Tempel geht?«

»Es ist nur eine Vermutung, aber die einzige Chance, die ich habe. Jungs, seid ihr bereit, einen Blick darauf zu werfen und zu hoffen, dass den Templern dieses Zahlenspiel genauso wichtig war wie den alten Ägyptern?«

»Ich habe gelernt, an Sie zu glauben, Effendi.«

»Und ha, was für ein Witz es sein würde, das dämliche Buch als Erste zu finden«, lachte Ned. »Und auch einiges Gold, wette ich.« Er schenkte mir sein breites, bedrohliches Lächeln.

19

Wir taten, als würden wir hinabsteigen, um die Stadt der Geister durch die Schlucht zu verlassen. Aber nachdem wir ein paar Felsblöcke umrundet hatten, fanden wir außer Sichtweite von Silano einen kniffligen Abstieg durch eine feuchte, wunderschöne Klamm auf der Westseite des Berges. Wir kamen an weiteren Höhlen und zerstörten Grabstätten vorbei, an spritzenden, vom Regen genährten Wasserfällen – die Wüste stillte ihren Durst, wie die Templer prophezeit hatten –, bis wir die ebenerdige Stadt erreichten. Die Abenddämmerung hatte eingesetzt, der Regen war vorbei. Niedrige Hügel dienten uns als Deckung, damit die anderen uns nicht sahen, und kurz nach Anbruch der Dunkelheit erreichten wir den großen Tempel, den wir aus der Ferne gesehen hatten. Es war kühl nach dem Regen, Sterne begannen den Himmel zu übersäen.

Dieses Gebäude war in schlechterem Zustand als der Tempel von Dendera, den ich in Ägypten erforscht hatte, und viel weniger beeindruckend. Das Dach war verschwunden, und der Rest war ein fensterloser Pferch voller Schutt mit minimaler Ausschmückung. Er war groß – die Wände wohl an die hundert Fuß hoch, mit einem Bogen, durch den eine Fregatte segeln konnte –, jedoch schlicht.

Ein nach unten führender Gang war schnell gefunden. In einer Ecke im Inneren des Tempels befand sich ein Krater im Schutt, als hätte dort jemand nach einem Schatz gegraben, und am Boden lagen rohe, mit Steinen beschwerte Planken.

»Da ist es ja!«, jauchzte Ned leise.

Wir warfen die Bretter beiseite und fanden Sandsteinstufen, die hinabführten. Mit primitiven Fackeln aus trockenem Buschwerk, das wir mit Stahl und Feuerstein entzündeten, stiegen wir hinunter. Doch wir wurden bald enttäuscht. Nach dreißig Stufen endete die Treppe abrupt an einer Art Brunnen, dessen Ränder aus geglättetem Sandstein bestanden. Ich nahm einen Stein und ließ ihn hineinfallen. Lange Sekunden vergingen, dann kam ein Platschen. Ich konnte unten Wasser laufen hören.

»Ein alter Brunnen«, sagte ich. »Die Beduinen haben ihn abgedeckt, damit ihre Ziegen und Kinder nicht hineinfallen.«

Enttäuscht gingen wir wieder nach oben, um die Umgebung abzusuchen, fanden aber nichts von Interesse. Draußen zogen sich alte Säulen, die nichts mehr stützten, an einem aufgegebenen Dammweg entlang. Weitere Haufen zerbrochenen Mauerwerks kennzeichneten alte Gebäude, die längst zusammengefallen waren. Alle wirkten durchsucht, überall lagen Keramikscherben herum. Ich sage Ihnen, was Geschichte ist: zerbrochene Scherben und vergessene Knochen; eine Million Einwohner, die glauben, ihr Augenblick sei der wichtigste, alle zu Staub zerfallen. In den Felsrücken um uns herum gähnten Höhlen wie stumme Mäuler.

Erschöpft setzten wir uns.

»Sieht so aus, als würde Ihre Theorie nicht hinhauen, Mister«, sagte Ned entmutigt.

»Noch nicht, Ned. Noch nicht.«

»Wo sind dann die Geister?« Er blickte sich um.

»Kümmern sich um sich selbst, hoffe ich. Glaubst du an Geister?«

»Ja, ich hab sie gesehen. Ertrunkene Schiffskameraden schleichen während der dunkelsten Wache über das Deck. Andere Gespenster, von unbekannten Wracks, rufen aus vorbeiziehender Dünung. Lässt einen Seemann frösteln, wohl wahr. Da war ein Säugling, der in einer Pension gestorben war, wo ich in Portsmouth abstieg, und wir hörten ihn greinen, wenn ...«

»So spricht der Satan«, unterbrach Mohammed. »Es ist falsch, bei den Toten zu verweilen.«

»Ja, lasst uns an unser Vorhaben denken, Jungs. Wir brauchen einen Weg nach unten. Zu einer ordentlichen Schatzsuche gehört schließlich das Buddeln in der Erde.«

»Wir sollten den Lohn von Bergmännern kriegen, jawoll«, stimmte Ned zu.

»Am Morgen wird Silano den Tempel betreten, auf den der Blitzstrahl gedeutet hat, und entweder etwas finden oder nicht. Ich wette, nicht. Aber wir müssen es selber finden und bis dahin möglichst weit fort sein.«

»Und was ist mit der Frau?«, fragte Ned. »Geben Sie die auf, Mister?«

»Geplant ist, dass sie sich fortstiehlt und sich uns anschließt.«

»Ah, Sie haben auf sie gesetzt? Auf Frauen zu wetten, ist aber riskant.«

Ich zuckte mit den Schultern. »Das Leben ist nichts als ein Glücksspiel.«

»Mir gefällt der Klang des Flusses«, bemerkte Mohammed, um das Thema zu wechseln. Er betrachtete Glücksspiel ebenfalls als eine Erfindung des Satans, wie ich wusste. »Das hört man in der Wüste selten.«

Wir horchten. Tatsächlich, da rauschte, gluckerte und plätscherte ein Bach in einem Kanal neben dem Dammweg.

»Das war das Gewitter. Hier ist es sonst meistens knochentrocken, schätze ich«, sagte Ned.

»Ich frage mich, wohin das Wasser fließt«, fügte Mohammed hinzu. »Wir befinden uns in einer Senke.«

Ich erhob mich. Genau, wohin? *Die Wüste saugt durstig das Wasser auf.* Plötzlich aufgeregt, kletterte ich die zerbrochenen Stufen des Tempels zum Dammweg hinab und überquerte ihn zu dem temporären Wasserlauf, der jetzt im Sternenlicht funkelte. Er führte nach Westen auf die Berge zu und ... da! Verschwand.

Eine alte Säule lag wie ein gefällter Baum über dem Flussbett, und darunter endete der Fluss abrupt. Auf der einen Seite ein plätschernder Bach, auf der anderen trockener Sand und Feldsteine. Ich glitt in das kühle Wasser, spürte es gegen meine Waden rauschen und lugte unter die Säule. Da war ein waagrechter Riss in der Erde wie das Augenlid eines schläfrigen Riesen, und in diesen ergoss sich das Wasser. Ich konnte das Echo hören. Nicht das Auge eines Riesen, sondern sein Mund. *Saugt durstig das Wasser auf.*

»Ich glaube, ich habe unser Loch gefunden«, rief ich den anderen zu. Ned sprang neben mich hinunter. »Wenn Sie da reingleiten, können Sie glatt in die Hölle runtergespült werden.«

Wohl wahr. Doch was, wenn ich durch irgendein Wunder richtig geraten hatte und dies der Hinweis darauf war, wo die Templer in Wirklichkeit ihr Jerusalemer Geheimnis verborgen hatten? Mein Gefühl sagte mir, dass es richtig war. Ich kroch unter der Säule heraus und schaute mich um. Das hier war die einzige Säule, die über das Bachbett gefallen war. Wie hoch war die Wahrscheinlichkeit, dass sie genau dahin gerollt war, wo eine Kaverne nach unten führte? Noch dazu eine Kaverne, die sich nur nach einem starken Gewitter zu erkennen gab?

Ich folgte der baumstammstarken Säule der Länge nach bis auf den Hang gegenüber des Tempels. Sie war von ihrem Postament herabgestürzt wie von einem Erdbeben gefällt, und der untere Teil ragte wie ein zerbrochener Zahn auf. Seltsamerweise schien das Postament freier von Schutt zu sein als die sonstige Umgebung. Jemand hatte ihn – vor Jahrhunderten? – fortgeräumt, vielleicht nachdem er seinen mittelalterlichen Kettenpanzer abgelegt hatte und in einer weißen Tunika mit einem roten Kreuz darauf dastand.

»Ned, hilf mir graben. Mohammed, hol noch Buschwerk für Fackeln.«

Ned stöhnte. »Schon wieder, Mister?«

»Der Schatz, erinnerst du dich?«

Bald legten wir ein Postament aus verwittertem Marmor unter dem Säulenfuß frei. Einen Moment lang entstand vor meinem inneren Auge ein Bild dieser Stadt, wie sie zu ihrer Glanzzeit ausgesehen haben musste, die Säulen als schattige Arkaden zu beiden Seiten des zentralen Dammwegs, voll von farbenprächtigen Läden und Tavernen, klares Wasser, das sich in blaue Brunnen ergoss, und mit Quasten behangene

Kamele aus Arabien, die mit Handelswaren beladen würdevoll hier entlang trotteten. Banner flatterten im Wind, Trompeten ertönten, Gärten standen voller Obstbäume ...

Da! Ein Muster auf dem Marmor. Eingemeißelte Dreiecke ragten aus dem quadratischen Postament der Säule. Ich erkannte, dass der Belag sogar aus zwei Schichten bestand, die eine war einen Zoll höher und überlappte die andere. Sie bildeten folgendes Muster:

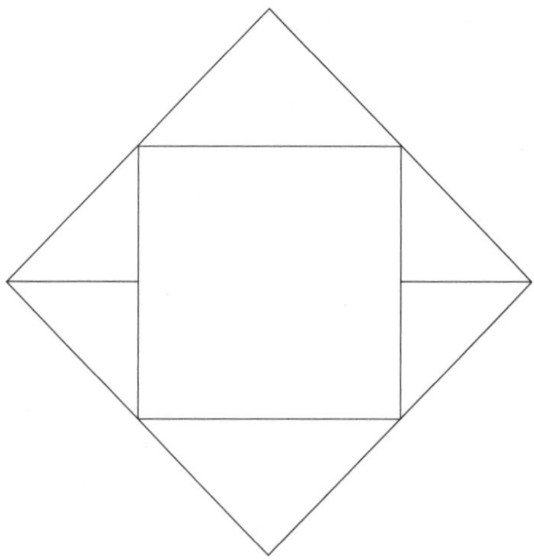

»Haltet Ausschau nach einem Symbol auf diesem Mauerwerk«, wies ich meine Begleiter an. »Wie das Freimaurerzeichen mit Zirkel und Winkelmaß.«

Wir suchten alles ab. »Sauber wie 'ne Jungfrauenbrust«, verkündete Ned.

Nun ja, die Templer waren Kriegermönche, keine Steinmetze. »Kein Kreuz? Kein Schwert? Keine Sefiroth?«

»Effendi, das ist nur eine zerbrochene Säule.«

»Nein, hier muss es etwas geben. Irgendeinen Weg hinab zu Blume und Glauben, wie es in dem Gedicht stand. Es ist eine verschlossene Tür, und der Schlüssel ist ... ist ein Quadrat im Quadrat. Vier Ecken plus vier Ecken? Das ergibt acht. Eine heilige Zahl? In der Fibonacci-Reihe kommt sie vor.«

Die beiden sahen mich verständnislos an.

»Aber auch zwei Dreiecke, drei und drei. Sechs. Das kommt nicht vor. Zusammen ergeben sie vierzehn, und das kommt auch nicht vor. Verdammt! Liege ich vollkommen falsch?« Ich spürte, dass ich es zu krampfhaft versuchte. Ich brauchte Monge oder Astiza.

»Wenn sich die beiden Dreiecke überlappen, Effendi, bilden sie den jüdischen Stern.«

Natürlich. Sollte es so einfach sein? »Ned, hilf mir, dieses Postament zu ziehen. Schauen wir mal, ob sich die Dreiecke übereinanderschieben lassen.«

»Was?« Einmal mehr schaute er mich an, als sei ich von Sinnen.

»Zieh! Wie bei dem Altar unter Jerusalem!«

Mit einem Blick, als unterschriebe er sein Todesurteil, trat der Matrose an meine Seite. Allein hätte ich das erstarrte Mauerwerk nicht bewegen können, glaube ich, doch Neds Muskeln wölbten sich vor, bis sie zu bersten schienen. Mohammed half ebenfalls mit. Widerwillig begann sich das Postament der umgestürzten Säule tatsächlich zu bewegen, und der Marmor überlappte sich allmählich. Während sich die Dreiecke überkreuzten, wurde der Stern Davids immer sichtbarer.

»Zieh, Ned, zieh!«

»Sie werden noch einen weiteren Blitz anziehen, Mister.«

Aber das taten wir nicht. Je mehr sich die Dreiecke überlappten, desto leichter glitten sie. Als der Stern vollendet war, gab es einen Klick, und das Postament schwang plötzlich frei, drehte sich auf einem einzelnen Bolzen an seiner Ecke aus dem Weg. Das Ganze war plötzlich gewichtslos geworden. Und gleichzeitig begann der sechszackige Stern in den Boden zu sinken.

Vor Staunen rissen wir den Mund auf.

»Springt, springt, bevor er ganz verschwindet!« Ich sprang und landete auf der herabsinkenden Platte. Nach kurzem Zögern folgten mir Ned und Mohammed, der Araber mit den improvisierten Fackeln. Wir hörten das Knirschen uralter Getriebe, während wir in die Erde sanken.

»Wir fahren zur Hölle«, stöhnte Mohammed.

»Nein, Männer. Zum Buch und zum Schatz!«

Das Wassergeräusch war jetzt lauter, hallte in der unterirdischen Kammer wider, zu der wir hinabfuhren. Wir sanken auf unserem sechszackigen Stern durch einen sternförmigen Schacht, bis das Podest mit einem Ruck auf dem Boden aufsetzte. Ich blickte nach oben. Wir befanden uns in einem Brunnen, der viel zu hoch war, um hinausklettern zu können. Ich konnte nur ein paar Sterne sehen.

»Und wie kommen wir wieder rauf?«, fragte Ned zweifelnd.

»Hm. Ich frage mich, ob nicht besser einer von uns oben geblieben wäre. Tja, zu spät, Jungs. Das Buch wird uns sagen, wie wir wieder rauskommen.« Das behauptete ich mit mehr Zuversicht, als ich spürte.

Ein niedriger, waagrechter Gang führte von unserem sonderbaren Schacht auf das Wassergeräusch zu. Gebückt folgten wir ihm. Nach etwa der Länge der oben umgestürzten Säule kamen wir in eine Kaverne. Brausendes Wasser war zu hören.

»Zünden wir eine Fackel an«, sagte ich. »Nur eine – die anderen könnten wir noch brauchen.«

Gelbliches Licht flammte auf. Ich staunte. Der von dem Gewitter erzeugte Wasserschwall ergoss sich aus dem Schlitz, den ich oben entdeckt hatte. Die Wüste stillte ihren Durst. Doch das war es nicht, was mir ins Auge gefallen war. Diese Kaverne war von Menschen geschaffen und geformt wie ein Horn oder ein Trichter, der nach unten immer enger wurde. Um ihren äußeren Rand wand sich eine Kante, gerade breit genug für einen Mann. Wir drängten uns zusammen. Die Kante führte spiralförmig nach unten, und ihr Muster erinnerte mich an die Nautilusmuschel, die mir Jomard auf der Großen Pyramide als Verkörperung der Fibonacci-Reihe gezeigt hatte. *Die Blume und der Glaube.* Am Boden des Trichters bildete das Wasser einen wirbelnden, aufgewühlten Teich.

»Ein Strudel«, murmelte Ned. »Ist man da erstmal drin, kommt man nicht mehr raus.«

»Nein, das ist ein weiteres Symbol, Ned. Das Universum besteht irgendwie aus Zahlen, und die Templer, oder die Menschen, die diese Stadt erbauten, haben versucht, diese Zahlen in Stein zu verewigen. Genau wie die Ägypter. Darum geht es in dem Buch, schätze ich.«

»Unterirdische Orte, erbaut von Wahnsinnigen?«

»Was hinter der Alltagswelt liegt, die wir sehen.«

Er schüttelte den Kopf. »Das ist nur ein Abfluss, Mister.«

»Nein. Ein Portal.« *Und Glaube.*

Ich konnte Ned nicht überzeugen. »Verflixt, wie bin ich da nur hineingeraten!«

»Ja, wir sind an einem Ort des Bösen, Effendi.«

»Nein, das ist ein heiliger Ort. Ihr beide könnt hier warten. Ich wette, sie hätten das alles nicht gebaut, wenn da unten nicht was wäre. Oder?«

Sie schauten mich an, als gehörte ich in ein Irrenhaus, womit sie nicht ganz unrecht hatten. Wir waren alle vollkommen verrückt, suchten nach einer Abkürzung zum Glück. Aber ich *wusste,* dass ich das Rätsel durchschaut hatte, dass die verrückten Templer mit ihrem Blitzstrahl das Geheimnis hier verborgen hatten, nicht dort, wo sich Silano befand, und dass ich, wenn sich Astiza wie versprochen mit uns traf, endlich alles hatte – das Wissen, den Schatz und eine Frau. Nun ja, zwei Frauen, doch das würde sich zu gegebener Zeit schon regeln. Wieder erfassten mich Schuldgefühle wegen Miriam, verbunden mit süßen Erinnerungen an ihren Körper und nicht wenig Bangigkeit ob ihrer Gekränktheit. Merkwürdig, was einem so durch den Kopf geht, wenn's eng wird.

Ich entzündete eine weitere Fackel und stieg hinab, kroch so vorsichtig wie eine Schnecke den spiralförmigen Pfad hinunter. Als ich zu der Stelle kam, wo das herabströmende Wasser auf den pechschwarzen Teich traf, zischte meine Fackel im Dunst. Wie tief war dieser Brunnen? Zu tief, um das, was die Templer hier versteckt hielten, zu bergen? Denn zweifellos hatten sie ihren Jerusalemer Schatz in diesen Trichter geworfen, im Vertrauen darauf, dass überlebende Mitglieder eines Tages zurückkommen und ihren Orden wieder einsetzen würden.

Ich nahm all meinen Mut zusammen. Das Wasser war, ich sagte es schon, vollkommen dunkel, wirbelte wie in einem Abfluss, und auf der Oberfläche trieb grüner Schaum. Es roch so muffig wie in einem Sarg. Aber wir konnten nicht auf dem gleichen Wege wieder hinaus, auf dem wir hineingekommen waren, nicht wahr? Also legte ich meine Fackel beiseite, worauf sie prompt erlosch – mein einziges Licht war jetzt die trübe Fackel von Ned und Mohammed über mir –, holte tief Luft, betete zu allen Göttern, die mir einfielen, und tauchte hinein.

Das Wasser war kühl, versetzte mir aber keinen Schock. Ich glitt wie durch Tinte. Weiche, fasrige Algenmatten streiften mich im Vorbeiziehen, der Schleim von Jahrhunderten. Vielleicht schwamm da auch noch mehr um mich herum, ich meinte, im Dunkeln etwas Weißes, Breiiges wahrzunehmen, war mir jedoch nicht sicher, ob ich es mir nur einbildete. Tastend strampelte ich nach unten. Mir blieben zwei Minuten, um das zu finden, was wir suchten, oder zu ertrinken. Die Strömung riss mich fort. Ich geriet allmählich in Panik, weil mir zunehmend klar wurde, dass der Kampf, wieder nach oben zu kommen, mich mehr Zeit und Atem kosten würde, als ich besaß. Ich konnte nicht zurück und wurde immer weiter nach unten geschwemmt.

Mir fiel ein sonderbares Glühen auf. Es kam von vorne, nicht hell, aber willkommen nach den langen Sekunden in absoluter Schwärze. Ich sah einen Boden, der beruhigend weiß war, wie ein Boden aus reinem Sand. Dann erkannte ich die wahre Quelle des bleichen Lichtes und hätte beinahe Wasser geschluckt. Der Boden bestand nicht aus Sand, sondern aus Knochen.

Ich hatte den Schädelfries in der Templerkammer unter Jerusalem gesehen, doch das hier war hundert Mal schlimmer, ein Beinhaus der Verdammten. Diesmal waren es echte Schädel, bleich und verschwommen, aber gut zu erkennen, ein grausiges Durcheinander aus Armen, Beinen und Rippen. Ein Knochenriff, weiß gebleicht, Zähne so lang wie Zeigefinger, Augenhöhlen so leer wie ein Grab. All das war eingehüllt in bemooste Ketten und Steinbrocken.

Es musste ein Opferbrunnen oder eine Hinrichtungskammer gewesen sein.

Die Strömung schwemmte mich über diesen Schindanger und zog mich zu einem heller werdenden Licht. Halluzinierte ich, weil mein Hirn nach Luft hungerte? Nein, es war ein echtes Licht, und als ich aus einem kurzen Schacht kam, sah ich es sogar noch heller über mir. Während die Strömung mich dorthin mitziehen wollte, wo der Fluss verlief, strampelte ich mich grimmig nach oben.

Mit meinem letzten, pfeifenden Atem barst ich aus dem Wasser. Diese Knochen! Ich erspähte einen Sandsteinvorsprung, schwamm darauf zu, packte ihn und trat und strampelte mich aus dem Wasser wie ein erschöpfter Fisch. Eine Weile lag ich nur keuchend da. Schließlich war ich genug zu Atem gekommen, um mich aufzusetzen und umzuschauen. Ich befand mich am Boden eines Sandsteinschachts oder Brunnens. Hoch über mir, weit außer Reichweite, war die Quelle des trüben Lichtes. Der unterirdische Fluss, dem ich entkommen war, führte an dem Vorsprung vorbei und ergoss sich in einen weiteren Unterwassertunnel. Ich erschauderte. Lagen stromabwärts noch mehr Knochen, denen sich meine hinzufügen würden?

Ich blickte hoch, um das bleiche, silbrige Licht von Mond und Sternen genauer zu betrachten. Den Himmel konnte ich nicht sehen, daher vermutete ich, dass etwas den Nachthimmel nach unten reflektierte. Die Beleuchtung war sehr schwach, doch es war hell genug, zu erkennen, dass die Wände des Schachtes glatt waren, ohne Spalten oder Vorsprünge, an denen man sich mit den Füßen abstützen könnte, und zu weit auseinander, um den Schacht mit dem Körper zu überspannen. Es gab keine Möglichkeit, hinauszuklettern. Und was noch?

Männer, die mich beobachteten.

Tropfend kam ich auf die Füße und drehte mich in dieser schummrigen Kammer um. Ich war umgeben von Männern, erkannte ich, riesigen, düsteren Männern in mittelalterlicher Rüstung. Sie waren behelmt, bärtig und hatten dreieckige, oben abgerundete Schilde vor ihren gepanzerten Füßen stehen. Nur waren sie keine echten Menschen, sondern Sandsteinstatuen, die aus den Schachtwänden herausgehauen waren und einen Kreis ewiger Wächter bildeten: Templer. Vielleicht waren es Darstellungen ehemaliger Großmeister. Sie waren überlebensgroß, gute neun Fuß, und ihr Blick war grimmig. Zugleich hatten diese Gefährten auch etwas Tröstliches an sich. Nie gaben sie ihre Wache auf und standen doch an den Wänden dieser Felskammer, als erwarteten sie, dass das, was sie bewachten, eines Tages gefunden werden würde.

Und was war das? Ein Steinsarkophag, sah ich, aber kein deckelloser, wie ich ihn in der Königskammer der Großen Pyramide gesehen hatte. Dieser glich im Stil denen in europäischen Kirchen, auf dem Deckel war die gemeißelte Figur eines europäischen Ritters. Der Sarkophag bestand aus Kalkstein, und der Templer, schätzte ich, war vielleicht der erste überhaupt: Montbard, der Onkel des heiligen Bernhards. Ein Wächter in alle Ewigkeit.

Der Deckel war schwer und schien zuerst unbeweglich zu sein. Aber als ich fest genug dagegen drückte, ließ er sich mit einem kratzenden Geräusch ein wenig verschieben. Staub stieg von den Rändern auf. Ich strengte mich an, schob und schob, bis ich ihn halb offen hatte und eine Ecke auf dem Boden absetzen konnte. Dann schaute ich hinein. Eine Kiste in einer Kiste.

Der Sarg war aus Akazienholz gefertigt und erstaunlich gut erhalten. Ich zögerte zwar, ihn zu öffnen, war aber schon zu weit vorgedrungen. Schließlich stemmte ich den Deckel hoch. Drinnen lag das Skelett eines Mannes, das nicht beängstigend, sondern in dieser letzten Entblößung nur klein und nackt wirkte. Sein Fleisch war längst verwest und von den Knochen gefallen, und seine Kleidung bestand nur noch aus Fetzen. Sein Kriegerschwert war schmal, ein rostiger Überrest seiner früheren Stärke. Aber eine der skelettierten Hände umschlang ein Wunderwerk, das überhaupt nicht korrodiert war, sondern so strahlend und kunstvoll verziert wie an dem Tag, als es geschmiedet wurde. Ein goldener Zylinder, dick wie ein Pfeilköcher und so lang wie eine Schriftrolle. Außen war er mit einer Unzahl mythischer Figuren verziert, Stiere, Falken, Fische, Skarabäen und fremdartige, unirdische Wesen, die so andersartig waren als alles, was ich bisher gesehen hatte, dass ich keine Worte finde, um sie zu beschreiben. Es gab Rillen und arabeske Schnörkel, Sterne und geometrische Formen, und das Gold war so glatt und geschmeidig, dass meine Fingerspitzen seine Sinnlichkeit einfach streicheln mussten. Das Metall fühlte sich warm an. Allein das Material hatte vermutlich einen unschätzbaren Wert, in der Gestaltung war es unbezahlbar.

Darin konnte sich nur das Buch des Thoth befinden. Aber als ich den Zylinder herauszog, zog ihn das Skelett zurück!

Ich war so verblüfft, dass ich losließ. Der Zylinder verschob sich leicht und senkte sich tiefer in die Knochen. Dann erkannte ich, dass ich einfach von dem Gewicht des Gegenstandes überrascht worden war. Ich hob ihn erneut an, und der Zylinder löste sich wie ein Ankerstein, geschmeidig, glatt und schwer. Kein Blitz flammte auf. Kein Donnerschlag dröhnte. Ohne es zu merken, hatte ich den Atem angehalten und stieß ihn nun aus. Nur ich allein stand hier in der Düsternis und hielt das in Händen, was Menschen seit fünftausend Jahren suchten, worum sie gekämpft hatten und wofür sie gestorben waren. War auch das hier verflucht? Oder würde es mein Führer zu einer besseren Welt sein?

Und wie konnte man es öffnen?

Während ich mir den Zylinder genauer ansah, dämmerte mir etwas. Einige dieser Symbole hatte ich schon einmal gesehen. Nicht alle, aber manche glichen denen aus dem Tempel von Dendera, andere wiederum der Kalenderscheibe, die ich im Laderaum der *L'Orient* untersucht hatte, bevor das französische Flaggschiff bei der Schlacht am Nil in die Luft flog. Da war ein Kreis über einer Linie, genau wie auf dem Kalender, und auch all die anderen Symbole: Tiere, Sterne, eine Pyramide und Taurus, der Stier, aus dem Tierkreiszeitalter, in dem die Große Pyramide erbaut worden war. Und nicht nur eine Pyramide, sondern auch die kleine Abbildung eines säulenbestandenen Tempels. Der Zylinder, sah ich, war so zusammengesetzt, dass man die Symbole drehen und gleichrichten konnte, ähnlich wie bei den Kreisen des Kalenders. Daher probierte ich erneut das aus, was ich kannte: Stier, fünfzackiger Stern und das Symbol der Sommersonnenwende, genau wie ich es auf dem Schiff getan hatte. Aber das reichte nicht, daher fügte ich noch die Pyramide und den Tempel hinzu.

Vielleicht war ich pfiffig. Vielleicht hatte ich Glück. Vielleicht gab es hundert Kombinationen, die den Zylinder geöffnet hätten. Ich weiß nur, dass ein Klick ertönte und sich der Zylinder zwischen Pyramide und Tempel teilte, wie eine entzweigeschnittene Wurst. Und als ich die goldenen Hälften auseinanderzog, enthielten sie genau das, was ich erwartete: eine Schriftrolle, die antike Form eines Buches.

Mit vor Aufregung zitternden Fingern entrollte ich sie. Ich nahm an, dass es Papyrus war. Jedenfalls fühlte es sich anders an als alles, was ich je zuvor gesehen oder in Händen gehalten hatte. Das Material war glatter, fester, dehnbarer und seltsam schimmernd, schien aber weder Haut, Papier noch Metall zu sein. Die Schrift war sogar noch seltsamer. Im Gegensatz zu der Bilderschrift oder den Hieroglyphen, die ich in Ägypten gesehen hatte, erschien diese abstrakter. Sie war eckig und leicht geometrisch, aber befremdlicher als jede andere Schrift, die ich kannte, ein Durcheinander aus Formen, Schrägstrichen, Schnörkeln, Schleifen und komplizierten Buchstaben. Ich hatte das Geheimnis des Lebens, des Universums oder der Unsterblichkeit entdeckt, falls man den Wahnsinnigen, die hinter diesem Ding herjagten, glauben durfte. Und ich konnte kein Wort davon lesen!

Irgendwo lachte Thoth.

Nun ja, ich hatte auch schon andere Dinge enträtselt. Und selbst wenn sich die Schriftrolle als unentzifferbar erweisen sollte, reichte ihr Behältnis aus, um einen König von Preußen in Pension zu schicken. Wieder mal war ich reich.

Falls es mir gelingen sollte, aus diesem Mauseloch zu kommen.

Ich überlegte. Gegen die Strömung zurückzuschwimmen, war unmöglich, und selbst wenn mir das gelänge, würde ich nur wieder in dem Schacht landen, den wir nicht hochsteigen konnten. Wandte ich mich stromabwärts, würde ich in eine unterirdische Röhre gesogen, ohne zu wissen, ob es darin genug Luft gab. Ich hatte es nur knapp überlebt, auf diese Art aus der Großen Pyramide hinausgeschwemmt zu werden, und besaß nicht die Nerven, das erneut zu versuchen. Ich hatte kein Anzeichen dafür gesehen, dass dieser temporäre Fluss irgendwo wieder an die Oberfläche trat.

Was würde Ben Franklin tun?

Als ich seine Aphorismen noch täglich zu hören bekam, war ich ihrer herzlich überdrüssig gewesen, doch nun vermisste ich sie. »Weise Männer brauchen keine Ratschläge, Narren nehmen sie nicht an.« Geistreich, aber kaum eine Hilfe. »Energie und Beharrlichkeit bezwingen alle Dinge.« Welche Ausdauer? Mich hinausbohren wie ein Bergmann? Ich inspizierte die Kammer genauer. Die Templerstatuen waren starr und unnachgiebig, im Gegensatz zu den drehbaren Madonnen unter dem Tempelberg. Es gab keine Abbildungen an den Höhlenwänden und keine Ritzen, Türen oder Löcher, in die man den goldenen Zylinder einführen konnte in der Hoffnung, dass er als eine Art Schlüssel dienen würde. Ich klopfte den Schacht ab, vernahm aber nichts, was hohl klang. Ich rief, doch das Echo war nutzlos. Ich schlug gegen die Wände, nur um zu sehen, ob etwas nachgab, jedoch ohne Erfolg. Wie zum Teufel waren die Templer hier herausgekommen? Zwischen Gewittern würde der Schacht trocken sein. Sollte ich warten? Nein, weiterer Donner hatte gegrummelt, und ein Strom wie dieser würde tagelang fließen. Ich trat, zerrte und heulte, aber nichts gab nach. »Verwechsele niemals Bewegung mit Handlung«, hatte Ben geraten.

Was hatte er sonst noch gesagt? »Gut getan ist besser als gut gesagt.« Ja, aber auch nicht gerade nützlich in meiner momentanen Zwangslage, soweit ich das erkennen konnte. »Alle wollen lange leben, aber niemand will alt sein.« Im Moment erschien mir alt zu sein dem Tode vorzuziehen. »In Flüssen und bei schlechten Regierungen schwimmen die leichtesten Dinge oben.« Tja, da kam wenigstens ein Fluss drin vor ...

Nach oben schwimmen.

Ich blickte hoch. Wenn von irgendwo Licht herkam, musste es einen Weg nach draußen geben. Unmöglich, ohne Seil, Leiter oder Vorsprünge zum Abstützen der Füße zu klettern. Wenn ich doch nur einen von Contés Ballons hätte ... *nach oben schwimmen.*

Im Gegensatz zu fast allen anderen dachte Ben erst nach und handelte *dann*. Warum ist das so schwierig? Doch endlich hatte ich eine Idee, eine verzweifelte und – ebenso wichtig – keine plausible Alternative. Ich packte den Deckel des Sarkophags, der an der Steinkiste lehnte, und zerrte ihn knirschend zum Rand des Wassers. Ich wuchtete ihn hoch, bis er aufrecht wie eine Tür und auf eine Ecke gestützt stand und über dem unterirdischen Fluss schwankte. So gut ich konnte, zielte ich auf das dunkle Loch, in dem der Fluss stromabwärts verschwand. Und schob dann grunzend den Deckel ins Wasser! Die Kraft der Strömung rammte den Deckel gegen die Öffnung des Schachts und verstopfte den Auslass.

Sofort stieg das Wasser an.

Es ergoss sich über die Sandsteinplattform und lief über die Stiefel der Templerstatuen. Hoffentlich funktionierte es! »Verzeihung, Montbard, oder wer immer du bist.« Ich hievte den Akazienholzsarg aus dem Steinsarkophag und kippte die Knochen aus. In frevelhaftem Durcheinander rasselten sie in den Kalksteinsarkophag, wobei der Schädel mich vorwurfsvoll anschaute, das schwöre ich. Tja, nun war ich verflucht. Nachdem ich den goldenen Zylinder unter mein Hemd gesteckt hatte, richtete ich die Holzkiste über der Oberkante des Sarkophags aus und kletterte hinein wie in eine Badewanne. Das Wasser stieg rasch, fast einen Fuß pro Minute. Es kroch an den Knien der Templer hinauf, überspülte den Rand des Sarkophags, ergoss sich hinein – und schwemmte mich fort. Ich betete zu den Göttern der Christen, Juden und Ägypter. Gloria, Halleluja!

Meine Arche hob sich. Während sich der Brunnen füllte und das Wasser tiefer wurde, war mir bewusst, dass der zunehmende Druck den eingeklemmten Deckel mitreißen könnte, daher blieb mir nur die Hoffnung, dass er lange genug halten würde. »Wer von Hoffnung lebt, wird fastend sterben.« Mein eigener Rat lautet, sich stets die geeignetsten Aphorismen auszusuchen, also hoffte ich wie der Teufel. Schaukelnd ging es Stück für kostbares Stück weiter nach oben. Mir war klar, dass das Wasser auch in der Spiralkammer ansteigen würde, auf Ned und Mohammed zu.

Ich hoffte, dass sie schwimmen konnten.

Das schwache Licht nahm beim Aufsteigen zu, und Sterne spiegelten sich im schwarzen Wasser. Ich fand ein oder zwei Rippen, die in meinem Gefährt hängen geblieben waren, und warf sie ohne großes Federlesen über Bord. Ich redete mir ein, es wäre mir letztlich egal, was mit *meinen* Knochen geschehen würde, sobald ich sie nicht mehr brauchte. Höher und höher, bis ich tatsächlich eine silbrige Scheibe sah, die Licht von einem schrägen Schacht reflektierte. Und an diesem Schacht gab es Sandsteinstufen! Ich erhob mich in meinem wackligen Gefährt, streckte mich nach der ersten Stufe aus und schob mich hoch. Massiver Fels! Hinter mir stieg das Wasser immer noch an.

Dann gab es einen Rums, das Wasser rülpste, begann mit saugendem Getöse zu fallen und riss mein Sargboot wirbelnd mit sich. Der Deckel, der den Strom verstopft hatte, war unter dem Druck zerborsten und hatte nachgegeben. Weit unten ergoss sich das Wasser wieder durch den Abfluss, doch ich hatte keine Zeit, zuzuschauen. Ich stieg die Stufen hinauf und erkannte, dass es sich um denselben Schacht handelte, den wir in dem zerstörten Tempel gefunden hatten. Aus unserem Blickwinkel hatten wir nichts bemerkt, und wenn wir die Bretter nicht beiseite geworfen hätten, dann hätte ich hier unten überhaupt kein Licht gehabt. Ich kam zwischen den Steinwänden heraus, kletterte über den Schutt und rannte zurück zum Dammweg am Postament der Säule, durch das wir abgestiegen waren. »Ned! Mohammed! Seid ihr am Leben?«

»Nur um Haaresbreite, Mister! Der ganze Trichter hat sich mit Wasser gefüllt, und wir wären fast wie die Ratten ersoffen! Dann sackte das Wasser wieder ab!«

»Wie sind Sie da hinauf gelangt, Effendi? Was ist geschehen?«

»Ich wollte nur, dass ihr endlich mal badet.«

»Aber wie sind Sie hinausgekommen?«

»Mit dem Fährboot.« Ich konnte ihre nach oben gerichteten Gesichter wie kleine Monde erkennen. »Wartet. Ich habe eine Idee, wie ich euch da wieder rausholen kann.« Das Postament der umgestürzten Säule hatte sich, wie Sie sich erinnern werden, von der sternförmigen Platte weggedreht, um das Absinken der Plattform auszulösen. Nun schob ich es zurück, es gab ein Klicken, und die Plattform stieg langsam durch den sternförmigen Schacht hoch.

Ned und Mohammed johlten vor Freude wie die Verrückten.

Sobald sie oben waren, schob ich das Postament mit ihrer Hilfe an seinen ursprünglichen Platz zurück, um den Eingang wieder zu versiegeln. Dann umarmte mich Ned, als wäre ich seine Mutter. »Bei Davy Jones, Sie sind ein Zauberer, Mister! Fallen immer wieder auf die Füße wie 'ne Katze! Und, haben Sie den Schatz?«

»Ich fürchte, da gab's keinen Schatz.« Ihre Gesichter wurden lang. »Glaubt mir, ich habe alles abgesucht. Nur das Grab eines Templers, meine Freunde. Ach, und das hier.«

Wie ein Zauberkünstler zog ich den goldenen Zylinder heraus. Sie schnappten nach Luft.

»Hier, fühlt mal, wie schwer der ist.« Ich ließ sie ihn halten. »Das ist genug Gold, um uns alle drei bestens zu versorgen.«

»Aber, Effendi«, fragte Mohammed, »was ist mit dem Buch? Ist es da? Ist es voll magischer Geheimnisse?«

»Es ist tatsächlich da, und es ist das absonderlichste Ding, das ich je gesehen habe. Wir tun der Welt bestimmt einen Gefallen damit, es von Silano fernzuhalten. Vielleicht kann ein Gelehrter eines Tages die Bedeutung erfassen.«

»Ein Gelehrter?«

»Endlich habe ich es gefunden, nachdem ich wie Herkules dafür geschuftet habe, und ich kann kein einziges Wort darin lesen.«

Sie sahen mich bestürzt an.

»Kommt, holen wir Astiza.«

20

Um zum ebenerdigen Ausgang aus der Stadt der Geister zu gelangen, hätten wir an Silanos Lager vorbeischleichen müssen, was ich nicht wagte. Stattdessen deckten wir, während die Sterne verblassten und am Himmel die erste Morgenröte erschien, den Brunnen im Tempel wieder ab – ich wollte keine hineingefallenen Kinder auf dem Gewissen haben – und nahmen denselben anstrengenden Weg über den Hohen Opferplatz, wo wir auf Neds Beharren nur kurz anhielten, bis er eine kleine, vertrocknete Kiefer entwurzelt hatte. »Wenigstens hab' ich jetzt eine Keule«, erklärte er. »Da hat ja ein Nonnenkloster mehr Feuerkraft als wir.« Während wir weiterwanderten, riss er mit seinen fleischigen Pfoten wie ein Samson die Äste ab, um der Keule Form zu geben. Hinauf, über die Kuppe und hinab marschierten wir, außer Atem und erschöpft, als wir schließlich den Boden der Schlucht bei dem zerstörten römischen Theater erreichten. Eine Meile oder mehr hinter uns sah ich Feuerschein bei Silanos Lager. Wenn sich Astiza fortgeschlichen hatte, wie lange würde es dauern, bevor ihre Abwesenheit bemerkt wurde? Nach Osten zu rötete sich der Himmel. Die höheren Gipfel lagen bereits im Licht.

Wir eilten zurück durch die Hauptschlucht der Stadt auf

den gewundenen Eingangsspalt zu und kamen erneut zu der Fassade des ersten großen Tempels, der Khazane. Während die anderen sich zum Trinken neben einen schmalen Bach knieten, sprang ich die Stufen hinauf in das dunkle Innere.

»Astiza?«

Stille. Hatten wir uns hier nicht treffen wollen?

»Astiza!« Der Widerhall schien mich zu verspotten.

Verdammt. Hatte ich die Frau einmal mehr falsch eingeschätzt? Hatte Silano unseren Plan spitzbekommen und hielt sie gefangen? Oder hatte sie sich einfach nur verspätet oder verlaufen?

Ich rannte wieder nach draußen. Der Himmel hellte sich von Grau zu Blau auf, und die Oberseiten der Felswände begannen zu glühen. Wir mussten verschwinden, bevor der Graf entdeckte, dass ich ihn zu einem leeren Loch gelenkt hatte! Aber ich gedachte nicht, die Frau, die ich liebte, gegen eine Schriftrolle einzutauschen, die ich nicht lesen konnte. Wenn wir uns ohne sie auf den Weg machten, würde mich wieder Bedauern quälen. Wenn wir zu lange warteten, riskierten wir, getötet zu werden.

»Sie ist nicht da«, berichtete ich besorgt.

»Dann müssen wir gehen«, sagte Mohammed. »Jede Meile, die wir zwischen uns und diese fränkischen Ungläubigen bringen, verdoppelt unsere Chancen, zu entkommen.«

»Ich fühle, dass sie kommt.«

»Wir können nicht warten, Mister.«

Ned hatte recht. Ich hörte bereits schwache Schreie von Silanos Gruppe durch die Schlucht hallen, ob aus Erregung oder Wut, war nicht zu erkennen. »Nur noch ein paar Minuten«, beharrte ich.

»Hat sie Sie verhext? Ihretwegen werden wir noch alle geschnappt werden und Ihr Buch dazu!«

»Wir können sie gegen das Buch eintauschen, wenn es sein muss.«

»Warum, in Luzifers Namen, sind wir dann überhaupt hergekommen?«

Plötzlich tauchte sie an der Biegung auf, eng an den Felsen, um nicht gesehen zu werden, das Gesicht bleich, dunkle Locken hingen ihr in die Augen, sie war atemlos vom Rennen. Ich lief auf sie zu.

»Was hat dich so lange aufgehalten?«

»Sie waren so aufgeregt, dass sie nicht schlafen konnten. Ich bin als Erste zu Bett gegangen, und es war die reinste Folter, die ganze Nacht darauf zu warten, dass sie zur Ruhe kamen. Dann musste ich durch das Wadi kriechen, an einem schläfrigen Wachposten vorbei, eine lange, lange Strecke.« Ihr Gewand war schmutzig. »Ich glaube, sie haben bereits bemerkt, dass ich fort bin.«

»Kannst du rennen?«

»Wenn du es nicht hast, dann will ich nicht.« Ihre Augen glänzten fragend.

»Ich hab es gefunden.«

Sie griff nach meinen Armen, strahlte wie ein Kind, das auf ein Geschenk wartet. Sie hatte viel länger von dem Buch geträumt als ich. Ich zog den Zylinder heraus. Sie hielt die Luft an.

»Fühl mal, wie schwer er ist.«

Ihre Finger tasteten wie die einer Blinden. »Ist es wirklich da drin?«

»Ja. Aber ich kann es nicht lesen.«

»Um Allahs willen, Effendi, wir müssen los«, rief Mohammed.

Ich achtete nicht auf ihn, drehte den Zylinder auf und entrollte einen Teil der Schriftrolle. Wieder war ich erstaunt darüber, wie fremdartig die Buchstaben wirkten. Sie hielt das Buch mit beiden Händen, verblüfft, aber unwillig, es zurückzugeben. »Wo war es?«

»Tief unten in einer Templergruft. Ich spekulierte darauf, dass ihre Hinweise einen Haken hatten und sie von den Suchenden verlangten, Pyramidenmathematik anzuwenden, um ihr Wissen zu beweisen.«

»Das hier wird die Welt verändern, Ethan.«

»Zum Guten, hoffe ich. Viel schlimmer kann es aus meiner Sicht nicht mehr werden.«

»Mister!« Neds Ruf weckte uns aus unserer gemeinsamen Trance. Er hielt die Hand ans Ohr und gestikulierte. Das Echo eines Schusses war zu hören.

Ich nahm ihr das Buch ab, drehte den Zylinder zu, steckte ihn wieder unter mein Hemd und rannte zu dem Seemann. Sonnenlicht ergoss sich über die Fassade des Tempels, tauchte sie und die Felswand in rosiges Licht. Doch Ned deutete zurück auf den Weg, über den wir gekommen waren, auf Silanos Lager. Ein Spiegel blinkte auf, als er bewegt wurde.

»Sie geben jemandem Signale.« Er deutete auf das Sandsteinplateau, das von der Eingangsschlucht durchschnitten wurde. »Irgendeinem Teufel da oben, der sich bereithalten soll, einen Felsbrocken hinabzurollen.«

»Silanos Männer kommen, Effendi!«

»Also müssen wir uns die angepflockten Pferde von den

Arabern am Eingang schnappen. Seid ihr bereit, meine Herzchen?« Das erschien mir wie ein Schlachtruf, den Nelson oder Smith benutzen würde.

»Heim nach England!«, brüllte Ned.

Und dann rannten wir in die enge Eingangsschlucht, die uns sofort verschluckte und mit ihren vielen Biegungen halb blind machte. Unsere Schritte hallten, während wir bergauf stürmten. Neds Arme schwangen mit seiner Keule. Astizas Haar flatterte.

Von oben waren Schreie zu hören und dann ein Rumpeln. Wir blickten hoch. Ein Felsbrocken von der Größe eines Pulverfasses prallte von den engen Wänden ab, und Stücke flogen davon wie Kartätschen.

»Schneller!« Wir rannten, was das Zeug hielt, und konnten dem Geschoss ausweichen, bevor es auf den Boden der Schlucht krachte. Oben an der Kante wurde auf Arabisch gebrüllt.

Wir liefen weiter. Jetzt entstand Getöse, Licht blitzte auf. Die Schweinehunde hatten die ganze Schlucht vermint! Silano musste damit gerechnet haben, dass wir ihn übertölpelten, und hatte Vorsorge getroffen, um unsere Flucht zu verhindern. Eine Steinlawine, die von Schießpulver ausgelöst wurde, ergoss sich von oben, und diesmal zog ich meine Gefährten zurück. Wir duckten uns alle unter einen Überhang. Die Lawine donnerte herab und ließ den Boden der Schlucht erzittern. Wir kletterten über den Schutt und rannten durch die uns einhüllende Staubwolke weiter.

Kugeln sirrten, ohne etwas auszurichten, da wir unsichtbar waren.

»Beeilt euch! Bevor sie eine weitere Breitseite loslassen!«

Wieder ertönte eine Explosion, und eine Flut von Steinen polterte herab, doch dieses Mal hinter uns, wo sie unseren Verfolger Silano aufhalten würde. Wir hatten mehr als die halbe Strecke dieses Schlangenlochs hinter uns, schätzte ich, und wenn alle Araber da oben waren und mit dem Schießpulver hantierten, würden kaum noch welche zur Bewachung der Pferde da sein. Sobald wir aufgesessen waren, würden wir die restlichen niederreiten und ...

Keuchend kamen wir um eine weitere Biegung der Schlucht und sahen, dass uns der Weg durch einen Wagen versperrt war. Ein käfigartiges Gefährt, wie ich es für Sklaventransporte gesehen hatte, und ich nahm an, dass es dasselbe war, das wir verdeckt beim Lager hatten stehen sehen und vor dem die Pferde gescheut hatten. Ein einzelner Araber stand davor, die Muskete auf uns gerichtet.

»Den knöpf ich mir vor«, knurrte Ned und hievte seine Keule hoch.

»Ned, du bist ein zu leichtes Ziel für ihn!«

Doch noch während der Seemann vorpreschte, war ein Pfeifen in der Luft zu hören, ein Stein sauste fast mit der Geschwindigkeit einer Kugel an unseren Ohren vorbei und traf den Araber an der Stirn, als er gerade abdrückte. Die Muskete ging los, doch die Kugel flog weit an uns vorbei. Ich blickte nach hinten. Mohammed hatte seinen Turban abgenommen und den Stoff als Schleuder benutzt. »Als Junge musste ich die Hunde und Schakale von den Schafen fernhalten«, erklärte er.

Wir rannten, um den betäubten Araber zu erledigen und an dem Wagen vorbeizukommen, Ned vorneweg, Astiza dahinter. Doch als der Mann benommen zu Boden sank, löste er einen Hebel aus, und das hintere Gitter des Käfigs senkte sich mit einem Knall. Etwas Riesiges erhob sich schemenhaft und kauerte sich dann zusammen.

»Ned!«, brüllte ich.

Das Ding sprang, als sei es von einem Katapult abgeschossen und nicht von seinen Hinterläufen. Ich erhaschte einen Blick auf eine braune Mähne, weiße Reißzähne und das rosafarbene Innere seines Mauls. Astiza schrie. Ned und der Löwe brüllten im Gleichklang und prallten zusammen. Die Keule fuhr herab, noch als das Raubtier sich in Neds linken Oberarm verbiss.

Der Seemann heulte vor Schmerz und Zorn auf, aber ich hörte ebenfalls die Rippen des Löwen knacken, als die Keule auf seine Flanke einschlug, wieder und wieder mit solcher Wucht, dass das Tier umfiel und Ned mit sich riss. Die beiden wälzten sich herum, der Mensch schreiend, die Katze fauchend, ein verschwommenes Knäuel aus Fell und Staub. Der Seemann bäumte sich auf, die Keule schlug immer wieder zu, obwohl sich das Tier mit seinen Krallen kräftig wehrte. Seine Kleidung hing in Fetzen, und er blutete aus vielen Wunden. Mir wurde schlecht.

Ich zog meinen Tomahawk heraus, der kümmerlich wie ein Teelöffel aussah, doch bevor ich richtig nachdenken oder flüchten konnte, wie es jeder vernünftige Mensch getan hätte, griff auch ich an.

»Ethan!« Ich vernahm Astiza nur schwach.

Ein weiterer Stein von Mohammed pfiff an mir vorbei und traf die Katze, riss ihr den Kopf herum, und die Ablenkung war zeitlich so gut abgepasst, dass ich mich in das Gewühl stürzen und dem Löwen einen Schlag auf den Kopf versetzen konnte. Ich traf die Braue über dem einen Auge. Die Katze brüllte vor Schmerz und Wut und ließ Neds Arm los; ihr Schwanz peitschte, und ihre Hinterläufe wühlten den Staub auf. Jetzt griff auch Astiza an, hielt einen schweren Felsbrocken hoch über dem Kopf, stemmte ihn wie ein Athlet und ließ ihn direkt vor den blutigen Augen der Bestie auf deren Schnauze krachen.

Unser grimmiger Angriff verwirrte das Tier. Entgegen allen Erwartungen brach der Löwe aus und rannte davon, vorbei an dem Käfigwagen, der ihn hierher gebracht hatte. Er galoppierte in die Schlucht, wo er weitere Araber aus Najacs Bande angriff, die uns den Weg abschneiden wollten. Als sie sahen, dass sich ihre Geheimwaffe gegen sie selbst richtete, machten sie schreiend kehrt und flohen. Der blutende Löwe riss einen von ihnen nieder, hielt inne, um dem Mann das Genick zu brechen, und setzte dann den anderen in Richtung der Hügel in die Freiheit nach.

Die Pferde schrien vor Angst.

Wir waren wie gelähmt, unsere Herzen rasten. Die Schneide meines Tomahawks war mit Blut und Fell beschmiert. Astiza stand vornübergebeugt da und rang nach Atem. Erstaunlicherweise waren wir alle, bis auf Ned, unverletzt. Immer noch hatte ich den Gestank der Katze in der Nase, diesen widerlichen Geruch nach Pisse, Fleisch und Blut, und meine Stimme zitterte, als ich mich neben den riesigen Seemann kniete. Sich in den Rachen des Löwen zu stürzen, zeugte von einem Mut, wie ich ihn noch nie gesehen hatte.

»Ned, Ned! Wir müssen weiter!« Ich keuchte. »Silanos Männer verfolgen uns nach wie vor, aber ich glaube, der Löwe hat die Schlucht für uns geräumt.«

»Ich fürchte, das geht nicht, Mister.« Nur mit Mühe brachte er die Worte zwischen den zusammengebissenen Zähnen hervor. Er blutete wie ein Ausgepeitschter. Leuchtend rotes Blut strömte aus seinen vielen Wunden. Mohammed wickelte seinen Turban um den zerfleischten Arm des Riesen, aber es war sinnlos. Der Arm sah aus, als sei er von einer Maschine zerfetzt worden. »Ihr müsst ohne mich weitergehen.«

»Wir tragen dich!«

Er lachte röchelnd, und ein heiseres Glucksen entkam seinen zusammengepressten Lippen, die Augen waren weit aufgerissen im Wissen um sein Geschick. »Wohl kaum.«

Wir wollten ihn trotzdem hochheben, aber er schrie vor Schmerz und stieß uns weg. »Lasst mich, wir wissen alle, dass ich es nicht zurück nach England schaffe!« Er stöhnte, und Tränen liefen ihm über die Wangen. »Er hat mir das Fleisch von den Rippen geschabt, das Bein fühlt sich an, als sei es verrenkt oder gebrochen, und ich wiege mehr als König Georg samt seiner Badewanne. Lauft, lauft wie der Wind, damit es nicht umsonst war.« Seine Knöchel waren vom Umklammern der Keule immer noch weiß.

»Ned, ich soll verdammt sein, wenn ich dich zurücklasse! Nicht nach allem, was wir durchgemacht haben!«

»Und Sie sind tot, wenn Sie es nicht tun, und Ihr Schatzbuch fällt in die Hände dieses wahnsinnigen Grafen und seines verrückten Schurken. Bei Luzifer, geben Sie meinem Leben einen Sinn durch Ihr Weiterleben! Ich kann zu dem Schutthaufen da zurückkriechen und sie erwischen, wenn sie vorbeikommen.«

»Sie werden dich niederschießen!«

»Das wird eine Erlösung sein, Mister. Eine Erlösung.« Er verzog das Gesicht. »Hatte schon das Gefühl, dass ich England nicht wiedersehe, wenn ich mit Ihnen gehe. Aber Sie sind ein verdammt interessanter Gefährte, Ethan Gage. Mehr als ein gerissener Yankee-Kartenspieler, das sind Sie.«

Warum werden die schlimmsten Feinde manchmal zu den besten Freunden? »Ned ...«

»Lauft, verdammt noch mal! Lauft, und wenn ihr meine Mum findet, gebt ihr ein bisschen von dem Gold.« Und damit schüttelte er uns ab, stemmte sich verbissen hoch, erst auf die Knie, dann auf die Füße, schwankte und stolperte dann dorthin zurück, woher wir gekommen waren, die eine Körperseite blutüberströmt.

Ich war wie gebannt, aber Mohammed schleifte mich weg. »Effendi, wir müssen fort. Jetzt!«

Also rannten wir los. Ich bin nicht stolz darauf, doch wenn wir geblieben wären und uns gegen Silanos bewaffnete Franzosen zur Wehr gesetzt hätten, dann hätten wir mit Sicherheit verloren, und wofür? Wir flitzten an dem Araber vorbei, der neben dem Wagen zusammengesackt war, sprangen über den anderen, den der Löwe niedergerissen hatte, und rannten weiter die abschüssige Schlucht hinauf, mit keuchendem Atem und bei jeder Biegung in der Furcht, erneut von der wütenden Raubkatze angesprungen zu werden. Aber der Löwe war verschwunden. Als wir zum Eingang der Schlucht kamen, hörten wir das Echo von Rufen, dann von Schüssen hinter uns. Schreie ertönten, der brüllende Schrei, den ein großer Mann ausstoßen würde, wenn er unsäglichen Schmerzen ausgesetzt ist. Ned verschaffte uns einen Vorsprung, wenn auch unter Höllenqualen.

Die Pferde waren dort angepflockt, wo wir sie am Tag zuvor verlassen hatten, aber sie stampften mit schrillem Wiehern und rollenden Augen. Wir sattelten die drei besten, nahmen die anderen an die Führungsleine und galoppierten den Weg zurück, auf dem wir hierher gekommen waren. Weitere Schüsse erklangen, aber wir waren außerhalb ihrer Reichweite.

Als wir das Hochplateau erreichten, schauten wir zurück. Silanos Gruppe war aus der Schlucht aufgetaucht und verfolgte uns verbissen, doch sie waren zu Fuß. Der Abstand vergrößerte sich. Wir konnten mit den zusätzlichen Pferden nicht fertig werden, daher ließen wir sie, bis auf die drei Remonten, frei. Unsere Verfolger würden einige Zeit brauchen, sie wieder einzufangen.

Dann wandten wir uns weinend und völlig ausgelaugt nordwärts nach Akko.

Bei Sonnenuntergang erreichten wir die Kreuzritterburg, in der wir schon einmal gelagert hatten. Ich nehme an, wir hätten weiterreiten sollen, aber nach einer schlaflosen Nacht, in der wir das Buch wiedergefunden und durch Schluchten geflohen waren, schwankten Mohammed und ich im Sattel. Astiza ging es kaum besser. Ich bin ein Spieler, und ich setzte darauf, dass Silano und Najac ihre Pferde nicht so bald einfangen würden. Daher rasteten wir bei der Burg, deren Steine im Licht der sinkenden Sonne kurz orange aufstrahlten, und aßen von dem mageren Vorrat an Brot und Datteln, den wir in den Satteltaschen fanden. Wir wagten nicht, ein Feuer anzuzünden.

»Schlaft ihr zwei zuerst«, sagte Mohammed. »Ich werde

Wache halten. Selbst wenn die Franzosen und Araber zu Fuß gehen müssen, treiben sich hier in der Gegend immer noch Banditen herum.«

»Du bist genauso erschöpft wie wir, Mohammed.«

»Deswegen müssen Sie mich in ein paar Stunden ablösen. In der Ecke ist weiches Gras, und die Steine werden noch warm von der Sonne sein. Ich gehe hinauf in den zerstörten Turm.«

Mein Führer und Beschützer verschwand.

»Er lässt uns absichtlich allein«, sagte Astiza.

»Ja.«

»Komm. Mir ist kalt.«

Das Gras war für diese Jahreszeit noch recht grün und weich. Eine Eidechse flitzte in ihr Loch zurück, als der Abend seinen Schatten herabsenkte. Wir legten uns zusammen in die Ecke der warmen Steinmauer, unsere erste Gelegenheit, wirklich nahe beieinander zu sein, seit Astiza mich vor Silano geschlagen hatte. Sie kuschelte sich an mich, suchte Wärme und Trost. Sie zitterte tatsächlich, und ihre Wangen waren feucht.

»Immer muss es so *schlimm* kommen.«

»Ned war kein schlechter Kerl. Ich habe ihn ins Verderben geführt.«

»Najac hat den Löwen da hingebracht, nicht du.«

Und ich hatte Ned mitgenommen, und Astiza hatte den Ring getragen. Plötzlich fiel er mir wieder ein, und ich nahm ihn aus ihrem kleinen Beutel. »Du hast ihn behalten, obwohl du sagtest, er sei verflucht.«

»Er war alles, was ich von dir hatte, Ethan. Ich hatte vor, ihn als Opfer darzubringen.«

»Haben die Götter ihn uns absichtlich finden lassen?«

»Ich weiß es nicht. Ich weiß es nicht.« Sie klammerte sich noch fester an mich.

»Vielleicht ist er ein Glücksbringer. Schließlich haben wir das Buch. Und wir sind wieder zusammen.«

Sie blickte mich erstaunt an. »Wir werden gejagt, wir sind unfähig, es zu lesen, und einer unserer Gefährten ist tot.« Sie hielt die Hand auf. »Gib ihn her.«

Sie nahm den Ring aus meiner Hand, setzte sich auf und schleuderte ihn in eine ferne Ecke des zerstörten Hofes. Ich hörte ihn klirren. Ein Rubin, groß genug, einen Mann lebenslang zu ernähren, war fort. »Das Buch ist genug. Nichts mehr, nichts mehr.« Und damit beugte sie sich mit wildem Blick herab und küsste mich leidenschaftlich.

Eines Tages würden wir vielleicht ein ordentliches Bett haben, aber genau wie in Ägypten mussten wir uns mit dem begnügen, was wir hatten. Es war eine drängende, tastende, halb bekleidete Angelegenheit. Unser Verlangen war nicht so sehr auf den Körper des anderen gerichtet, wir wollten uns vielmehr vereinigen gegen eine kalte, heimtückische, erbarmungslose Welt. Wir keuchten, bäumten uns wie Tiere auf, und Astiza stieß einen kleinen Schrei aus. Dann sackten wir zusammen und sanken fast augenblicklich in den Schlaf. Das Gewirr unserer Kleidung hüllte uns ein. Verschwommen nahm ich mir vor, Mohammed wie versprochen abzulösen.

Er weckte uns im Morgengrauen.

»Es tut mir leid, Mohammed!« Wir bemühten uns mit so viel Schicklichkeit wie möglich, in unsere Kleider zu kommen.

»Ist schon in Ordnung, Effendi. Ich bin ebenfalls eingeschlafen, wahrscheinlich nur Minuten, nachdem ich euch verlassen hatte. Ich habe den Horizont abgesucht. Niemand ist gekommen. Aber wir müssen bald weiterziehen. Wer weiß, wann der Feind seine Pferde wieder eingefangen hat?«

»Ja, und da die Franzosen Palästina beherrschen, gibt es nur einen Ort, an dem wir in Sicherheit sein werden: Akko. Und das wissen sie.«

»Wie sollen wir durch Bonapartes Armee kommen?«, fragte Astiza voller Tatkraft, nicht aus Besorgnis. Im zunehmenden Licht wirkte sie verjüngt, strahlend, die Augen leuchteten, ihr Haar war ein prächtiges Gewirr. Auch ich fühlte mich neu belebt. Es war gut, den Ring des Pharaos losgeworden zu sein.

»Wir schlagen uns zur Küste durch, suchen uns ein Boot und segeln nach Akko hinein«, sagte ich mit plötzlicher Zuversicht. Ich hatte das Buch, ich hatte Astiza ... natürlich hatte ich auch Miriam, ein Detail, das ich bisher verabsäumt hatte, Astiza mitzuteilen. Nun ja, eines nach dem anderen.

Wir bestiegen unsere Pferde und galoppierten den Berg von der Burg hinab.

In der zweiten Nacht wagten wir nicht, haltzumachen. Wir nahmen dieselbe Strecke zurück zum Berg Nebo, dann zum Toten Meer und dem Jordan und ritten so schnell, wie wir die Pferde antreiben konnten. Hinter uns stiegen Staubwolken auf. Wir nahmen an, dass über das Hochland von Jerusalem immer noch samaritanische Freischärler schwärmten. Da wir uns nicht sicher waren, ob sie uns als Verbündete betrachteten oder nicht, stießen wir am Jordan entlang nach Norden vor, zurück in die Jesreelebene, und umgingen Klébers Schlachtfeld in weitem Bogen. Aasgeier kreisten über dem Hügel, auf dem wir Widerstand geleistet hatten. Wir waren immer noch ohne Waffen, bis auf meinen Tomahawk. Einmal sahen wir eine französische Kavalleriepatrouille und stiegen ab, um uns in einem Olivenhain zu verstecken, während sie in der Ferne vorbeiritt. Zweimal entdeckten wir osmanische Reiter und verbargen uns auch vor ihnen.

»Wir werden die Küste in der Nähe von Haifa erreichen«, teilte ich meinen Gefährten mit. »Dort ist nur eine leichte französische Besatzung stationiert. Wenn wir ein Boot stehlen und die Briten erreichen können, sind wir in Sicherheit.«

Also ritten wir weiter durch den hohen Weizen, teilten ihn wie Moses das Meer. Die Stadt der Geister erschien so unwirklich wie ein Traum und Neds bizarrer Tod wie ein unbegreiflicher Albtraum. Astiza und ich hatten das entspannte Verhältnis wiedergefunden, das Paaren eigen ist, und Mohammed war unser getreuer Begleiter und Partner. Seit unserer Flucht hatte er nie wieder von Geld gesprochen.

Wir hatten uns alle verändert.

Unsere Flucht verlief gut, bis wir nordöstlich auf das Küstengebirge und den Berg Carmel zuritten, der Haifa überragt, wo wir vor uns eine Reihe wartender Reiter entdeckten.

Ich erklomm eine Kiefer, um durch mein Fernrohr zu schauen, und erschrak fürchterlich, als ich es zuerst auf eine, dann auf eine andere Gestalt scharf stellte. Wie konnte das sein?

Silano und Najac! Sie hatten uns nicht nur eingeholt, sondern waren auch noch um uns herumgeritten und hatten diese Postenkette aufgestellt, um uns abzufangen.

Vielleicht konnten wir uns an ihnen vorbeistehlen.

Konnten wir nicht. Um nach Norden zu gelangen, mussten wir offene Felder im Galopp überqueren, und sie schrien, als sie uns entdeckten. Die Jagd war eröffnet! Sie achteten darauf, zwischen uns und der Küste zu bleiben.

»Warum kommen sie nicht näher?«, fragte Astiza.

»Sie treiben uns auf Napoleon zu.«

Bei Nacht versuchten wir, zum Mittelmeer auszuweichen, doch eine Schusssalve jagte uns zurück. Najacs Araber waren erfahrene Fährtenleser und hatten vermutlich erraten, wohin wir wollten. Jetzt konnten wir sie nicht mehr abschütteln. Wir trieben die Pferde an, genug, um unsere Verfolger auf Abstand zu halten, waren ohne Waffen jedoch hilflos. Sie drängten uns nicht, da sie wussten, dass sie uns in der Zange hatten.

»Wir können wieder ins Binnenland reiten, Effendi, auf Nazareth oder den See Genezareth zu«, schlug Mohammed vor. »Wir könnten sogar Zuflucht bei der türkischen Armee in Damaskus suchen.«

»Und alles verlieren, was wir gewonnen haben«, erwiderte ich grimmig. »Wir wissen beide, dass die Osmanen uns den Zylinder augenblicklich abnehmen würden.« Ich blickte zurück. »Gut, hier ist unser Plan. Wir galoppieren ihnen zu den französischen Linien voraus, als wollten wir uns Napoleon ergeben. Dann reiten wir einfach weiter, direkt durch ihr Lager auf die Mauern von Akko zu. Sollten Silano und die Franzosen uns verfolgen, geraten sie unter die Geschütze der Engländer und Djezzars.«

»Und dann, Effendi?«

»Hoffen wir, dass unsere Freunde nicht auf uns schießen.« Und wir trieben unsere Pferde für die letzten Meilen an.

21

Wir hatten die Küstenebene erreicht, als die Sonne aufging. Das Mittelmeer lag, blockiert von unseren Feinden, wie eine verlockende Silberplatte vor uns. Wenn wir galoppierten, taten es unsere Verfolger, die ihre Reittiere geschont hatten, ebenfalls. Es waren auch neue Pferde darunter. Silano musste sie brutal angetrieben haben. Unsere Rast bei der Kreuzfahrerburg war teuer erkauft.

Unsere einzige Hoffnung war der Überraschungseffekt. »Astiza! Wenn wir uns dem Lager nähern, hältst du dein weißes Tuch wie eine Friedensfahne hoch! Wir müssen sie verwirren!«

Sie nickte, während sie sich angespannt über den Hals ihres galoppierenden Pferdes beugte.

Hinter uns hörten wir Schüsse. Ich blickte zurück. Unsere Verfolger waren außer Schussweite, versuchten jedoch, die französischen Wachen auf uns aufmerksam zu machen, damit sie uns unter Arrest stellten. Ich setzte auf Verwirrung und hoffte, dass es half, dass wir eine Frau bei uns hatten.

Auf der letzten Meile gaben wir alles, unsere Pferde schaumbedeckt mit wogenden Flanken, unsere Köpfe gesenkt, während hinter uns weitere Schüsse knallten. Die Wachposten waren in Stellung gegangen, hatten die Musketen erhoben, die Bajonette aufgesteckt, doch sie waren verunsichert.

»Jetzt, jetzt! Schwenk es jetzt!«

Astiza hielt den einen Arm mit dem hinter ihr herflatternden Tuch hoch erhoben und richtete sich weit genug auf, damit ihr weiblicher Körper, an den der Wind ihr Gewand drückte, gut sichtbar war. Die Wachposten senkten ihre Musketen.

Wir donnerten vorbei. »Banditen und Freischärler!«, brüllte ich. Najacs Bande sah wie Raufbolde aus. Jetzt zielten die Wachen unschlüssig auf unsere Verfolger.

»Nicht langsamer werden!«, rief ich den anderen zu. Wir jagten an den Sanitätszelten vorbei und übersprangen die Deichseln der Wagen. Da, waren das Monge und der Chemiker Berthollet? Und kam Bonaparte da aus seinem Zelt gerannt? Wir krachten durch ein Lagerfeuer, Männer purzelten durcheinander, und glühende Holzstücke spritzten hoch, überall sprangen Soldaten von ihrem Frühstück auf, riefen und zeigten auf uns. Ihre Musketen waren zu ordentlichen kleinen Pyramiden aufgeschichtet, und die Bajonette glänzten. Staub aufwirbelnd donnerten wir über den Korridor zwischen den Regimentszelten. Hinter uns hörte ich Schreie und Wortwechsel, als Silanos Gruppe ihre Pferde vor der Postenkette zügelte und wütend in unsere Richtung deutete.

Wir könnten es schaffen.

Ein Sergeant zielte mit seiner Pistole, doch ich wich aus, und der Mann wurde von der Schulter meines Pferdes beiseite gestoßen. Der Schuss vefehlte sein Ziel. Geistesgegenwärtig schnappte sich Mohammed eine Trikolore und hielt sie umklammert, als führten wir ganz allein einen Angriff auf Akko durch. Aber nein, nun formierte sich eine Hecke aus Infanteristen zwischen uns und den Stadtmauern, die immer noch eine Meile weit entfernt lagen, daher schwenkten wir an der Linie entlang und übersprangen sie wie einen Sanddeich. Schüsse wurden abgefeuert. Sie sirrten an uns vorbei wie aufdringliche Hornissen.

Oben auf den Mauern von Akko wurden Hörner geblasen. Was hatte sich Smith gedacht, als ich, ohne ein Wort zu sagen, fahnenflüchtig geworden war?

Da, eine Kücheneinheit, die Männer unbewaffnet und mit dem Kochen beschäftigt. Ich wendete mein Pferd, donnerte hindurch und jagte sie auseinander. Sie liefen wild umher und verschafften uns Deckung vor den Schüssen. Dann über einen Graben, im Galopp am alten Aquädukt entlang auf die Stadt zu ...

Und dann flog ich.

Einen Augenblick lang begriff ich nicht, was passiert war. Ich dachte, mein Pferd sei vielleicht erschossen worden, oder sein Herz hätte plötzlich ausgesetzt. Ich prallte auf weichen Sand und rutschte, halb blind von dem Staub. Aber als ich mich herumrollte, erkannte ich, dass Mohammed und Astiza ebenfalls abgeworfen worden waren. Die Pferde schrien, als ihre Beine brachen, und ich entdeckte das Seil, das rasch gespannt worden war, um uns abzuwerfen. Es schnappte durch die Luft, und ein Koch johlte triumphierend. Am Boden, mit unserem Ziel vor Augen!

Ich rappelte mich mit aufgeschürften Händen hoch und rannte zu den anderen beiden zurück. Weitere Schüsse, Kugeln sirrten an uns vorbei.

»Das Aquädukt, Effendi! Wir können es als Deckung benutzen!«

Ich nickte und zerrte Astiza erbarmungslos hinter mir her. Sie zuckte zusammen, weil sie sich den Knöchel verrenkt hatte, blieb aber dicht hinter mir.

Die Sturmleitern für den nächsten Angriff standen aufgestapelt da. Mohammed und ich packten eine und lehnten sie gegen die alte römische Ingenieursarbeit. Ich schob Astiza von hinten hoch und über den Rand. Wir duckten uns in dem Kanal, durch den einst Wasser geflossen war, zusammen. Kugeln prallten von den Steinen ab. »Bleibt gebückt und folgt der Rinne, bis wir unter den britischen Kanonen sind«, sagte ich. »Astiza, geh du mit dem Tuch voraus, um ihnen Zeichen zu geben.« Die beherzte Frau hatte das Ding festgehalten, selbst als ihr Pferd stürzte.

Sie drückte es mir in die Hand. »Nein, du bist es, den sie erkennen werden. Lauf und hol Hilfe. Ich folge dir, so schnell ich kann.«

»Ich bleibe bei ihr«, versprach Mohammed.

Ich lugte über den Rand des Aquädukts. Das gesamte französische Lager war in Aufruhr. Silano hatte die Wachen überzeugen können und deutete auf uns. Najac schien meine Büchse zu laden.

Wir hatten keine Zeit zu verlieren.

Ich rannte durch die kaum drei Fuß tiefe Rinne, während mir die Kugeln um die Ohren flogen. Astiza und Mohammed folgten in schmerzhaft geduckter Haltung. Thoth sei Dank kann eine Muskete kaum eine Stallwand sicher treffen! Weiter vorn in den Vorpostengräben wandten sich weitere französische Soldaten dem Tumult zu und hoben ihre Waffen.

Aus Akko dröhnte eine englische Kanone, ließ Erde hochspritzen, und die Franzosen duckten sich instinktiv in ihren Gräben. Dann noch eine und noch eine. Zweifellos hatten die Verteidiger keine Ahnung, zu wessen Gunsten sie diese Schüsse abfeuerten, hatten aber wohl beschlossen, dass jeder Feind der Franzosen ihr Freund sein musste.

Dann ein weiteres Donnern, ein Schrei, und eine Kanonenkugel traf die Säulen des Aquädukts. Ein französisches Geschütz! Das ganze Bauwerk erbebte.

»Beeilt euch«, schrie ich den anderen beiden zu. Ich rannte geduckt, wedelte mit dem Tuch wie ein Verrückter und hoffte auf ein Wunder.

Weitere Rauchwölkchen stiegen von einer französischen Batterie auf, und weiteres Zischen ertönte, als die Kanonenkugeln vorbeisegelten und teilweise über die eigenen Gräben hüpften. Ein Treffer, und das Aquädukt erbebte erneut, dann noch mal. Eine Kugel krachte durch den oberen Rand und überschüttete mich mit Steinsplittern. Ich blinzelte und schaute zurück. Astiza hinkte finster entschlossen weiter, Mohammed direkt hinter ihr. Noch hundert Yards! Kanonen dröhnten auf beiden Seiten, eine komplette Schlacht um unser kleines Trio.

Plötzlich schrie Astiza auf. Ich drehte mich um. Mohammed war hochgeruckt, stand steif da und hatte den Mund vor Staunen aufgerissen. Auf seiner Brust breitete sich eine rote Blume aus, und er sackte in sich zusammen. Ich schaute zurück. Najac senkte gerade meine Büchse.

Ich konnte kaum an mich halten, nicht zurückzurennen und den Schweinehund mit eigenen Händen zu erwürgen.

»Lass ihn liegen!«, schrie ich Astiza stattdessen zu. Ich wollte auf sie warten.

Doch dann explodierte das Aquädukt zwischen uns.

Der perfekte Schuss einer großen Kanone. Die Franzosen mussten neue Belagerungsgeschütze herbeigeschafft haben, um diejenigen zu ersetzen, die wir auf See erbeutet hatten. Das Aquädukt hob sich, uralte Steine flogen nach allen Seiten in die Luft, Staub wirbelte auf, und dann klaffte ein gähnendes Loch zwischen den Pfeilern. Astiza und ich standen auf entgegengesetzten Seiten der Kluft.

»Spring runter, und ich zieh dich rauf!«

»Nein, geh, geh«, rief sie. »Er wird mich nicht töten! Ich versuche, ihn aufzuhalten!« Sie riss einen Streifen von ihrem Gewand ab, humpelte zurück und wedelte hektisch mit dem Stoff als Zeichen der Kapitulation. Das französische Feuer erlahmte. Ich fluchte, verfügte aber über keine Möglichkeit, sie aufzuhalten. Tief betrübt machte ich kehrt und rannte auf Akko zu. Ich machte mir nicht mehr die Mühe, mich zu ducken, weil ich darauf setzte, dass mich meine Geschwindigkeit zu einem schwer fassbaren Ziel machen würde.

Wenn sich eine Langbüchse schneller laden ließe, hätte Najac mich vielleicht trotzdem erwischt. Doch er würde eine volle Minute brauchen, einen weiteren Schuss abzufeuern, und andere Kugeln flogen ziellos vorbei. Die vorgelagerten französischen Gräben hatte ich jetzt hinter mir und war an dem Punkt angelangt, wo das Ende des Aquädukts zu Schutt zerfiel, bevor es die Mauer von Akko erreichte. Obwohl Kanonen von beiden Seiten dröhnten, schwang ich mich über den bröckelnden Rand und ließ mich in den Sand hinabfallen. Staub stieg unter meinen Stiefeln auf.

Ich hörte Hufe donnern und drehte mich um. Najacs Araber galoppierten am Aquädukt entlang auf mich zu, tief über ihre Reittiere gebeugt und ohne auf die Schüsse der Engländer zu achten.

Ich raste auf den Festungsgraben zu. Er lag fünfzig Yards entfernt, über ihm erhob sich der strategisch wichtige Turm wie ein Monolith, und die Soldaten auf den Brustwehren von Akko deuteten auf mich. Die Sache würde knapp werden. Mit pumpenden Beinen rannte ich, wie ich nie zuvor gerannt war, und hörte, wie die verfolgenden Reiter allmählich zu mir aufschlossen.

Jetzt feuerten Männer auf den Mauern Akkos über meinen Kopf, und ich hörte Pferde wiehern und stürzen, als sie getroffen wurden.

Am Festungsgraben rutschte ich über den Rand wie ein Fischotter über eine verschneite Böschung und purzelte auf den trockenen Boden hinunter. Der Gestank war ekelerregend. Überall lagen verwesende Leichen, zerbrochene Sturmleitern und zurückgelassene Waffen – der Abfall des Krieges. Die Bresche im Turm war aufgefüllt worden, und es gab keine Möglichkeit, die Mauer zu erklimmen. Männer lugten jetzt zu mir hinunter, doch niemand schien zu erkennen, wer ich war. Kein Seil wurde heruntergeworfen. Da ich nicht wusste, was ich sonst tun sollte, rannte ich den trockenen Graben entlang auf die Stelle zu, wo er ins Mittelmeer führte.

Ich sah die Masten der britischen Schiffe, und hoch über meinem Kopf feuerten Geschütze weiter. Hatte Smith nicht erwähnt, dass sie am oberen Ende des Festungsgrabens ein Meerwasserreservoir bauen wollten?

Wieder Schreie! Ich schaute zurück. Die verdammten arabischen Teufelskerle hatten einige ihrer Pferde angespornt, zu mir in den Graben hinabzurutschen, und galoppierten jetzt hinter mir her, ohne auf die Soldaten über ihnen zu achten, die sie abzuknallen versuchten, und fest entschlossen, mich abzufangen. Silano wusste offensichtlich, dass ich das Buch hatte!

Vor mir war die Rampe über dem Graben beim Landtor und dahinter die schwarze, feuchte Ufermauer des neuen Reservoirs. Ich saß in der Falle!

Und dann ertönte weiter vorne noch eine Explosion. Es dröhnte, Trümmer flogen durch die Luft, und die schwarze Mauer vor mir löste sich auf. Der Einschlag warf mich rückwärts zu Boden, und ich starrte betäubt hoch, als eine Wand aus grünem Meerwasser zu Schaum wurde und durch den Graben auf mich und meine Verfolger zuraste. Ich kam gerade auf die Knie, als mich die Flutwelle traf. Sie riss mich mit wie ein Blatt in der Gosse und warf mich dorthin zurück, woher ich gekommen war.

Um mich herum war Schaum, ich bekam keine Luft und wusste nicht, wo unten oder oben war. Ich überschlug mich. Das Wasser schwemmte mich in Richtung meiner Verfolger, und irgendetwas Großes prallte gegen mich, ein Pferd, nahm ich an, das mich glücklicherweise nach oben an die Luft stieß. Wir wurden den Graben entlang zum Mittelturm gespült, alle in einem Wirrwarr aus halb verwesten Leichen und dem Treibgut der Belagerungsabfälle. Keuchend drosch ich um mich.

Und dann sah ich meine Kette! Oder zumindest *eine* Kette, die wie eine Girlande an der Turmmauer hinabhing, und als wir daran vorbeigeschwemmt wurden, packte ich sie.

An der Kette wurde ich wie ein Brunneneimer aus dem Wasser gehoben und an den rauen, wie Sandpapier kratzenden Turmmauern hinaufgezogen.

»Halt dich fest, Gage. Du bist fast zu Hause.«

Jericho!

Nun schlugen um mich herum Kugeln in der Mauer ein, und ich erkannte, dass ich ein hängendes Ziel für die gesamte französische Armee war. Ein glücklicher Schuss, und ich würde hinabstürzen.

Ich rollte mich zu einer Kugel zusammen. Wenn ich mich noch kleiner hätte machen können, wäre ich verschwunden.

Geschütze dröhnten, und eine Kanonenkugel, die so groß wie ein Haus zu sein schien, krachte ein paar Yards neben mir ins Mauerwerk und löste sich in Schrapnell auf. Der gesamte Turm erbebte, und ich schwang hin und her wie eine Perle an einer Schnur. Grimmig klammerte ich mich fest. Dann eine weitere Kanonenkugel und noch eine. Jedes Mal erbebte der gesamte Turm, und die Kette schwang weit aus. Würde das jemals enden?

Ich blickte nach unten. Das Wasser floss langsamer, doch die arabischen Reiter waren verschwunden, fortgeschwemmt, wer weiß wohin. Trümmer sprenkelten die Wasseroberfläche. Ein Mann trieb mit dem Bauch nach oben dahin wie ein Fisch.

»Zieht!«, brüllte Jericho.

Dann packten mich starke Hände, und ich wurde keuchend über die Zinnen auf den Festungsmauern von Akko gezogen, halb ertrunken, zerschrammt, versengt, zerschnitten, tief traurig über die Liebste und die Gefährten, die ich verloren hatte, und doch auf wundersame Weise von keiner

Kugel getroffen. Ich hatte das ramponierte Aussehen einer Gossenkatze. Und wie sie mehrere Leben.

Schwer atmend sank ich zu Boden, war unfähig, auf den Füßen zu stehen. Menschen sammelten sich um mich: Jericho, Djezzar, Smith, Phélippeaux.

»Zum Donnerwetter, Ethan«, blaffte Smith zur Begrüßung. »Auf wessen Seite stehen Sie jetzt?«

Aber ich blickte an ihm vorbei zu der einen, die mir instinktiv ins Auge gefallen war mit ihrem goldenen Haar, den vor Staunen aufgerissenen Augen und einem von Rauch und Pulver verschmierten Kleid. »Hallo, Miriam«, krächzte ich.

Und dann ging das französische Bombardement erst richtig los.

Meiner Erfahrung nach wird man dann, wenn man seine Gedanken am sorgfältigsten sammeln sollte, stets am stärksten abgelenkt. In diesem Fall waren es hundert französische Artilleriegeschütze, die ihrem Unmut über meine Rettung freien Lauf ließen. Ich richtete mich auf und schaute zitternd zu. In Napoleons Feldlagern tat sich einiges, Einheiten formierten sich und bewegten sich auf die Gräben zu. Ich hatte anscheinend etwas, das Bonaparte wiederhaben wollte. Unbedingt.

Die Mauer bebte unter unseren Füßen.

Miriam betrachtete mich mit einem Gesichtsausdruck, der eine Mischung aus Schock und Erleichterung war, eine aufsteigende Flut voller Entrüstung, ein Nebenfluss voller Verwirrung, ein Staubecken voll Mitgefühl und mehr als ein Krug voll Misstrauen. »Du bist ohne ein Wort gegangen«, brachte sie schließlich heraus.

So wie sie es sagte, klang es viel schlimmer. »Es war schwierig, den Grund zu erklären.«

»Wovor ist der Christ weggerannt?«, wollte Djezzar wissen.

»Anscheinend vor der gesamten französischen Armee«, meinte Phélippeaux trocken. »Die scheinen Sie nicht sonderlich zu mögen, Monsieur Gage. Und wir erwogen, ebenfalls auf Sie zu schießen, wegen Fahnenflucht und Verrat. Haben Sie überhaupt irgendwelche Freunde?«

»Das lag an der Frau, nicht wahr?« Miriam hatte eine Art, direkt zum Wesentlichen zu kommen. »Sie lebt, und du bist zu ihr geeilt.«

Ich schaute zu den Franzosen hinüber. War Astiza noch am Leben?

Ich hatte gerade mit ansehen müssen, wie mein muslimischer Freund von meiner eigenen Büchse erschossen worden war und Astiza zu dem Schurken Silano zurückkehrte. »Ich musste etwas holen, bevor Napoleon es sich schnappte«, teilte ich ihnen mit.

»Und, ist es Ihnen gelungen?«, fragte Smith.

Ich deutete auf die sich zusammenballenden Truppen. »Er glaubt das, und daher will er es sich holen.« Als sie begriffen, dass ein Angriff unmittelbar bevorstehen könnte, begannen unsere Garnisonskommandeure Befehle zu brüllen, und Hörner erklangen über das Getöse der Geschütze.

Ich wandte mich an Miriam. »Die Franzosen haben mir ein Zeichen geschickt, dass sie am Leben sein könnte. Ich musste das herausfinden, aber ich wusste nicht, wie ich es dir sagen sollte – nicht nach unserer gemeinsam verbrachten Nacht. Und sie *war* am Leben. Wir waren zusammen hierher unterwegs, um es zu erklären, aber sie wurde wieder gefangen genommen, fürchte ich.«

»Habe ich dir je etwas bedeutet? Irgendetwas?«

»Natürlich! Ich habe mich in dich verliebt! Nur ...«

»Nur was?«

»Meine Liebe zu ihr hat nie nachgelassen.«

»Verdammt sollst du sein.«

Das war der erste Fluch, den ich je von Miriam gehört hatte, und er schockierte mich mehr als eine Beleidigungstirade von jemandem wie Djezzar. Ich suchte nach einer Möglichkeit, alles zu erklären, klarzumachen, dass mehr auf dem Spiel stand, doch jedes Mal, wenn ich einen Satz anfing, klang er hohl und eigennützig, selbst in meinen Ohren. Gefühle hatten uns in der Nacht nach der Verteidigung des Turmes mitgerissen, doch dann hatten mich das Schicksal und ein Rubinring in eine Richtung geführt, die ich nicht vorausgesehen hatte. Wo war ich fehlgegangen? Überdies trug ich einen goldenen Zylinder von unschätzbarem Wert unter meinem Hemd versteckt. Aber nichts davon war leicht auszudrücken, während die französische Armee zum Angriff blies.

»Miriam, es ging immer um mehr als nur um uns. Das weißt du.«

»Nein. Entscheidungen verletzen Menschen. So einfach ist das.«

»Nun ja, ich habe Astiza erneut verloren.«

»Und mich auch.«

Aber ich konnte sie doch zurückgewinnen? Ja, Männer sind Hunde, doch Frauen ziehen eine gewisse katzenhafte Befriedigung daraus, uns mit Worten und Tränen zu quälen.

Auf beiden Seiten gibt es Liebe und Grausamkeit, ist es nicht so? Also würde ich ihre Verachtung hinnehmen, in der Schlacht kämpfen und mir dann, falls wir überlebten, eine Strategie ausdenken, um die Vergangenheit zu übertünchen und Miriam zurückzubekommen.

»Sie kommen!«

Dankbar, mich nur Napoleons Divisionen stellen zu müssen statt Miriams Gekränktheit, stieg ich mit den anderen auf den großen Turm hinauf. In der Ebene wimmelte es. Jeder Graben war wie eine Raupe aus eilenden Männern, Geschützrauch der wütenden Kanonade vernebelte ihr Vordringen. Andere Soldaten zogen leichtere Feldhaubitzen herbei, um sie einzusetzen, sobald eine Bresche geschlagen war. Sturmleitern wackelten, während Grenadiere sie über unebenes Gelände trugen, und rennende Mannschaften schleppten neue Kanonenkugeln und Pulver zu den Geschützbatterien. Eine Gruppe von Männern in arabischen Gewändern hatte sich neben dem halb zerstörten Aquädukt zusammengeschart.

Ich zog mein Fernrohr auseinander. Es waren Überlebende aus Najacs Bande, wie es aussah. Silano oder Astiza konnte ich nicht entdecken.

Smith packte mich an der Schulter und deutete in Richtung der Angreifer. »Was zum Teufel ist das?«

Ich schwenkte mein Fernrohr herum. Ein waagrechter, massiver Zedernstamm rollte auf uns zu, ragte über ein Wagenbett mit sechs Räderpaaren hinaus. Soldaten schoben von der Seite und von hinten. Die Spitze war geschwollen, wie ein riesiger Phallus, und mit einer Art Panzerung beschichtet. In der Tat, was zum Teufel war das? Es sah wie ein mittelalterlicher Sturmbock aus. Napoleon nahm doch wohl nicht an, dass er unser Verteidigungswerk mit jahrhundertealten Waffen niederzwingen konnte? Doch die Männer schoben das Gerät zuversichtlich voran.

War Napoleon verrückt geworden?

Es erinnerte mich an die Art behelfsmäßiger Vorrichtung, die Ben Franklin entzückt hätte oder meinen amerikanischen Kollegen Robert Fulton, der in Paris mit schrulligen Ideen für Dinger hausieren gegangen war, die er Dampfschiffe und Unterseeboote nannte. Und wen kannte ich noch als unverbesserlichen Tüftler? Nicolas-Jacques Conté, natürlich, der Mann, dessen Ballon Astiza und ich in Kairo gestohlen hatten. Monge hatte gesagt, Conté habe eine Art robusten Wagen erfunden, um die schweren Geschütze nach Akko zu transportieren. Dieser rollende Stamm wies alle Anzeichen seiner Erfindungsgabe auf. Aber ein Sturmbock? Das kam mir sehr rückständig für einen Modernisten wie Conté vor. Außer ...

»Das ist eine Bombe!«, schrie ich plötzlich. »Schießt auf den Kopf. Schießt auf ihren Kopf!«

Der Landtorpedo hatte eine leichte, abwärts geneigte Mulde erreicht, die zum Festungsgraben führte, und nahm Fahrt auf.

»Was?«, fragte Phélippeaux.

»Am Ende dieses Stammes befindet sich Sprengstoff! Wir müssen ihn zur Explosion bringen!« Ich griff mir eine Muskete und schoss, doch falls ich das seltsame Gerät überhaupt traf, prallte meine Kugel harmlos von der Metallpanzerung an der Spitze ab. Andere schossen ebenfalls, aber unsere Soldaten und Seeleute zielten immer noch auf die Männer, die den Karren neben den Rädern schoben. Ein oder zwei wurden getroffen, und das Monster überrollte sie einfach, als sie fielen. Der Torpedo nahm Tempo auf.

»Versucht es mit einer Kanone!«

»Dazu ist es zu spät, Gage«, sagte Smith ruhig. »Wir können die Rohre nicht tief genug senken.«

Also packte ich Miriam, fegte an ihrem erstaunten Bruder vorbei und zog sie zum hinteren Teil des Turmes, bevor sie protestieren konnte.

»Zieht euch zurück, falls das Ding funktionieren sollte!«

Smith kam der Aufforderung nach, und Djezzar stolzierte bereits auf den Mauern entlang, um seine Männer einzuschüchtern. Aber Phélippeaux blieb zurück, versuchte mutig, den Ansturm von Contés Gerät mit einem gut gezielten Pistolenschuss zu verlangsamen. Das war Wahnsinn.

Dann erreichte die rollende Rampe den Rand des Grabens, flog geradeaus hinüber und krachte mit der Schnauze gegen die Grundmauern des Turms.

Die Soldaten, die den Karren geschoben hatten, rannten davon. Einer blieb stehen, um eine Zündschnur herunterzuziehen. Eine Lunte flammte auf.

Ein paar Sekunden, dann explodierte die Erfindung mit einem so misstönenden Getöse, dass mein Hörvermögen ausgelöscht wurde. Rauch und Flammen wurden in die Luft geschleudert, Steinbrocken flogen höher als die Spitze unseres Turmes und trudelten träge durch die Luft.

Das Bauwerk war unter den vorherigen Angriffen erzittert, doch diesmal schwankte es wie ein Betrunkener auf der Drury Lane. Miriam und ich stürzten, und ich fing sie in meinen Armen auf. Sir Sidney hielt sich an den hinteren Zinnen des Turmes fest. Vorne zerbröckelte das Bauwerk vor meinen Augen, sackte zusammen und rutschte in einen höllischen Abgrund. Phélippeaux und Jericho fielen mit ihm.

»Bruder!«, schrie Miriam, oder zumindest interpretierte ich den Laut so, der aus ihrem Mund drang. Ich konnte nur ein Summen und Klingeln hören.

Sie rannte zum Rand, bis ich sie zurückriss.

Ich kroch über ihren sich windenden Körper auf eine Plattform, die jetzt halb verschwunden war, und schaute hinunter in die Trümmer, aus denen Rauch wie aus dem Rachen eines Vulkans aufwallte. Das vordere Drittel dieses starken Turms war einfach abgeschält worden. Der Rest wurde nur noch von halb zerstörten Zwischenböden zusammengehalten und stand so ungeschützt da wie ein hohler Baum. Es war, als hätte man uns die Kleider vom Leib gerissen und uns nackt zurückgelassen. Leichen lagen unter Steinen im Schutt da unten, und der Graben war bis zum Rand mit Trümmern angefüllt. Ein neues Geräusch stieß an meine misshandelten Ohren, und ich erkannte, dass Tausende Männer jubelten, ihr Gebrüll drang wie durch einen Nebel zu mir. Die Franzosen strömten zu der Bresche, die sie geschlagen hatten. Najac, wettete ich, würde bei ihnen sein und nach mir suchen.

Smith hatte sein Gleichgewicht wiedergefunden und seinen Säbel gezogen. Er schrie etwas, das ich durch das Klingeln in meinen Ohren nicht verstehen konnte, doch ich nahm an, dass er Männer an die Bresche nach unten rief. Ich kroch zurück und zog Miriam mit mir. »Der Rest des Turms könnte auch zusammenkrachen!«, schrie ich.

»Was?«

»Wir müssen von dem Turm runter!«

Sie konnte mich ebenfalls nicht hören. Sie nickte, wandte sich den angreifenden Franzosen zu und sprang, bevor ich sie aufhalten konnte, über den Rand, von dem ich gerade zurückgekrochen war. Ich machte einen Satz, versuchte, sie zu packen, und schlidderte wieder an die Kante. Sie hatte sich wie eine Katze auf die herausragenden Balken des Turmstockwerks darunter fallen lassen und kletterte an den Abbruchrändern auf Jericho zu. Lautlos fluchend folgte ich ihr, davon überzeugt, dass das ganze Bauwerk jeden Moment einstürzen und uns unter seinen Trümmern begraben würde. Derweilen sirrten Kugeln wie Flöhe in einem Glas, Kanonenkugeln flogen in beide Richtungen, und Sturmleitern langten wie Klauen hinauf.

Smith und ein Kontingent britischer Marinesoldaten waren halb im Galopp, halb springend die teilweise zerstörte Treppe hinter uns hinabgelangt und erreichten die Bresche zusammen mit uns. Sie stießen mit den französischen Soldaten zusammen, die über den Schutt in dem verstopften Festungsgraben strömten, Musketenschüsse ertönten von beiden Seiten, Männer schrien. Dann stürzten sie sich mit Bajonetten, Entermessern und Musketenkolben aufeinander. Der französische Divisionskommandeur Louis Bon fiel durch einen tödlichen Schuss. Der Adjutant Croisier, von Napoleon im letzten Jahr gedemütigt, als es ihm nicht gelang, ein paar Plänklern Herr zu werden, warf sich ins Getümmel. Miriam ließ sich in diese Hölle fallen und schrie verzweifelt nach Jericho. Also ließ auch ich mich fallen, betäubt, beinahe unbewaffnet, schwarz vom Pulverrauch, Auge in Auge mit der gesamten französischen Armee.

Mit ihren hohen Mützen und den gekreuzten Gürteln

wirkten sie zehn Fuß groß und warfen sich mit der Wut und Frustration auf uns, die sich in Wochen erfolgloser Belagerung aufstaut hatten. Hier ergab sich die Chance, den Dingen ein Ende zu machen, wie sie es in Jaffa getan hatten! Sie brüllten wie die Brandung im Sturm, stolperten über das Gemetzel voran, das Ende des zersplitterten Zedernstammes war aufgeplatzt wie eine geöffnete Blüte. Doch noch während sie vorwärtsdrängten, brach eine Flut von Eisen, Steinen und Bömbchen, die Djezzars Osmanen schleuderten, über sie herein, unter der sie wie Weizen umsanken. Die Franzosen mochten entschlossen sein, doch wir waren verzweifelt. Wenn es ihnen gelänge, durch den Turm zu stoßen, wäre Akko verloren, und wir alle würden mit Sicherheit sterben. Königliche Marineinfanteristen rannten schreiend, schießend und um sich schlagend auf sie zu, das Rot und Blau bildete ein Mosaik miteinander kämpfender Farben.

Es war der erbittertste Kampf, an dem ich je teilgenommen hatte, ein Handgemenge wie zwischen den Griechen und den Trojanern, ohne jede Schonung. Männer grunzten und fluchten, während sie zustießen, würgten, bohrten und traten. Sie preschten vor und kämpften wie Stiere. Croisier sank in dem Gewühl zu Boden, erschossen und mit unzähligen Stichwunden. Von dem ganzen Kampf konnten wir nichts sehen, nur diesen Ausschnitt auf einem Schutthügel mit dem Turm dahinter, der jederzeit auf uns alle stürzen konnte. Ich sah, wie es Phélippeaux, halb vergraben, vermutlich mit gebrochenem Rückgrat, irgendwie gelang, eine Pistole unter sich hervorzuzerren und auf seine revolutionären Feinde zu schießen. Ein halbes Dutzend Bajonette stach zur Antwort auf ihn ein.

Jericho hatte den Sturz nicht nur überlebt, sondern sich auch aus den Trümmern befreien können. Seine Kleidung war halb verbrannt und zerfetzt, und seine Haut war grau wie Steinstaub, aber er hatte eine leicht verbogene Eisenstange gefunden und stapfte wie Samson auf die vorrückenden Franzosen zu. Männer wichen vor seiner fanatischen Energie zurück, als er die Stange herumwirbeln ließ. Ein Füsilier zielte von hinten mit seiner Muskete auf ihn, doch Miriam hatte irgendwo die Pistole eines Offiziers gefunden, hielt sie mit beiden Händen und erschoss ihn aus kürzester Distanz. Der halbe Kopf des Füsiliers wurde weggeblasen. Ein Grenadier kam aus einer anderen Richtung. Mir fiel mein Tomahawk ein, und ich warf ihn, sah, wie er sich überschlug, bevor er sich in den Nacken des Angreifers verbiss. Der Grenadier fiel wie ein gefällter Baum, und ich zog den Tomahawk heraus. Dann gelang es Miriam und mir gemeinsam, Jericho am Arm zu packen und ihn ein oder zwei Schritte zurückzuzerren, außer Reichweite der Bajonette, in die er sich anscheinend unbedingt stürzen wollte. Unterdessen preschten frische Soldaten von Djezzar vorbei, um die Franzosen ins Gefecht zu verwickeln. Vor uns türmte sich inzwischen eine Hecke aus Gefallenen auf. Smith, barhäuptig und mit blutigem Kopf, hieb mit seinem Säbel wie ein Besessener um sich. Kugeln pfiffen, schwirrten oder trafen mit einem dumpfen Geräusch, wenn sie Fleisch fanden, und wieder grunzte jemand und fiel.

Ich konnte wieder hören, wenn auch nur schwach, und brüllte Jericho und Miriam zu: »Wir müssen zurück hinter unsere Linien! Von weiter oben können wir mehr ausrichten!«

Aber dann summte etwas an meinem Ohr vorbei, so nahe wie eine warnende Hornisse, Jericho wurde von einer Kugel in die Schulter getroffen und wirbelte herum wie ein Kreisel.

Ich drehte mich um und sah meine Nemesis. Najac fluchte und stützte meine Büchse mit dem Kolben auf dem Schutt ab, während er nachzuladen begann. Sein Schlägertrupp hielt sich vom eigentlichen Gefecht fern, schoss aber, was das Zeug hielt, über die Köpfe der kämpfenden Grenadiere. Dieser Schuss hatte mir gegolten! Sie waren bestimmt gekommen, um meine Leiche zu finden – da sie wussten, was vermutlich in meinem Hemd versteckt war. Und so ergriff mich mein eigener Kampfeswahn, eine Wut und ein schrecklicher Rachedurst, der mir das Gefühl gab, dass meine Muskeln anschwollen, sich das Blut in meinen Adern staute und meine Augen plötzlich übernatürlich scharf wurden. Ich hatte etwas Rotes am Finger des Schweinehunds aufblitzen sehen. Er trug Astizas Rubinring!

Blitzschnell begriff ich, was passiert war. Mohammed hatte der Versuchung des verfluchten Schmuckstücks nicht widerstehen können, das Astiza im Hof der Kreuzfahrerburg fortgeschleudert hatte. Während wir schliefen, hatte er den Ring eingesteckt und damit seinen wiederholten Geldforderungen ein Ende gemacht. Und so war er es gewesen, nicht ich, der von Najacs Langbüchsenschuss niedergestreckt wurde, als wir über das Aquädukt geflohen waren. Der französische Brigant hatte sich vergewissert, dass der Muslim tot war, und dann den Stein an sich genommen, ohne von dessen Geschichte zu wissen. Das kam dem Geständnis eines Mörders gleich. Daher griff ich nach Jerichos Eisenstange, lief auf Najac zu und zählte die Sekunden. Es würde eine volle Minute dauern, die amerikanische Langbüchse zu laden, und zehn Sekunden waren bereits vergangen. Ich musste mich durch ein französisches Dickicht kämpfen, um ihn zu erreichen.

Die Stange sang, als ich sie in einem weiten Bogen schwang, so besessen wie ein Templer von Christus. Das war für Mohammed und Ned! Ich fühlte mich unverwundbar für die Kugeln und spürte keine Furcht. Die Zeit verlangsamte sich, Geräusche verblassten, das Sichtfeld verengte sich. Ich sah nur noch Najac, der mit zitternden Händen das abgemessene Schießpulver in das Büchsenrohr schüttete.

Zwanzig Sekunden.

Meine Stange schwang sich in das Dornenfeld der Bajonette wie eine Sichel, die einen Pfad freischlägt. Metall klirrte, als ich es beiseiteschlug. Infanteristen scherten vor meinem Wahnsinn aus.

Dreißig Sekunden. Er drückte die in die Wattierung verpackte Gewehrkugel mit dem kurzen Ladestock in die Laufmündung.

Najacs Franzosen und Araber schrien und schossen, aber ich spürte nichts als Wind. Ich sah das Kräuseln in der rauchigen Luft, als die Kugeln vorbeizischten, das Glitzern wütender Augen, das Weiß gebleckter Zähne, das Blut, das von irgendwoher über das Gesicht eines jungen Offiziers spritzte. Die Stange traf die Rippen eines hoch aufragenden Grenadiers, und er sank zur Seite.

Vierzig Sekunden. Er rammte die störrische Kugel hinein.

Ich sprang über tote und sterbende Männer, benutzte ihre Körper wie Trittsteine in einem Bach, hielt mein Gleichgewicht wie eine Spinne. Singend kreiste meine Stange um mich, Männer wichen vor mir zurück wie vor Jericho, Smith durchbohrte einen Chasseur mit seinem Säbel, ein königlicher Marineinfanterist starb, und zwei weitere erstachen ihre Widersacher mit den Bajonetten. Vom Himmel regnete immer noch Schutt von den Mauern über uns herab, und ich sah, wie hinter Najac Granaten einschlugen und die Erde aufspritzte. Noch während ich vordrang, preschte hinter mir osmanische und britische Verstärkung heran und verstopfte die Bresche mit ihrer Anzahl und ihrem Blut. Eine Trikolore schwankte und ging zu Boden, erhob sich wieder und wurde erneut geschwenkt.

Fünfzig Sekunden. Najac nahm sich nicht mal die Zeit, den Ladestock herauszuziehen, sondern fummelte herum, um die Zündpfanne scharf zu machen und den Hebel am Schloss zurückzuziehen. In seinen Augen stand Furcht, Furcht und Verzweiflung, aber auch Hass. Ich hatte ihn fast erreicht, als einer seiner Briganten vor mir auftauchte, die Hände mit dem Krummsäbel über dem Kopf erhoben, das Gesicht vom Schreien verzerrt, bis meine Stange seinen Schädel traf und ihn aufplatzen ließ. Blut und Hirnmasse spritzten nach allen Seiten. Ich konnte es schmecken.

Und nun, während ich zum letzten Schwung ausholte – Najacs Augen waren geweitet vor Entsetzen –, blitzte es in der Zündpfanne auf, ein Krachen ertönte, eine Explosion von Hitze und Rauch, und meine eigene Büchse, der Ladestock war noch immer hineingerammt, feuerte direkt auf meine Brust.

Ich wurde zurückgeworfen und plumpste hart zu Boden. Doch bevor ich sterben konnte, schwang ich die Stange herum, traf den Dieb an den Knöcheln und zerschmetterte sie. Auch er ging zu Boden, Soldaten preschten über uns hinweg, und als ich merkte, dass ich immer noch nicht tot war, kroch ich keuchend voran, packte Najac an der Kehle und würgte seinen Schmerzensschrei ab. Ich drückte so fest zu, dass die Sehnen an meinem Hals vor Anstrengung anschwollen.

In seinem Blick stand hoffnungsloser Hass. Seine Arme droschen, suchten nach einer Waffe. Seine Zunge wölbte sich obszön heraus.

Das ist für Ned und Mohammed und Jericho und all die anderen guten Männer, die du in deinem erbärmlichen Küchenschabenleben niedergemacht hast, dachte ich. Und ich drückte zu, bis er blaurot anlief, während mein Blut auf mein zappelndes Opfer herabtropfte. Ich sah, dass der Ladestock aus meiner Brust ragte. Was war passiert?

Dann spürte ich seine Hände an meiner Taille und ein Ziehen, als er nach meinem Tomahawk griff. Da es ihm nicht gelungen war, mich mit meiner eigenen Büchse zu töten, wollte er mir den Schädel mit meinem eigenen Kriegsbeil einschlagen!

Ohne groß nachzudenken, beugte ich mich vor, sodass der Ladestock, den er auf mich gefeuert hatte, gegen seine Brust und sein Herz drückte. Die Spitze war zerschmettert und scharf wie eine Stricknadel, und endlich kapierte ich, was passiert sein musste. Als er schoss, hatte mich das pfeilartige Projektil tatsächlich getroffen, aber genau an der Stelle, wo der Zylinder mit dem Buch des Thoth in meinem Hemd steckte. Der stumpfe Kopf war in dem weichen Gold stecken geblieben, hatte mich zu Boden geworfen, meine Haut jedoch nicht angekratzt. Nun, während Najac meinen Tomahawk herauszerrte und zum Schlag ausholte, beugte ich mich tiefer über ihn und drückte so den Ladestock mitsamt dem Zylinder direkt gegen seine Brust. Das tat höllisch weh, doch der Ladestock zerbrach das Brustbein des Teufels und glitt danach so leicht hinein wie eine Gabel in einen Kuchen. Najacs Augen weiteten sich bei unserer Umarmung, als ich sein Herz durchstach.

Blut wurde aus ihm herausgepumpt wie aus einem Brunnen, breitete sich immer weiter aus, und mit einem Zischen wie von einer Viper starb er, mein Name eine rote Blase auf seinen Lippen.

Jubelnd, aber diesmal auf Englisch, blickte ich auf. Der französische Angriff brach zusammen.

Mit einem Ruck zog ich den Ladestock heraus, kam schwankend auf die Knie und konnte endlich meine handgemachte Büchse wieder mein Eigen nennen. Ich stand in einem Beinhaus von bisher nicht gekanntem Ausmaß, ein grausiges Durcheinander aus Gliedern und Rümpfen von Männern, die im Kampf gegeneinander gefallen waren. Hunderte von Leichen lagen in der Bresche und noch viele mehr in allen Richtungen des durchweichten Festungsgrabens. Zerbrochene Sturmleitern lehnten noch immer an den zertrümmerten und rissigen Mauern von Akko, aber die Franzosen zogen sich zurück. Auch die Türken jubelten, und ihre Kanonen bereiteten den Franzosen einen dröhnenden Abschied. Die Männer von Smith und Djezzar wagten keine Verfolgung. Sie duckten sich, verblüfft über ihren Erfolg, und luden dann rasch nach, falls der Feind erneut angriff. Sergeanten gaben Befehl, eine primitive Barrikade am Fuße des Turmes zu errichten.

Smith selbst entdeckte mich und stapfte herüber, ohne auf die Gefallenen zu achten, auf die er trat. »Gage! Das war der knappste Erfolg, den ich je erlebt habe! Mein Gott, der Turm! Sieht aus, als könnte er jeden Moment zusammenfallen!«

»Bonaparte muss denselben Gedanken gehabt haben, Sir Sidney«, sagte ich. Ich schnappte nach Luft, zitterte am ganzen Leib, war erschöpfter denn je. Gefühle hatten mich ausgelaugt. Ich hatte seit einem Jahrhundert nicht mehr geatmet. Ich hatte seit tausend Jahren nicht mehr geschlafen.

»Er wird ihn beim nächsten Morgengrauen wieder aufgebaut und stärker befestigt finden als zuvor, wenn britische Ingenieurkunst daran beteiligt ist«, versicherte mir der Geschwaderkommandeur grimmig. »Bei Gott, wir haben ihn übertroffen, Ethan, wir haben ihn übertroffen! Er wird uns jetzt mit jeder Kanonenkugel bewerfen, die er hat, aber nach dieser Abreibung wird er sich nicht noch mal vorwagen. Seine Männer werden es nicht zulassen. Sie werden sich weigern.«

Wie konnte er da so sicher sein? Und doch sollte sich seine Vorhersage als zutreffend erweisen.

Smith nickte. »Wo ist Phélippeaux? Ich sah, wie er sich direkt ins Getümmel stürzte. Bei Gott, das ist royalistischer Mut!«

Ich schüttelte meinen Kopf. »Ich fürchte, es hat ihn erwischt, Sidney.«

Wir bahnten uns einen Weg hinüber. Zwei Gefallene lagen über Phélippeaux, die wir zuerst beiseiteziehen mussten. Und Wunder über Wunder, der Royalist atmete noch, obgleich ich gesehen hatte, wie er von einem halben Dutzend Bajonetten durchbohrt worden war wie eine Rinderlende.

Smith zog ihn ein wenig hoch und ließ den Kopf des Sterbenden auf seinem Schoß ruhen. »Edmond, wir haben sie abgewehrt!«, sagte er. »Der Korse ist am Ende!«

»Was … er hat sich zurückgezogen?« Obwohl seine Augen offen waren, war er blind.

»Er grollt uns jetzt von seinem Hügel aus, nachdem seine besten Soldaten am Boden liegen oder davongerannt sind. Ihr Name wird ruhmvoll erstrahlen, Mann, weil Boney Akko nicht einnehmen kann. Der republikanische Tyrann wurde aufgehalten, und politische Generäle wie er halten nach einer so schlimmen Niederlage nicht lange durch.« Mit strahlenden Augen blickte er zu mir. »Merken Sie sich meine Worte, Gage. Die Welt wird kaum noch etwas von Napoleon Bonaparte hören, niemals, niemals wieder.«

22

Und dann starb Colonel Phélippeaux. Begriff er wirklich seinen Sieg, als das Leben aus seinem Körper wich? Ich weiß es nicht. Aber vielleicht dämmerte ihm, dass es nicht vergeblich gewesen war, und dass in dem gewalttätigen Wahnsinn dieses schlimmsten Belagerungstages etwas Grundsätzliches errungen worden war.

Ich ging zurück zu Najacs Leiche, bückte mich und nahm meine Büchse, meinen Tomahawk und den Ring. Dann machte ich kehrt und bahnte mir einen Weg durch den Schutt zu dem halb zerstörten Turm. Ingenieure waren bereits dabei, Anweisungen zu geben, Steine beiseitezuheben, Balken zurechtzuhauen und Mörtel zu mischen. Der Turm würde erneut geflickt werden.

Ich machte mich auf die Suche nach Jericho und Miriam.

Zum Glück entdeckte ich die Leiche des Schmieds nicht bei der langen Reihe der Verteidiger, die traurig zur vorläufigen Ruhe im Garten des Paschas aufgebahrt wurden. Ich schaute nach oben. Die Vögel waren bei dem Lärm verschwunden, doch ich konnte die verschleierten Gesichter von Djezzars Haremsdamen hinter ihren vergitterten Fenstern sehen. Splitter waren aus dem Gitterwerk herausgebrochen und hatten gelbliche Risse in dem dunkel verfärbten

Holz hinterlassen. Der Pascha selbst stolzierte auf seiner Mauer auf und ab wie ein Hahn, klopfte seinen erschöpften Männern auf die Schulter und brüllte zu den Franzosen hinüber. »Was, euch gefällt meine Gastfreundschaft nicht? Dann kommt zurück und holt euch noch mehr!«

Ich trank am Springbrunnen der Moschee und ging dann stumpfsinnig und mit Blut und Pulverdampf verschmiert durch die Stadt. Zusammengekauerte Zivilisten warfen mir argwöhnische Blicke zu. Meine Augen, nahm ich an, leuchteten hell in meinem geschwärzten Gesicht, aber mein Blick war Tausende Meilen entfernt. Ich ging weiter, bis ich die Mole mit dem Leuchtturm erreichte. Das Mittelmeer wirkte sauber nach dem Schmutz der Schlacht. Ich schaute zurück. Immer noch dröhnten Kanonen, Rauch und Staub hatten in dieser Richtung eine Wolke gebildet, die im Gegenlicht der sinkenden Sonne in stürmischer Dunkelheit erschien.

Wie hatte so viel Zeit vergehen können? Wir waren am Morgen zu der Mauer gerannt.

Ich zog den Ring des Pharao heraus, welcher für jeden, der ihn berührte, nur Leid bedeutet hatte. Wirken Flüche tatsächlich? Franklin, der Rationalist, würde es bezweifeln. Aber ich hatte genug erlebt, um den Rubin nicht zu berühren, als ich in das kühle Meer watete, bis es meine Knie umspülte, meine Leistengegend, meine Taille, meine Brust. Ich bückte mich und sank unter Wasser, öffnete meine Augen in der grünen Dämmerung, ließ mich vom Meer reinwaschen. So lange ich konnte, hielt ich den Atem an, um sicher zu sein, dass ich endlich für das bereit war, was getan werden musste. Dann tauchte ich auf, schüttelte das Wasser aus meinem nassen, ungeschnittenen Haar, holte aus und warf. Ein roter Meteor flog auf das Kobaltblau zu, das eine tiefe Stelle im Wasser markierte. Ein Plopp war zu hören, und der Ring war verschwunden. So einfach ging das.

Ich erschauderte vor Erleichterung.

Ich fand Miriam im Hospital der Stadt, in dem die Räume voll mit Verwundeten waren. Die Laken schimmerten hellrot, das Wasser in den Töpfen rosa. In Wannen lagen amputierte Gliedmaßen. Fliegen summten, und es stank nicht nur nach Blut, sondern auch nach Wundbrand und Lauge und den Holzkohlebecken, in denen die Instrumente vor dem Schneiden erhitzt wurden. Von Zeit zu Zeit hallten Schreie durch die Luft.

Das Gebäude erbebte von dem fortgesetzten Geschützfeuer. Wie Smith vorausgesagt hatte, schleuderte Napoleon alles, was er besaß, in einem letzten wütenden Aufbäumen auf uns. Vielleicht hoffte er, einfach alles dem Erdboden gleichzumachen, was er nicht erobern konnte. Sägen rasselten auf den Tischen. Staub rieselte von den Dachziegeln in die Augen der Verwundeten.

Zu meiner Erleichterung sah ich, dass Miriam sich um ihren Bruder kümmerte, der noch am Leben war. Jericho war bleich, sein Haar schmierig, sein Hemd verschwunden, und sein Oberkörper statt dessen in fleckige Verbände gewickelt. Aber er war wach und vital genug, mir einen skeptischen Blick zuzuwerfen, als ich an seine Pritsche trat.

»Kann dich denn gar nichts umbringen?«

»Ich habe den Mann erwischt, der auf dich geschossen hat, Jericho.« Mein Ton war matt von zu vielen Gefühlsaufwallungen. »Wir haben die Bresche gehalten. Du, ich, Miriam, wir alle. Wir haben sie gehalten.«

»Wohin, zum Hades, bist du verschwunden, als du die Stadt verlassen hast?«

»Das ist eine lange Geschichte. Das Ding, nach dem wir in Jerusalem gesucht haben? Ich habe es gefunden.«

Beide starrten mich an. »Den Schatz?«

»So etwas Ähnliches.« Ich griff in mein Hemd und zog den goldenen Zylinder heraus. Er war tatsächlich eingebeult und an der Stelle, wo der Ladestock ihn getroffen hatte, fast durchlöchert. Auf meinem Brustkorb war ein Bluterguss von der Größe eines Tellers. Aber sowohl die Metallhülle des Buches wie auch mein eigener Körper waren unversehrt. Ihre Augen weiteten sich beim Schimmern des Metalls, das ich vor den Blicken der anderen Hospitalinsassen abschirmte. »Er ist schwer, Jericho. Schwer genug, um zwei Mal das Haus und die Schmiede zu bauen, die du in Jerusalem zurückgelassen hast. Wenn der Krieg vorbei ist, bist du ein reicher Mann.«

»Ich?«

»Ich schenke ihn dir. Schätze bringen mir kein Glück. Das Buch darin gedenke ich jedoch zu behalten. Kann zwar kein Wort davon lesen, aber ich werde sentimental.«

»Du gibst mir das ganze Gold?«

»Dir und Miriam.«

Jetzt blickte er finster. »Was, du glaubst, du kannst mich bezahlen?«

»Dich bezahlen?«

»Dafür, dass du in unser Leben eingedrungen bist und uns nicht nur unser Heim und unseren Lebensunterhalt geraubt hast, sondern auch noch die Tugend meiner Schwester?«

»Das ist keine Bezahlung! Mein Gott, sie hat doch nicht ...« Klugerweise beendete ich den Satz nicht. »Keine Bezahlung, nicht mal ein Dank. Nur simple Gerechtigkeit. Du würdest mir einen Gefallen tun, wenn du es annimmst.«

»Du hast sie verführt, sie genommen, bist ohne ein Wort verschwunden, und jetzt bringst du mir das?« Er wurde immer wütender statt ruhiger. »Ich spucke auf dein Geschenk!«

Offensichtlich begriff er meine Absicht nicht. »Dann spuckst du auf die demütige Abbitte deines zukünftigen Schwagers.«

»Wie bitte?«, sagten sie wie aus einem Mund. Miriam sah mich ungläubig an.

»Ich schäme mich dafür, dass ich ohne Erklärung gehen musste und euch beide diese letzten Wochen im Ungewissen gelassen habe«, sagte ich. »Ich weiß, dass ich weniger wert zu sein scheine als eine Schlange in einer Kloake. Aber ich sah eine Möglichkeit, unsere Suche zu beenden, und ich ergriff sie, um diese Beute von den Franzosen fernzuhalten, die sie missbrauchen würden. Sie werden das Buch jetzt nie bekommen, denn selbst wenn sie durchbrechen, kann ich es mit Smiths Schiffen aufs Meer hinausschicken. Ich habe beendet, was wir begonnen haben, und nun bin ich zurück, um den Rest zu Ende zu führen. Ich möchte deine Schwester heiraten, Jericho. Mit deiner Erlaubnis.«

Sein Gesicht verzerrte sich vor Unglauben. »Bist du vollkommen verrückt?«

»Mein Verstand war nie klarer.« Die Antwort hatte direkt vor mir gestanden. Der eine oder andere Gott hatte mir den

Weg zur Vernunft gezeigt, indem er mir Astiza entriss. Wir waren Gift füreinander, Feuer und Eis, gerieten stets in Gefahr, sobald wir zusammen waren, und die arme Ägypterin war ohne mich besser dran. Mein Herz würde es sicherlich nicht verkraften, sie erneut zu verlieren. Doch hier war die sanfte Miriam, eine Frau, die gelernt hatte, den Kopf eines Mannes mit einer Pistole wegzupusten, aber trotzdem ein Beispiel für ein gutes, ruhiges Leben setzte. Das war es, was ich wirklich im Heiligen Land gefunden hatte, nicht dieses dämliche Buch! Also würde ich ein anständiges Mädchen heiraten, mich niederlassen, meinen Schmerz um Astiza vergessen und Schlachten und Bonaparte für immer Adieu sagen. Ich nickte mir selbst zu.

»Aber was ist mit Astiza?«, fragte Miriam verwundert.

»Ich werde dich nicht belügen. Ich habe sie geliebt. Liebe sie immer noch. Doch sie ist fort, Miriam. Ich habe sie gerettet, wie ich es schon einmal getan hatte, und habe sie erneut verloren. Ich weiß nicht, warum, aber es sollte nicht sein. Die letzten paar höllischen Stunden haben mir die Augen für tausend Dinge geöffnet. Eines davon ist, wie sehr ich *dich* liebe und wie wunderbar du für mich sein wirst und wie gut ich hoffentlich für dich sein kann. Ich möchte ein ehrsames Paar aus uns machen, Jericho. Dafür erbitte ich deinen Segen.«

Er starrte mich lange mit unergründlichem Ausdruck an. Dann verzog sich sein Gesicht auf seltsame Weise.

»Jericho?«

Sein Gesicht zerknitterte, und schließlich brach er in Gelächter aus. Er schüttete sich aus vor Lachen, Tränen liefen ihm über das Gesicht, und Miriam begann ebenfalls zu lachen, wobei sie mich auf eine Weise ansah, die beunruhigend an Mitleid grenzte.

Was ging da vor?

»Meinen Segen!«, brüllte er. »Als würde ich *dir* den je geben!« Dann zuckte er zusammen, weil er an das schmerzende Loch in seiner Schulter erinnert wurde.

»Aber ich habe mich gewandelt, siehst du …«

»Ethan.« Miriam berührte meine Hand. »Glaubst du, die Welt bleibt stehen, wenn du zu deinen Abenteuern aufbrichst?«

»Nun ja, nein, natürlich nicht.« Ich wurde immer verwirrter.

Jericho riss sich zusammen, schnappte keuchend nach Luft. »Gage, du tickst so falsch wie ein kaputter Chronometer.«

»Was meinst du damit?« Ich blickte vom einen zur anderen. »Muss ich warten, bis der Krieg vorbei ist?«

»Ethan«, sagte Miriam mit einem Seufzen, »erinnerst du dich, wo du mich zurückgelassen hast, als du dich auf die Suche nach Astiza machtest?«

»In einem Haus hier in Akko.«

»Im Haus eines Doktors. Eines Arztes aus diesem Hospital.« Sie öffnete die Augen, sah an mir vorbei. »Ein Mann, der mich in Tränen aufgelöst fand, verwirrt und voller Selbsthass, als er endlich heimkam, um ein paar Stunden Schlaf zu finden.«

Langsam drehte ich mich um. Hinter mir stand der levantinische Chirurg, dunkel, jung, gut aussehend und, trotz seiner blutbefleckten Hände, insgesamt viel ehrbarer wirkend als ein Spieler und Taugenichts wie ich. Bei John Adams, ich hatte mich mal wieder zum Narren gemacht! Als die Zigeunerin Sarylla mir die Tarotkarte des Narren gegeben hatte, wusste sie, was sie tat.

»Ethan, darf ich dir meinen Verlobten vorstellen?«

»Doktor Hiram Zawani, zu Ihren Diensten, Mr Gage«, sagte der Mann mit der Art gebildetem Akzent, auf den ich immer neidisch gewesen war. Damit klingen solche Männer sehr viel gewandter als man selbst, auch wenn man nicht den Verstand einer Schindmähre hat. »Haim Farhi sagte, Sie wären im Grunde gar nicht der Halunke, der Sie zu sein scheinen.«

»Doktor Zawani hat eine ehrbare Frau aus mir gemacht, Ethan. Ich habe mich über das, was ich wollte und brauchte, selbst belogen.«

»Er ist ein Mann, wie meine Schwester ihn braucht«, sagte Jericho. »Niemand sollte das besser wissen als du. Und du hast sie zusammengebracht! Du bist ein verwirrtes, oberflächliches menschliches Wesen, Ethan Gage, aber dieses eine Mal hast du etwas Richtiges getan.«

Sie lächelten, während ich herauszufinden versuchte, ob man mir geschmeichelt oder mich beleidigt hatte.

»Aber ...« Ich wollte sagen, dass sie in mich verliebt war, dass sie doch gewartet haben musste, dass ich *zwei* Frauen hatte, die um meine Aufmerksamkeit wetteiferten und es mein Problem gewesen war, mich zwischen ihnen zu entscheiden ...

Innerhalb eines halben Tages war ich von zwei auf null gekommen. Der Rubin und das Gold waren auch fort.

Ach, zum Henker damit.

Und doch war es befreiend. Seit meiner Flucht aus Paris

war ich in keinem guten Bordell mehr gewesen, und hier war sie, die Chance, wieder ein freier Junggeselle zu sein. Demütigend? Ja. Aber eine Erleichterung? Ich war überrascht, wie groß sie war. »Ist doch famos, wie sich solche Dinge lösen«, hatte Smith gesagt. Einsam? Manchmal. Jedoch auch weniger Verantwortung.

Ich würde mir ein Schiff nach Hause suchen, das Buch der Bibliothek von Philadelphia übergeben, damit die sich die Köpfe darüber zerbrechen konnten, und mein Leben weiterführen. Vielleicht brauchte Astor Hilfe beim Pelzhandel. Und in den Sümpfen von Virginia sollte eine neue Hauptstadt gebaut werden, außer Sichtweite jedes ehrenwerten Amerikaners. Das klang genau wie das zukünftige Sündenbabel für Opportunismus, Betrug und Gaunerei, bestens geeignet für einen Mann mit meinen Talenten.

»Meine Glückwünsche«, krächzte ich.

»Ich sollte dich immer noch in Stücke hauen«, sagte Jericho. »Aber angesichts dessen, was passiert ist, werde ich dir wohl einfach erlauben, uns dabei zu helfen, das hier zu verhökern.« Und er ließ Zawani einen Blick auf das Gold werfen.

Einen Tag später begannen die Franzosen sich zurückzuziehen, da sie den größten Teil ihrer Munition bei einem letzten, wütenden Bombardement verschossen hatten, das nichts an ihrer strategischen Zwangslage änderte. Bonapartes Taktik war auf die Wucht seiner Angriffe berechnet. Wenn er nicht vorpreschen und seine Feinde aus dem Gleichgewicht bringen konnte, war er zahlenmäßig hoffnungslos unterlegen. Akko hatte ihn zum Stillstand gebracht. Seine einzige Alternative bestand darin, nach Ägypten zurückzukehren und den Sieg für sich in Anspruch zu nehmen, die Schlachten anzuführen, die er gewonnen hatte, und die verlorenen auszuklammern.

Ich beobachtete durch mein Fernrohr, wie sie von dannen schlichen. Hunderte von Männern, die Kranken und Verwundeten, die nicht laufen konnten, auf Wagen geladen und zusammengesackt auf dem Rücken der Pferde. Wenn sie zurückgelassen wurden, waren sie dem Untergang geweiht, daher entdeckte ich sogar Bonaparte zu Fuß, neben einem Pferd, das einen bandagierten Soldaten trug. Sie verbrannten die Vorräte, die sie nicht mitnehmen konnten, ließen hohe Rauchsäulen in den Maihimmel aufsteigen und sprengten die Na'am- und die Kishon-Brücke. Die Franzosen waren so knapp an Zugtieren und Futter, dass sie zwei Dutzend Kanonen zurückließen. Dasselbe Schicksal ereilte all die Juden, Christen und Matuwelli, die sich mit den Franzosen in der Hoffnung verbündet hatten, von den Muslimen befreit zu werden. Sie heulten wie verlorene Kinder, denn nun war ihnen nur die grausame Rache Djezzars sicher.

Rachsüchtig verbrannten die Franzosen Bauernhöfe und Dörfer entlang des Weges zu ihrem Stützpunkt an der Küste, um eine Verfolgung zu verzögern, die nie kam. Unsere betäubte Garnison war nicht in der Verfassung, ihnen zu folgen. Die Belagerung hatte zweiundsechzig Tage gedauert, vom 19. März bis zum 21. Mai. Auf beiden Seiten hatte es schwere Verluste gegeben. Die Pest, die Napoleons Armee dezimiert hatte, war hinter die Mauern gedrungen, und nun ging es in erster Linie darum, die Toten zu loszuwerden. Es war heiß, und Akko stank.

Ich war so erschöpft, dass ich mich wie betäubt bewegte. Astiza war erneut fort, in Gefangenschaft oder tot. Ich verstaute das Buch in einem Ledertornister, den ich in meiner Unterkunft im Khan a-Shawarda, dem Händlergasthaus, versteckte. Aber ich wette, ich hätte es auch unverpackt auf dem Marktplatz liegen lassen können, und niemand hätte es gestohlen, so nutzlos kam mir das eigentümliche Geschreibsel vor. Langsam sickerten Berichte über Napoleons Rückzug durch. Er hatte Jaffa, das er mit so schrecklichen Verlusten eingenommen hatte, eine Woche, nachdem er Akko verlassen hatte, aufgegeben. Den am schwersten erkrankten französischen Pestopfern wurde Opium und Gift verabreicht, um ihren Tod zu beschleunigen, damit sie nicht in die Hände der sie verfolgenden Samaritaner aus Nablus fielen. Die besiegten Soldaten erreichten am 2. Juni humpelnd El-Arisch in Ägypten und verstärkten die dortige Garnison. Die Hauptstreitmacht marschierte weiter nach Kairo. Ein in den Wüstensand gestecktes Thermometer zeigte 56 Grad Celsius. Als sie den Nil erreichten, machten sie halt, ließen die Männer ausruhen und neu ausstatten: Napoleon konnte es sich nicht leisten, eine besiegte Armee vorzuführen. Am 14. Juni betrat er Kairo erneut mit erbeuteten Flaggen und ließ sich als Sieger feiern, doch die Siege waren bitter. Ich erfuhr, dass eine türkische Kanonenkugel den Arm des einbeinigen Generals Caffarelli zerschmettert hatte und er vor den Toren Akkos an Wundbrand gestorben war, dass der Physiker Etienne Louis Malus in Jaffa an der Pest erkrankt war und evakuiert werden musste, und dass Monge und sein Chemikerfreund Berthollet sich die Ruhr zugezogen hatten und im Wagen mit den Kranken transportiert werden mussten.

Napoleons Abenteuer verwandelte sich für alle, die ich kannte, in eine Katastrophe.

Smith war derweilen erpicht darauf, seinem Erzfeind den Garaus zu machen. Die türkische Verstärkung aus Konstantinopel hatte zu lange gebraucht, um Akko zu Hilfe zu kommen, doch Anfang Juli traf eine Flotte mit fast zwanzigtausend osmanischen Soldaten ein, bereit, zur Bucht von Abukir zu segeln und Ägypten wieder einzunehmen. Der englische Geschwaderkommandeur hatte zugesichert, seine eigene Schwadron zur Unterstützung des Angriffs einzusetzen. Ich hatte kein Interesse daran, mich dieser Expedition anzuschließen, da ich bezweifelte, dass sie die französische Hauptstreitmacht schlagen konnte. Ich plante immer noch, nach Amerika zurückzukehren. Doch am 7. Juli brachte ein Handelsschiff ein Sendschreiben für mich aus Ägypten mit. Es war mit rotem Siegelwachs verschlossen, in das der schnabelköpfige Gott Thoth eingeprägt war, und in weiblicher Handschrift an mich adressiert. Mein Herz schlug schneller.

Als ich es jedoch öffnete, stammte die Schrift nicht von Astiza, sondern von einer starken männlichen Hand. Die Botschaft war simpel.

Ich kann es lesen, und sie wartet.

Der Schlüssel ist in Rosetta.

Silano.

Teil III

23

Am 14. Juli 1799 kehrte ich nach Ägypten zurück, ein Jahr und zwei Wochen nach meiner ersten Landung mit Napoleon. Diesmal begleitete ich eine türkische Armee statt einer französischen. Smith war begeistert von dieser Gegenoffensive und verkündete, sie würde Boney den Rest geben. Mir fiel jedoch auf, dass er mit seiner Schwadron an Bord blieb. Und es ist schwer zu sagen, wer weniger vom Erfolg dieser letzten Invasion überzeugt war: Ich oder ihr alternder, weißbärtiger Kommandeur, Mustafa Pascha, der seinen Vormarsch darauf beschränkte, die kleine Halbinsel auf der einen Seite der Bucht von Abukir einzunehmen. Seine Truppen landeten, nahmen die französische Redoute östlich des Dorfes Abukir ein, massakrierten die dreihundert Verteidiger, erzwangen die Kapitulation eines weiteren französischen Außenpostens und machten halt. Wo die Halbinsel in das Festland übergeht, errichtete Mustafa drei Befestigungsanlagen in Erwartung des unvermeidlichen Gegenangriffs der Franzosen. Trotz der erfolgreichen Verteidigung Akkos fürchteten sich die Osmanen immer noch davor, Napoleon in einer offenen Feldschlacht gegenüberzutreten. Nach Bonapartes lächerlich überlegenem Sieg in der Schlacht am Berg Tabor betrachteten die Paschas jede Initiative ihrerseits als Beginn einer Katastrophe. Also fielen sie ein und hoben hektisch ihre Gräben aus in der Hoffnung, dass sich die Franzosen freundlicherweise davor in Nichts auflösen würden. Wir sahen bereits die ersten französischen Kundschafter der sich rasch formierenden Blockadetruppe Bonapartes von den Dünen hinter der Halbinsel zu uns herabspähen.

Ich schlug Mustafa vorsichtig vor, nach Süden vorzustoßen und sich mit dem Mameluckenwiderstand zu vereinen, dem sich mein Freund Ashraf angeschlossen hatte, einer mobilen Kavallerie unter Murad Bei. Gerüchten zufolge hatte Murad selbst es gewagt, zur Großen Pyramide zu kommen, auf die Spitze zu steigen und seiner in Kairo gefangen gehaltenen Frau mit einem Spiegel Signale zu senden. Das war die Geste eines schneidigen Kommandeurs, und ich nahm an, diesen Türken würde es unter Murads listigem Kommando weit besser ergehen als unter dem vorsichtigen Mustafa. Aber der Pascha traute den arroganten Mamelucken nicht, wollte das Kommando nicht teilen und hatte Angst davor, den Schutz seiner Feldschanzen und der Kanonenboote zu verlassen. Genau wie Bonaparte in Akko ungeduldig gewesen war, waren die Osmanen zu rasch und mit zu wenigen Truppen in Ägypten gelandet.

Doch die Dinge befanden sich im Fluss. Ja, Napoleons ursprünglich großartiger strategischer Plan war nicht aufgegangen. Seine Flotte war von Admiral Nelson im Jahr zuvor vernichtet worden, sein Vorstoß nach Asien war in Akko zum Stillstand gekommen, und Smith hatte eine Depesche erhalten, in der ihm mitgeteilt wurde, dass der indische Sultan Tippoo Sahib, mit dem sich Napoleon letztlich hatte verbünden wollen, bei der Belagerung von Seringapatam in

Indien von dem englischen General Wellesley getötet worden war. Doch noch während Mustafas Landung war eine französisch-spanische Flotte ins Mittelmeer gesegelt, um der britischen Flotte ihre Überlegenheit streitig zu machen. Ich hätte nicht darauf wetten wollen, wer am Ende den Sieg davontragen würde.

Ich beschloss, dass die Chancen für mich persönlich am besten stünden, wenn ich meine Angelegenheit mit Silano so rasch wie möglich in Rosetta, einem Hafen an der Mündung des Nils, abwickelte. Dann würde ich in die türkische Enklave zurückeilen, bevor sich ihr Brückenkopf auflöste, und ein Schiff nach irgendwohin nehmen, nur weg von hier. Wenn mir das gelang, würde Astiza vielleicht mitkommen. Und das Buch?

Bonaparte und Silano hatten recht. Ich fühlte mich als sein Eigentümer und war noch immer neugierig, zu erfahren, was tatsächlich in diesem mysteriösen Schriftstück stand. Hätte der alte Ben widerstehen können? »Was es den Leuten so schwer macht, einer Verlockung zu widerstehen«, hatte er geschrieben, »ist, dass sie ihr nicht vollends entsagen wollen.« Irgendwie musste ich an Silanos »Schlüssel« kommen, einmal mehr Astiza retten und dann für mich beschließen, was ich mit dem Geheimnis anfangen wollte. Nur einer Sache war ich mir gewiss: Falls der Text Unsterblichkeit versprach, wollte ich auf dieser Welt nichts damit zu tun haben. Das Leben ist schon schwer genug, ohne es für immer ertragen zu müssen.

Während sich die Türken in der erdrückenden Sommerhitze verschanzten – ihre bunten Zelte erinnerten mich an Karneval –, heuerte ich eine Feluke an, die mich westwärts zur Mündung des Nils und nach Rosetta bringen sollte. Wir waren im Jahr zuvor während meines ersten Aufenthalts in Ägypten an dem Ort vorbeigesegelt, aber ich konnte mich nicht erinnern, dass die Stadt besondere Aufmerksamkeit verdiente. Ihre Lage verschaffte ihr einen gewissen strategischen Wert, doch warum Silano sich dort mit mir treffen wollte, war mir ein Rätsel. Die Tatsache, dass ich es leicht erreichen konnte, wäre dem Hexenmeister als Letztes in den Sinn gekommen. Die wahrscheinlichste Erklärung war, dass seine Botschaft eine Lüge und eine Falle war, aber der Köder – die Frau und eine Übersetzung – reichte gerade aus, um mich zu veranlassen, meinen Kopf in die Schlinge zu stecken.

Aus diesem Grund ließ ich meinen neuen Kapitän Abdul auf halbem Wege beidrehen, um eine wichtige Veränderung am Segel vorzunehmen, etwas, das er als hinlänglichen Beweis für die Verrücktheit aller Ausländer akzeptierte. Mithilfe einiger Münzen verpflichtete ich ihn zur Verschwiegenheit.

Dann kamen wir ein weiteres Mal vom blauen Meer in die braunen Wasser des großen afrikanischen Flusses.

Schon nach kurzer Zeit wurden wir von einem französischen Patrouillenboot angehalten, aber Silano hatte einen Pass geschickt, um mir Zugang zu verschaffen. Der Lieutenant der Schebecke erkannte meinen Namen – mein Lavieren zwischen den Fronten und meine Abenteuer hatten mir anscheinend eine gewisse traurige Berühmtheit verschafft – und lud mich zu sich an Bord ein. Ich erwiderte, dass ich es vorzöge, auf meinem eigenen Boot zu bleiben und ihm zu folgen.

Er sah in seinen Papieren nach. »Ich habe den Befehl, Monsieur, Ihr Gepäck zu beschlagnahmen bis zu dem Zeitpunkt, an dem Sie sich mit Graf Alessandro Silano treffen. Hier steht, das sei notwendig für die Sicherheit des Staates.«

»Mein Gepäck ist das, was Sie an mir sehen, da meine Unternehmungen mich mittellos und ohne Verbündete zurückgelassen haben. Sie wollen doch sicherlich nicht, dass ich nackt an Land gehe?«

»Und doch ist da ein Tornister, den Sie über der Schulter tragen.«

»Allerdings. Und er ist schwer dank eines großen Steins.« Ich hielt den Tornister über den Bootsrand. »Sollten Sie versuchen, mir diese dürftige Habe abzunehmen, Lieutenant, werde ich sie in den Nil fallen lassen. Sollte das geschehen, kann ich Ihnen versichern, dass Graf Silano Sie im besten Fall vor ein Kriegsgericht stellen oder Sie mit einem besonders unangenehmen, uralten Fluch belegen wird. Also lassen Sie uns weiterfahren. Ich bin aus freien Stücken hier, ein einzelner Amerikaner in einer französischen Kolonie.«

»Sie haben auch ein Gewehr«, wandte er ein.

»Das ich nicht abzufeuern gedenke, es sei denn, jemand versucht, es mir wegzunehmen. Der letzte Mann, der das versuchte, ist tot. Glauben Sie mir, Silano wird es billigen.«

Er grummelte und schaute noch ein paar Mal in seine Papiere, aber da ich an der Reling balancierte, die Büchse in der einen Hand hielt und mit der anderen den Tornister über den Fluss baumeln ließ, war eine Beschlagnahmung kaum durchzuführen. Also segelten wir weiter, die Schebecke wie eine Glucke hinter uns, und legten in Rosetta an, einem von

Palmen bewachsenen, gut bewässerten Landstädtchen im Nildelta, das bis auf eine Kalksteinmoschee mit einem einzelnen Minarett aus braunen Schlammziegeln erbaut worden war.

Ich gab meinem Felukenkapitän Anweisungen und machte mich durch gewundene Gassen auf zu dem noch unfertigen französischen Fort namens Julian, über dessen Schlammziegelwänden die Trikolore flatterte.

Die Straßenkinder, die mich neugierig verfolgt hatten, wurden am Tor von Wachposten in schwarzen Zweispitzen und enormen Schnurrbärten zurückgescheucht. Meine traurige Berühmtheit wurde bestätigt, als mich auch diese Soldaten mit deutlich erkennbarem Missfallen empfingen. Der harmlose Elektrizitätspionier war zu einer Mischung aus Ärgernis und Bedrohung geworden, und sie beäugten mich, als sei ich ein Zauberer. Geschichten aus Akko mussten bis hierher durchgesickert sein.

»Sie können das Gewehr nicht mit hineinnehmen.«

»Dann werde ich nicht eintreten. Ich bin auf Einladung hier, nicht auf Befehl.«

»Wir bewahren es für Sie auf.«

»Leider Gottes habt ihr Franzosen die Angewohnheit, Geliehenes nicht zurückzugeben.«

»Der Graf wird nichts dagegen haben«, unterbrach eine weibliche Stimme. Und aus einer Nische trat Astiza hervor, sittsam gekleidet in ein bodenlanges Gewand, ein Tuch über dem Kopf und um den Hals geschlungen, sodass ihr liebliches, aber besorgtes Gesicht wie ein Mond wirkte. »Er ist zur Beratung als Gelehrter hergekommen, nicht als Spion.«

Anscheinend hatte sich Silanos Autorität teilweise auf sie

übertragen. Widerstrebend ließen die Soldaten mich auf den Hof durch, und das Haupttor fiel hinter mir ins Schloss. Bauten aus Ziegeln und Brettern säumten die inneren Mauern dieses quadratischen, einfachen Forts.

»Ich habe ihm gesagt, dass du kommst«, raunte sie mir leise zu. Die unbarmherzige Sonne, die auf den Paradeplatz herabbrannte, und dazu Astizas Duft – nach Blumen und Gewürzen – machten mich benommen.

»Und wieder gehe. Mit dir.«

»Mach dir nichts vor, wir sind beide Gefangene, Ethan, ob mit oder ohne Büchse. Einmal mehr müssen wir eine Zweckgemeinschaft mit Alessandro eingehen.« Mit einem Nicken deutete sie auf die Mauern, und ich sah weitere Wachposten, die uns beobachteten. »Wir müssen herausfinden, was es mit dieser Schrift auf sich hat, und dann planen, was wir unternehmen sollen.«

»Hat Silano dir befohlen, das zu sagen?«

Sie warf mir einen enttäuschten Blick zu. »Warum kannst du mir nicht glauben, dass ich dich liebe? Ich bin mit dir nach Akko geritten, und es war eine Kanonenkugel, die uns trennte, nicht mein freier Entschluss. Das Schicksal hat uns beide wieder zusammengeführt. Bewahr dir deinen Glauben nur noch ein wenig länger.«

»Du klingst wie Napoleon. ›Ich habe alle Berechnungen angestellt. Das Schicksal wird den Rest erledigen.‹«

»Bonaparte besitzt seine eigene Weisheit.«

Und damit betraten wir das Hauptquartier, ein einstöckiges Gebäude mit einem Pultdach und einer von Palmwedeln überdeckten Veranda. Drinnen war es kühl und dämmrig. Als sich meine Augen nach der Helligkeit draußen angepasst hatten, sah ich Silano an einem einfachen Tisch mit zwei Offizieren warten. Den älteren kannte ich bereits seit der Landung der Franzosen in Alexandria. General Jacques de Menou hatte tapfer gekämpft und war später, wie berichtet wurde, zum Islam übergetreten. Er war fasziniert von der ägyptischen Kultur, aber kein sonderlich gebieterischer Offizier, mit seinem bleistiftdünnen Schnurrbart, dem runden Buchhaltergesicht und dem kahl werdenden Schädel. Den anderen, einen gut aussehenden Hauptmann, kannte ich nicht. Auf der anderen Seite des Raumes befanden sich mit Schloss und Riegel versperrte Türen.

Silano erhob sich. »Ständig versuchen Sie, vor mir zu fliehen, Monsieur Gage, und stets kreuzen sich unsere Pfade wieder!« Er machte eine knappe, höfische Verbeugung. »Inzwischen müssen Sie doch erkannt haben, dass es Bestimmung ist. Vielleicht sind wir dazu ausersehen, Freunde statt Feinde zu sein?«

»Davon wäre ich mehr überzeugt, wenn Ihre anderen Freunde nicht dauernd auf mich schießen würden.«

»Selbst die besten Freunde streiten sich.« Er zeigte auf seine Begleiter. »General de Menou kennen Sie?«

»Ja.«

»Ich hatte nicht erwartet, Sie wiederzusehen, *Américain*. Wie wütend der arme Nicolas über seinen gestohlenen Ballon war!«

»Daran waren diese Schießwütigen schuld«, teilte ich dem General mit.

»Und das hier ist Capitaine Pierre-François Bouchard«, fuhr Silano fort. »Er leitete den Bau dieses Forts, als seine Männer beim Graben auf ein Stück Schutt stießen. Zum

Glück erkannte Capitaine Bouchard sofort dessen Bedeutsamkeit. Dieser Stein könnte die Welt verändern, glaube ich.«

»Ein Stein?«

»Kommen Sie. Ich zeige ihn Ihnen.« Silano ging zu dem Raum auf der linken Seite, schloss die Tür auf und führte uns hinein. Es war dämmrig; der Fensterschlitz, der zum Hof hinausging, war verhängt. Als Erstes fiel mir der Holzsarg einer Mumie ins Auge. Bunt bemalt und bemerkenswert gut erhalten, war er mit Bildern versehen, die wie die Darstellung der Reise einer Seele durch das Land der Toten aussahen.

»Ist da eine Leiche drin?«

»Die von Omar, unserem Wachposten«, witzelte Menou. »Er ist unermüdlich.«

»Wachposten?«

»Ich habe den Sarg flussabwärts gebracht und den Soldaten weisgemacht, wir hätten ihn auf dem Gelände dieses Forts gefunden«, sagte Silano. »Die Mumien lösen Furcht aus, und diese hier spukt jetzt angeblich in Rosetta herum. Sie wirkt besser als eine Kobra, um die Neugierigen von diesem Raum fernzuhalten.«

Ich berührte den Deckel. »Erstaunlich, wie leuchtend die Farben sind.«

»Vielleicht ebenfalls durch Magie. Solche Farben können wir heutzutage nicht mehr herstellen, genauso wie wir die Formel für das Bleiglas der mittelalterlichen Kathedralen verloren haben. Wir können nichts Ebenbürtiges an Schönheit schaffen.« Er deutete auf einige Farbtöpfe in der Ecke des Raumes. »Ich experimentiere. Vielleicht gibt mir Omar eines Nachts einen Hinweis.«

»Und Sie glauben nicht an Flüche?«

»Ich glaube daran, dass ich kurz davor stehe, die Herrschaft über sie zu erlangen. Durch dieses hier.« Neben dem Holzsarkophag war etwas Massiges, an die fünf Fuß hoch und knapp drei Fuß breit, mit einer Plane abgedeckt. Mit einer dramatischen Geste riss Silano die Abdeckung fort. Ich beugte mich vor und beäugte es in dem dämmrigen Licht. Schriften in verschiedenen Sprachen waren darauf zu sehen. Ich bin kein Sprachgelehrter, aber einer der Wortblöcke sah griechisch aus, und ein anderer wie die Zeichen, die ich in ägyptischen Tempeln gesehen hatte. Eine dritte Schrift konnte ich nicht identifizieren, doch die vierte, ganz oben, direkt über den Tempelzeichen, ließ mein Herz schneller schlagen. Das waren dieselben seltsamen Symbole, die ich bereits auf der Schriftrolle aus der Stadt der Geister gesehen hatte.

Nun begriff ich, was Silano mit seiner mysteriösen Botschaft gemeint hatte. Er konnte die griechischen Worte mit den geheimen des Thoth vergleichen und möglicherweise die Sprache enträtseln!

»Was ist das hier für ein Text?« Ich deutete auf die eine Schrift, die ich nicht erkannte.

»Demotisch, die ägyptische Sprache, die den im Altertum verwendeten Hieroglyphen folgte«, erwiderte Silano. »Ich schätze, sie sind nach der Zeitfolge geordnet – die älteste Sprache, die des Thoth, ganz oben und die neueste, Griechisch, als unterste.«

»Als Alessandro mich herbrachte, erkannte ich, was wir auf der Schriftrolle gesehen haben, Ethan«, sagte Astiza. »Verstehst du? Es war *vorbestimmt,* dass ich erneut in Gefangenschaft geriet.«

»Und jetzt wollen Sie, dass ich Ihnen bei der Entzifferung helfe«, fasste ich zusammen.

»Wir wollen, dass Sie uns das Buch geben, damit *wir Ihnen* helfen können, es zu entziffern«, korrigierte Silano.

»Und ich bekomme was?«

»Dasselbe, was ich Ihnen zuvor angeboten habe.« Er seufzte, als wäre ich ein besonders begriffsstutziges Kind. »Partnerschaft, Macht und Unsterblichkeit, wenn Sie die wollen. Die Geheimnisse des Universums, vielleicht. Die Erkenntnis des Seins, das Gesicht Gottes und die Welt in Ihrer Hand. Oder nichts, wenn Sie es vorziehen, nicht mit mir zusammenzuarbeiten.«

»Aber wenn ich nicht mitmache, haben Sie das Buch nicht, stimmt's?«

Ich sah, wie Menou eine kleine Handbewegung machte. Capitaine Bouchard schob sich hinter mich, und ich bemerkte, dass er eine Pistole im Gürtel trug.

»Im Gegenteil, Monsieur«, sagte Silano. Er nickte, und mein Tornister wurde mir von der Schulter gerissen und grob geöffnet.

»Merde«, knurrte Bouchard. Er drehte die Ledertasche um, aus der ein hölzernes Nudelholz fiel und eine Delle in den gestampften Lehmboden des Gebäudes schlug. Der General und der Capitaine schauten verblüfft, und Astiza unterdrückte ein Lachen. Silanos Blick wurde finster.

»Sie haben doch wohl nicht geglaubt, dass ich es Ihnen wie Franklins Post liefere, oder?«

»Durchsuchen Sie ihn!«

Aber es war keine Schriftrolle zu finden. Sie lugten sogar in den Lauf meiner Büchse, als hätte ich die Rolle da hineinstopfen können. Sie stemmten die Sohlen meiner Stiefel auf, überprüften meine Fußsohlen und begrapschten mich an Stellen, die mich ungehalten machten.

»Wollen Sie auch in meine Ohren gucken?«

»Wo ist es?« Silanos Enttäuschung war deutlich zu erkennen.

»Verborgen, bis wir eine echte Partnerschaft bilden. Wenn wir Amerikaner und Franzosen für Freiheit und Vernunft stehen, dann ist die Übersetzung für die gesamte Menschheit bestimmt, nicht nur für den Ägyptischen Ritus abtrünniger Freimaurer. Oder für ehrgeizige Generäle wie Napoleon Bonaparte. Ich will, dass sie dem Institut der Gelehrten in Kairo zur Verbreitung in aller Welt übergeben wird. Der British Academy ebenfalls. Und ich will Astiza ein für alle Mal. Ich will, dass Sie sie aufgeben, Silano, sie gegen das Buch eintauschen, ganz gleich, wie viel Macht Sie über uns haben. Und ich will, dass sie verspricht, mit mir zu gehen, wo immer ich hingehen werde. Jetzt und immerdar. Ich will, dass Napoleon von unserer gemeinsamen Arbeit für ihn hier erfährt, damit niemand von uns bequemerweise plötzlich verschwindet. Und ich will, dass das Blutvergießen aufhört. Wir haben beide Freunde verloren. Versprechen Sie mir das, und ich hole Ihr Buch. Wir haben beide unsere Träume.«

»Von wo wollen Sie es holen? Aus Akko?«

»Sie können es innerhalb einer Stunde haben.«

Er biss sich auf die Lippe. »Ich habe bereits Ihre Feluke und den jämmerlichen Kapitän durchsuchen lassen. Man hat das Schiff sogar verholt, um unter dem Kiel nachzusehen. Nichts!« Wieder durchbrach etwas von der ungeduldigen Frustration, die ich im Jahr zuvor in Ägypten gesehen hatte, seine weltmännische Maske.

Ich lächelte. »Welches Vertrauen, Graf Silano.«

Er wandte sich an Astiza. »Stimmst du seinen Bedingungen für dich zu?«

Es war der zweite Antrag, den ich innerhalb eines Monats gemacht hatte, fiel mir auf. Beide waren nicht sehr romantisch gewesen, aber trotzdem ... Ich musste wohl alt werden, um von einer Frau zu verlangen, dass sie sich auf mich einlässt, was ja auch bedeutete, dass ich eine Verpflichtung einging. »Ja«, sagte sie und sah mich hoffnungsvoll an. Ich fühlte mich glücklich, aber zugleich auch etwas in Panik versetzt.

»Dann verdammt noch mal, Gage, wo ist sie?«

»Stimmen *Sie* meinen Bedingungen zu?«

»Ja, ja.« Er wedelte mit der Hand.

»Bei Ihrer Ehre als Edelmann und Gelehrter? Diese Offiziere sind Ihre Zeugen.«

»Bei meinem Wort, für einen Amerikaner, der mich öfter hintergangen hat, als ich zählen kann. Das Wichtigste ist, die Zeichen zu entziffern und das Buch zu übersetzen. Wir werden die ganze Welt erhellen! Aber nicht, wenn Sie das Buch nicht haben.«

»Es ist auf dem Boot.«

»Unmöglich«, rief Bouchard. »Meine Männer haben jeden Zentimeter abgesucht.«

»Aber sie haben das Segel nicht gehisst.«

Ich führte sie aus dem Fort und hinab zum Nil. Die Sonne versank allmählich, warmes Licht sickerte durch die Dattelpalmen, deren Wedel im heißen Wind raschelten. Das grüne Wasser wirkte suppig, und Reiher standen in den Untiefen. Der Kapitän meines Bootes hatte sich in einem Winkel der gestrandeten Feluke verkrochen und sah aus, als befürchtete er, jeden Moment hingerichtet zu werden. Ich konnte es ihm nicht verdenken. Ich habe so eine Art, meinen Gefährten Pech zu bringen.

Ich bellte einen Befehl, und das Segel, das oben und unten von hölzernen Spieren gehalten wurde, ging am Mast hoch, bis es sich füllte und im Wind drehte.

»Da. Sehen Sie es?«

Sie schauten genauer hin. Schwach erkennbar im waagrechten Licht, befand sich ein Streifen, der von den Spieren bis zur höchsten Stelle des Segels reichte und seltsame Buchstaben aufwies.

»Er hat das Ding in die Leinwand genäht«, sagte Menou mit gewisser Bewunderung.

»Es war die ganze Zeit auf der Fahrt flussaufwärts zu sehen«, verkündete ich. »Niemand hat es bemerkt.«

24

Wir hatten zwei Aufgaben. Die erste bestand darin, mithilfe des Rosettasteins die Symbole von Thoths Schriftrolle ins Französische zu übertragen. Die zweite, wesentlich zeitaufwendigere war jedoch, das Buch tatsächlich zu übersetzen und die Bedeutung zu verstehen.

Nachdem er nun eine Schriftrolle in Händen hielt, nach der er jahrelang gesucht hatte, zeigte Silano einiges von dem vornehmen Charme, mit dem er die Damen in Paris verführt hatte. Falten verschwanden aus seinem Gesicht, sein Humpeln wurde weniger schmerzvoll, und er war wie neu belebt, während er Symbole aufzeichnete und Verbindungen zu finden versuchte. Er besaß tatsächlich Charme, und ich begriff allmählich, was Astiza zu ihm hingezogen hatte. Von ihm ging eine höfische intellektuelle Energie aus, die verführerisch war. Besser noch, er schien sich damit zufrieden zu geben, Astiza mir zu überlassen, wenngleich ich ihn dabei erwischte, wie er sie von Zeit zu Zeit sehnsuchtsvoll anschaute. Auch sie schien unseren Vertrag zu akzeptieren. Was für ein seltsames Triumvirat von Forschern wir geworden waren! Ich vergaß nicht, dass meine Freunde durch Silanos Hand umgekommen waren, doch ich bewunderte seinen Eifer. Der Graf hatte Truhen voll modriger Bücher mitgebracht, und jeder von uns sprang von Zeit zu Zeit auf und holte einen weiteren Band, um zu überprüfen, ob diese Grammatik funktionieren oder jener Verweis Sinn ergeben würde. Die düstere Vorzeit, in der dieses Buch angeblich geschrieben worden war, wurde allmählich erhellt.

Mühselig enträtselten wir Kapitelüberschriften auf der Schriftrolle.

»Über die durchscheinende Natur der Wirklichkeit und wie man sie nach seinem Willen beugt«, lautete eine. Das beunruhigende Versprechen erregte mich trotz allem.

»Über Freiheit und Schicksal«, lautete eine andere. Tja, das war mal eine Frage.

»Über die Verknüpfung von Geist, Körper und Seele.«

»Wie man Manna vom Himmel herabruft.« Hatte Moses das gelesen? Ich fand keinen Abschnitt über das Teilen des Meeres.

»Über das ewige Leben in seinen unterschiedlichen Formen.« Warum hatte das für ihn nicht funktioniert?

»Über Unterwelt und Oberwelt.« Hölle und Himmel?

»Wie man den Menschenwillen nach seinem eigenen Willen beugt.« Oh, das würde Bonaparte gefallen.

»Wie man Krankheiten auslöscht und Schmerzen heilt.«

»Wie man das Herz eines geliebten Menschen gewinnt.« Das würde auf jeden Fall ein Verkaufsschlager werden.

»Über die zweiundvierzig heiligen Schriftrollen.«

Bei dieser Überschrift stöhnte ich auf. Dieses Buch war anscheinend der erste von einundvierzig weiteren Bänden, von denen mein ägyptischer Mentor Enoch behauptet hatte, sie seien nur eine Auswahl der 36 534 Schriftrollen – einhundert für jeden Tag des Jahres –, die über die ganze Welt verstreut seien. Sie würden nur von jenen gefunden werden, die ihrer würdig seien, wenn die Zeit reif sei. Den Heiligen sei Dank, dass ich nicht besonders würdig war! Schon allein die erste zu erlangen, hatte mich beinahe das Leben gekostet. Silano jedoch träumte von neuen Schatzsuchen.

»Das ist erstaunlich! Das Buch hier scheint eine Zusammenfassung zu sein, eine Liste von Themen und ersten Prinzipien, wobei sich das Wissen und das Mysterium mit jedem Band vertieft. Können Sie sich vorstellen, sie alle zu besitzen?«

»Die Pharaonen glaubten, dass selbst dieser eine versiegelt bleiben müsse«, erinnerte ich ihn.

»Die Pharaonen waren primitive Menschen, die keine Ahnung von moderner Wissenschaft oder Alchemie hatten. Jeder menschliche Fortschritt entsteht durch Wissen, Gage. Unsere Welt ist die Kulmination einer Million Ideen – beginnend mit der Entdeckung des Feuers und der Erfindung des Rades –, die weitergegeben und aufgezeichnet wurden. Was wir hier haben, sind eintausend Jahre wissenschaftlichen Fortschritts, hinterlassen von jemandem, einem Gott oder Magier oder einem höheren Wesen von wer weiß woher – Atlantis oder dem Mond –, der die Zivilisation in Gang brachte und sie jetzt wiederherstellen kann. Fünf Jahrtausende lang war die größte Bibliothek verloren, und nun wurde sie wiedergefunden. Diese Schriftrolle wird uns zu den anderen führen. Und dann können die weisesten Männer, solche wie ich, herrschen und die Dinge in Ordnung bringen. Anders als Könige und Tyrannen werde ich mit vollendetem Wissen entscheiden!«

Niemand konnte Silano Bescheidenheit vorwerfen. Von

der Revolution um sein Vermögen gebracht, gezwungen, sich durch Liebedienerei das Wohlwollen von Demokraten zu erwerben, die bis dato bloße Anwälte und Flugblattschreiber gewesen waren, war der Graf ein von Frustration angetriebener Mann. Hexerei und das Okkulte würden ihm das zurückbringen, was ihm der Republikanismus genommen hatte.

Während wir mit den Kapitelüberschriften ganz gut vorankamen, erwies sich der eigentliche Text als schwerer zu entziffern. Der Satzbau war äußerst fremdartig, und das simple Ermitteln von Worten machte deren Bedeutung nicht klarer.

»Das ist die Arbeit ganzer Universitäten«, teilte ich dem Graf mit. »Wir werden den Rest unseres Lebens damit verbringen, wenn wir versuchen, das hier in Rosetta zu entziffern. Geben wir es doch dem Institut National oder der British Academy.«

»Sind Sie ein vollkommener Narr, Gage? Einen gewöhnlichen Gelehrten daran zu lassen wäre so, als würde man Schießpulver in einer Kerzenzieherei lagern. Ich dachte, Sie wären derjenige, der sich vor Missbrauch fürchtet? Ich habe die Traditionen, auf die sich diese Worte beziehen, jahrzehntelang studiert. Astiza und ich haben hart daran gearbeitet, dessen würdig zu sein.«

»Und ich?«

»Sie waren seltsamerweise notwendig, um die Schriftrolle zu finden. Nur Thoth mag wissen, warum.«

»Eine Zigeunerin sagte mir mal, ich sei ein Narr. Der Narr, der den Narren sucht.«

»Das ist das erste Mal, dass ich von diesen Scharlatanen etwas Richtiges höre.«

Und als wollte er das beweisen, ließ er mich in dieser Nacht vergiften.

Ich gehöre nicht gerade zu den sanftesten und nachdenklichsten Menschen und verschwende im Allgemeinen wenig Gedanken an Gottes Kreaturen, außer ich will sie jagen, ihnen Fallen stellen oder auf ihnen reiten. Aber es gab Hunde, für die ich etwas übrig hatte, Katzen, die ich für ihre Mäusejagd schätzte, und Vögel mit einem Gefieder, das einem den Atem raubt. Aus diesem Grund fütterte ich die Maus.

Ich blieb noch länger bei dem Buch als Silano und Astiza, rätselte, ob dieses Wort zu jenem passte, und ob solche Merkwürdigkeiten wie »in deiner Welt sind Zufall und Glück die Grundlage fatalistischer Vorherbestimmung« überhaupt einen Sinn ergaben. Schließlich machte ich eine kurze Pause auf unserer Veranda, die Sterne wie zum Greifen nahe in der feuchten Schwüle des dunklen Sommerhimmels, und bat eine Ordonnanz, mir etwas zu essen zu bringen. Es dauerte zu lange, aber schließlich wurde mir ein Teller gebracht, den ich hinein an unseren Tisch trug. Ich aß ein wenig von dem *fuul,* gekochtes Bohnenpüree mit Tomaten und Zwiebeln. In einer Ecke entdeckte ich einen regelmäßigen Besucher, der mich schon zuvor amüsiert hatte: Eine ägyptische Stachelmaus, so genannt, weil ihr Borstenhaar das Maul jedes Raubtiers zersticht. Da ich mich in der stillen Nacht gesellig fühlte, warf ich ihr müßig etwas von dem Püree zu, obwohl die Anwesenheit solcher Nagetiere einer der Gründe war, warum wir das Buch in einer Metallschatulle einschlossen.

Dann machte ich mich wieder an die Arbeit. So viele

Möglichkeiten! Ich bestaunte die Symbole, bemerkte plötzlich, dass sie sich zu verschieben und zu verrutschen schienen, sich drehten und taumelten. Ich blinzelte, und die Worte verschwammen. Ich war wohl müder, als ich gedacht hatte! Aber wenn ich entziffern konnte, wo der Satz endete oder ob Thoth überhaupt Sätze im modernen Sinne verwendet hatte ...

Jetzt schwankte die Schriftrolle. Was war hier los? Ich blickte hinüber zu der Ecke. Die Maus, die so groß war wie eine kleine Ratte bei uns daheim, war auf die Seite gekippt und zitterte, die Augen geweitet vor Furcht. Schaum stand ihr vor dem Maul.

Ich schob den Teller weg und stand auf.

»Astiza!«, versuchte ich zu rufen, aber es war ein ersticktes Murmeln mit dicker Zunge, das niemand außer mir hörte. Ich machte einen torkelnden Schritt. Dieser Schweinehund Silano! Er dachte, er bräuchte mich nicht mehr! Mir fiel seine Drohung mit dem vergifteten Schwein in Kairo ein, im Jahr zuvor. Dann stürzte ich, ohne recht zu wissen, was mit meinen Beinen passiert war, und landete so hart auf dem Boden, dass mir Sterne vor den Augen tanzten. Wie durch einen Nebel sah ich die Maus sterben.

Männer stahlen sich in den Raum, um mich wegzutragen. Doch wie wollte Silano diesen Mord Astiza erklären? Oder plante er, auch sie heimtückisch zu ermorden? Nein, er wollte sie immer noch. Grunzend hievten sie mich hoch und trugen mich zwischen sich wie einen Sack Mehl. Ich war benommen, aber bei Bewusstsein – vermutlich, weil ich kaum von dem Essen gekostet hatte. Sie hielten mich für tot.

Wir verließen das Fort durch ein Seitentor, und sie

schleppten mich hinunter zum Fluss und zu den Garnisonslatrinen, die von einem Kanal bewässert wurden. Dahinter zweigte eine kleine Lagune vom Hauptfluss ab, aus der es nach Lotos und Scheiße roch. Sie schwangen meinen Körper vor und zurück und warfen mich, hilflos wie ein Baby, hinein.

Mit einem Aufspritzen ging ich unter. Sollte es wie Ertrinken aussehen?

Doch der Schock des Wassers belebte mich ein wenig, und Panik brachte Bewegung in meine Glieder. Es gelang mir, zur Oberfläche hochzukommen, zu atmen und mit den Beinen zu strampeln. Die Wirkung der schwachen Dosis klang ab. Meine beiden Möchtegern-Henker beobachteten mich, merkwürdigerweise kaum beunruhigt durch meine Widerstandsfähigkeit. War ihnen nicht klar, dass ich zu wenig Gift zu mir genommen hatte? Sie machten keine Anstalten, auf mich zu schießen oder hinter mir hineinzuwaten und mir mit einem Schwert oder einer Axt den Garaus zu machen.

Vielleicht konnte ich rauspaddeln und Hilfe suchen.

In dem Moment hörte ich hinter mir ein mächtiges Platschen.

Ich drehte mich um. An der Lagune befand sich ein niedriger Steg, und von dort spulte sich rasselnd eine Kette ab, deren Glieder sich auf mich zuschlängelten. Was zum Teufel war das?

Meine Eskorte lachte.

Durch die Dunkelheit kamen die hervortretenden Nüstern und Reptilienaugen der abscheulichsten und grässlichsten aller Bestien auf mich zu – des Nilkrokodils. Dieser prähistorische Albtraum, gepanzert mit Schuppen, dick wie ein

Baumstamm, ein Torpedo aus Muskeln, kann sich im Wasser und an Land erstaunlich schnell bewegen. Es ist so alt wie die Drachen und so gefühllos wie eine Maschine.

Selbst in meinem benebelten Zustand begriff ich ihren Plan. Silanos Schurken hatten das Raubtier in dieser Lagune angekettet, um mich ihm zum Fraß vorzuwerfen. Ich konnte schon die Geschichte des Grafen hören. Der Amerikaner hatte die Latrine benutzt, war zum Nil gegangen, um sich zu waschen oder den Nachthimmel zu betrachten, das Krokodil war aus dem Wasser gekommen – das war in Ägypten schon tausend Mal zuvor passiert – und schnipp, schnapp war ich weg. Silano würde den Stein, die Schriftrolle und die Frau haben. Schachmatt!

Ich hatte dieses widerwärtige Szenario gerade verdaut, die ausgeklügelte Niedertracht mit dumpfer Bewunderung zur Kenntnis genommen, als das Tier zuschnappte. Es zog mich unter Wasser, hielt mein Bein umklammert, ohne richtig zuzubeißen, und rollte sich mit mir herum, in seiner bewährten Weise, seine Beute zu ertränken. Der furchtbare Horror dieses Schraubstocks, das lange Maul mit den sich überlappenden Zähnen, die moosigen Schuppen, die völlige Leere des Blicks drangen irgendwie in mein Bewusstsein und brachten mich zum Handeln, trotz der Schmerzen und des Gifts. Während wir herumwirbelten, befreite ich den Tomahawk von meinem Gürtel, hieb ihn dem Biest auf die Schnauze und überraschte es mit meinem kleinen Stachel zweifellos genauso, wie es mich überrascht hatte. Seine Kiefer klappten auf wie von einer Feder getrieben und ließen mein Bein los. Ich hieb wieder zu und traf den Gaumen, in dem der Tomahawk stecken blieb. Das Wasser schäumte auf, als sich das Krokodil krümmte, und während es sich wand, fühlte ich die Kette an mir vorbeigleiten. Instinktiv packte ich sie. Das Tier und die Kette trugen mich hoch, mein Kopf durchbrach die Wasseroberfläche, und ich schnappte keuchend nach Luft. Dann tauchten wir wieder, das Krokodil versuchte, sich zu drehen und mich zu beißen, obwohl jedes Zuschnappen den Tomahawk schmerzvoll tiefer in den Gaumen treiben musste. Ich wagte nicht, das Maul näher an mich herankommen zu lassen. Verzweifelt zog ich mich an der Kette weiter vor, bis ich dorthin gelangte, wo sie als Halsband um den Nacken des Untiers geschlungen war, direkt vor den Vorderbeinen. Ich klammerte mich fest. So sehr es sich auch wand, es konnte mich nicht beißen.

Wir tauchten, und ich boxte ihm aufs Auge. Jetzt warf es sich hin und her wie ein bockendes Pferd, und ich konnte mich kaum halten. Wir kamen hoch und tauchten ab, wälzten uns im Schlamm des flachen Bodens und schossen dann wieder nach oben. Ich hörte den Steg hinter uns knacken und knirschen, als das Biest wütend an seiner Kette riss. Das Lachen von Silanos Handlangern hatte aufgehört. Mein Bein blutete, und der Blutgeruch machte das zappelnde Krokodil nur noch wilder. Ich hatte keine Möglichkeit, das Biest zu töten.

Als uns das Krümmen und Winden näher an den Steg brachte, ließ ich los und schwamm darauf zu. Kein Mensch hat je so schnell das Wasser verlassen. Ich flog, um auf das Holz zu kommen.

Das Krokodil drehte um, verwickelt in seine eigene Kette, und krachte mit der Schnauze in den splitternden Steg, als es mir nachkam. Es biss zu, grunzte vor Schmerz wegen des Tomahawks, und die Bretter barsten. Der Steg senkte sich der Schnauze zu, während ich die Schräge hinaufkrabbelte. Ich hörte verstörte Rufe von den Männern, die mich hineingeworfen hatten. Dann entdeckte ich den Pfosten, um den die Kette gewickelt war, und als sie sich bei einem erneuten Zuschnappen lockerte, hob ich die Schlaufe, um das Tier freizulassen, in der Hoffnung, es würde zum Nil schwimmen.

Stattdessen schoss das Krokodil halb aus dem Wasser, wobei die lose Kette wie eine Peitsche knallte. Das Tier fiel zurück in die Lagune, merkte, dass es frei war, und griff plötzlich mit voller Geschwindigkeit an. Aber nicht mich. Sein panischer Blick hatte die Männer am Ufer entdeckt, die unseren Kampf beobachteten. Das Krokodil kam aus dem Wasser hinter ihnen her, platschte mit den großen Füßen, als es angriff. Schreiend rannten sie davon.

Ein Krokodil kann über kurze Strecken die Geschwindigkeit eines galoppierenden Pferdes erreichen. Es erwischte einen meiner Peiniger, biss ihn mit einem wütendem Schnappen seiner Kiefer fast entzwei, ließ ihn dann fallen und jagte dem zweiten nach, direkt auf das Fort zu. Der Mann stieß einen Warnschrei aus.

Mir blieb nicht viel Zeit. Ich sollte verdammt sein, wenn ich Silano alles überließ. Ich würde ihn töten, falls ich konnte, und wenn nicht, würde ich ihn mit dem quälen, was er verloren hatte. Ich würde die Schriftrolle nehmen und sie in das tiefste Loch des Mittelmeeres werfen. Verwundet von den Zähnen des Tieres, mit blutigem Bein, humpelte ich den Pfad hinauf, folgte der Spur, die der mächtige Schwanz des Krokodils im Sand freigefegt hatte. Vorsichtig hielt ich an dem kleinen Ausfalltor inne, durch das wir gekommen waren. Das Krokodil hatte es einfach durchbrochen und war in den Innenhof gelangt. Männer begannen zu schießen. Eine Kanone feuerte einen Alarmschuss ab. Ich trat ein und schlich mich im Schatten der Mauer zu meinem Quartier. Dort packte ich meine Langbüchse und spähte aus der Tür. Das Krokodil lag am Boden, hundert Männer schossen darauf, und zwischen seinen gewaltigen Kiefern ragte noch ein weiterer Mensch hervor. Dann zielte ich, aber nicht auf das Biest. Stattdessen visierte ich eine Laterne in den Ställen auf der anderen Seite des Hofes an, die wiederum nicht weit vom Pulvermagazin entfernt lagen.

Ich wollte das Fort in Brand stecken.

Mir gelang einer der besten Schüsse, die ich je abgegeben hatte. Mit angehaltenem Atem drückte ich ab. Ich musste über die gesamte Länge des Paradeplatzes feuern, durch ein offenes Fenster, und eine Laterne herabholen, ohne den Docht zu löschen. Sie fiel, zerbrach, und Flammen flackerten im Heu auf. Ein seltsames Licht beleuchtete die Ställe und die säbelartigen Zähne des Monsters, noch bevor die Männer »Feuer, Feuer!« zu rufen begannen. Pferde schrien.

Niemand beachtete mich.

Daher humpelte ich weiter und erreichte den Raum, in dem ich vergiftet worden war. Unterwegs griff ich mir einen der Pickel, die beim Bau des Forts benutzt worden waren.

Die Schriftrolle war fort. Verdammt sollte Silano sein!

Ich warf einen Blick nach draußen. Die Flammen schossen höher, wiehernde Pferde brachen aus dem Stall aus und trugen noch zu dem Chaos bei. Ich hörte Offiziere brüllen. »Das Magazin! Wässert das Magazin!« Ich lud nach und schoss erneut, traf jemanden, der versuchte, eine Eimerkette vom Brunnen des Forts in Gang zu bringen. Als er fiel, stob die Eimerbrigade verwirrt auseinander. Schüsse ertönten, als Wachposten in alle Richtungen feuerten.

Astiza platzte in ihrem Nachtgewand und offenem Haar herein, die Augen bestürzt aufgerissen. Mit einem Blick erfasste sie mein blutiges Bein, die durchweichten Kleider und den leeren Tisch, an dem ich zuvor mit der Schriftrolle gesessen hatte.

»Ethan! Was hast du getan?«

»Du meinst, was hat dein Exliebhaber Silano getan! Er hat mich vergiftet und versucht, mich diesem Reptil da draußen zum Fraß vorzuwerfen! Glaub ja nicht, du wärst nicht die Nächste gewesen, wenn er dich erst genommen hätte und deiner überdrüssig geworden wäre. Er will das Buch ganz allein für sich. Nicht für die Wissenschaft, nicht für Bonaparte und gewiss nicht für uns. Es hat ihn in den Wahnsinn getrieben!«

»Ich sah ihn mit Bouchard zum Wachturm rennen. Sie haben die Tür zugeworfen und sich eingeschlossen.«

»Er wird abwarten, bis die Garnison mich erledigt hat. Dich vielleicht auch.« Wir hörten weiteres Gebrüll, und dann prasselten Kugeln auf das Stabsgebäude, in dem wir kauerten.

»Wir können ihn nicht mit dem Buch verschwinden lassen!«, sagte sie.

»Warum haben wir es dann überhaupt gefunden?«

»Warum wollen Menschen etwas herausfinden? Es liegt in unserer Natur.«

»In meiner nicht.« Ich packte sie. »Bist du auf meiner Seite?«

»Selbstverständlich.«

»Dann werden wir, wenn wir die Schriftrolle schon nicht haben können, den Schlüssel zerstören, mit dem sie sich übersetzen lässt, und Silano ein wertloses Buch hinterlassen. Gibt es einen Weg hinaus aus diesem Rattenloch?«

»Hinter der Tür da ist eine Waffenkammer für Offiziere, in der auch Schießpulver lagert.«

»Du denkst, wir können gegen die ganze Garnison kämpfen?«

»Wir können ein Loch in die hintere Mauer sprengen.«

Ich lächelte. »Großer Gott, wenn es brenzlig wird, bist du einfach wunderbar.«

Die Tür war fest verriegelt, aber ich feuerte auf das Schloss und setzte dann den Pickel ein. Die Tür gab nach. Das hier war nicht das Hauptmagazin, sondern enthielt nur die Waffen der Offiziere, aber bei Thoth, da standen tatsächlich zwei Pulverfässer. Ich entkorkte das eine, streute eine Pulverspur in den Hauptraum aus und stellte dann beide Pulverfässer an die Außenmauer. »Jetzt nehmen wir uns den Stein.«

»Das schaffst du nicht! Er wiegt viel zu viel!«

Ich schwang das Nudelholz, das ich als Attrappe in meinen Tornister gepackt hatte, und grinste. »Ben Franklin sagt, ich kann das.«

Das Verlagswesen war mir immer wie ein schmutziges Geschäft vorgekommen, aber Franklin behauptete, es sei wie Gelddrucken. Ich schlang mir die Büchse über die Schulter und humpelte zurück in den Raum mit dem Rosettastein, auf den der grelle Feuerschein von draußen Schatten warf. Die Soldaten im Hof hatten eine lange Kette bis hinab zum Fluss gebildet, Eimer wurden über den Schwanz des toten Krokodils hinweg weitergereicht. Das Schießen hatte nachgelassen.

Mithilfe von Silanos experimentellen Farben beschmierte ich das Nudelholz. Dann lief ich zum oberen Teil des Rosettasteins, überzog die Oberfläche mit Farbe, ließ aber die eingekerbten Symbole frei. Dasselbe machte ich mit dem Griechischen.

»Zieh dich bitte bis zur Taille aus.«

»Ethan!«

»Ich brauche deine Haut.«

»Bei der Anmut der Isis! Ist das alles, woran ihr Männer in solchen Augenblicken denken könnt ...«

Also packte ich ihr Nachthemd an den Schultern und zerriss es im Rücken, während sie kreischte. »Tut mir leid. Du bist glatter als ich.« Sie drückte den zerfetzten Stoff an die Brust. Dann küsste ich sie und schob sie rückwärts auf den Stein.

Sie zuckte zusammen. »Was machst du da?«

»Ich mache dich zu einer Bibliothek.« Ich zog sie hoch und schaute. Nicht perfekt, einige Symbole waren an der Vertiefung ihrer Wirbelsäule verloren gegangen, aber trotzdem war da ein Spiegelbild abgedruckt. Ich drückte sie erneut auf das Griechische, das teilweise bis zum oberen Rand ihrer Gesäßbacken reichte. Das war seltsam erotisch, doch Frauen haben nun mal einen reizvollen Rücken, und mir gefiel die Ausbuchtung des Stoffes über ihren Hüften ...

An die Arbeit! Während sie dastand, noch zu schockiert, um wütend zu werden, machte ich mich über das Monument her, nicht um es zu verunstalten, sondern um es zu stutzen. Ich musste auf die Mitte der Hieroglyphen zielen und konnte nur hoffen, dass mich irgendein Gelehrter nicht Jahre später verfluchen würde. Ein Schlag, zwei, drei, dann begann der Granit zu bersten! Ich holte erneut aus, schlug mit aller Kraft zu, und das obere Viertel des Rosettasteins brach ab, nahm Thoths sämtliche Schriftzeichen und einen Teil der Hieroglyphen mit. Das Fragment krachte zu Boden.

»Hilf mir beim Ziehen.«

»Bist du vollkommen verrückt?«

»Der Schlüssel für die Schriftzeichen ist auf dir. Wir müssen dieses Stück zerstören. Den ganzen Stein können wir nicht bewegen, aber wir können diesen Teil in die Waffenkammer bringen.«

»Und dann?«

»Sprengen wir ihn zusammen mit der Mauer. Das wird das Buch wertlos machen, bis wir es wieder an uns bringen!«

Der Stein war schwer, doch es gelang uns, ihn ziehend, schiebend und schleifend durch den Eingangsraum bis zur Waffenkammer am anderen Ende zu befördern. Ich lehnte ihn an die Pulverfässer und hoffte, dass er die Sprengkraft gegen die Mauer lenken würde.

Dann zog ich mich zurück, nahm eine Kerze und entzündete die Pulverspur. Ich blickte mich um. Astiza kauerte am Fenster und schaute hinaus. Männer brüllten und rannten. Die Flammen wurden heller.

»Ethan!«, warnte sie. Dann explodierte die ganze Welt.

Das Magazin von Fort Julian ging als Erstes in die Luft, eine donnernde Explosion, die brennende Trümmer Hunderte Fuß hoch in den Himmel schleuderte. Selbst so geschützt, wie wir hier drinnen waren, warf uns die Erschütterung der Länge nach zu Boden. Einen Augenblick später ertönte ein zweites Donnern aus der Waffenkammer, und auch von dort regneten Trümmer herab. Splitter des Rosettasteins flogen wie Schrapnell. Astizas reizender Körper würde die einzige Aufzeichnung des Thoth sein. Ich berührte sie.

»Die Farbe ist bereits trocken.« Ich lächelte. »Du bist ein Buch, Astiza, das Geheimnis des Lebens!«

»Du solltest besser einen Einband für dieses Buch besorgen. Ich will nicht nackt in Ägypten herumlaufen.«

Ich holte einen Offiziersmantel. Meinen Tomahawk musste ich in dem toten Krokodil zurücklassen. Mit meiner Büchse schoben wir uns durch die zerstörte Waffenkammer. In der Schlammziegelmauer des Forts war eine Bresche entstanden, und wir kletterten über den Schutt in die Straßen von Rosetta. Am Ende der Gasse hing Wäsche bei einem Karren, nicht weit entfernt von einem angebundenen und sehr verängstigten Esel.

25

Mit der Geschwindigkeit eines Eselkarrens zu flüchten, ist nicht die schnellste Art, seinen Feinden zu entkommen, hat jedoch den Vorteil, so lächerlich zu sein, dass man übersehen wird. Die Befreiung der Wäsche gestattete uns, mehr oder weniger ägyptisch gekleidet zu sein. Meine Beinwunde pochte, war aber fest verbunden. Meine Hoffnung war, dass wir uns in der durch ein herumwütendes Krokodil, ausbrechende Pferde und ein explodierendes Magazin verursachten Verwirrung davonstehlen konnten. Mit ein wenig Glück würde der verräterische Silano annehmen, dass ich mich im Bauch des riesigen Reptils befand, zumindest so lange, bis jemand daran dachte, diesen Bauch aufzuschlitzen. Wenn nicht, würde er annehmen, dass wir versuchten, an den Patrouillenbooten auf dem Nil vorbeizuschlüpfen. Mein vager Plan bestand darin, an den Franzosen vorbei das osmanische Lager zu erreichen, zu Smiths Schwadron vor der Küste zu gelangen und von einem sicheren Ort aus zu verhandeln. Wenn wir auch das Buch verloren hatten, so hatte Silano die Fähigkeit verloren, es weiter zu entziffern.

Die Erfolgsaussichten dieses Plans verringerten sich, als die Sonne stieg und der Tag heißer wurde. Als wir das grüne Fruchtland des Nils verließen und den Weg durch die rote

Wüste in Richtung Abukir einschlugen, vernahmen wir ein Grummeln wie von Donner. Aber bei einem so klaren Himmel konnte es nur das Dröhnen von Geschützen sein. Eine Schlacht war im Gange, was bedeutete, dass uns, falls die Türken nicht siegreich über die Franzosen waren, die gesamte fränkische Armee im Weg stehen würde. Es war der 25. Juli 1799.

»Wir können nicht umkehren«, sagte Astiza. »Silano würde uns entdecken.«

»Und Schlachten sind ein Wirrwarr. Vielleicht bietet sich uns eine Möglichkeit.«

Wir stellten den Esel im Schutz einer hohen Sanddüne ab und stiegen hinauf, um auf die Bucht dahinter zu blicken. Das Panorama war herzzerreißend. Einmal mehr war die Kümmerlichkeit osmanischer Waffen deutlich sichtbar. An Mut mangelte es Mustafas Männern nicht, nur an Feuerkraft und taktischem Verstand. Die Türken warteten wie gelähmte Hasen, während die Franzosen bombardierten und dann mit ihrer Kavallerie angriffen. Wir waren bloße Zuschauer einer Katastrophe, beobachteten, wie ein ungestümer Angriff von Joachim Murats Kavalleristen nicht nur die erste osmanische Linie durchbrach, sondern auch die zweite und dritte. Die Kavallerie donnerte über die ganze Länge der Abukir-Halbinsel, jagte die Verteidiger in Panik aus ihren Gräben, trampelte Zelte nieder, kappte die Spannleinen. Später erfuhren wir, dass Murat selbst den türkischen Oberbefehlshaber in einem wütenden Handgemenge gefangen nahm, dabei eine Streifwunde am Kinn durch Mustafas Pistole erhielt, dem Pascha aber im Gegenzug zwei Finger mit dem Schwert abschlug. Bonaparte selbst verband dem Mann die Hand mit seinem eigenen Taschentuch. 1799 gab es noch Ritterlichkeit.

Der Rest war ein Gemetzel, sobald die Linien eingebrochen waren. Mehr als zweitausend muslimische Krieger wurden an Land niedergemäht, und doppelt so viele ertranken, als sie sich ins Meer warfen, um zu ihren Schiffen zu kommen. Eine Garnison im Fort am Ende der Halbinsel hielt hartnäckig stand, wurde aber bombardiert und zur Unterwerfung gezwungen. Für den Preis von tausend Opfern, drei Viertel davon Verwundete, hatte Bonaparte eine weitere osmanische Armee vernichtet. Das war genau der Triumph, den er brauchte, um seinen Ruf nach dem Debakel von Akko wiederherzustellen. Einem Kollegen schrieb er, das wäre »eine der schönsten Schlachten, die ich je gesehen habe«, und dem Direktorium in Paris beschrieb er sie als »eine der entsetzlichsten«. Beides stimmte. Er war durch Blut wiederbelebt worden.

Also hatten Astiza und ich ein Lager wutschnaubender Franzosen hinter uns in Rosetta und vor uns eine siegreiche französische Armee, welche die Reste unserer Verbündeten ausplünderte. Ich war aus den Reißzähnen eines Krokodils geflohen und fand mich umzingelt von Feinden wieder.

»Was sollen wir deiner Meinung nach tun, Ethan?« Ich nehme an, es ist schmeichelhaft, wenn Frauen inmitten eines Krieges Männern solche Fragen stellen, aber ich hätte nichts dagegen, wenn sie hin und wieder auch mit eigenen Vorschlägen kämen.

»Weiter fliehen, denke ich. Ich weiß nur nicht, wohin.«

Also machte sie einen Vorschlag, das tapfere Mädchen. »Erinnerst du dich an die Oase Siwa, wo Alexander der Große zum Sohn von Zeus und Amun erklärt wurde? Sie steht nicht unter Napoleons Herrschaft. Lass uns dorthin gehen.«

Ich schluckte. »Liegt die nicht hundert Meilen durch trockene Wüste entfernt?«

»Dann sollten wir wohl besser aufbrechen.«

Wir würden beide durch Hitze und Durst mumifiziert werden, aber wohin sollten wir uns sonst wenden? Silano würde uns jetzt mit Sicherheit töten. Napoleon auch. »Ich wünschte, unser Esel sähe nicht schon halb verhungert und schieläugig aus«, sagte ich. »Wenn wir Zeit gehabt hätten, dann hätte ich mich nach einem besseren umgeschaut.«

Doch das spielte keine Rolle mehr. Als wir von der Düne herabstiegen, erwartete uns eine französische Patrouille.

Wie vorherzusehen, war Napoleon an diesem Abend in guter Stimmung. Nichts machte ihn so ausgeglichen wie ein Sieg. Man würde Depeschen nach Frankreich schicken, in denen Bonapartes Sieg in lebhaften Farben geschildert wurde. Eroberte Standarten wurden zur Verschiffung bereit gemacht, um sie in Paris vorzuführen. Und ich, sein lästiger Moskito, stand gefesselt vor ihm, ein Bein von einem hungrigen Krokodil zerkaut, meine Liebste ebenfalls gefesselt, meine Büchse konfisziert und mein Esel auf dem Rückweg zu seinem rechtmäßigen Besitzer.

»Ich habe versucht, Sie vor Hexerei zu schützen, General«, versuchte ich es ohne viel Elan.

Er hatte eine Flasche Bordeaux entkorkt, Teil seines persönliches Vorrats, den sein Bruder aus Frankreich geschickt hatte. »Ach, wirklich? Mit Ihrer hübschen Viper an der Seite?«

»Silano sucht dunkle Kräfte zu erlangen, die Sie in die Irre führen werden.«

»Dann müssen wir Gott danken, dass Sie das halbe Fort in die Luft gesprengt haben, Gage.« Er nahm einen Schluck.

So ausgedrückt, klang es wirklich übel. »Das war nur eine Ablenkung.« Es wäre mutiger gewesen, trotzig und herausfordernd zu klingen, ich weiß, aber ich war bemüht, unser Leben zu retten.

Graf Silano war eingetroffen und glotzte mich an, als sei ich nach drei Tagen aus einem Grabmal auferstanden. Nun sagte er: »Ich bin es leid, immer wieder versuchen zu müssen, Sie umzubringen, Monsieur.«

Ich lächelte sie beide an. »Ich bin es auch leid.«

»Dieser Stein, den Sie zerstört haben«, sagte Bonaparte. »Das war der Schlüssel zur Übersetzung eines uralten Buches?« Zum Glück lebten wir in anständigen Zeiten, sodass niemand daran gedacht hatte, Astiza zu entkleiden.

»Ja, General.«

»Und das Buch würde uns worüber aufklären?«

»Über Magie«, sagte Silano.

»Gibt es denn noch Magie?«

»Wir können sie hervorrufen. Magie ist nur fortgeschrittene Wissenschaft. Magie und Unsterblichkeit.«

»Unsterblichkeit!« Bonaparte lachte. »Dem ultimativen Schicksal entkommen! Aber ich habe zu viele Tote gesehen, daher wird meine Unsterblichkeit nicht vergessen werden. Erinnerung ist das, was wir hinterlassen.«

»Wir glauben, dass dieses Buch Ihnen helfen wird, in wörtlicherem Sinne Unsterblichkeit zu erlangen«, sagte der Graf. »Ihnen und allen, die mit Ihnen aufsteigen.«

»Wie Sie selbst?« Er reichte die Flasche herum. »Also haben Sie einen Ansporn, mein Freund!« Napoleon wandte sich an mich. »Es ist ärgerlich, dass Sie den Stein zerbrochen haben, Gage, aber Silano hat bereits einige der Symbole entziffert. Vielleicht wird er die anderen auch noch enträtseln. Und der restliche Stein wird den Gelehrten gestatten, sich auf die Hieroglyphen zu konzentrieren. Je nachdem, wer hier in Ägypten letztlich gewinnt, wird das Stück vermutlich eines Tages in Paris oder London landen. Menschenmengen werden sich darum versammeln, ohne zu wissen, dass ein Viertel des Textes verloren ging.«

»Ich könnte dabeistehen und es ihnen erzählen.«

»Ich fürchte nicht.« Napoleon griff in eine Ledermappe und holte ein Bündel alter Zeitungen heraus. »Smith hat sie mir zum Geschenk gemacht, als ich den Türken erlaubte, ihre Verwundeten einzusammeln. Sieht so aus, als hätten sich, während wir in Ägypten Ruhm erlangten, die Ereignisse in Europa rasch zum Schlechten entwickelt. Frankreich ist einmal mehr in Gefahr.«

Damit bestätigte sich, dass Bonaparte eindeutig eines seiner Ziele, die Eroberung Asiens, aufgegeben und sich einem anderen zugewandt hatte, seiner Rückkehr nach Paris. Er hatte gewonnen, was er konnte, und wir hatten gefunden, was er am meisten begehrte. Macht, auf die eine oder andere Weise.

»Frankreich und Österreich stehen seit März im Krieg, und wir sind aus Deutschland und Italien vertrieben worden. Tippoo Sahib ist zur gleichen Zeit in Indien gestorben, als wir in Akko zurückgeschlagen wurden. Das Direktorium liegt in Trümmern, und mein Bruder Lucien versucht in

Paris, die schwachsinnige Nationalversammlung umzugestalten. Die britische Flotte wird ihre Blockade bald aufheben, damit sie sich auf Zypern neu versorgen kann. Dann kann ich zurückkehren, um die Dinge in Ordnung zu bringen. Die Pflicht verlangt es.«

Das kam mir schamlos vor. »Die Pflicht verlangt, dass Sie Ihre Männer hier zurücklassen?«

»Um den Weg zu bereiten. Kléber träumt von einem Kommando, seit wir hier gelandet sind. Nun wird er es bekommen: Ich werde ihn mit einem Brief überraschen. Unterdessen werde ich das Risiko eingehen, die britische Flotte zu umgehen.«

Risiko! Das Risiko bestand darin, mit einer ausgesetzten Armee in Ägypten zurückzubleiben. Der Drecksack ließ seine Männer für die Politik von Paris im Stich! Und dennoch hegte ich eine widerwillige Bewunderung für den gerissenen Hund. In gewisser Weise waren wir vom selben Schrot und Korn: Opportunisten, Spieler und Überlebenskünstler. Wir waren Fatalisten, immer hinter dem Hauptgewinn her. Beide mochten wir schöne Frauen. Und große Abenteuer, wenn sie uns der Langeweile entrissen.

Es war, als hätte er meine Gedanken gelesen. »Krieg und Politik schaffen Notwendigkeiten«, sagte er. »Zu schade, dass wir Sie töten müssen, aber so ist es nun mal.«

»So ist *was?«*

»Ich spüre, dass ich auf ein unbekanntes Ziel zusteuere, Ethan Gage, und dass Sie jetzt ein genauso gefährliches Hindernis darstellen, wie Sie Unterstützung lieferten, als ich Sie mit nach Ägypten nahm. Keiner von uns hatte geplant, dass Sie bei den verdammten Engländern landen, aber Sie haben ihnen in Akko mit Ihrer Elektrizität beigestanden. Und nun haben Sie Rosetta angegriffen.«

»Nur wegen Silano. Er war derjenige, der das Krokodil ...«

Bonaparte streckte die Hand aus. »Au revoir, Monsieur Gage. Unter anderen Umständen hätten wir dauerhafte Partner werden können. Aber wie es den Anschein hat, haben Sie Frankreich zum letzten Mal betrogen. Sie haben sich als ein zu großes Ärgernis erwiesen und als ein zu fähiger Feind. Selbst Katzen haben nur neun Leben. Sie müssen Ihre doch inzwischen bestimmt aufgebraucht haben?«

»Ich weiß es nicht, bevor Sie es nicht auf die Probe stellen«, erwiderte ich verdrießlich.

»Ich werde es Silano überlassen, sich etwas Kreatives für Sie und Ihre Freundin auszudenken. Diejenige, die vor so langer Zeit in Alexandria auf mich geschossen hat.«

»Sie hat auf *mich* geschossen, General.«

»Ja. Warum müssen Übeltäterinnen immer so schön sein? Nun ja. Das Schicksal wartet.« Und nachdem er sich unserer entledigt hatte, marschierte er davon, in Gedanken bei seinem nächsten Vorhaben.

Ein anständiger Mann hätte uns einfach erschossen, aber Silano war ein Wissenschaftler. Astiza und ich hatten ihn so oft verärgert, dass er der Meinung war, wir hätten Schmerz verdient, und er war wissbegierig darauf, wie sich die Umgebung dazu verwenden ließe. »Wissen Sie, dass Sand allein einen Kadaver mumifizieren kann?«

»Ach, wirklich?«

Also wurden wir nach Mitternacht vergraben, allerdings nur bis zum Hals.

»Am besten gefällt mir, dass Sie einander dabei zuschauen können, wie Sie verschmoren und weinen«, sagte er, als seine Handlanger damit fertig waren, Sand um unsere Körper festzustampfen. Unsere Hände waren auf dem Rücken zusammengebunden, unsere Beine gefesselt. Wir hatten keine Kopfbedeckungen und waren bereits durstig. »Die Qual wird sich langsam steigern, wenn die Sonne aufgeht. Ihre Haut wird verbrutzeln und dann aufplatzen. Das reflektierte Licht und der Staub werden schließlich zu Blindheit führen, und während Sie einander anschauen, werden Sie allmählich wahnsinnig werden. Der heiße Sand wird Ihnen sämtliche Flüssigkeit entziehen, und Ihre Zungen werden so sehr anschwellen, dass Sie kaum mehr atmen können. Sie werden darum beten, dass Schlangen und Skorpione Ihr Sterben beschleunigen.« Er beugte sich herab und tätschelte meinen Kopf wie den eines Kindes oder Hundes. »Die Skorpione nehmen sich gerne die Augäpfel vor, und die Ameisen kriechen Ihnen zum Fressen in die Nasenlöcher. Die Aasgeier werden hoffen, an Sie heranzukommen, bevor Sie vollständig zerfressen sind. Aber es sind die Schlangen, die am meisten Schmerz verursachen.«

»Sie scheinen eine Menge darüber zu wissen.«

»Ich bin ein Naturforscher. Ich habe mich viele Jahre mit Folter beschäftigt. Das ist eine erlesene Wissenschaft und recht vergnüglich, wenn man ihre Verfeinerungen versteht. Es ist nicht leicht, einem Mann unerträgliche Schmerzen zuzufügen und ihn doch bei genügend klarem Verstand zu halten, um etwas Sinnvolles aus ihm herauszuholen. Interessant an dieser Übung hier ist, dass der Körper unterhalb des Halses trockengebacken wird und erhalten bleibt. Durch diesen natürlichen Vorgang, schätze ich, sind die alten Ägypter auf die Idee der Mumifizierung gekommen. Wissen Sie, dass der persische König Kambyses eine ganze Armee in einem Sandsturm verloren hat?«

»Könnte nicht behaupten, dass mich das interessiert.«

»Ich studiere die Geschichte, damit sie sich nicht wiederholt.« Er wandte sich an Astiza, ihr dunkles Haar lag wie ein Fächer auf der Erde. »Ich habe dich geliebt, weißt du.«

»Du hast nie jemanden außer dir selbst geliebt.«

»Ben Franklin sagte, der Mann, der sich selbst liebt, wird keine Rivalen haben«, warf ich ein.

»Ach, der amüsante Monsieur Franklin. Ich bin mir sicherlich treuer, als ihr beide es mir gegenüber wart! Wie viele Möglichkeiten zur Partnerschaft habe ich Ihnen angeboten, Gage? Wie viele Warnungen ausgesprochen? Doch Sie haben mich betrogen, immer und immer wieder.«

»Kann mir gar nicht vorstellen, warum.«

»Ich würde gerne zuschauen, wie Sie vor Ihrem Ende betteln.«

Und ich hätte es getan, wenn ich geglaubt hätte, dass es uns auch nur im Geringsten nützen würde.

»Aber ich fürchte, dass auch an mir das Schicksal zieht. Ich begleite Bonaparte zurück nach Frankreich, wo ich mich genauer in das Buch vertiefen werde, und er ist kein Mann, der lange still sitzt. Auch ist es nicht gefahrlos, sich von der Hauptarmee zu entfernen. Ich befürchte, wir werden uns nicht wiedersehen, Monsieur Gage.«

»Glauben Sie an Geister, Silano?«

»Ich fürchte, mein Interesse am Übernatürlichen reicht nicht bis zum Aberglauben.«

»Das wird es, wenn ich Sie verfolge.«

Er lachte. »Und nachdem Sie mir einen ordentlichen Schrecken eingejagt haben, werden wir vielleicht eine Partie Karten spielen! In der Zwischenzeit lasse ich Sie zu einem Geist werden. Oder zu einer Mumie. Vielleicht werde ich jemanden beauftragen, Sie nach ein paar Wochen auszugraben, damit ich Sie in die Ecke stellen kann wie Omar.«

»Das haben wir nicht verdient, Alessandro!«, rief Astiza.

Ein langes Schweigen entstand. Wir konnten sein Gesicht nicht sehen. Dann, leise: »Doch, das hast du. Du hast mir das Herz gebrochen.«

Und damit wurden wir uns selbst überlassen.

Astiza und ich ›standen‹ uns gegenüber, ich nach Süden und sie nach Norden, damit unsere Wangen zwischen Morgengrauen und Sonnenuntergang gleichmäßig geröstet wurden. Nachts ist es kalt in der Wüste, und in den ersten paar Minuten, nachdem die Sonne über dem Horizont erschien, war die Wärme nicht unangenehm. Dann, nachdem das Rosa vom Himmel verschwunden war und er die sommerliche Milchigkeit angenommen hatte, stieg die Temperatur, verstärkt durch den reflektierenden Sand. Meine Ohren begannen zu brennen. Ich hörte das erste Rascheln von Insekten.

»Ich fürchte mich, Ethan«, flüsterte Astiza, die sechs Fuß von mir entfernt war.

»Wir werden in Ohnmacht fallen«, versprach ich ohne Überzeugung.

»Isis, ruf unsere Freunde zu uns! Schick uns Hilfe!«

Isis antwortete nicht. »Nach einer Weile wird es nicht mehr wehtun«, sagte ich.

Stattdessen verstärkte sich der Schmerz. Bald hatte ich

Kopfschmerzen, und meine Zunge wurde dick. Astiza wimmerte leise. Selbst unter den besten Umständen hämmert einem die ägyptische Sommersonne auf den Kopf. Jetzt fühlte ich mich wie Jerichos Amboss. Ich wurde nur allzu deutlich an die Flucht erinnert, die Ashraf und ich im Jahr zuvor in die Wüste unternommen hatten. Damals waren wir wenigstens zu Pferd gewesen, und mein Mameluckenfreund hatte gewusst, wie man Wasser findet.

Der Sand wurde heißer. Jeder Zoll der Haut konnte die ansteigende Hitze spüren, und doch konnte ich mich nicht bewegen. Ich spürte scharfe Stiche, wie Bisse, aber ich wusste nicht, ob bereits etwas an mir fraß oder ob es nur die Hitze war, die sich in meine Empfindungen nagte. Das Gehirn hat so eine Art, Schmerz durch Furcht zu verstärken.

Habe ich schon erwähnt, dass Spielen ein Laster ist?

Der herunterrinnende Schweiß machte mich fast blind und brannte, verdunstete jedoch schnell und ließ nur Salz zurück. Mein ganzer Kopf fühlte sich an, als würde er anschwellen. Meine Sehkraft verschwamm durch das blendende Licht, und Astizas Kopf kam mir wie ein Farbklecks vor, in dem niemand zu erkennen war.

War es überhaupt schon Mittag? Ich glaubte nicht. Ich hörte fernes Rumpeln. War der Kampf erneut ausgebrochen? Vielleicht würde es regnen, wie in der Stadt der Geister.

Nein, die Hitze nahm zu, in großen, schimmernden Wellen. Astiza schluchzte eine Weile, verstummte aber dann. Ich betete darum, dass sie ohnmächtig geworden war. Ich wartete auf dasselbe, dieses langsame Abgleiten in die Bewusstlosigkeit und den Tod, aber die Wüste wollte mich bestrafen. Die Temperatur stieg immer höher. Mein Kinn brannte.

Meine Zähne kochten in ihren Höhlen. Meine Augen schwollen zu.

Dann sah ich etwas vorbeikrabbeln.

Es war schwarz, und ich stöhnte innerlich. Soldaten hatten mir erzählt, Skorpionstiche seien besonders schmerzhaft. »Wie hundert Bienen auf einmal«, hatte einer gesagt. »Nein, nein, wie ein heißes Stück Kohle auf der Haut!«, war ihm ein anderer ins Wort gefallen. »Eher noch wie Säure im Auge!«, verbesserte ein Dritter. »Wie ein Hammer auf dem Daumen!«

Weiteres Krabbeln. Noch einer. Die Skorpione näherten sich und zogen sich wieder zurück. Ich vernahm keine Signalgeräusche, aber sie schienen sich in Rudeln zu sammeln wie Wölfe.

Ich hoffte, ihr Angriff würde Astiza nicht wecken. Ich schwor mir, mein Bestes zu tun, um nicht zu schreien. Das Rumpeln wurde lauter.

Jetzt kam einer der Gliederfüßer näher, erschien wie ein Ungeheuer in meinem verschwommenen Blickfeld, aus dieser Perspektive groß wie ein Krokodil. Er schien mich mit der dumpfen, kalten, instinktiven Berechnung seines kleinen Hirns in Erwägung zu ziehen. Sein gekrümmter Schwanz zuckte, als zielte er. Und dann ...

Rums! Ich fuhr zusammen, soweit das in meiner Falle möglich war. Ein staubiger Stiefel war heruntergefahren und hatte das Viech ausgelöscht. Der Stiefel drehte sich, zermalmte den Skorpion im Staub, und dann hörte ich eine vertraute Stimme.

»Beim Barte des Propheten, kannst du denn nie auf dich aufpassen, Ethan?«

»Ashraf?« Das kam als verblüfftes Nuscheln heraus.

»Ich habe gewartet, bis eure Peiniger weit genug fort waren. Es ist ganz schön heiß, in der Wüste herumzusitzen! Und hier seid ihr beide, in noch schlimmerer Verfassung als bei unserer letzten Begegnung im vergangenen Herbst. Lernst du denn nie dazu, Amerikaner?«

Konnte es wahr sein? Der Mameluck Ashraf war mein erster Gefangener und dann mein Gefährte gewesen, als wir aus Kairo flohen und zu Astizas Rettung geritten waren. Er hatte uns erneut bei dem Scharmützel am Flussufer gerettet, hatte uns Pferde gegeben und sich dann von uns verabschiedet, um sich den Widerstandskräften um Murad Bei anzuschließen. Und jetzt war er wieder hier? Das war Thoths Werk.

»Ich bin dir seit Tagen auf der Spur, erst nach Rosetta und dann wieder zurück. Ich begriff nicht, warum du dich als Fellache verkleidet hast und auf einem Eselskarren gefahren bist. Dann haben deine Franken dich lebend vergraben? Du brauchst bessere Freunde, Ethan.«

»Amen«, brachte ich heraus.

Und dann hörte ich das beglückende Kratzen einer Schaufel, die mich ausgrub.

Ich kann mich nur schwach daran erinnern, was als Nächstes geschah. Eine Kompanie gut bewaffneter Mamelucken umringte uns.

Das war das Rumpeln, das ich gehört hatte.

Da war Wasser, schmerzhaft feucht, als wir es in unsere geschwollenen Kehlen saugten. Ein kniendes Kamel, auf dem wir festgebunden wurden. Dann ein Ritt in die untergehende Sonne. Wir schliefen unter einer Zeltplane in einer Oase, um wieder zu Sinnen zu kommen. Unsere Köpfe waren rot und voller Blasen, unsere Lippen aufgesprungen, unsere Augen wie Schlitze.

Wir waren hilflos.

Daher wurden wir wieder auf das Kamel gebunden und noch tiefer in das Wüstenland geführt, nach Süden und Westen und dann nach Osten zu Murads geheimem Lager. Frauen salbten unsere verbrannte Haut, und ihr Essen stellte uns allmählich wieder her. Noch immer verschwamm die Zeit. Wenn ich auf eine Düne in der Nähe kletterte, konnte ich gerade noch die Spitzen der Pyramiden erkennen. Kairo lag unsichtbar dahinter.

»Woher wusstest du, wie du uns finden kannst?«, fragte ich Ashraf. Er hatte bereits von seinen Überfällen und Schlachten berichtet, unter denen die Franzosen aufgerieben wurden.

»Als Erstes hörten wir, dass ein Schmied aus dem fernen Jerusalem Erkundigungen über Astiza einholte«, antwortete er. »Das war ein seltsamer Bericht, aber ich wusste, dass du verschwunden warst und unter Verdacht standest. Dann berichtete Ibrahim Bei, Graf Silano sei nach Norden geritten und irgendwo in Syrien verschwunden. Was ging da vor? Napoleon wurde bei Akko zurückgeschlagen, aber du kamst nicht mit ihm nach Kairo zurück. Daher glaubte ich, dass du dich den Engländern angeschlossen hattest, und ich beschloss, bei der osmanischen Invasionstruppe nach dir Ausschau zu halten. Und ja, wir sahen die Flammen in Rosetta, und ich entdeckte euch beide auf dem Eselskarren, aber die französische Kavallerie war zu nahe. Daher wartete ich, bis sie dich vergraben hatten und die Franzosen endlich abzogen. Ständig muss ich dich retten, mein amerikanischer Freund.«

»Und ständig stehe ich in deiner Schuld.«

»Nicht, wenn du das tust, was du vermutlich tun musst.«

»Und das wäre?«

»Wir erfuhren gerade, dass Napoleon abgereist ist und Graf Silano mitgenommen hat. Du wirst sie in Frankreich aufhalten müssen, Ethan. Die Dienerinnen haben mir von den mysteriösen Zeichen auf dem Rücken deiner Gefährtin erzählt. Was bedeuten sie?«

»Das sind uralte Schriftzeichen, die notwendig sind, um das zu entziffern, was Silano gestohlen hat.«

»Die Farbe schält sich ab, aber es gibt eine Möglichkeit, die Zeichen länger zu bewahren. Ich habe die Frauen angewiesen, ihre Hennatöpfe vorzubereiten.« Mit der Farbe, die aus dem Hennastrauch gewonnen wird, malen sich arabische Frauen kunstvolle braune Filigranmuster auf die Haut, wie eine vergängliche Tätowierung.

Als sie fertig waren, sah Astizas Rücken seltsam, aber wunderschön aus.

»Sollte dieses Buch überhaupt gelesen werden?«, fragte Ashraf, als wir uns zum Aufbruch rüsteten.

»Wenn nicht, dann wird sein Geheimnis mit mir sterben«, erwiderte Astiza. »Ich bin der Rosetta-Schlüssel.«

26

Am 11. Oktober 1799 landeten Astiza und ich an der Südküste Frankreichs, zwei Tage nach Napoleon Bonaparte und Alessandro Silano. Für alle war es eine lange Reise gewesen. Bonaparte hatte, nachdem er seiner Mätresse Pauline Foures den Hintern getätschelt und Kléber in einem Brief darüber informiert hatte, dass er nun das Kommando habe (er zog es vor, dem General nicht persönlich gegenüberzutreten), Monge, Berthollet und ein paar andere Gelehrte wie Silano mitgenommen und sich an der oftmals windstillen Küste Afrikas entlang geschlichen, um der britischen Marine aus dem Weg zu gehen. Durch diesen Kurs dehnte sich eine ansonsten routinemäßige Seereise auf ermüdende zweiundvierzig Tage aus. Noch während er heimwärts kroch, wurde die französische Politik immer chaotischer, da in Paris ein Komplott das andere jagte. Das war die perfekte Atmosphäre für einen ehrgeizigen General, und das Bulletin mit der Nachricht über Napoleons überwältigenden Sieg in Abukir erreichte Paris drei Tage vor seiner Ankunft. Sein Weg nach Norden war von jubelnden Menschenmengen gesäumt.

Unsere Reise verlief ebenfalls langsam, aber aus einem anderen Grund. Auf Smiths Veranlassung gingen wir eine Woche, nachdem Bonaparte Ägypten verlassen hatte, an Bord einer britischen Fregatte und segelten direkt nach Frankreich, um Bonaparte abzufangen. Seine Langsamkeit rettete ihn. Wir erreichten Korsika und Toulon zwei Wochen vor Napoleon und jagten wieder auf demselben Weg zurück, nachdem wir erfuhren, dass man noch nichts von ihm gehört hatte. Doch selbst vom Masttop kann ein Ausguck nur ein paar Quadratmeilen des Meeres überblicken, und das Mittelmeer ist groß. Wie nahe wir ihm kamen, weiß ich nicht. Schließlich brachte ein Postenboot die Nachricht, Napoleon sei zuerst auf seiner Heimatinsel Korsika und dann in Frankreich gelandet, und als wir ihm schließlich folgten, war er uns weit voraus.

Wenn Silano nicht dabei gewesen wäre, hätte ich mich damit begnügt, Napoleon ziehen zu lassen. Es ist nicht meine Pflicht, ehrgeizigen Generälen auf den Fersen zu bleiben. Aber wir hatten mit dem Grafen noch eine Rechnung zu begleichen, und das Buch war in seinen Händen gefährlich und in unseren möglicherweise nützlich. Wie viel wusste er bereits? Wie viel konnten *wir* entziffern, mit Astizas Schlüssel?

Sosehr unsere Jagd auf See auch angespannt und entmutigend war, auf die Zeit, die wir an Bord verbrachten, traf das nicht zu. Astiza und ich hatten kaum Gelegenheit gehabt, gemeinsam zu Atem zu kommen. Immer hatte es Feldzüge, Schatzsuchen und gefahrvolle Fluchten gegeben. Jetzt teilten wir uns die Kabine eines Leutnants – wobei unsere Intimität zu einiger Eifersucht unter den einsamen Offizieren und der Mannschaft führte – und hatten Zeit, einander mit Muße kennenzulernen, wie Mann und Frau. Zeit genug, mit anderen Worten, jeden Mann abzuschrecken, der Intimität mit Skepsis betrachtet.

Nur gefiel es mir. Wir waren sicherlich Partner im Abenteuer und Geliebte gewesen. Nun wurden wir Freunde. Ihr Körper hatte sich durch Ruhe und regelmäßiges Essen gerundet, ihre Haut hatte den Schimmer und das Haar den Glanz zurückgewonnen. Ich genoss es, sie einfach nur anzuschauen, wenn sie lesend in der Kabine saß oder an der Reling auf das leuchtende Meer hinausschaute, und es gefiel mir, wie ihre Kleider sie einhüllten, wie ihr Haar im Wind flatterte. Noch besser gefiel es mir natürlich, ihr diese Kleider langsam auszuziehen. Aber unsere Qualen hatten sie traurig gemacht, und ihre Schönheit wirkte gebrochen. Doch immer war ich wie entrückt, wenn wir uns in unserem engen Quartier liebten, manchmal drängend und dann wieder mit sanfter Zärtlichkeit, jedoch immer darauf bedacht, dass kein Ton durch die dünnen Schiffswände drang. Ich staunte darüber, dass ich, der eigensinnige amerikanische Opportunist, und sie, die ägyptische Mystikerin, überhaupt miteinander zurechtkamen. Aber es stellte sich heraus, dass wir uns tatsächlich ergänzten und einander vervollständigten, ja manchmal sogar wussten, was der andere dachte. Ich begann, mich mit dem Gedanken an ein normales Leben vertraut zu machen.

Ich wünschte, wir hätten für immer weitersegeln und Napoleon vergessen können.

Aber manchmal war sie mit ihrem bekümmerten Blick für mich unerreichbar, sah dunkle Dinge in der Vergangenheit oder Zukunft. In diesen Momenten befürchtete ich, sie erneut zu verlieren. Die Vorsehung beanspruchte sie genauso wie mich.

»Stell es dir vor, Ethan. Bonaparte mit der Macht von Moses? Frankreich mit dem geheimen Wissen der Tempelritter? Silano mit dem ewigen Leben, wie er Jahr für Jahr weiter obskure Formeln meistert, weitere Anhänger um sich schart? Unsere Aufgabe ist nicht beendet, bevor wir das Buch nicht wieder an uns genommen haben.«

Also landeten wir in Frankreich. Natürlich konnten wir nicht in Toulon anlegen. Astiza beriet sich mit unserem englischen Kapitän, studierte die Karten und lenkte uns beharrlich zu einer verborgenen, von steilen Felswänden umgebenen Bucht, die bis auf ein oder zwei Ziegenherden unbewohnt war. Woher kannte sie die französische Küste? Wir wurden bei Nacht an einen steinigen Strand gerudert und in der mondlosen Dunkelheit allein gelassen. Schließlich ertönte ein Pfiff, und Astiza entzündete, abgeschirmt durch ihren Umhang, eine Kerze.

»Der Narr ist also zurückgekehrt«, sagte eine vertraute Stimme aus dem Buschwerk. »Er, der den Narren gefunden hat, den Vater alles Denkens, den Urheber der Zivilisation, Segen und Fluch der Könige.« Männer tauchten auf, dunkelhäutig, mit Stiefeln und breiten Hüten, um die Taillen leuchtende Schärpen, in denen silberne Messer steckten. Ihr Anführer verbeugte sich.

»Willkommen zurück bei den Roma«, sagte Stefan, der Zigeuner.

Ich war angenehm überrascht von diesem Wiedersehen. Ich war diesen Gypsies, wie man sie auf Englisch nannte, oder auch »Gyptians« – Fahrende, die angeblich aus Ägypten stammten – im Jahr zuvor begegnet, als ich mit meinem

Freund Talma aus Paris geflohen war, um mich Napoleons Expedition anzuschließen. Nachdem Najac und seine Gossenschurken uns in der Postkutsche auf dem Weg nach Toulon angegriffen hatten, war ich in den Wald entkommen und hatte bei Stefans Trupp Unterschlupf gefunden. Dort war ich zum ersten Mal Sidney Smith begegnet und, wesentlich erfreulicher, der schönen Sarylla. Sie hatte mir die Karten gelegt und mir gesagt, ich sei der Narr, der den Narren (ein anderer Name für Thoth) suche. Darüber hinaus hatte sie mich in den Liebestechniken der Alten unterwiesen. Es war recht angenehm gewesen, meine Reise nach Toulon auf diese Weise zu beenden, verborgen in einem Zigeunerwagen und sicher vor denen, die mich wegen meines heiligen Amuletts verfolgten. Und jetzt tauchten meine Zigeunerretter hier wieder auf wie die Kaninchen aus ihrem Bau.

»Was im Namen des Tarots macht ihr denn hier?«, fragte ich.

»Na, auf dich warten, natürlich.«

»Ich habe eine Nachricht mit einem englischen Kutter vorausgeschickt«, sagte Astiza.

Aha. Hatten dieselben Zigeuner nicht eine Nachricht an *sie* vorausgeschickt, über das Amulett und meine Ankunft? Was fast dazu geführt hatte, dass mir Astizas früherer Herr den Kopf wegpustete – nicht gerade die freundlichste Art, einander vorgestellt zu werden.

»Bonaparte ist euch voraus, und ihm wiederum eilt die Nachricht von seinem letzten Sieg voraus«, sagte Stefan. »Seine Reise nach Paris ist zu einem Triumphzug geworden. Die Menschen hoffen, dass der Eroberer von Ägypten auch der Retter Frankreichs sein könnte. Mit ein wenig Hilfe von Alessandro Silano könnte er alles erreichen, was er begehrt, und sein Begehren ist gefährlich. Ihr müsst Bonaparte von dem Buch trennen und es sicher verwahren. Das Versteck der Templer hat fast fünf Jahrhunderte überdauert. Eures wird hoffentlich fünf Jahrtausende oder mehr Bestand haben.«

»Zuerst müssen wir ihn einholen.«

»Ja, ihr müsst euch beeilen. Große Dinge werden demnächst geschehen.«

»Ich bin entzückt und erstaunt, dich wiederzusehen, Stefan, aber Eile ist das Letzte, was ich Zigeunern zutraue. Wir sind so gemütlich nach Toulon gezuckelt wie eine grasende Kuh, wenn ich mich recht erinnere, und eure kleinen Ponys können eure Wagen nicht viel schneller ziehen.«

»Das stimmt. Aber die Roma haben ein Geschick dafür, sich etwas auszuborgen. Wir werden eine Kutsche und ein schnelles Gespann für euch finden, mein Freund, und dich – als vermeintliches Mitglied des Rates der Fünfhundert – in halsbrecherischer Geschwindigkeit nach Paris fahren. Ich werde mich als Polizeihauptmann ausgeben, und André hier wird dein Kutscher sein. Carlo fungiert als dein Diener, die Dame als deine Dame ...«

»Wir sollen nach unserer Rückkehr nach Frankreich als Erstes eine Kutsche und ein Vierergespann stehlen?«

»Wenn du so tust, als stände es dir zu, ist das kein Stehlen.«

»Wir sind nicht mal legal in Frankreich. Und mir wird immer noch der Mord an einer Prostituierten zur Last gelegt. Meine Feinde könnten das gegen mich verwenden.«

»Würden sie dich nicht sowieso töten?«

»Nun, ja.«

»Was hast du dann zu befürchten? Aber komm. Wir werden Sarylla fragen, was zu tun ist.«

Die Wahrsagerin, die mich mehr gelehrt hatte, als mir nur die Zukunft vorherzusagen – Himmel, ich erinnerte mich immer noch liebevoll an die Schreie, die sie ausgestoßen hatte –, war so schön, wie ich sie im Gedächtnis hatte, dunkel und mysteriös, mit glitzernden Ringen an den Fingern und großen Ohrringen, die den Feuerschein einfingen. Mir war nicht ganz wohl dabei, einer ehemaligen Gespielin mit Astiza im Schlepptau gegenüber zu treten, und die beiden Frauen sträubten insgeheim ihr Fell wie wachsame Katzen. Doch Astiza blieb ruhig neben mir sitzen, während die Zigeunerin mit den Tarotkarten hantierte.

»Glück beschleunigt deinen Weg«, intonierte Sarylla, als die aufgedeckte Karte den Triumphwagen zeigte. »Wir werden kein Problem damit haben, eine Kutsche für unsere Zwecke zu befreien.«

»Siehst du«, sagte Stefan mit Befriedigung.

Ich mag das Tarot. Es kann dir alles erzählen, was du hören willst.

Sarylla deckte weitere Karten auf. »Doch du wirst einer Frau begegnen, die es eilig hat. Dein Weg wird gewunden sein.«

Noch eine Frau? »Aber werden wir Erfolg haben?«

Sie deckte weitere Karten auf. Ich sah den Turm, den Magier, den Narren und den Herrscher. »Es wird eine knappe und hart umkämpfte Sache werden.«

Noch eine Karte. Die Liebenden. Sie blickte uns an. »Ihr müsst zusammenarbeiten.«

Astiza ergriff meine Hand und lächelte.

Und dann die nächste Karte. Der Tod.

»Ich weiß nicht, für wen diese Karte bestimmt ist. Für den Magier, den Narren, den Herrscher oder die Liebenden? Dein Weg ist gefahrvoll.«

»Aber möglich?« Tod für Silano, sicherlich. Und vielleicht sollte ich auch Bonaparte ums Leben bringen.

Die nächste Karte. Das Rad des Schicksals. »Du bist ein Spieler, nicht wahr?«

»Wenn es sein muss.«

Eine weitere Karte. Die Welt. »Dir bleibt keine Wahl.« Sie sah uns mit ihren großen, dunklen Augen an. »Du wirst seltsame Verbündete und seltsame Feinde haben.«

Ich verzog das Gesicht. »Dann ist ja alles wie immer.«

Sie schüttelte verwirrt den Kopf. »Warte ab, um herauszufinden, wer wer ist.« Sie schaute durchdringend auf die Karten und dann zu Astiza. »Es gibt Gefahr für deine neue Frau, Ethan Gage. Große Gefahr und noch etwas, das tiefer liegt als das, glaube ich. Betrübnis.«

Hier war sie, diese Rivalität. »Was meinst du damit?«

»Was die Karten sagen. Mehr nicht.«

Ich war verstört. Wenn sich Saryllas ursprüngliche Wahrsagung nicht erfüllt hätte, dann hätte ich dieser hier keine Bedeutung beigemessen. Schließlich war ich ein Franklin-Mann, ein Gelehrter. Aber wie ich mich auch über das Tarot mokieren mochte, seine Macht hatte etwas Unheimliches. Ich bekam Angst um die Frau neben mir.

»Es könnte zu Kämpfen kommen«, sagte ich zu Astiza. »Du kannst auf dem englischen Schiff auf mich warten. Es ist nicht zu spät, ihnen ein Signal zu geben.«

Astiza betrachtete die Karten und die Romafrau einige Zeit lang und schüttelte dann den Kopf. »Ich habe meine eigene Magie, und wir sind schon so weit gekommen«, sagte sie und zog ihren Mantel gegen die ungewohnte kühle europäische Oktoberluft, die bereits den Süden erreicht hatte, fester um sich. »Unsere eigentliche Gefahr ist die Zeit. Wir müssen uns beeilen.«

Sarylla sah sie mitfühlend an und gab ihr die Tarotkarte des Sterns. »Behalte sie. Sie steht für Meditation und Erleuchtung. Möge der Glaube mit dir sein.«

Astiza schaute erstaunt und gerührt. »Und mit dir.«

Und so schlichen wir zum Haus eines Magistrats, »borgten« seine Kutsche und das Gespann aus und machten uns auf den Weg nach Paris. Das üppige Grün-Gold der Landschaft erfüllte mich nach Ägypten und Syrien mit Ehrfurcht. Die letzten Trauben hingen rund und prall in den Weinbergen. Die Felder waren voll von gelben Heuballen. Vollreifes Obst verlieh der Luft einen vergorenen Geruch. Wagen, die unter der Herbsternte knarrten, wurde beiseitegezogen, wenn Stefans Männer Befehle brüllten und die Peitsche knallen ließen, als wären wir tatsächlich republikanische Abgeordnete von Bedeutung. Selbst die Bauernmädchen sahen saftig aus, wirkten verglichen mit den Gewändern der Wüste halb entkleidet, die Brüste wie Melonen, die Hüften fröhliche Scheffel, ihre Waden verschmiert vom Weinsaft. Ihre Lippen waren rot und voll vom Aussaugen der Pflaumen.

»Ist das nicht schön, Astiza?«

Sie war besorgter über den wolkigen Himmel, die verfärbten Blätter und die Bäume, die ungebärdige Baldachine über unserer Straße bildeten.

»Ich kann nichts sehen«, erwiderte sie.

Mehrmals kamen wir durch Städte mit durchhängenden

Trikolorewimpeln, vertrockneten Blütenblättern auf den Straßen und leeren, in die Gräben geworfenen Weinflaschen. Alles ein Beweis für Napoleons Durchzug.

»Der kleine General?«, erinnerte sich ein Gastwirt. »Ein Gockel von einem Mann!«

»Gut aussehend wie der Teufel«, fügte seine Frau hinzu. »Schwarze Locke im Gesicht, stechende graue Augen. Man sagt, er habe halb Asien erobert!«

»Die Schätze des Altertums folgen ihm auf den Fersen, sagt man!«

»Und seine tapferen Männer!«

Wir fuhren bis tief in die Nacht und standen vor Morgengrauen auf, aber Paris zu erreichen dauerte mehrere Tage. Als wir nach Norden kamen, wurde der Himmel grauer, und die Jahreszeit war weiter fortgeschritten. Unsere Kutsche wehte den Blätterteppich auf der Straße zu einem Hahnenschweif auf. Unsere Pferde dampften, wenn wir haltmachten, um sie zu tränken. Und so klapperten wir in der Abenddämmerung des vierten Tages dahin, Paris nur noch Stunden entfernt, als plötzlich eine weitere Kutsche auf einem Weg zu unserer Linken heranpreschte und direkt vor uns ausscherte. Pferde wieherten und krachten zusammen, ein Gespann zog das andere zu Boden. Unsere Kutsche neigte sich, schwankte auf zwei Rädern, rutschte dann in einen Graben und fiel langsam um. Astiza und ich taumelten auf eine Seite der Kutsche. Die Zigeuner sprangen ab.

»Schwachköpfe!«, schrie eine Frau. »Mein Mann könnte euch erschießen lassen!«

Zittrig kletterten wir aus dem Wrack. Die Vorderachse

unserer Kutsche war gebrochen, genau wie die Beine von zweien unserer schreienden Pferde. Kavalleristen, die die Kutsche, mit der wir kollidiert waren, eskortiert hatten, stiegen ab und kamen mit gezogenen Pistolen herbei, um die verletzten Pferde zu erschießen und die anderen zu entwirren. Aus dem Fenster der anderen Kutsche schrie uns eine beeindruckend modische Frau an – ihre Kleider würden einen Bankier zum Bettler machen. Sie schien außer sich zu sein. Sie hatte die Hochmütigkeit einer Pariserin, doch ich erkannte sie nicht sofort. Ich war ein Amerikaner, der illegal nach Frankreich zurückgekehrt war, immer noch wegen Mordes gesucht, soviel ich wusste, und der nicht mal die vierzigtägige Quarantäne eingehalten hatte, die Reisenden aus dem Osten auferlegt wurde. (Bonaparte ebenfalls nicht.) Nun waren hier Soldaten, die Fragen stellen würden, obgleich ihre Kutsche den Unfall verursacht hatte. Ich hatte das Gefühl, dass hier Recht oder Unrecht keine große Rolle spielen würden.

»Meine Angelegenheiten sind von höchster Wichtigkeit für den Staat!«, brüllte die Frau voller Panik. »Schafft eure Tiere aus meinem Weg!«

»*Sie* haben sich vor *uns* gedrängt«, erwiderte Astiza, deren Akzent nicht zu überhören war. »Sie sind ebenso unmanierlich wie unfähig.«

»Warte«, warnte ich sie. »Sie hat Soldaten.«

Zu spät. »Und Sie sind ebenso impertinent wie tölpelhaft!«, kreischte die Frau. »Wissen Sie, wer ich bin? Ich könnte Sie verhaften lassen!«

Ich drängte mich vor, um dazwischenzugehen und zum Schein eine spätere Bezahlung in Aussicht zu stellen, nur damit diese Xanthippe endlich weiterfuhr. Unsere Zigeuner hatten sich klugerweise zwischen die Bäume verdrückt. Zwei Schüsse knallten, ließen die schlimmsten Schreie der Pferde verstummen, und dann wandten sich die Kavalleristen uns zu, die Hand am Griff ihrer Schwerter.

»Bitte, Madame, es war nur ein simpler Unfall«, sagte ich und lächelte mit meinem üblichen leutseligen Charme. »Nur noch einen Augenblick, und Sie werden weiterfahren können. Und Sie sind wohin unterwegs?«

»Zu meinem Mann, wenn ich ihn finden kann! Oh, das ist eine Katastrophe! Wir haben den falschen Abzweig genommen, und ich habe ihn auf der Durchgangsstraße verpasst, und nun werden seine Brüder als Erste bei ihm sein und ihre Lügen über mich verbreiten. Wenn Sie mich zu lange aufgehalten haben, werden Sie dafür büßen müssen!«

Ich dachte, die Guillotine hätte mit dieser Art von Arroganz Schluss gemacht, doch anscheinend hatte sie nicht alle erwischt. »Aber Paris liegt in dieser Richtung«, sagte ich und wies den Weg.

»Ich wollte ihn abpassen! Doch er hat uns überholt, und wir haben diesen Weg genommen, um einen Bogen zu schlagen. Jetzt wird er bereits zu Hause sein, und dass ich nicht dort bin, wird für ihn das Schlimmste bestätigen!«

»Welches Schlimmste?«

»Dass ich untreu bin!« Und damit brach sie in Tränen aus.

Erst da erkannte ich ihre Gesichtszüge, ziemlich berühmt in den gesellschaftlichen Kreisen von Paris, an deren Randzonen ich mich bewegt hatte. Das hier war niemand anderes als Josephine, Napoleons Ehefrau! Was zum Teufel machte sie bei Einbruch der Nacht auf einer dunklen Straße? Und natürlich erweckten die Tränen Mitgefühl. Ich bin nun mal galant, und Tränen entwaffnen jeden Gentleman.

»Das ist Bonapartes Frau«, flüsterte ich Astiza zu. »Als er am Abend vor der Schlacht bei den Pyramiden erfuhr, dass sie eine Ehebrecherin ist, wurde er fast wahnsinnig.«

»Hat sie deswegen Angst?«

»Wir wissen doch, wie launenhaft er ist. Er könnte sie vor ein Erschießungskommando stellen.«

Astiza überlegte, ging dann rasch zu der Kutschentür. »Gnädige Frau, wir kennen Ihren Mann.«

»Was sagen Sie?« Sie war eine kleine Frau, wie ich jetzt feststellte, schlank und gut gekleidet, weder schlicht noch besonders schön, ihr Teint von einem warmen Ton, ihre Nase gerade, ihre Lippen voll, die Augen auf attraktive Weise weit und dunkel und selbst in ihrer Verzweiflung voller Intelligenz. Sie hatte dunkles Haar und fein geformte Ohren, doch ihre Gesichtshaut war fleckig vom Weinen. »Woher sollten Sie ihn kennen?«

»Wir haben unter Bonaparte in Ägypten gedient. Wir sind selbst in Eile, um ihn vor einer schrecklichen Gefahr zu warnen.«

»Sie kennen ihn also tatsächlich! Welche Gefahr? Ein Attentat?«

»Einer seiner Begleiter, Alessandro Silano, plant, ihn zu betrügen.«

»Graf Silano? Er kommt zusammen mit meinem Mann, habe ich gehört. Er soll ein Vertauter und Berater sein.«

»Er hat Napoleon verhext und hat versucht, ihn gegen Sie aufzubringen. Aber wir können Ihnen helfen. Sie wollen sich mit ihm wieder aussöhnen?«

Josephine neigte den Kopf, die Augen feucht. »Es war so überraschend. Wir wurden nicht gewarnt, dass er kommen würde. Ich eilte von meinem besten Freund fort, um mich mit Bonaparte zu treffen. Aber diese Idioten sind falsch abgebogen.« Sie beugte sich aus dem Kutschenfenster und packte Astizas Arme. »Sie müssen ihm sagen, dass ich ihn trotz allem immer noch liebe! Wenn er sich von mir scheiden lässt, verliere ich alles! Meine Kinder werden mittellos sein! Ist es meine Schuld, dass er mich für Monate und Jahre verlässt?«

»Dann haben die Götter für diesen Unfall gesorgt, glauben Sie nicht?«, sagte Astiza.

»Die Götter?«

Ich zog meine Gefährtin zurück. »Was machst du da?«, zischte ich.

»Sie ist unser Schlüssel zu Bonaparte!«, flüsterte Astiza. »Er wird von Soldaten umringt sein. Wie sollen wir sonst an ihn herankommen, wenn nicht durch seine Frau? Sie ist weder ihm noch sonst jemandem treu, was bedeutet, sie wird sich mit jedem verbünden, der ihren Zwecken dient. Deshalb müssen wir Josephine auf unsere Seite ziehen. Sie kann herausfinden, wo die Schriftrolle ist, wenn sie mit Bonaparte im Bett liegt, wo Männer stets das bisschen Grips verlieren, das sie haben. Dann holen wir uns die Schriftrolle zurück.«

»Was flüstert ihr da?«, rief Josephine.

Astiza lächelte. »Bitte, gnädige Frau, unsere Kutsche ist zerstört, aber es ist unbedingt erforderlich, dass wir Ihren Mann erreichen. Ich glaube, wir können einander helfen. Wenn Sie uns in Ihrer Kutsche mitfahren lassen, können wir Ihnen bei der Aussöhnung helfen.«

»Wie das?«

»Mein Begleiter ist ein weiser Freimaurer. Wir kennen den Schlüssel zu einem heiligen Buch, das Napoleon große Macht verleihen könnte.«

»Freimaurer?« Sie betrachtete mich aus schmalen Augen. »Abt Barruel schrieb in seinem berühmten Buch, dass sie hinter der Revolution stecken. Die Jakobiner waren nichts als eine Freimaurerverschwörung. Aber im *Journal freier Menschen* steht, die Freimaurer seien in Wirklichkeit Royalisten und hätten sich verschworen, um den König wieder einzusetzen. Auf wessen Seite stehen Sie?«

»Ich sehe die Zukunft in Ihrem Mann, gnädige Frau«, log ich.

Josephine blickte fasziniert und berechnend. »Ein heiliges Buch?«

»Aus Ägypten«, erwiderte Astiza. »Wenn wir jetzt losfahren, sind wir bei Morgengrauen in Paris.«

Etwas überraschend willigte sie ein. Sie war so erschüttert durch Napoleons Rückkehr und seine unbezweifelbare Wut über ihr ehebrecherisches Verhalten, dass sie begierig auf jede Hilfe war, ganz gleich, wie unwahrscheinlich die ihr auch erscheinen mochte. Daher ließen wir unsere zerbrochene Kutsche, die erschossenen Pferde, die im Wald verborgenen Zigeuner hinter uns und fuhren mit Josephine nach Paris.

»Gut. Erzählen Sie mir, was Sie wissen, oder ich werfe Sie raus!«, warnte sie.

Wir mussten das Risiko eingehen. »Ich habe ein Buch gefunden, das große Macht enthält«, begann ich.

»Welche Art von Macht?«

»Die Macht, zu überzeugen. Zu bezaubern. Unnatürlich lange zu leben, vielleicht für immer. Zu manipulieren.«

Ihre Augen weiteten sich vor Gier.

»Graf Silano hat dieses Buch gestohlen, sich wie ein Blutegel an Bonaparte gehängt und ihm den Verstand vernebelt. Aber das Buch ist noch nicht übersetzt worden. Nur wir können das. Wenn Sie ihm als seine Frau den Schlüssel anbieten, unter der Voraussetzung, dass Silano entfernt werden muss, können Sie Ihre Ehe retten. Ich schlage Ihnen ein Bündnis vor. Mit unserem Geheimnis können Sie in das Schlafgemach Ihres Gatten zurückkehren. Mit Ihrem Einfluss können wir unser Buch zurückbekommen, Silano beseitigen und Napoleon helfen.«

Sie war skeptisch. »Welcher Schlüssel?«

»Zu einer seltsamen, uralten Sprache, die lange verloren war.« Astiza drehte sich auf Josephines Kutschensitz um, und ich schnürte sanft den Rücken ihres Kleides auf. Der Stoff teilte sich und enthüllte das komplizierte Henna-Alphabet.

Die Französin schnappte staunend nach Luft. »Das sieht wie die Schrift des Satans aus!«

»Oder die Schrift Gottes.«

Josephine überlegte. »Wen kümmert es, von wem sie stammt, wenn wir gewinnen?«

Lächelte Thoth endlich auf uns herab? In hohem Tempo rasten wir auf Napoleons Haus in der vor Kurzem umbenannten Rue de la Victoire zu, eine Anerkennung für seinen Sieg in Italien. Und zogen ohne einen Plan, ohne Verbündete und ohne Waffen diese ambitionierte gesellschaftliche Karrieristin in unser Vertrauen.

Was wusste ich eigentlich über Josephine? Nur den üblichen Klatsch, der in Paris verbreitet wurde. Sie war auf der Insel Martinique aufgewachsen, war sechs Jahre älter als Napoleon, zwei Zoll kleiner und eine beharrliche Überlebenskünstlerin. Sie hatte den reichen jungen Armeeoffizier Alexandre de Beauharnais geheiratet, der ihr provinzielles Auftreten jedoch so peinlich fand, dass er sich weigerte, sie am Hof von Marie Antoinette einzuführen. Sie trennte sich von ihm, kehrte in die Karibik zurück, floh vor einem Sklavenaufstand, traf auf dem Höhepunkt der Revolution wieder in Paris ein, wo ihr Mann 1794 guillotiniert wurde und sie danach selbst in Gefangenschaft geriet. Nur der Umsturz, der die Schreckensherrschaft beendete, rettete ihren Kopf. Als ein junger Armeeoffizier namens Bonaparte ihr seine Aufwartung machte, um sie zu der Haltung ihres Sohnes Eugène zu beglückwünschen – Eugène wollte mit Napoleons Hilfe das Schwert seines hingerichteten Vaters zurückbekommen –, verführte sie ihn. In ihrer Verzweiflung setzte sie auf den ehrgeizigen Korsen und heiratete ihn, schlief aber mit jedem, dessen sie habhaft werden konnte, während Napoleon in Italien und Ägypten war. Man munkelte, sie sei eine Nymphomanin. Sie hatte mit einem ehemaligen Offizier und jetzigen Geschäftsmann namens Hippolyte Charles zusammengelebt, als die alarmierende Nachricht von der Rückkehr ihres Gatten eintraf. Da seit der Revolution Scheidungen zugelassen waren, stand sie nun in Gefahr, alles in dem Augenblick zu verlieren, in dem Napoleon die absolute Macht anstrebte. Im Alter von sechsunddreißig Jahren und mit bereits verfärbten Zähnen würde sie kaum eine weitere Chance bekommen.

Ihre Augen weiteten sich bei Astizas Erklärung übernatürlicher Kräfte. Als Kind der Zuckerinseln waren ihr Geschichten über Magie nicht fremd.

»Dieses Buch kann die Menschen zerstören, die es besitzen«, sagte Astiza, »und Nationen vernichten, in denen es in Umlauf kommt. Die Menschen des Altertums wussten das und versteckten es, aber Graf Silano hat durch seinen Diebstahl das Schicksal herausgefordert. Er hat Ihren Mann mit dem Traum von unbegrenzter Macht verhext. Das könnte Napoleon in den Wahnsinn treiben. Sie müssen uns helfen, es zurückzubekommen.«

»Aber wie?«

»Wir bringen das Buch in Sicherheit, wenn Sie es uns geben. Ihr Wissen darüber wird Ihnen ungeheuren Einfluss auf ihn verschaffen.«

»Aber wer sind Sie?«

»Mein Name ist Astiza, und das hier ist Ethan Gage, ein Amerikaner.«

»Gage? Der Elektrizitätspionier? Franklins Mann?«

»Madame, ich fühle mich geehrt, Ihre Bekanntschaft zu machen, und bin geschmeichelt, dass Sie von mir gehört haben.« Ich nahm ihre Hand. »Ich hoffe, wir können Verbündete werden.«

Sie riss sie weg. »Aber Sie sind ein Mörder!« Sie betrachtete mich zweifelnd. »Der Mörder einer billigen Abenteurerin! Stimmt das nicht?«

»Ein perfektes Beispiel für Silanos Lügen, wie sie auch Ihren Mann in die Falle führen und seine Träume zerstören können. Ich war das Opfer einer ungerechtfertigten Beschuldigung. Lassen Sie uns dabei helfen, diese Art Gift von Ihrem Mann fernzuhalten, und Ihr Eheglück wird zurückkehren.«

»Ja. Silano hat Schuld daran, nicht ich. Dieses Buch verleiht schreckliche Macht, sagen Sie?«

»Von einer Art, die Seelen versklaven kann.«

Sie dachte angestrengt nach. Schließlich lehnte sie sich zurück und lächelte. »Sie haben recht. Gott sorgt für mich.«

Bonapartes Haus, das Josephine gekauft hatte, bevor sie heirateten, befand sich in dem eleganten Teil von Paris, der als Chaussée d'Antin bekannt war, ein einst sumpfiges Gebiet, auf dem die Reichen während des letzten Jahrhunderts reizende, »Folies« genannte Häuser erbaut hatten.

Es war ein bescheidenes, zweistöckiges Domizil mit einem Rosengarten, dessen Blüte sich bereits dem Ende zuneigte, und einer Terrasse, die Josephine mit einem Holzdach versehen und mit Fahnen und Wandbehängen geschmückt hatte: ein ansehnliches Heim für strebsame Beamte der mittleren Ebene.

Ihre Kutsche bog in eine mit Kies bestreute Einfahrt unter Lindenbäumen.

Josephine kniff sich in die Wangen, als sie nervös und aufgeregt ausstieg. »Wie sehe ich aus?«

»Wie eine Frau mit einem Geheimnis«, versicherte ihr Astiza. »Beherrscht.«

Josephine lächelte schwach und atmete tief durch. Dann traten wir ein.

Die Räume waren eine seltsame Mischung aus Femininem und Maskulinem, mit prächtigen Tapeten und Spitzenvorhängen, aber vollgehängt mit Karten und Stadtplänen. Da gab es die Blumen der Hausherrin und die Bücher des Hausherrn, ganze Stapel davon, einige eben erst ausgepackt, frisch aus Ägypten. Ihre Ordnungsliebe war sichtbar, wenngleich seine Stiefel im Esszimmer herumlagen und sein

Militärmantel über einen Stuhl geworfen war. Eine Treppe führte nach oben.

»Er ist in seinem Schlafgemach«, flüsterte sie.

»Gehen Sie zu ihm.«

»Seine Brüder werden ihm alles erzählt haben. Er wird mich hassen! Ich bin eine niederträchtige, untreue Frau. Ich kann nicht anders. Ich liebe die Liebe so sehr. Ich dachte, er würde in der Schlacht fallen!«

»Sie sind menschlich, genau wie er«, besänftigte ich sie. »Er ist auch kein Heiliger, glauben Sie mir. Gehen Sie, bitten Sie ihn um Verzeihung, und erzählen Sie ihm, dass Sie damit beschäftigt waren, Verbündete anzuwerben. Erklären Sie ihm, wie Sie uns überredet haben, ihm zu helfen, und dass seine Zukunft von uns dreien abhängt.«

Ich traute Josephine nicht, doch welche andere Waffe hatten wir? Ich befürchtete, dass Silano hier irgendwo lauerte. Sie nahm ihren ganzen Mut zusammen, stieg die zwanzig Stufen zur nächsten Etage hinauf und klopfte an seine Tür. »Mein süßer General?«

Eine Weile blieb alles still, dann hörten wir stärkeres Klopfen, dann Weinen und dann schluchzende Bitten um Verzeihung. Bonaparte, so schien es, hatte die Tür verriegelt. Er war entschlossen, sich scheiden zu lassen. Wir konnten seine Frau durch das Holz flehen hören. Dann ließ das Geschrei nach, die Stimmen wurden leiser, und einmal meinte ich, das Klicken eines Riegels zu hören. Danach Stille. Ich ging in die Kellerküche hinab, und eine Dienstmagd fand ein wenig Käse und Brot für uns. Die Dienstboten hatten sich wie Mäuse zusammengeschart, warteten das Ergebnis des Sturms da oben ab. Wir dösten vor Erschöpfung ein.

Bei Morgengrauen weckte uns eine Dienstmagd. »Meine Herrin wünscht euch zu sehen«, flüsterte sie.

Wir wurden nach oben geführt. Die Magd klopfte an, und Josephines Stimme erwiderte mit einer Unbekümmertheit, die ich vorher nicht gehört hatte: »Herein.«

Wir traten ein, und da lagen der Sieger von Abukir und seine nun wieder treue Frau Seite an Seite im Bett, die Decken bis ans Kinn hochgezogen, und wirkten so befriedigt wie Katzen im Sahnetopf.

»Guter Gott, Gage!«, begrüßte mich Napoleon. »Sie sind immer noch nicht tot? Wenn meine Soldaten diesen zähen Überlebenswillen hätten, dann könnte ich die Welt erobern.«

»Wir versuchen bloß, Sie zu retten, General.«

»Silano sagte, er habe Sie begraben! Und meine Frau hat mir Ihre Geschichten erzählt.«

»Wir wollen nur das, was für Sie und Frankreich am besten ist, General.«

»Sie wollen das Buch. Jeder will es. Doch niemand kann es lesen.«

»Wir schon.«

»Das hat sie auch gesagt, dank einer Abschrift dessen, was durch Ihre Hand zerstört wurde. Ich bewundere Ihre Pfiffigkeit. Nun ja, seien Sie versichert, dass ihr kleiner Schachzug heute Nacht zumindest ein Gutes bewirkt hat. Sie haben dazu beigetragen, dass ich mich wieder mit Josephine ausgesöhnt habe, und deswegen bin ich in generöser Stimmung.«

Mir wurde leichter ums Herz. Vielleicht würde es ja klappen. Ich begann mich nach dem Buch umzuschauen.

Dann ertönten schwere Schritte hinter mir, und ich drehte mich um. Ein Trupp Gendarmen kam die Treppe herauf. Als ich wieder zu ihm schaute, hatte Napoleon eine Pistole gezückt.

»Sie hat mich davon überzeugt, dass ich Sie, statt Sie einfach zu erschießen, im Temple-Gefängnis einsperren sollte. Ihre Hinrichtung kann warten, bis Sie für den Mord an dieser Nutte vor Gericht gestellt werden.« Er lächelte. »Ich muss sagen, meine Josephine hat sich unermüdlich für Sie eingesetzt.« Er deutete auf Astiza. »Und was Sie betrifft, Sie werden sich im Ankleidezimmer meiner Frau ausziehen, unter Aufsicht meiner Dienstmägde. Ich habe Sekretäre rufen lassen, um Ihr Geheimnis abzuschreiben.«

27

In einem »Tempel« eingesperrt zu werden, der zunächst als Hauptsitz der Tempelritter erbaut, dann als Kerker für Ludwig XVI. und Marie Antoinette verwendet worden war, bevor sie enthauptet wurden, und schließlich als Gefängnis für Sidney Smith gedient hatte, entbehrte nicht einer gewissen Ironie. Dem englischen Geschwaderkommandeur half bei seiner Flucht eine Dame, die einst seine Gespielin gewesen war und der er durch die Gefängnisfenster Zeichen gegeben hatte, was Findigkeit nach meinem Herzen war. Nun, achtzehn Monate später, würden Astiza und ich unsere eigene Erfahrung mit dieser Unterbringung machen, und unser Logierwirt war derselbe korpulente, schmierige, unterwürfige, beflissene, geistlose, aber neugierige Kerkermeister Jacques Boniface, der Sir Sidney mit den Legenden der Templer unterhalten hatte.

Wir wurden mit dem Gefängniswagen zum Temple gefahren und sahen Paris durch Eisenstäbe an uns vorbeiziehen. Die Stadt war glanzlos im November, die Menschen bange, der Himmel grau. Auch wir wurden angeglotzt wie Tiere, und es war deprimierend, Astiza auf diese Weise die große Stadt vorzustellen. Alles war ihr fremd: die hohen Kathedraltürme, der Lärm der Leder-, Leinen- und Obstmärkte, der

Missklang des wiehernden Pferdeverkehrs und der Händler auf den Gehsteigen und die Mode der Pariserinnen, die Pelze und Samt mit strategischen Öffnungen trugen, die unschickliche Blicke auf Brust und Knöchel erlaubten. Astiza hatte es als Demütigung empfunden, ausgekleidet zu werden, damit eine Kopie des Schlüssels angefertigt werden konnte, und sprach kein Wort. Als wir am äußeren Turm auf einem kalten und baumlosen Hof ausstiegen, fiel mir etwas am Tor des Komplexes ins Auge. Dort standen Leute und glotzten durch die Gitter, immer froh, arme Teufel zu sehen, die noch glückloser waren als sie, und ich war verblüfft, dort einen Kopf mit hellrotem, krausem Haar zu sehen, so vertraut wie eine Mietrechnung und so lästig wie eine unerwünschte Erinnerung. Konnte es sein? Nein, natürlich nicht.

Der Temple stammte aus dem dreizehnten Jahrhundert und war eine schmale, hässliche Burg, die zweihundert Fuß bis zur Spitze ihres pyramidenförmigen Daches aufragte. Die Gefängniszellen, die im Turm untergebracht waren, wurden nur durch wenige enge vergitterte Fenster erhellt. Auf der Innenseite waren sie auf Galerien um ein zentrales Atrium angeordnet und über eine Wendeltreppe zu erreichen. Die überwiegend leeren Zellen legten ein beredtes Zeugnis ab für die Wirksamkeit der Schreckensherrschaft. Die royalistischen Insassen waren alle guillotiniert worden.

Ich hatte schon schlimmere Gefängnisse gesehen. Astiza und mir war erlaubt, an der Brüstung auf dem Dach spazieren zu gehen – es war zu hoch, um hinabzuspringen oder hinunterzuklettern –, und das Essen war besser als in den meisten Gasthäusern, die ich außerhalb von Jerusalem erlebt hatte. Schließlich waren wir in Frankreich. Wenn wir nicht eingekerkert gewesen wären und wenn Bonaparte und Silano sich nicht so entschlossen gezeigt hätten, die Welt zu beherrschen, wäre mir die Ruhepause vielleicht willkommen gewesen. Nichts lehrt ein gutes Nickerchen so zu schätzen wie eine Schatzsuche, uralte Legenden und Schlachten.

Aber das Buch des Thoth zog an uns, und Boniface war ein Plappermaul, das es genoss, von den Machenschaften in einer Stadt im Krieg und in Krisen zu berichten. Verschwörungen und Komplotte wurden so schnell gebacken wie ein Crêpe, jede Kabale suchte nach »einem Säbel«, einem starken Mann, der zur Wiederherstellung der Republik beitragen konnte. Das Direktorium der fünf führenden Politiker wurde ständig von den beiden gesetzgebenden Kammern umbesetzt. Und der Rat der Ältesten und der Rat der Fünfhundert waren lärmende, wichtigtuerische Vereinigungen, die römische Togen trugen, schamlos der Bestechung frönten und ein Orchester beschäftigten, das die Gesetzgebung mit patriotischen Melodien unterstrich. Die Wirtschaft war am Boden, die Armee musste um Nachschub betteln, die Hälfte des westlichen Frankreichs befand sich in einem durch britisches Gold angeheizten Aufstand, und die meisten Generäle hielten das eine Auge aufs Schlachtfeld und das andere auf Paris gerichtet.

»Wir brauchen einen Anführer«, sagte unser Kerkermeister. »Alle haben die Demokratie satt. Sie können sich glücklich schätzen, hier zu sein, Gage, fort von dem ganzen Tumult. Wenn ich in die Stadt gehe, fühle ich mich nie sicher.«

»Wie schade.«

»Und doch wollen die Menschen keinen Diktator. Wenige sehnen die Rückkehr des Königs herbei. Wir müssen die

Republik bewahren, aber wie kann jemand die Zügel unseres zerstrittenen Konvents übernehmen? Das wäre ja, als wolle man alle Katzen von Paris unter Kontrolle bringen. Wir brauchen die Weisheit Salomos.«

»Ach wirklich?« Wir saßen beim Essen in dem beengten Raum meiner Zelle. Boniface hatte mit Smith dasselbe gemacht, da sich der Kerkermeister langweilte und keine Freunde hatte. Ich nehme an, seine Gesellschaft sollte Teil unserer Folter sein, aber ich hatte einen merkwürdigen Gefallen an ihm gefunden. Er zeigte gegenüber seinen Gefangenen mehr Duldsamkeit als manche Gastgeber ihren Gästen und schenkte ihnen größere Aufmerksamkeit. Es schadete nicht, dass Astiza immer noch recht hübsch anzuschauen war und dass ich, natürlich, eine ungewöhnlich gute Gesellschaft bot.

Nun nickte er. »Bonaparte will ein George Washington sein, der nur zögernd die Lenkung seines Landes übernimmt, doch er besitzt weder die Gesetztheit noch die Zurückhaltung. Ja, ich habe mich über Washington informiert, und seine stoische Bescheidenheit verschafft Ihrer jungen Nation Ansehen. Der Korse kam hier in dem Glauben an, durch öffentliche Zustimmung ins Direktorium geschwemmt zu werden, doch seine Vorgesetzten haben ihn nur kühl empfangen. Wieso ist er ohne Befehl aus Ägypten zurückgekehrt? Habt ihr beide *Le Messenger* in die Hand bekommen?«

»Wie Sie sich vielleicht erinnern, Monsieur Boniface, sind wir in diesen Turm eingesperrt«, sagte Astiza freundlich.

»Ja, ja, natürlich. Oh, wie dieses tapfere Journal den Ägyptenfeldzug zerrissen hat! Ihn zum Gespött gemacht hat! Eine im Stich gelassene Armee! Soldaten, die sinnlos gegen die Befestigungsanlagen von Akko geworfen wurden! Bonaparte gedemütigt durch den Mann, der einst hier gefangen war, Sir Sidney Smith! Die Zeitungen sind die Stimme des Nationalkonvents, wissen Sie. Für Napoleon ist alles vorbei.«

Talma hatte mir erzählt, dass sich Napoleon mehr vor einer feindseligen Presse als vor Bajonetten fürchtete. Aber niemand wusste ja, dass Napoleon das Buch hatte und Silano erneut den vollständigen Code besaß, um es zu entziffern. Das hatten wir nun davon, dass wir einen Handel mit Josephine eingegangen waren, dieser intriganten Schlampe. Die Frau hätte den Papst verführen und ihn dabei zum Bettler machen können.

Als ich Boniface nach den Tempelrittern fragte, die dieses Bauwerk errichtet hatten, war es, als würden sich Schleusen öffnen. Fakten und Theorien sprudelten aus ihm heraus. »Jacques de Molay selbst war hier Großmeister und wurde dann gefoltert! Hier gibt es Geister, ihr jungen Leute, Geister, die ich in Winterstürmen gellend schreien hörte. Die Templer wurden mit glühenden Zangen traktiert und geschlagen, bis sie die schlimmsten Abscheulichkeiten und Teufelsanbetungen gestanden, und dann wurden sie auf den Scheiterhaufen geschickt. Doch wo waren ihre Schätze? Die Räume, in denen Sie eingesperrt sind, sollten voll damit sein, aber als der französische König eintraf, um sie zu plündern, waren sie leer. Und wo befand sich die Quelle der Templermacht, von der gemunkelt wurde? De Molay sagte kein Wort, bis er auf dem Scheiterhaufen stand. Da prophezeite er, dass der König und der Papst innerhalb eines Jahres sterben würden. Oh, welcher Schauder durch die Menge lief, als er das prophezeite! Und es war wahr! Diese Templer waren nicht nur Kriegermönche, mein Freund, sie waren Magier. Sie hatten etwas in Jerusalem gefunden, das ihnen eine seltsame Macht verlieh.«

»Man stelle sich vor, wenn so eine Macht wiedergefunden würde«, murmelte Astiza.

»Ein Mann wie Bonaparte würde augenblicklich den Staat an sich reißen. Dann würden wir sehen, wie sich die Dinge verändern, das sage ich euch, zum Guten *und* zum Schlechten.«

»Wird dann unser Prozess stattfinden?«

»Nein. Dann werdet ihr geköpft!« Das sagte er mit gallischem Schulterzucken.

Unser Kerkermeister war begierig darauf, von unseren Abenteuern zu hören, die wir vorsichtig zurechtstutzten. Waren wir in der Großen Pyramide gewesen? O ja. Nichts darin zu sehen.

Und der Jerusalemer Tempelberg?

War jetzt ein muslimisches Heiligtum, der Zugang für Christen verboten.

Was war mit den Gerüchten über eine verlorene Stadt in der Wüste?

Wenn sie verloren war, wie hätten wir sie finden sollen?

Die alten Ägypter hätten ihre großen Bauwerke nicht ohne gewaltige Geheimnisse errichten können, insistierte Boniface. Magie sei mit den Priestern von ehedem verloren gegangen. Unser Zeitalter sei blass, modern, aller Wunder entblößt, mechanisch und zynisch. Wissenschaft unterdrücke das Mysteriöse, und Rationalismus zertrampele die Wunder. Nichts ginge über Ägypten!

»Was wäre, wenn es wiedergefunden würde?«, deutete ich an.

»Sie wissen etwas, nicht wahr, Amerikaner? Nein, schütteln Sie nicht den Kopf! Sie wissen etwas, und ich, Boniface, werde es aus Ihnen herausbekommen!«

Am 26. Oktober brachte unser Kerkermeister aufregende Nachrichten mit. Lucien Bonaparte, vierundzwanzig Jahre alt, war zum Vorsitzenden des Rates der Fünfhundert gewählt worden!

Ich wusste, dass Lucien in Paris schon die Interessen seines Bruders vertreten hatte, lange bevor Napoleon nach Ägypten aufbrach. Er war ein talentierter Politiker. Aber Vorsitzender der mächtigsten Kammer Frankreichs? »Ich dachte, man müsse dreißig Jahre alt sein, um diesen Posten zu bekommen?«

»Deswegen ist ja ganz Paris in Aufregung! Er hat natürlich gelogen – musste er, um der Verfassung Genüge zu tun –, aber alle wissen von der Lüge. Trotzdem haben sie ihn gewählt! Dieser Napoleon führt irgendwas im Schilde. Die Abgeordneten sind verängstigt oder verhext.«

Weitere verblüffende Nachrichten folgten. Obwohl Napoleon Bonaparte vom Direktorium gerüffelt worden war, wurde nun ein Bankett zu seinen Ehren gegeben. Schlug die öffentliche Meinung um? War es dem General gelungen, die Politiker der Stadt auf seine Seite zu ziehen?

Am 9. November 1799 – dem 18. Brumaire nach dem Revolutionskalender – kam Boniface glotzäugig zu uns. Der Mann war eine wandelnde Zeitung. »Ich fasse es nicht!«, rief er aus. »Unsere Gesetzgeber scheinen unter dem Banne Mesmers zu stehen! Um halb fünf Uhr am Morgen wurde der Rat der Ältesten aus dem Bett geholt und versammelte sich schlaftrunken im Reitsaal der Tuilerien, wo sie beschlossen, sich in das Schloss von Saint-Cloud, außerhalb der Stadt, zu begeben, um dort zu beraten. Diese Entscheidung war schwachsinnig, denn das trennte sie von der Unterstützung des Volkes. Sie haben das freiwillig getan, und die Fünfhundert werden ihnen folgen! Alles ein einziges Durcheinander und Rätselraten. Aber Paris hält noch wegen etwas anderem den Atem an.«

»Weswegen?«

»Napoleon wurde das Kommando über die Garnison der Stadt übertragen, und General Moreau wurde abgesetzt! Jetzt marschieren Truppen nach Saint-Cloud. Andere bemannen Barrikaden. Überall sind Bajonette.«

»Das Kommando über die Garnison? Das sind zehntausend Mann. Die Armee von Paris war doch die einzige, die alle in Schach hielt, einschließlich Bonaparte.«

»Genau. Warum haben die Kammern das zugelassen? Irgendetwas Seltsames geht da vor, etwas, das sie dazu bringt, für das Gegenteil von dem zu stimmen, was sie nur Stunden oder Tage zuvor verfochten haben. Was könnte das sein?«

Ich wusste natürlich, was es war. Silano hatte Fortschritte bei der Übersetzung des Buches des Thoth gemacht. Zauberformeln wurden ausgesprochen und gewoben und umwölkten den Verstand der Menschen. Sie wurden tatsächlich verhext! Die ganze Stadt lag unter dem Bann. Astiza und ich blickten uns an. Wir hatten keine Zeit zu verlieren. »Mysterien des Ostens«, sagte ich plötzlich.

»Was?«

»Kerkermeister, haben Sie je von dem Buch des Thoth gehört?«, fragte Astiza.

Boniface sah sie erstaunt an. »Aber natürlich. Alle, die sich mit der Vergangenheit beschäftigen, haben von dem Dreimal Größten gehört, dem Vorfahren Salomos, Ursprung allen Wissens, dem Weg und dem Wort.« Seine Stimme war zu einem Flüstern herabgesunken. »Manche sagen, Thoth hätte ein irdisches Paradies geschaffen, das jedoch in Vergessenheit geraten ist, aber andere sagen, er sei der dunkle Erzengel selbst in tausend Verkleidungen: Baal, Belzebub, Baphomet!«

»Das Buch ist seit Tausenden von Jahren verschwunden, nicht wahr?«

Er warf mir einen durchtriebenen Blick zu. »Vielleicht. Es gibt Gerüchte, dass die Templer …«

»Jacques Boniface, diese Gerüchte sind wahr«, sagte ich und stand von dem Tisch auf, an dem wir uns einen Krug Wein geteilt hatten. Meine Stimme wurde tiefer: »Welche Anklagen liegen gegen Astiza und mich vor?«

»Anklagen? Nun ja, keine. Wir brauchen keine Anklagen, um Sie im Temple festzuhalten.«

»Wundern Sie sich nicht trotzdem, warum Napoleon uns hier hat einsperren lassen? Sie können selbst sehen, dass wir ohne Freunde und hilflos sind. Eingesperrt, aber noch nicht getötet, da wir vielleicht noch nützlich sein könnten. Was macht ein seltsames Paar wie wir überhaupt in Paris, und was wissen wir, das uns so gefährlich für den Staat macht?«

Er betrachtete uns misstrauisch. »Das habe ich mich auch schon gefragt, ja.«

»Vielleicht – könnte es nicht möglich sein, Boniface? –

wissen wir von einem *Schatz*. Dem größten auf Erden.« Ich beugte mich über den Tisch.

»Schatz?« Das kam als Krächzen heraus.

»Von den Tempelrittern, verborgen seit diesem Freitag, dem 13., im Jahr 1309, als der wahnsinnige König von Frankreich sie verhaften und foltern ließ. Hüter dieses Turmes, Sie sind genauso eingesperrt wie wir. Wie lange wollen Sie noch hier ausharren?«

»So lange, wie mein Herr ...«

»Denn Sie könnten selbst der Herr sein, Boniface. Herr des Thoth. Sie und wir, die wir die wahren Erforscher der Vergangenheit sind. *Wir* würden heilige Geheimnisse nicht an ehrgeizige Tyrannen wie Bonaparte weitergeben, wie Graf Alessandro Silano es tut. Wir würden sie für die gesamte Menschheit bewahren, nicht wahr?«

Er kratzte sich am Kopf. »Ich nehme es an.«

»Aber um das zu tun, müssen wir etwas unternehmen, und zwar rasch. Heute Nacht wird Napoleon seinen Staatsstreich durchführen, glaube ich. Und der hängt davon ab, in wessen Besitz sich ein Buch befindet, das einst verloren war und nun wiedergefunden wurde. Die Templer haben ihre Schätze gut verborgen, an einem Ort, von dem sie überzeugt waren, dass kein Mensch es je wagen würde, dort nachzuschauen«, log ich.

»Wo?« Er hielt den Atem an.

»Unter dem Tempel der Vernunft auf der Isle de la Cité, genau dort, wo die alten Römer ihren Isis-Tempel, das Heiligtum der ägyptischen Göttin, erbauten. Aber nur das Buch wird uns sagen, wo der Schatz *genau* ist.«

Seine Augen traten hervor. »Notre-Dame?« Armut lässt

einen alles glauben, und der Lohn eines Kerkermeisters ist sträflich gering.

»Sie brauchen eine Hacke und Mut, Monsieur Boniface. Den Mut, der reichste, mächtigste Mann der Welt zu werden! Aber nur, wenn Sie bereit sind, zu graben! Und nur *ein* Mann kann uns zu der exakt richtigen Stelle führen! Silano lebt bloß für seine eigene Gier, und wir müssen ihn gefangen nehmen und tun, was richtig ist, für die Freimaurerei, die Templer-Überlieferung und die Mysterien der Alten! Schließen Sie sich uns an?«

»Wird es gefährlich sein?«

»Bringen Sie uns nur zu Silanos Räumen, dann können Sie sich in der Krypta von Notre-Dame verstecken, während wir das Geheimnis entziffern. Dann werden wir gemeinsam die Geschichte verändern!«

In ruhigeren Zeiten hätte ich ihn wohl nicht überreden können. Aber da Paris am Rande eines Staatsstreichs stand, Soldaten Barrikaden errichteten, gesetzgebende Versammlungen in Panik gerieten, Generäle in Paradeuniformen in Napoleons Haus drängten und die Stadt dunkel und ahnungsvoll dalag, konnte alles passieren. Wichtiger noch, die Revolution hatte die katholische Priesterschaft vertrieben, und Notre-Dame war zu einem Geisterhaus geworden, das nur noch von gottesfürchtigen alten Frauen benutzt und hin und wieder für ein paar Sous von den Armen ausgefegt wurde. Unser Kerkermeister konnte leicht in die Krypta gelangen. Während Napoleon im Garten der Tuilerien vor Tausenden sprach, suchte Boniface Grabwerkzeuge zusammen.

Uns hinauszulassen, war natürlich ein krasser Verstoß gegen die Pflichten seines Amtes. Doch ich machte ihm deutlich, dass er das Buch niemals ohne uns finden würde oder lesen könnte. Dass er den Rest seiner Tage als Kerkermeister des Temple beim Plaudern mit den Gefängnisinsassen verbringen würde, statt den Reichtum und die Macht der Tempelritter zu erben. Am Abend berichtete Boniface, dass Bonaparte in den Rat der Ältesten gestürmt sei, als die Abgeordneten seiner Forderung nicht nachkamen, das Direktorium aufzulösen und ihn als Ersten Konsul einzusetzen. Seine Rede sei, nach allem, was man hörte, so aufbrausend und widersinnig gewesen, dass seine eigenen Adjutanten ihn wegzerren mussten. Er hätte nur Kauderwelsch gebrüllt! Alles schien verloren. Und doch hätten die Abgeordneten ihn nicht verhaften lassen oder sich einem Treffen verweigert. Allem Anschein nach neigten sie dazu, seine Forderungen anzunehmen. Warum? Am selben Abend, als Napoleons hypnotisierte Soldaten den Rat der Fünfhundert aus der Orangerie von Saint-Cloud vertrieben hätten, wobei einige Abgeordnete aus dem Fenster gesprungen wären, um zu entkommen, habe der Ältestenrat ein neues Dekret herausgegeben, nach dem ein »vorübergehendes Exekutivkomitee« unter der Führung von Bonaparte das Direktorium ersetzt habe.

»Ein Dutzend Mal schien für seine Verschwörer alles verloren zu sein, und doch beugten sich die Männer vor seinem Willen«, sagte unser Kerkermeister. »Jetzt werden einige Abgeordnete der Fünfhundert zusammengetrieben, um dasselbe zu tun. Die Verschwörer werden nach Mitternacht den Amtseid leisten!«

Später sagte man, es hätte alles an Irreführung, Bajonetten und Panik gelegen. Aber ich fragte mich, ob das Kauderwelsch nicht Worte der Macht enthalten hatte, die vor fast fünftausend Jahren ausgesprochen worden waren, Worte aus einem uralten Buch, das von den Tempelrittern in der Stadt der Geister verborgen worden war. Ich fragte mich, ob das Buch des Thoth bereits im Einsatz war. Wenn seine Zauberformeln immer noch Macht besaßen, dann würde Napoleon, der neue Herr der mächtigsten Nation der Welt, bald Herr des Planeten sein – und mit ihm Silanos Ägyptischer Ritus. Eine neue Herrschaft okkulter Größenwahnsinniger würde anheben, und anstatt einer neuen Morgendämmerung würde sich eine lange Finsternis über die menschliche Geschichte senken.

Wir mussten handeln.

»Haben Sie herausgefunden, wo sich Alessandro Silano befindet?«

»Er führt Experimente in den Tuilerien durch, unter Bonapartes Schutz. Aber es heißt, er sei heute Nacht fort, um den Verschwörern bei der Übernahme der Regierung zu helfen. Zum Glück sind die meisten Soldaten nach Saint-Cloud marschiert. Bei den Tuilerien gibt es ein paar Wachposten, doch der alte Palast ist größtenteils leer.« Er schaute uns an. »Sind Sie sicher, dass er das Geheimnis hat? Wenn wir versagen, könnte das die Guillotine bedeuten!«

»Sobald wir das Buch und den Schatz haben, Boniface, werden *Sie* Herrscher über die Guillotine sein – und über alles andere!«

Er nickte unsicher. Flecken von seinen letzten paar Abendessen sprenkelten sein Hemd. »Ich meine ja nur, dass es riskant ist. Ich bin mir nicht sicher, ob wir das Richtige tun.«

»Alle großen Dinge sind schwierig, sonst wären sie nicht groß!« Das klang wie etwas, das Napoleon hätte sagen können, und Franzosen lieben solche Aussprüche. »Bringen Sie uns zu Silanos Räumen, und wir übernehmen das Risiko, während Sie nach Notre-Dame vorausgehen.«

»Aber ich bin Ihr Kerkermeister! Ich kann Sie nicht allein lassen!«

»Glauben Sie, dass die Teilhabe am größten Schatz der Welt uns nicht fester an Sie binden würde als die stärkste Kette? Vertrauen Sie mir, Boniface – Sie werden es nicht schaffen, von uns loszukommen.«

Unser Weg durch die Stadt war anderthalb Meilen lang, und wir gingen zu Fuß, statt mit der Kutsche zu fahren, um den militärischen Kontrollpunkten auszuweichen, die in der Stadt errichtet worden waren. Paris schien den Atem anzuhalten. Wenige Lichter brannten, und die Menschen, die sich auf die Straße wagten, standen in Gruppen zusammen und tauschten Gerüchte über den versuchten Staatsstreich aus. Bonaparte war zum König erhoben worden. Bonaparte war verhaftet worden. Bonaparte war in Saint-Cloud oder im Palais de Luxembourg oder sogar in Versailles. Die Abgeordneten würden den Mob zusammentrommeln. Die Abgeordneten waren zu Bonaparte übergelaufen. Die Abgeordneten waren geflohen. Alles ein aus der Furcht geborenes Geschwätz.

Wir kamen am Rathaus am Nordufer der Seine vorbei und an dunklen und verlassenen Theatern, die sonst um diese Zeit hell erleuchtet gewesen waren. Ich hatte glückliche Erinnerungen an die Foyers voller Kurtisanen, die ihrem Geschäft nachgingen. Dann folgten wir dem Fluss westwärts am Louvre vorbei. Die großen Türme und Strebepfeiler der Kathedrale auf der Ile de la Cité ragten vor einem grauen Himmel auf, der von einem verschleierten Mond beleuchtet wurde. »Dort müssen Sie den Weg für uns bereiten«, sagte ich und deutete auf Notre-Dame. »Wir werden mit dem Buch und dem gefangenen Silano kommen.«

Er nickte. Wir wichen in einen Eingang aus, als eine Kompanie Kavalleristen vorbeiklapperte.

Einmal meinte ich zu spüren, dass uns eine Gestalt folgte, und wirbelte herum, aber ich konnte nur einen flüchtigen Blick auf einen Rock erhaschen, der in einem Hauseingang verschwand. Wieder ein Aufblitzen roter Haare. Hatte ich mir das eingebildet? Ich wünschte, ich hätte meine Büchse oder irgendeine Waffe, doch wenn man uns mit einem Gewehr erwischte, würden wir ins Gefängnis gesteckt. Feuerwaffen waren im Stadtgebiet verboten. »Hast du eine merkwürdige Frau gesehen?«, fragte ich Astiza.

»In Paris kommen mir alle merkwürdig vor.«

Wir ließen den Louvre hinter uns, den dunklen und bleigrauen Fluss, bogen in die Gärten der Tuilerien ein und folgten der langen Fassade des Tuilerien-Palastes, den Katharina von Medici vor zwei Jahrhunderten hatte errichten lassen. Wie viele europäische Paläste war er riesig, acht Mal zu groß für jede vernünftige Verwendung und darüber hinaus nach dem Bau von Versailles größtenteils aufgegeben. Der arme König Ludwig und Marie Antoinette waren während der Revolution gezwungen worden, wieder hier einzuziehen, und dann war das Bauwerk vom Mob gestürmt und in Trümmern zurückgelassen worden. Es sah geisterhaft aus. Boniface besaß einen Polizeipass, um uns an dem einen gelangweilten, schläfrigen Wachposten an einer Seitentür vorbeizuschleusen. Er gab an, wir hätten hier etwas Dringendes zu erledigen. Wer hatte das nicht in diesen unruhigen Tagen?

»Ich würde keine Frau da mit hinaufnehmen«, riet uns der Soldat mit einem Blick auf Astiza. »Das tut niemand mehr. Da oben wacht ein Geist.«

»Ein Geist?«, wiederholte Boniface erbleichend.

»Man hat Dinge in der Nacht gehört.«

»Sie meinen den Grafen?«

»Irgendwas bewegt sich da oben, wenn er gegangen ist.« Er grinste, zeigte vergilbte Zähne. »Sie können die Dame bei mir lassen.«

»Ich *mag* Geister«, erwiderte Astiza.

Wir stiegen die Treppe zum ersten Stock hinauf. Die architektonische Opulenz der Tuilerien war immer noch sichtbar: riesige Räume mit kunstvoll geschnitzten Tonnendecken, mosaikartigen Parkettböden und üppig verzierten Kaminsimsen, die ausreichten, halb Philadelphia auszuschmücken, gingen in einer langen Reihe ineinander über. Unsere Schritte hallten. Aber die Farben waren schmutzig, Tapeten hingen herab, und der Boden war aufgerissen und durch die Kanone zerstört, die der Mob hier 1792 reingezerrt hatte, um sie auf Ludwig XVI. zu richten. Einige der hohen Fenster waren zerbrochen und vernagelt. Der größte Teil der Kunstgegenstände war verschwunden.

Wir gingen immer weiter, von einem Raum in den anderen, wie an einem Ort, der endlos von Spiegeln reflektiert wird. Endlich blieb unser Kerkermeister vor einer Tür stehen. »Das sind Silanos Räume«, verkündete Boniface. »Er erlaubt den Wachposten nicht, näher heranzukommen. Wir müssen uns beeilen, denn er könnte jeden Moment zurückkommen.« Er schaute sich um. »Wo ist dieser Geist?«

»In Ihrer Einbildung«, erwiderte ich.

»Aber *irgendwas* hält die Neugierigen ab.«

»Ja. Leichtgläubigkeit für dumme Geschichten.«

Das Schloss war leicht zu knacken: Unser Kerkermeister hatte genug Zeit gehabt, um von den Verbrechern zu lernen, die er beherbergte.

»Gute Arbeit«, lobte ich ihn. »Sie sind genau der Mann, der in die Krypta eindringen kann. Wir treffen uns dort mit Ihnen.«

»Halten Sie mich für einen Dummkopf? Ich gehe nicht, bevor ich weiß, dass dieser Graf wirklich etwas hat, das sich zu finden lohnt. Wenn wir uns beeilen.« Er blickte über seine Schulter.

Also betraten wir gemeinsam einen Vorraum, dann einen größeren, dämmrigen Raum, in dem wir unsicher stehen blieben. Silano war fleißig gewesen.

Als Erstes fiel ein Tisch in der Mitte ins Auge. Darauf lag ein toter Hund, dessen Lefzen in erstarrtem Schmerz zurückgezogen waren, das Fell mit Farbe bekleckst oder kahl geschoren. Mit Metalldraht zusammengehaltene Nadeln ragten aus dem Kadaver auf.

»Mon dieu, was ist das?«, flüsterte Boniface.

»Ein Experiment, glaube ich«, antwortete Astiza. »Silano spielt mit der Auferstehung.«

Unser Kerkermeister bekreuzigte sich.

Die Regale waren vollgestopft mit Büchern und Schriftrollen, die Silano aus Ägypten hierher verschifft haben musste. Es gab auch Unmengen von Konservierungsgefäßen mit gelber Flüssigkeit, die wie Erbrochenes aussah, in denen Organismen schwammen: glubschäugige Fische, fadenartige Aale, Vögel, deren Schnäbel in ihrem feuchten Gefieder steckten, Säugetiere und Teile von Dingen, die ich nicht genau bestimmen konnte. Da gab es Säuglingsgliedmaßen und Körperteile von Erwachsenen, Gehirne und Zungen, und in einem – wie Murmeln oder Oliven – Augen, die erschreckend menschlich aussahen. Auf einem Regal lagen menschliche Schädel und das vollständige Skelett eines großen Lebewesens, das ich ebenfalls nicht bestimmen konnte. Ausgestopfte und mumifizierte Nagetiere und Vögel beobachteten uns aus dem Dämmerlicht mit Augen aus Glas.

In der Nähe der Tür war ein Pentagramm auf den Boden gemalt, beschriftet mit seltsamen Symbolen aus dem Buch. Pergamente und Schilder mit weiteren Symbolen hingen an der Wand, daneben Karten und Diagramme der Pyramiden. Ich entdeckte das Kabbala-Muster, das wir unter Jerusalem gesehen hatten, und ein weiteres Gewirr aus Zahlen, Linien und obskuren Symbolen, wie zum Beispiel ein auf dem Kopf stehendes, verdrehtes Kreuz. Alles wurde von fast heruntergebrannten Kerzen beleuchtet: Silano war vor einiger Zeit gegangen, wurde aber offensichtlich zurückerwartet. Auf einem zweiten Tisch breitete sich ein Meer von Papieren aus, die mit den Buchstaben aus dem Buch des Thoth und Silanos Versuchen, sie ins Französische zu übersetzen, beschriftet waren. Die Hälfte war ausgestrichen und mit Tintenflecken übersät. Zusätzliche Phiolen enthielten widerliche Flüssigkeiten, und es gab mit chemischen Pulvern angefüllte Zinnkästen. Der Raum roch stark nach Tinte, Konservierungsmitteln, pulverisiertem Metall und Fäulnis.

»Das ist ein Ort des Bösen«, murmelte Boniface. Er sah aus, als hätte er einen Pakt mit dem Teufel geschlossen.

»Deswegen müssen wir Silano das Buch wegnehmen«, sagte Astiza.

»Gehen Sie, wenn Sie sich fürchten«, drängte ich ihn.

»Nein. Ich will das Buch sehen.«

Der Boden war zum großen Teil mit einem gewaltigen Wollteppich bedeckt, fleckig und zerrissen, aber zweifellos von den Bourbonen hinterlassen. Er endete an einem Balkon, der in die Dunkelheit ragte. Darunter befand sich ein mit Steinen gepflasterter Hof, von dem Doppeltüren wie Scheunentore hinausführten. Eine Kutsche und drei Karren waren hineingezwängt, die Karren voll beladen mit Kisten. Also packte Silano immer noch aus. Eine Holztreppe führte hier herauf. Das erklärte, warum diese speziellen Räume gewählt worden waren. Man konnte Dinge leicht hinein- und hinausbefördern.

Zum Beispiel einen hölzernen Sarkophag.

Der Sarg aus Rosetta stand im Schatten, aber jetzt entdeckte ich ihn, aufrecht an einer Wand lehnend. Die Umrisse der uralten Verzierung waren grau in dem schwachen Licht, wirkten aber vertraut. Und doch war irgendetwas seltsam Abweisendes an diesem Kasten.

»Es ist die Mumie«, sagte ich. »Ich wette, der Graf hat das Gerücht verbreiten lassen. Das ist der Geist, von dem der Wachposten gesprochen hat, das Ding, das die Männer davon abhält, in diesem Raum herumzuschnüffeln.«

»Da drin ist ein toter Mann?«

»Seit Tausenden von Jahren tot, Boniface. Schauen Sie hinein. So werden wir eines Tages alle sein.«

»Ihn öffnen? Nein, auf keinen Fall! Der Wächter sagte, es wird lebendig.«

»Nicht ohne das Buch, nehme ich an, und das haben wir noch nicht. Der Schlüssel zum Schatz unter Notre-Dame könnte in dem Sarkophag liegen. Sie haben Menschen zur Hinrichtung geschickt, Kerkermeister. Und Sie fürchten sich vor einem Holzkasten?«

»Einem Totenschrein.«

»Den Silano problemlos den ganzen Weg von Ägypten hierher transportiert hat.«

Also nahm unser aufgestachelter Kerkermeister allen Mut zusammen, ging hinüber und klappte den Deckel auf. Und Omar, die Wächtermumie mit dem fast schwarzen Gesicht, den leeren Augenhöhlen und den wie eine Grimasse grinsenden Zähnen beugte sich langsam vor und fiel ihm in die Arme. Boniface kreischte auf. Leinenbinden flatterten um sein Gesicht, und modriger Staub wurde ihm in die Augen geblasen. Er ließ Omar fallen, als stünde die Mumie in Flammen. »Er lebt!«

Das Problem bei der schlechten Bezahlung für öffentliche Bedienstete liegt darin, dass man nicht die Besten bekommt.

»Beruhigen Sie sich, Boniface«, sagte ich. »Er ist tot wie eine Wurst, und das schon seit mehreren tausend Jahren. Sehen Sie? Wir nennen ihn Omar.«

Der Kerkermeister bekreuzigte sich erneut, trotz der jakobinischen Animosität gegenüber der Religion. »Was wir hier tun, ist ein großer Fehler. Wir werden dafür verdammt werden.«

»Nur wenn wir den Mut verlieren. Hören Sie, es wird spät. Wie viel Risiko können Sie ertragen? Gehen Sie zu der Kirche, knacken Sie die Schlösser, und verstecken Sie unser Werkzeug. Verstecken Sie sich auch, und warten Sie auf uns!«

»Aber wann werden Sie kommen?«

»Sobald wir das Buch und Antworten vom Grafen bekommen. Klopfen Sie den Kryptaboden ab. Da muss irgendwo ein Hohlraum sein.«

Er nickte. Seine Gier kam zurück. »Und Sie versprechen, dass Sie kommen werden?«

»Wie soll ich denn reich werden, wenn ich nicht komme?«

Das stellte ihn zufrieden, und er floh zu unserer Erleichterung. Ich hoffte, dass ich ihn nie wiedersehen würde, da es meines Wissens nicht das geringste Fitzelchen eines Schatzes unter Notre-Dame gab und ich keinesfalls vorhatte, dorthin zu gehen. Die Mumie Omar hatte uns einen Gefallen getan.

Ich betrachtete die Leiche misstrauisch. Sie *würde* doch liegen bleiben, oder?

»Wir müssen das Buch rasch finden«, sagte ich zu Astiza. Wir mussten fertig werden, bevor der Graf zurückkam. »Du nimmst diese Seite der Regale, ich nehme die andere.«

Wir flogen an den Büchern entlang, rissen sie heraus, suchten nach *dem* Buch irgendwo dahinter. Hier gab es Bände über Alchemie, Hexerei, Zoroaster, Mithras, Atlantis und ultima Thule. Es gab Alben freimaurerischer Symbolik, Zeichnungen von ägyptischen Hieroglyphen, die Rangfolge der Tempelritter und Theorien über Rosenkreuzer und das Mysterium des Grals. Silano besaß Abhandlungen über Elektrizität, Langlebigkeit, Aphrodisiaka, pflanzliche Heilmittel, den Ursprung von Krankheiten und das Alter der

Erde. Seine Betrachtungen waren endlos, und doch fanden wir nicht das, wonach wir suchten.

»Vielleicht hat er es mitgenommen«, meinte ich.

»Das würde er nicht wagen, nicht in die Straßen von Paris. Er hat es irgendwo versteckt, an einem Ort, an den wir nicht denken – oder an dem wir nicht wagen würden, nachzuschauen.«

Nicht wagen würden? In Rosetta hatte Omar als Wachposten gedient. Ich betrachtete die arme, herausgefallene Mumie, die mit der weggefressenen Nase am Boden lag. Konnte es sein?

Ich drehte Omar um. In den Leinenbinden war ein Schlitz, und sein Körper war ausgehöhlt, die lebenswichtigen Organe entfernt. Ich verzog das Gesicht und griff hinein.

Und ertastete eine glatte, fest eingewickelte Schriftrolle. Schlau!

»Die Maus hat also den Käse gefunden«, sagte eine Stimme von der Tür.

Ich drehte mich um, bestürzt darüber, dass wir nicht fertig geworden waren. Alessandro Silano stolzierte aufrecht und verjüngt, als wären die Jahre fortgespült, auf uns zu und ließ ein gezogenes Rapier auf und ab schnippen. Sein Humpeln war verschwunden, und sein Blick war mörderisch. »Sie sind schwer zu töten, Ethan Gage, daher werde ich den Fehler, den ich aus Nachsicht in Ägypten begangen habe, nicht wiederholen. Ich wollte Ihre mumifizierte Leiche ausgraben und ihr in meinem zukünftigen Palast zuprosten. Gleichzeitig hatte ich jedoch immer schon gehofft, eines Tages diese Chance zu bekommen – Sie beide zu durchbohren. Und das werde ich jetzt tun.«

28

Astiza und ich waren unbewaffnet. In Ermangelung einer Alternative schnappte sie sich einen Schädel. Aus kaum einem anderen Grund, als das festzuhalten, weswegen wir gekommen waren, hob ich den ewig grinsenden Omar hoch, in dem immer noch das Buch des Thoth steckte. Er war leicht und zerbrechlich. Die Bandagen fühlten sich rau und brüchig an wie altes Papier.

»Wie passend, dass wir wieder in Paris sind, wo alles begann, nicht wahr?«, meinte der Graf. Sein Rapier war tödlich und zuckte wie eine Schlangenzunge. Mit der freien Hand löste er die Kordel an seinem Hals, um das Cape fallen zu lassen. »Haben Sie sich je gefragt, Gage, wie anders Ihr Leben wohl verlaufen wäre, wenn Sie mir an diesem ersten Abend einfach das Amulett verkauft hätten?«

»Natürlich. Ich hätte Astiza nie kennengelernt und sie Ihnen wegnehmen können.«

Er warf ihr einen raschen Blick zu. Sie hatte ihren Arm angewinkelt, um den Schädel zu werfen. »Ich werde sie bald wiederhaben und mit ihr machen können, was ich will.« Daraufhin schleuderte sie den Knochenball auf ihn. Er wehrte ihn mit dem Griff des Rapiers ab, während er die Lippen höhnisch verzog, und der Schädel fiel mit lautem Klappern zu Boden. Silano kam um den Tisch herum weiter auf mich zu.

Er sah jünger aus, ja – das Buch hatte tatsächlich etwas für ihn bewirkt –, aber es war eine merkwürdige Jugendlichkeit, als sei er gestreckt worden. Seine Haut war stramm und bleich, seine Augen leuchtend und doch von Müdigkeit umschattet. Er wirkte wie ein Mann, der wochenlang nicht geschlafen hatte. Der vielleicht nie wieder schlafen würde. In seinen Augen lauerte ein gewisser Wahnsinn.

Irgendetwas war schrecklich falsch an dieser Schriftrolle, die wir gefunden hatten.

»Ihr Arbeitszimmer stinkt wie die Hölle, Alessandro«, sagte ich. »Bei welchem Gott gehen Sie in die Lehre?«

»Das ist nur ein Vorgeschmack auf das, wohin Sie gehen werden, Gage. Genau *jetzt!*« Und er hieb zu.

Also hielt ich meinen makaberen Schild hoch. Omar wurde durchstochen, aber die Mumie hielt die Spitze fest. Ich hatte ein schlechtes Gewissen, dem alten Jungen all das anzutun, doch ihn konnte das kaum mehr kümmern, nicht wahr? Ich schob die Mumie gegen Silano, verdrehte sein Handgelenk, aber dann rutschte sein Schwert ganz durch das Gerippe und traf mich an der Flanke. Verdammt, tat das weh! Das Rapier war scharf wie ein Rasiermesser.

Silano fluchte, schwang seinen freien Arm – er hatte seine alte Leichtigkeit zurückgewonnen – und versetzte mir einen Hieb, warf mich zurück und entrang mir den ägyptischen Kadaver. Er torkelte zur Seite. Sein Schwert steckte zwar immer noch fest, aber er griff in den Hohlraum der Leiche und zog triumphierend die Schriftrolle heraus. Nun hatte ich überhaupt keinen Schild mehr. Er hielt das Buch über den Kopf, forderte mich heraus, mich auf ihn zu stürzen, damit er mich aufspießen konnte. Astiza hatte sich zusammengekauert und wartete auf eine Chance.

Hektisch blickte ich mich um. Der hölzerne Sarkophag! Er lehnte bereits aufrecht, daher packte ich ihn und hievte den unhandlichen Kasten als neuen Schutzschild herum. Silano hatte inzwischen sein Schwert befreit und dabei den armen Omar fast entzweigebrochen. Er steckte die Schriftrolle in sein Hemd und kam erneut auf mich zu. Ich parierte mit dem Totenschrein, ließ das Schwert durch das alte Holz stechen, warf ihn zurück, und das Rapier zerbrach. Wütend trat Silano gegen den Sarg, zerschmetterte das altersschwache Holz, und als es auseinanderfiel, purzelte etwas darin Verkeiltes heraus.

Meine Büchse!

Ich stürzte mich darauf, aber als ich danach griff, schlitzte mir das zerbrochene Schwert die Fingerknöchel auf wie der Biss einer Schlange, so schmerzhaft, dass ich meine Waffe nicht packen konnte. Ich rollte mich weg, als Silano zersplittertes Holz aus dem Weg trat, um an mich heranzukommen. Jetzt hatte er eine Pistole gezogen, und sein Gesicht war vor Wut und Abscheu verzerrt. Ich warf mich gegen die Regale zurück, als die Pistole losging, und spürte den Luftzug der Kugel, die an mir vorbeiflog. Sie traf eines seiner ekligen Gläser am anderen Ende des Raumes, und das Gefäß zerbrach. Flüssigkeit ergoss sich auf den Boden beim Balkon, und etwas Widerliches, Bleiches rutschte heraus. Ein giftiger Geruch erhob sich, ein Gestank entflammbarer Dämpfe, vermischt mit dem Geruch von Schießpulver.

»Verdammt sollen Sie sein!« Fummelnd lud er nach.

Und dann kam mir Ben zu Hilfe. »Energie und Beharrlichkeit bezwingen alle Dinge«, fiel mir ein. Energie!

Astiza war unter dem Tisch und kroch auf Silano zu. Ich zog meinen Mantel aus und warf ihn als Ablenkung auf ihn, dann riss ich mir das Hemd herunter. Der Graf sah mich an, als sei ich verrückt geworden, aber ich brauchte nackte, trockene Haut. Nichts eignet sich besser dazu, Reibung zu erzeugen. Ich nahm zwei Schritte Anlauf und machte einen Hechtsprung, landete wie ein Schwimmer auf dem Wollteppich und schlitterte mit dem Körper darüber, die Zähne gegen das Brennen zusammengebissen. Elektrizität, verstehen Sie, wird durch Reibung erzeugt, und das Salz in unserem Körper macht uns kurzzeitig zu Batterien. Während ich zum Ende des Raumes schlitterte, lud ich mich gewissermaßen auf.

Das zerbrochene Glasgefäß hatte einen Metallboden. Als ich darauf zuglitt, warf ich den Arm nach vorne und streckte meinen Finger aus wie Michelangelos Gott ihn nach Adam ausstreckt. Und als ich näher kam, sprang die Energie, die ich aufgenommen hatte, mit einem Ruck auf das Metall über.

Ein Funke blitzte auf, und der Raum explodierte.

Die Dämpfe von Silanos Hexengebräu wurden zu einem Feuerball, schossen über meinen sich windenden Körper und blähten sich in Richtung des Grafen, Astizas und hinab zu den Karren, Kutschen und Kisten aus, auf die das Konservierungsmittel getropft war. Die Druckwelle ließ die Papiere auf dem Tisch in einem Wirbelwind hochfliegen und versengte einige, während das Lager unter mir Feuer fing. Ich rappelte mich auf mit versengtem Haar und einem Brennen in beiden

Flanken – auf der einen Seite von dem Schwertkratzer, auf der anderen von meiner Rutschpartie über den Teppich – und beäugte meine Büchse. Auf meiner Kleidung war noch Konservierungsmittel, und ich schlug ein Flämmchen auf meinen Breeches aus. Ein trüber, rauchiger Dunst erfüllte den Raum. Silano, sah ich, war gestürzt, kam jetzt aber ebenfalls mit benommenem Blick wieder auf die Beine und fummelte erneut an seiner Pistole. Dann erhob sich Astiza hinter ihm und schlang ihm etwas um den Hals.

Die Leinenbinden von Omar!

Ich kroch auf meine Büchse zu.

Silano krümmte sich und hob Astiza von den Füßen, doch sie hing grimmig auf seinem Rücken. Während sie unbeholfen herumtanzten, hüpfte die grässliche Mumie mit ihnen, eine bizarre Ménage-à-trois. Ich kam an meine Büchse und drückte ab, aber es ertönte nur ein trockenes Klicken.

»Beeil dich, Ethan!«

Das Pulverhorn und der Patronenbeutel waren da, also begann ich zu laden und verfluchte zum ersten Mal den mühsamen Vorgang.

Abmessen, einfüllen, Wattierung, Patrone. Meine Hand zitterte. Astiza und Silano wirbelten an mir vorbei. Das Gesicht des Grafen lief unter ihrem Würgen rot an, doch er hatte ihr Haar gepackt und wand sich, um an sie heranzukommen. Der erste Ladestock, jetzt das Rammen mit dem längeren ... verdammt! Die beiden waren gegen das Balkongeländer geprallt und hatten einen Teil davon abgebrochen. Flammen schossen von unten hoch. Die an ihnen hängende Mumie machte den Tanz weiter mit. Der Graf drehte Astiza vor sich, benutzte sie als Schutzschild, als er meine Büchse erblickte, und versuchte, seine Pistole zu heben. Unter der Zimmerdecke wurde der Rauch dicker. Mein einziger Schuss musste genau treffen! Er zerrte die Bandagen von seinem Hals, schlang sie um Astizas und hob die Pistole.

Ich warf den Ladestock fort, gab eine Prise Schießpulver in die Zündpfanne und hob den Lauf. Silano schoss, wurde beim Zielen jedoch durch Astiza behindert, die er herumwirbelte, um sie in die Flammen zu schleudern, wodurch sein Hals gerade genug entblößt wurde ...

»Er wird mich verbrennen!«

Ich schoss.

Die Kugel traf ihn in die Kehle.

Sein Schrei war ein blutiges Gurgeln. Seine Augen weiteten sich vor Entsetzen und Schmerz.

Und dann krachte er durch das Balkongeländer, stürzte hinab in die Flammen und nahm meine Geliebte mit sich.

»Astiza!«

Alles wiederholte sich, wie bei dem Sturz vom Ballon. Sie stieß einen Schrei aus und war verschwunden.

Ich rannte zum Balkon, sah nach unten und erwartete, sie in Flammen zu sehen. Aber nein, die Mumie war dank des selbst nach Jahrtausenden immer noch kräftigen Brustkorbs und der zähen Muskeln an einem der zerbrochenen Geländerstücke hängen geblieben. Astiza hing an den Leinenbinden und strampelte mit den Füßen über dem heißen Feuer.

Graf Silano war in dem Inferno verschwunden und krümmte sich auf dem provisorischen Scheiterhaufen. Das Buch hielt er an seiner Brust umklammert.

Zur Hölle mit dem verfluchten Buch!

Ich packte die Bandagen, zog, erwischte Astizas Arm und hievte sie hoch. Ich würde sie nicht noch einmal mit Silano hinabfallen lassen! Als ich sie über den Rand des Balkons zerrte, löste sich Omar von ihr und wurde im Fallen zu einer Fackel, als seine Binden Feuer fingen. Er krachte hinunter, um mit seinem Herrn zu verbrennen. Ich beugte mich vor und sah, dass sich seine zerbrochenen Gliedmaßen bewegten, als hätte er unerträgliche Schmerzen! Lebte er irgendwie immer noch? Oder war das ein durch die Hitze hervorgerufenes Trugbild?

Er war kein Fluch, sondern ein Retter gewesen. Thoth hatte schließlich doch auf uns herabgelächelt.

Und das Buch? Während Silanos Kleidung verbrannte, konnte ich sehen, wie sich die Schriftrolle auf seinem sich auflösenden Brustkorb kräuselte. Die Flammen wurden heißer, und das Fleisch des Grafen begann zu blubbern. Ich zog mich zurück.

Astiza und ich klammerten uns aneinander. Kirchenglocken, Rufe und das Rattern schwerer Wagen waren zu hören. Die Pariser Feuerwehr würde bald hier sein. Bis sie eintraf, würde das Geheimnis, das Menschen seit Tausenden von Jahren begehrt hatten, zu Asche verbrannt sein.

»Kannst du laufen?«, fragte ich sie. »Uns bleibt nicht viel Zeit. Wir müssen fliehen.«

»Das Buch!«

»Es ist mit Silano verbrannt.«

Sie weinte. Ich war mir nicht sicher, worum.

Unter uns hörte ich, wie Kutschentüren geöffnet und Wasser gepumpt wurde. Langsam humpelten wir auf die Tür zu, durch die wir hereingekommen waren. Blutig und versengt traten wir über eine Masse aus Glas, Flüssigkeit, Knochen, über Bücher und zerstörte Papiere hinweg.

Der Flur war voller Rauch. Einen Augenblick lang hoffte ich, das Feuer würde alle Verfolger zurückhalten, und uns könnte die Flucht gelingen.

Aber nein, ein Trupp Gendarme kam den Flur entlang gestapft.

»Das ist er! Der da!« Eine lästige, vertraute Stimme, die ich seit anderthalb Jahren nicht mehr gehört hatte. »Er schuldet mir Miete!« Madame Durrell! Meine frühere Vermieterin aus Paris, vor der ich unter ungebührlichen Umständen hatte fliehen müssen, war die mysteriöse rothaarige Frau, die seit meiner Rückkehr nach Paris am Rand meines Blickfeldes herumgegeistert war. Sie hatte nie an meinen guten Charakter geglaubt und mich bei unserem Abschied der versuchten Vergewaltigung beschuldigt. Ich hatte es abgestritten, aber ehrlich gesagt, man brauchte sie sich nur anzuschauen. Die Pyramiden sind jünger als Madame Durrell, und außerdem in viel besserem Zustand.

»Werde ich Sie denn nie los?«, stöhnte ich.

»Das werden Sie, wenn Sie bezahlen, was Sie mir schulden.«

»Gläubiger haben ein besseres Gedächtnis als Schuldner«, hatte Ben gerne gesagt. Aus Erfahrung wusste ich, dass es stimmte. »Und Sie haben mich wie einer von Fouchés Geheimpolizisten verfolgt?«

»Ich habe Sie in dem Gefängniswagen entdeckt, wo Sie hingehörten, aber ich wusste, dass Sie irgendwie freikommen und nichts Gutes im Schilde führen würden! Oui, ich behielt das Temple-Gefängnis im Auge, da können Sie sicher sein! Als ich sah, wie Sie zusammen mit diesem korrupten

Kerkermeister den Palast betraten, habe ich Hilfe geholt. Graf Silano selbst hat gesagt, er würde Sie zur Rede stellen. Doch als ich hierher zurückkam, stand der ganze Palast in Flammen!« Sie wandte sich an die Soldaten. »Das ist typisch für den Amerikaner. Er lebt wie ein Primitiver aus der Wildnis. Versuchen Sie, ihm Geld abzuknöpfen!«

Ich seufzte. »Ich befürchte, Madame Durrell, dass ich erneut alles verloren habe. Ich kann Sie nicht bezahlen, ganz gleich, wie viele Polizisten Sie mitbringen.«

Sie kniff die Augen zusammen. »Und was ist mit der Waffe da? Ist das nicht dieselbe, die Sie aus meiner Wohnung gestohlen haben und mit der Sie versucht haben, mich zu erschießen?«

»Ich habe sie nicht gestohlen, sie gehörte mir, und ich habe auf das Türschloss geschossen, nicht auf Sie. Es ist nicht mal dieselbe …« Aber Astiza legte mir die Hand auf den Arm, und ich schaute an meiner alten Vermieterin vorbei. Bonaparte kam den Korridor entlang, zusammen mit einer Gruppe von Generälen und Adjutanten. Seine grauen Augen waren eisig, sein Ausdruck finster. Zum letzten Mal hatte ich ihn so wütend gesehen, als er von Josephines Untreue erfuhr und die Mamelucken in der Schlacht bei den Pyramiden vernichtete.

Ich machte mich auf das Schlimmste gefasst. Bonapartes Beherrschung des Exerzierplatzjargons war legendär. Aber nach weiteren finsteren Blicken schüttelte er den Kopf in widerwilliger Bewunderung. »Ich hätte es mir denken können. Haben Sie tatsächlich das Geheimnis der Unsterblichkeit entdeckt, Monsieur Gage?«

»Ich bin nur beharrlich.«

»Und deshalb sind Sie mir zweitausend Meilen gefolgt,

haben einen königlichen Palast in Brand gesetzt und es meinen Feuerwehrleuten überlassen, zwei Leichen in der Asche zu finden?«

»Wir haben dafür gesorgt, dass nicht noch schlimmere Dinge passieren, das versichere ich Ihnen.«

»General, er schuldet mir Miete!«, mischte sich Madame Durrell ein.

»Ich würde es vorziehen, wenn Sie mich mit Erster Konsul ansprechen, Madame, ein Amt, in das ich um zwei Uhr heute Morgen gewählt worden bin. Und wie viel schuldet er Ihnen?«

Wir sahen ihr an, wie sie rechnete und überlegte, um wie viel sie die tatsächliche Summe zu erhöhen wagte. »Einhundert Livres«, versuchte sie schließlich. Als sich niemand über diese absurde Summe aufregte, fügte sie hinzu: »Plus fünfzig, für Zinsen.«

»Madame«, sagte Napoleon, »waren Sie diejenige, die den Alarm ausgelöst hat?«

Durrell reckte die Brust vor. »Das war ich.«

»Dann noch weitere fünfzig Livres als Belohnung, ein Geschenk der Regierung.« Er drehte sich um. »Berthier, händigen Sie dieser galanten Dame zweihundert aus.«

»Zu Befehl, General. Ich meine, Konsul.«

Madame Durrell strahlte.

»Aber Sie dürfen über das hier kein einziges Wort verlieren, zu niemandem, niemals«, belehrte Bonaparte sie. »Was heute hier geschehen ist, betrifft die Sicherheit Frankreichs, und das Schicksal unserer Nation beruht auf Ihrer Verschwiegenheit und Ihrem Mut. Können Sie mit dieser Bürde umgehen, Madame?«

»Für zweihundert Livres kann ich das.«

»Hervorragend. Sie sind eine wahre Patriotin.« Sein Adjutant zog sie beiseite, händigte ihr das Geld aus, und der neue Herrscher Frankreichs wandte sich mir wieder zu. »Die Leichen wurden bis zur Unkenntlichkeit verbrannt. Können Sie sie für mich identifizieren, Monsieur Gage?«

»Der eine ist Graf Silano. Anscheinend konnten wir unsere Partnerschaft nicht erneuern.«

»Verstehe.« Er wippte mit dem Fuß. »Und der zweite?«

»Ein alter ägyptischer Freund namens Omar. Er hat uns das Leben gerettet, glaube ich.«

Bonaparte seufzte. »Und das Buch?«

»Ein Opfer derselben Feuersbrunst, befürchte ich.«

»Ach ja? Durchsucht sie.« Und wir wurden unsanft durchsucht, ohne dass etwas gefunden wurde. Einmal mehr wurde meine Büchse von einem Soldaten konfisziert.

»Also haben Sie mich bis zum Ende betrogen.« Er blickte hinauf zum Rauch, der sich allmählich verzog, runzelte die Stirn wie ein Vermieter über ein Leck. »Nun ja, ich habe keine Verwendung mehr für das Buch, nachdem ich nun Frankreich habe. Sie sollten zuschauen, was ich mit diesem Land mache.«

»Ich bin sicher, dass Sie nicht stillsitzen werden.«

»Unglücklicherweise ist Ihre Erschießung längst überfällig, und Frankreich wird um einiges sicherer sein, wenn Sie tot sind. Da ich es vor dieser Nacht erfolglos anderen überlassen habe, denke ich, dass ich es selbst ausführen sollte. Die Gärten der Tuilerien sind dafür so gut geeignet wie jeder andere Ort.«

»Napoleon!«, flehte Astiza.

»Sie werden ihn nicht vermissen, Madame. Ich werde Sie

auch erschießen. Und Ihren Kerkermeister ebenfalls, wenn ich ihn finden kann.«

»Ich glaube, er sucht nach einem Schatz in der Krypta von Notre-Dame«, sagte ich. »Ihn trifft keine Schuld. Er ist ein einfacher Mann mit großer Vorstellungskraft, der einzige Kerkermeister, den ich je gemocht habe.«

»Der Idiot hat bereits Sidney Smith aus dem Temple entkommen lassen«, knurrte Napoleon. »Dem ich dann in Akko entgegentreten musste.«

»Ja, General. Aber seine Geschichten haben uns alle ermutigt, nach Ihrem Buch zu suchen.«

»Dann erschieße ich Sie zum Ausgleich doppelt.«

Wir wurden im Marschtritt nach draußen gebracht. Rauch kringelte sich in den kurz vor Tagesanbruch grauen Himmel. Wieder einmal fühlte ich mich total erledigt – erschöpft, aufgeschlitzt von einem Rapier, aufgeschürft vom Versuch, Reibung zu erzeugen, und müde vom Mangel an Schlaf. Sollte ich wirklich teuflisches Glück haben, dann tut mir der Teufel leid.

Bonaparte ließ uns vor einer dekorativen Wand, an der sich in dieser Jahreszeit keine Blumen mehr rankten, Aufstellung nehmen. Dort, an einem grauen Novembermorgen, sollte meine Geschichte enden: Napoleon Herr aller Dinge, das Buch verloren, meine Liebe dem Untergang geweiht. Sogar zum Flehen waren wir zu erschöpft. Musketen wurden gehoben und Hähne zurückgezogen.

Jetzt geht das wieder los, dachte ich.

Und dann ertönte ein scharfes Kommando. »Halt.«

Ich stand da mit den Augen geschlossen – bei Jaffa hatte ich schon lange genug in Musketenläufe gestarrt – und hörte das Knirschen von Stiefeln auf dem Kies, als Napoleon herüberkam. Was jetzt? Misstrauisch öffnete ich die Augen.

»Sie haben mir die Wahrheit über das Buch gesagt, nicht wahr, Gage?«

»Es ist fort, General. Ich meine, Erster Konsul. Verbrannt.«

»Es hat funktioniert, wissen Sie. Teile davon. Sie können Männer unter einen Bann stellen und sie dazu bringen, den außergewöhnlichsten Dingen zuzustimmen. Was Sie getan haben, Amerikaner, ist eine sträfliche Vergeudung.«

»Kein Mensch sollte einen anderen verzaubern.«

»Ich verabscheue Sie, Gage, aber ich bin trotzdem von Ihnen beeindruckt. Sie sind ein Überlebenskünstler, genau wie ich. Ein Opportunist wie ich. Und sogar ein Intellektueller wie ich, auf Ihre eigene, merkwürdige Weise. Ich brauche keine Magie, wenn ich den Staat habe. Was würden Sie also tun, wenn ich Sie gehen ließe?«

»Mich gehen lassen? Sie müssen entschuldigen, dass ich nicht so weit vorausgedacht habe.«

»Meine Stellung hat sich verändert. Ich *bin* Frankreich. Ich kann mich nicht mit kleinlicher Rache aufhalten, ich muss für Millionen denken. Im nächsten Jahr findet in Ihren Vereinigten Staaten eine Wahl statt, und ich brauche Hilfe, um die Beziehungen zu verbessern. Ihnen ist bekannt, dass sich unsere beiden Länder auf See duelliert haben?«

»Äußerst bedauernswert.«

»Gage, ich brauche einen Gesandten auf dem amerikanischen Kontinent, der eigenständig denken kann. Frankreich vertritt Interessen in der Karibik und in Louisiana, und wir haben die Hoffnung noch nicht aufgegeben, Kanada zurückzugewinnen. Es gibt seltsame Berichte von Artefakten im Westen, die einen Grenzläufer wie Sie interessieren könnten. Unsere Nationen können Feinde sein, oder wir können einander helfen wie während der Revolution. Sie kennen mich so gut wie kaum ein anderer. Ich möchte, dass Sie in Ihre neue Hauptstadt gehen, die Washington genannt wird, oder Columbia, und einige meiner Ideen sondieren.«

Ich blickte über die Reihe des Erschießungskommandos zu ihm. »Als Gesandter?«

»Wie Franklin, um eine Nation der anderen zu erklären.«

Die Soldaten stellten ihre Waffen ab. »Mit dem größten Vergnügen.« Ich hustete.

»Wir werden die Mordanklage gegen Sie fallen lassen und über dieses Fiasko mit Silano hinwegsehen. Faszinierender Mann, aber ich habe ihm nie getraut. Nie.«

Das hatte ich anders in Erinnerung, doch es gab Grenzen für einen Streit mit Napoleon. Ich spürte, wie Leben in meine Extremitäten zurückkehrte. »Und?« Mit einem Kopfnicken deutete ich auf Astiza.

»Ja, ja, Sie sind von ihr genauso behext wie ich von Josephine. Jeder Mann kann das sehen, und der Herr habe Erbarmen mit uns beiden! Gehen Sie mit Astiza, schauen Sie, was Sie in Erfahrung bringen können, und vergessen Sie nicht – Sie schulden mir zweihundert Livres!«

Ich lächelte so leutselig wie möglich. »Wenn ich meine Büchse zurückbekommen könnte.«

»Abgemacht. Aber wir konfiszieren Ihre Munition, denke ich, bis ich ein gutes Stück außer Reichweite bin.« Als sie mir meine Langbüchse zurückgaben, drehte er sich um und betrachtete den Palast. »Meine Regierung wird natürlich im

Palais de Luxembourg beginnen. Aber ich hätte gute Lust, das hier zu meinem Heim zu machen. Ihr Feuer verschafft mir einen Vorwand, das alles revovieren zu lassen: Noch an diesem Morgen!«

»Wie günstig, dass ich Ihnen zu Diensten sein konnte, Konsul.«

»Ihnen ist doch klar, dass Ihr hohler Charakter die Kugeln nicht wert wären, Sie zu töten?«

»Ich bin ganz Ihrer Meinung.«

»Und dass Frankreich und Amerika dieselben Interessen gegen das niederträchtige Britannien teilen?«

»England hat so eine Art, gelegentlich überheblich zu sein.«

»Ihnen traue ich genauso wenig, Gage. Sie sind ein Gauner. Aber wenn Sie mit mir zusammenarbeiten, wird vielleicht etwas dabei herauskommen. Sie müssen sich immer noch ein Vermögen erwerben, wissen Sie.«

»Das ist mir durchaus bewusst, Erster Konsul. Nach fast zwei Jahren Abenteuer besitze ich nach wie vor keinen Penny.«

»Zu Freunden kann ich großzügig sein. Also. Meine Adjutanten werden ein Hotel für Sie finden, weit genug entfernt von Ihrer grausigen Vermieterin. Was für eine Medusa! Ich werde Ihnen eine kleine Beihilfe gewähren und darauf zählen, dass Sie sie nicht beim Kartenspiel einsetzen. Wir behalten natürlich einiges davon zurück, bis ich meine zweihundert Livres wiederhabe.«

Ich seufzte. »Natürlich.«

»Und Sie, Madame?«, wandte er sich an Astiza. »Sind Sie bereit für Amerika?«

Sie hatte unser Gespräch besorgt verfolgt. Jetzt zögerte sie und schüttelte dann langsam und traurig den Kopf. »Nein, Konsul.«

»Nein?«

»Ich habe in diesen langen dunklen Tagen mein Herz erforscht und erkannt, dass ich ebenso sehr zu Ägypten gehöre, wie Ethan hierher. Ihr Land ist sehr schön, aber kalt, und die Wälder werfen Schatten auf die Seele. Die amerikanische Wildnis würde noch schlimmer sein. Das ist kein Ort für mich. Zudem glaube ich nicht, dass wir die letzte Spur des Thoth oder der Templer gefunden haben. Schicken Sie Ethan auf Ihre Mission, aber haben Sie Verständnis dafür, dass ich nach Kairo und in Ihr Institut der Gelehrten zurückkehren muss.«

»Madame, ich kann nicht für Ihre Sicherheit in Ägypten garantieren. Ich weiß nicht mal, ob ich in der Lage sein werde, meine Armee zu retten.«

»Isis hat eine bestimmte Rolle für mich vorgesehen, und die liegt nicht auf der anderen Seite des Ozeans.« Sie wandte sich mir zu. »Es tut mir leid, Ethan. Ich liebe dich, so wie du mich liebst. Aber meine Suche ist noch nicht vollständig beendet. Für uns ist die Zeit noch nicht gekommen, uns gemeinsam niederzulassen. Vielleicht wird sie kommen, eines Tages. Vielleicht.«

Bei den Sümpfen von Georgia, konnte ich bei Frauen denn nie Erfolg haben? Ich war durch Dantes Inferno gegangen, hatte endlich Astizas ehemaligen Liebhaber beseitigt, eine ansehnliche Stellung von der neuen Regierung Frankreichs erhalten – und jetzt wollte sie gehen? Das war doch Irrsinn!

Oder nicht? Ich war nicht in der Stimmung, jetzt sofort ein Nest zu bauen, und hatte wirklich keine Ahnung, wohin mich mein nächstes Abenteuer führen würde. Und Astiza war nicht die Frau, fügsam hinter mir herzutrotten. Auch ich war neugierig darauf, mehr über das alte Ägypten zu erfahren, daher konnte sie vielleicht den Pfad dafür bereiten, während ich in Amerika Napoleons Aufträge ausführte. Ein paar diplomatische Diners, ein rascher Blick auf die eine oder andere Zuckerinsel, und ich würde ein freier Mann sein, bereit, unsere Zukunft zu planen.

»Wirst du mich nicht vermissen?«, wagte ich zu fragen.

Sie lächelte traurig. »O doch. Das Leben ist Kummer. Aber das Leben ist auch Vorsehung, und das Aussetzen dieser Hinrichtung ist ein Zeichen dafür, dass die nächste Tür geöffnet, der nächste Pfad beschritten werden muss.«

»Woher soll ich wissen, ob wir uns wiedersehen?«

Sie lächelte traurig, bedauernd und doch liebevoll und küsste mich auf die Wange. Dann flüsterte sie: »Wette darauf, Ethan Gage. Spiel die Karten aus.«

Historische Anmerkungen

Wenn wir mehr aus unseren Fehlern als aus unseren Erfolgen lernen, dann kann man Napoleons Feldzug ins Heilige Land 1799 extrem lehrreich nennen. Seine Angriffe waren ungeduldig und in Akko schlecht vorbereitet. Er verprellte den größten Teil der einheimischen Bevölkerung. Das Massaker und die anschließende Hinrichtung der Gefangenen in Jaffa sollten seinen Ruf für den Rest seines Lebens belasten. Wenig besser waren die Berichte darüber, dass er Sterbehilfe für seine eigenen Soldaten initiiert hatte, indem er die Ausgabe von Opium und Gift an die Pestopfer befahl. Bis zu seinem Einmarsch in Russland 1812 würde er keinen so beschämenden Rückschlag mehr erleiden.

Und doch hatte Bonaparte Ende 1799 nicht nur ein militärisches Debakel überlebt. Der Korse hatte die öffentliche Meinung in Frankreich so geschickt manipuliert, dass er zum Ersten Konsul des Landes gewählt wurde, dessen Nationalität er angenommen hatte, und auf dem Weg war, Kaiser zu werden. Moderne Politiker, die mit Teflon beschichtet zu sein scheinen (das heißt, dass keine Kritik an ihnen hängen bleibt), lassen sich nicht mit der Gerissenheit Napoleon Bonapartes vergleichen. Wie konnte ihm ein solcher Umschwung in einer derartigen Katastrophe gelingen? Das ist das vertrackte Mysterium, das im Mittelpunkt dieses Buches steht.

Lesern, die sich für solche Dinge interessieren, sei gesagt, dass vieles in diesem Roman auf Tatsachen beruht. Die Tragödie von Jaffa, die Schlacht am Berg Tabor und die Belagerung Akkos verliefen größtenteils wie beschrieben, wenngleich ich mir Freiheiten bei den Details erlaubt habe. Ethan Gage und seine elektrifizierte Kette sind eine Erfindung, genau wie Napoleons Rammbocktorpedo. Aber Sir Sidney Smith, Phélippeaux, Haim Farhi und Djezzar hat es gegeben. (In Wirklichkeit starb Phélippeaux während der Belagerung an einem Sonnenstich, nicht durch Bajonette.) In Akko und Jaffa – Letzteres jetzt ein Vorort von Tel Aviv – gibt es noch architektonische Anklänge an das Jahr 1799, und es fällt nicht schwer, sich Gages Aufenthalt im Heiligen Land vorzustellen. Während der strategische Turm und die Belagerungswälle von Akko verschwunden sind – sie wurden wegen der umfangreichen Schäden nach der Schlacht von Djezzar durch neue ersetzt –, ist es trotzdem romantisch, auf den Verteidigungsanlagen dieser schönen Mittelmeerstadt spazieren zu gehen. Im Osten führt eine Schnellstraße nach Galiläa am Fuße des Hügels vorbei, auf dem Napoleon sein Hauptquartier hatte.

Für Leser, die an der Geschichte von Napoleons syrischer Kampagne interessiert sind, empfehle ich *Napoleon in the Holy Land* von Nathan Schur und *Bonaparte in Egypt* von J. Christopher Herold. Beeindruckende dokumentarische Aquarelle des englischen Malers David Roberts aus dem Jahr 1839 sind in einer Reihe von Kunstbänden zu finden.

Obwohl einige der unterirdischen Gewölbe unter dem Jerusalemer Tempelberg meiner Fantasie entsprangen – die muslimischen Behörden haben selbst seit Langem erforschte Kammern wie die Ställe Salomos für Besucher geschlossen –, ist es eine Tatsache, dass Jerusalem von Höhlen und Tunneln durchlöchert ist. Dazu gehört auch ein dunkler, schenkeltiefer Wasserlauf von dem tiefer gelegenen Siloam-Becken, durch den der Autor pflichtgetreu gewatet ist, um ein Gefühl für das Untergrundabenteuer zu bekommen, das er beschreibt. Unterirdische Tore zu seit Langem geheimen Tunneln unter dem Tempelberg existieren: Als Tourist kann man zumindest eins davon sehen. Archäologen ist der Zutritt zum Tempelberg verboten, weil man befürchtet, dass Entdeckungen religiöse Konflikte auslösen könnten. Forscher sind in der Vergangenheit vom wütenden Mob verjagt worden, aber verleiht das der Vorstellung, dass dort immer noch Entdeckungen gemacht werden könnten, nicht umso mehr Glaubwürdigkeit? Bloß sollten Sie dort nicht mit einer Schaufel auftauchen. Sie könnten einen heiligen Krieg auslösen.

Einige Leser werden in der »Stadt der Geister« die atemberaubende jordanische Ruinenstadt Petra erkennen, erbaut von den Nabatäern kurz vor Christi Geburt und letztlich von den Römern verwaltet. Zu der Zeit von Gages Besuch war sie in der Tat eine verlassene Stadt und machte erst im neunzehnten Jahrhundert die ersten europäischen Besucher vollkommen sprachlos. Trotz einiger offensichtlicher Freiheiten, die ich mich erlaubt habe, ist die Stadt größtenteils so, wie ich sie beschreibe. Den Hohen Opferplatz gibt es tatsächlich.

Der Palast der Tuilerien wurde ab 1564 erbaut und brannte 1871 nieder. Von Februar 1800 an, drei Monate, nachdem Napoleon die Macht ergriffen hatte, dienten die Tuilerien ihm und Josephine als Wohnung. Das Temple-Gefängnis existierte ebenfalls, wurde aber in der Zwischenzeit abgerissen. Und ja, Notre-Dame ist über dem Standort eines römischen Isis-Tempels erbaut worden.

Die Überlieferungen der Tempelritter, die Kabbala-Symbolik und den Begriff »Buch des Thoth« gibt es ebenfalls. Mehr über Thoth findet sich in dem Buch *Das ägyptische Amulett* (Originaltitel: *Napoleon's Pyramids*), in dem die Vorgeschichte des hier vorliegenden Abenteuers erzählt wird. Meine Idee, dass Thoths Buch von den Templern aufgespürt wurde, ist erfunden – aber was war denn *wirklich* der Ursprung ihres raschen Aufstiegs zur Macht, nachdem sie Ausgrabungen unter dem Tempelberg vorgenommen hatten? Was haben sie dort tatsächlich gefunden? Wo *ist* die biblische Bundeslade? Welches geheime Wissen erwarben die Gesellschaften des Altertums wirklich? Mysterien wird es immer geben.

Mit gewisser Ironie sollte ich anmerken, wie sehr es das British Museum überraschen wird, dass dem Rosettastein, der hier stolz zur Schau gestellt wird, nachdem britische Soldaten ihn 1801 von den Franzosen konfiszierten, in der Tat das oberste und wichtigste Stück fehlt. Nachdem die Kuratoren diesen Roman gelesen haben, sollten sie vielleicht ein kleines Schild an dem Glaskasten anbringen, mit einer Entschuldigung für das Versäumnis und der Versicherung, man werde unermüdliche Anstrengungen unternehmen, die 1799 in Rosetta von einem abtrünnigen Amerikaner in Stücke gesprengten Fragmente wiederzufinden. Aber das ist nur ein Vorschlag – genau wie der Gedanke, dass Archäologen die Augen nach den verbliebenen 36 534 Büchern des Thoth offen halten sollten.

Das heißt, wenn sie für würdig befunden werden.

Danksagung

Der Autor war auf die sorgfältigen Forschungen einer Unzahl von Historikern angewiesen, um diese Geschichte zu gestalten, wie auch auf die atmosphärischen archäologischen Konservierungsarbeiten, die einen Besuch Israels und Jordaniens so lohnend machen. Vor allem danke ich den Führern Paule Rakower und Professor Dan Bahat in Israel und Mohammed Helalat in Jordanien. Diana Johnson von der Western Washington University stellte mir das lateinische Templer-Epigramm zur Verfügung, und Nancy Pearl machte mich auf die Anekdote aufmerksam, dass Napoleon Seiten aus Romanen herausriss und sie an seine Offiziere weiterreichte. Bei HarperCollins danke ich besonders meinem Lektor Rakesh Satyal, der Redakteurin Martha Cameron, dem Herstellungsleiter David Koral, dem Lektoratsassistenten Rob Crawford, der Werbeleiterin Heather Drucker für die harte Arbeit, das Buch bekannt zu machen, und den vielen anderen, die die Veröffentlichung möglich machten. Hut ab natürlich vor Andrew Stuart, meinem Agenten, der dafür sorgt, dass ich im Geschäft bleibe. Und wie immer Dank an meine erste Leserin, Holly.